中国社会科学院学部委员专题文集

ZHONGGUOSHEHUIKEXUEYUAN XUEBUWEIYUAN ZHUANTI WENJI

古代中国民众的精神世界及社会运动

马西沙◎著

中国社会科学出版社

图书在版编目（CIP）数据

古代中国民众的精神世界及社会运动／马西沙著．—北京：中国社会
科学出版社，2013.8

（中国社会科学院学部委员专题文集）

ISBN 978 - 7 - 5161 - 3120 - 6

Ⅰ.①古…　Ⅱ.①马…　Ⅲ.①社会生活—中国—古代—文集②社会
运动—中国—古代—文集　Ⅳ.①D691.9—53

中国版本图书馆 CIP 数据核字（2013）第 200918 号

出 版 人	赵剑英
责任编辑	黄燕生
责任校对	王桂芳
责任印制	戴 宽

出　　版	中国社会科学出版社
社　　址	北京鼓楼西大街甲 158 号（邮编 100720）
网　　址	http://www.csspw.cn
	中文域名:中国社科网　　010 - 64070619
发 行 部	010 - 84083685
门 市 部	010 - 84029450
经　　销	新华书店及其他书店

印刷装订	环球印刷（北京）有限公司
版　　次	2013 年 8 月第 1 版
印　　次	2013 年 8 月第 1 次印刷

开　　本	710×1000　1/16
印　　张	27.75
插　　页	2
字　　数	441 千字
定　　价	86.00 元

前　　言

　　哲学社会科学是人们认识世界、改造世界的重要工具，是推动历史发展和社会进步的重要力量。哲学社会科学的研究能力和成果是综合国力的重要组成部分。在全面建设小康社会、开创中国特色社会主义事业新局面、实现中华民族伟大复兴的历史进程中，哲学社会科学具有不可替代的作用。繁荣发展哲学社会科学事关党和国家事业发展的全局，对建设和形成有中国特色、中国风格、中国气派的哲学社会科学事业，具有重大的现实意义和深远的历史意义。

　　中国社会科学院在贯彻落实党中央《关于进一步繁荣发展哲学社会科学的意见》的进程中，根据党中央关于把中国社会科学院建设成为马克思主义的坚强阵地、中国哲学社会科学最高殿堂、党中央和国务院重要的思想库和智囊团的职能定位，努力推进学术研究制度、科研管理体制的改革和创新，2006 年建立的中国社会科学院学部即是践行"三个定位"、改革创新的产物。

　　中国社会科学院学部是一项学术制度，是在中国社会科学院党组领导下依据《中国社会科学院学部章程》运行的高端学术组织，常设领导机构为学部主席团，设立文哲、历史、经济、国际研究、社会政法、马克思主义研究学部。学部委员是中国社会科学院的最高学术称号，为终生荣誉。2010 年中国社会科学院学部主席团主持进行了学部委员增选、荣誉学部委员增补，现有学部委员 57 名（含已故）、荣誉学部委员 133 名（含已故），均为中国社会科学院学养深厚、贡献突出、成就卓著的学者。编辑出版《中国社会科学院学部委员专题文集》，即是从一个侧面展示这些学者治学之道的重要举措。

　　《中国社会科学院学部委员专题文集》（下称《专题文集》），是中国社会科学院学部主席团主持编辑的学术论著汇集，作者均为中国社会科学院学部委员、荣誉学部委员，内容集中反映学部委员、荣誉学部委员在相关学科、专业方向中的专题性研究成果。《专题文集》体现了著作者在科学研究实践中长期关注的某一专业方向或研究主题，历时动态地展现了著作者在这一专题中不断深化的研究路径和学术心得，从中不难体味治学道路之铢积寸累、循序渐进、与时俱进、未有穷期的孜孜以求，感知学问有道之修养理论、注重实证、坚持真理、服务社会的学者责任。

2011 年，中国社会科学院启动了哲学社会科学创新工程，中国社会科学院学部作为实施创新工程的重要学术平台，需要在聚集高端人才、发挥精英才智、推出优质成果、引领学术风尚等方面起到强化创新意识、激发创新动力、推进创新实践的作用。因此，中国社会科学院学部主席团编辑出版这套《专题文集》，不仅在于展示"过去"，更重要的是面对现实和展望未来。

这套《专题文集》列为中国社会科学院创新工程学术出版资助项目，体现了中国社会科学院对学部工作的高度重视和对这套《专题文集》给予的学术评价。在这套《专题文集》付梓之际，我们感谢各位学部委员、荣誉学部委员对《专题文集》征集给予的支持，感谢学部工作局及相关同志为此所做的组织协调工作，特别要感谢中国社会科学出版社为这套《专题文集》的面世做出的努力。

《中国社会科学院学部委员专题文集》编辑委员会

2012 年 8 月

目　　录

序　言

从 20 世纪 70 年代以来，余始从事中国古代史研究，特别是明清两代宗教史研究。当代学界大师徐梵澄先生在为余专著《清代八卦教》作书评曾言："昔顾亭林治学，取譬于采铜矿于山以铸钱。他不肯取旧铜钱或铜器重铸。这是开辟新天地，采取了新材料，用了新工具和技术，审之以新眼光，按新型模冶炼融铸"。(《读书》1992 年第 8 期) 数十年间，我治史，皆取原材料，特别于明清档案及元明以来孤本、善本之经义、宝卷为重。余坐第一历史档案馆冷板凳近十年。而搜集宝卷，三十年来陆续不断以及今日，凡阅精本不下二三百种，多种尚未见诸研究，亦少见于世人。现正从事《中华珍本宝卷》收集、整理、出版事宜，而完整研究，亦是余晚年生活之所重。

这本文集是三十年来余治史的小小成果，未见水准，但每篇皆用心所为，不敢浪费珍贵史料。其中有学界批评者，如《最早一部宝卷的研究》，我仍全文照登，并非不接受批评，而是表明我对这部宝卷在宝卷史中地位的重视，且为向学界说明此卷从金至元至明的历史过程，绝非如人所言是明代讷子之伪造，讷子如何能造出金崇庆元年及元治元庚寅两个年号。难道造经讷子是历史学家吗？凡此恰恰证明"宝卷"的产生与发展有一个从佛教变文、变相的画本、写本，向刊本演化的历史过程。在这过程中宝卷的内容篇幅也在变化。此说确否，学界仍可讨论。至于《历史上弥勒教与摩尼教的融合》一文所表述的观点亦与杨讷诸先生的观点大相径庭，杨讷先生认为推翻元朝的农民运动是白莲教起义。我则仍遵从吴晗先生的明教说，且有新的建树，对此公案，我仍是信心满满。

　　本文集以《古代中国民众的精神世界及社会运动》为题,但其中仍有载于《原道》第一集的《孔、老的社会关怀》一文,以此说明我对中国传统文化全方位的观察。

写于 2012 年 7 月

北京西四五槐堂

八卦教世袭传教家族的兴衰

——清前期八卦教初探

　　清代的华北是秘密宗教最活跃的地区之一。八卦教就产生在这里。

　　在八卦教两个多世纪的历史进程中曾经有过许多教名：五荤道、收元教、清水教、八卦教、天理教、九宫教。还有一些异名同教如：空子教、圣贤教、后天教。八卦教每卦都有相对的独立性，所以在这个宗教体系中又出现了离卦教、震卦教、坎卦教等教名。由于八卦教的某些支派在后来与其他教门融合，又出现过义和门离卦教、一炷香离卦教等名目。因为八卦教曾经属于白莲教的一个支派，所以在某些史料中它又被称为白莲教。

　　八卦教仅是这个体系庞大的教门的一个教名。它最早出现在乾隆五十一年闰七月二十一日直隶总督刘峨的奏折中。在清代笔记杂录中它出现得更晚。嘉庆五年刻本的《鹤泉文钞·纪妖寇王伦始末》中记载了八卦党这样的名称。八卦教这个名称出现得虽然较晚，但它准确地表达了该教门最根本的特点——以八卦作为宗教的组织形式，招收门徒。而且这个教名历时最长，因此影响很大。所以在我们研究这个教门的历史时，为了便于叙述起见，把它总称为八卦教。

　　八卦教是对历史产生过深远影响的教门。像一切具体事物一样，它在内部和外部错综复杂的矛盾斗争中兴衰消长，在不同的阶段中呈现着不同的性质，对社会起着不同的作用。清前期八卦教可以分作两个阶段。第一阶段，从康熙初年到乾隆中叶。这一个世纪是八卦教初创和发展时期，该教门由几个逐渐形成的世袭传教家族所把持，发展成为一个被地主集团利用的宗教。第二阶段，从乾隆中叶到嘉庆末年。这一时期由于清朝政府的镇压和教内农民革命力量的兴起，世袭的传教家族走向衰落。

从某种意义上讲，清前期八卦教的历史是一部世袭传教家族的兴衰史。

一　八卦教渊源探讨

八卦教创教之始教名是五荤道收元教。

据乾隆五十一年闰七月二十四日永琅奏折记载："山东单县人刘佐臣于康熙初年倡立五荤道收元教，编造五女传道等邪书，分八卦收徒敛钱。刘佐臣物故后，伊子刘如汉、伊孙刘恪踵行此教。刘省过系刘恪之子，接充教首。"①《纪妖寇王伦始末》也有类似记载，不过后者把五荤道收元教误作五荤道"修"元教。

相传刘佐臣在顺治年间曾师承太监相魏子义。但魏子义从习何教，师承何人，甚至籍贯何处都没有任何史料可以说明。当然这并不能中断我们对八卦教渊源的探索。历史唯物主义告诉我们，任何对历史产生过影响的事物都不是个别人的创造，它是时代的产物。八卦教也不例外。它是苦难与专制制度的共生物，它承受了明末清初秘密宗教的历史传统，吸收了历史赋予它的独特思想资料。

（一）八卦教与白莲教

明代中末叶是秘密宗教史上的一个重要时期。由于当时封建政治日趋腐败，阶级矛盾日益尖锐，农民生活每况愈下，华北地区秘密宗教得到急剧发展。它呈现出的特点是：教门林立，支派众多，大的教门相继产生。明末秘密宗教经卷《古佛天真考证龙华宝经·天真收园品》中就罗列了十六种教门和十六个祖师。同卷《祖续莲宗品》中说："无极祖会下，有二十四祖；太极祖会下，有三十六祖；皇极祖会下，有四十八祖。"② 这种说法固然不算准确，但它说出了教派越分越细的总趋势。当时北方各省称宗

---

① 故宫博物馆明清档案部所藏：《军机处录副奏折》，乾隆五十一年闰七月二十四日永琅奏折。
　　注：本文所使用的档案史料全部都是故宫博物院明清档案部收藏。下面注解省略。
② （清）黄育楩：《破邪详辩》卷一。

道祖者所在皆有，而且"有一祖即有一会，祖愈多即会愈多。"① 不仅如此，每会之中又有"三宗五派，九杆十八枝。"② 就秘密宗教而言，可以说这是一个新教门、新支派和宗教预言家大量涌现的时代。毫无疑问，这种状况给大教门的产生奠定了基础。从明正德年间到万历年间罗教、闻香教、红阳教相继出现，构成了华北地区秘密宗教三大派系。

罗教是明正德年间山东即墨人罗清所创。罗清在北京密云卫古北口"祖辈当军"，他"苦行十三载，集卷五部"③，罗教始成。罗清被门徒奉为罗祖。清代罗教分支罗祖教、大乘教、无为教、老官斋教遍布大江南北。罗清后裔在乾隆年间还在密云一带活动，奉其祖"无为居士"。

闻香教是白莲教一大支派，由直隶蓟州人王森所创。万历年间该教势力已"蔓延畿辅、山东、山西、河南、陕西、四川"等省份。④ 它的一个支派由山东曹州巨野人徐鸿儒领导，在天启二年发动了白莲教大起义。清代闻香教改为清茶门教。王森后裔分别以直隶滦县石佛口和卢龙县安家楼为中心，继续传教。

红阳教比罗教晚创半个世纪。由"飘高倡教"，飘高即山西省洪洞人高阳。"而还源诸人相继而起。迨至弓长，总诸邪经之大意，捏为龙华宝经。"⑤ 红阳教遂大倡于世。清代红阳教主要活动在京畿、直隶一带。统治者说它"打醮觅食，经卷虽多，尚无悖逆语句"⑥。

上述三大教门虽然曾互相影响、渗透，但毕竟属于不同派系，具有不同的特点，不能笼统地称之为白莲教。

清初的秘密宗教秉承了明末的传统。当时的思想家颜元曾说："迨红巾、白莲起自元明季世，焚香惑众，种种异名，旋禁旋出。至今若皇天、若九门、十门等会，莫可穷诘。"⑦ 在新教门、新支派如雨后春笋拔地而起的历史条件下，五荤道收元教在山东单县出现了。五荤道收元教到底渊源

---

① （清）黄育楩：《破邪详辩》卷一。
② 同上。
③ （清）黄育楩：《三续破邪详辩》卷一。
④ 《明史·赵彦传》。
⑤ （清）黄育楩：《破邪详辩》卷二。
⑥ 《军机处录副奏折》，嘉庆二十四年六月二十四日山东按察使温承惠奏折。
⑦ （清）颜元：《存人编》。

哪一派系，或哪几个派系，至今没有直接的史料可以印证。为了进一步探讨这一问题，我们有必要了解山东单县一带明末清初秘密宗教的状况。

单县位于山东省西南，地属曹州府管辖。它东与兖州府，西与河南归德府，北与直隶处名府毗连。这个三省交界之处是华北地区有名的穷乡僻壤，历史上著名的黄泛区。据光绪《山东通志》记载："曹单固受水之枢也。"① 从明正德年间到清嘉庆末年，黄河在此大决口达三十三次之多。② 洪水过后，随之而来的是风沙碱旱之灾。地主阶级对农民的残酷剥削和恶劣的自然条件造成这一带"历来民风剽悍，邪教甚多。"③ 被统治者污蔑为"盗贼渊薮"④。

白莲教在这一带的活动有着悠久的历史传统。早在明嘉靖二十六年这一带就爆发过白莲教起义："嘉靖丁未……忽有怀州妖人杨惠潜来山东曹、濮间，倡白莲教。""煽惑愚民如商大常、田斌辈数百人。"⑤ "劫掠钜野、汶上，焚烧庐舍，遂长驱至单县……"⑥。万历二十八年单县又爆发了唐云峰领导的白莲教起义。特别是天启二年，曹州巨野人徐鸿儒又在曹州领导了一次白莲教起义。起义爆发中心郓城县离后来刘佐臣创教的单县仅二百余里。这次起义影响十分深远。《明史·赵彦传》说徐鸿儒"�山东二十年，徒党不下二百万"。可见白莲教在这一带群众基础十分雄厚。这次起义虽然失败了，但白莲教的活动并未停止，它潜入地下，伺机萌动。

清初，山东果然再次出现了白莲教的活动。康熙五十六年十月十一日山东巡抚李树德奏折称："前任登镇时，曾闻东省当年有称白莲教，或称一炷香，以及天门、神拳等教，煽惑男妇，夜聚晓散。"⑦

刘佐臣以及他手创的五荤道收元教与白莲教是什么关系呢？

乾隆十三年六月三日山西巡抚准泰给乾隆的奏折中说："刘佐臣系白

---

① （清光绪）《山东通志》卷一二一，《河防·黄河》。
② （清光绪）《山东通志》卷一一九，《河防·河流变迁》。
③ 《军机处录副奏折》，嘉庆二十五年十月七日奏折（原件无作者姓名）。
④ （清光绪）《山东通志》卷首，训典八。
⑤ （清光绪）《单县县志》卷十一，《平冠祠碑》。
⑥ （清光绪）《曹州府志》卷三十二，《杂志》。
⑦ 《朱批奏折》，康熙五十六年十月十一日山东巡抚李树德奏折。

莲教头目"①。乾隆三十七年五月十二日山东按察使国泰在奏折中说："刘佐臣曾于康熙五十七年被叛犯袁追供扳，系白莲教头目，奉文查拿刘佐臣早已病故。"② 与此同时，山东巡抚徐绩奏称："刘佐臣曾于康熙五十七年间经叛犯袁进臣供为白莲教头目。"③ 而刘佐臣之子刘儒汉"于康熙五十八年牵入白莲教案内"④。上述史料中出现的所谓"叛犯"袁追、袁进臣实属一人，即康熙五十六年末发生在曹、单一带白莲教案中之袁进。袁进"系曹州人……乃白莲教印符帖为首之人"⑤，"在河南地方行白莲教"⑥。

上述史料明确地告诉我们五荤道收元教是清初活动在曹、单一带的白莲教的一支，刘佐臣是白莲教头目。

乾隆初中叶，五荤道收元教已改名为清水教。刘佐臣曾孙刘省过充任教首。这以后还有大量史料说明该教即是白莲教。乾隆四十七年五月清水教徒吴克己供称："小的习的清水教就是白莲教。"⑦ 同年五月二十八日据清水教徒崔廷珍供称："所传实系白莲邪教，又名清水教。菏泽、曹、单等县都有其人，由来已久。"⑧

清大学士舒赫德说的更明确："至山东、河南邪教一事，虽不敢显称白莲教，而清水教、无为教等名色，其源本一。"⑨

《纪妖寇王伦始末》的作者戚学标在当时就隐约地看出了八卦教与白莲教的关系：

先明末有蓟州人王森，得妖狐异香能迷惑人，创此教（注：指白

---

① 《朱批奏折》，乾隆十三年六月三日山西巡抚准泰奏折。
② 《朱批奏折》，乾隆三十七年五月十二日山东按察使国泰奏折。
③ 《朱批奏折》，乾隆三十七年五月十二日山东巡抚徐绩奏折。
④ 《朱批奏折》，乾隆十三年三月二十三日山东巡抚阿里衮奏折。
⑤ 《朱批奏折》，康熙五十六年十一月二日山东巡抚李树德奏折。
⑥ 《朱批奏折》，康熙五十六年十一月二十一日山东巡抚李树德奏折。
⑦ 《军机处录副奏折》，乾隆四十七年五月清水教徒吴克己供词。
⑧ 《军机处录副奏折》，乾隆四十七年五月二十八日山东巡抚明兴奏折。
⑨ 《朱批奏折》，乾隆三十九年十一月初一大学士舒赫德奏折。
　　注：有些日本学者认为"清水教是八卦教中震卦的别称"，这种观点值得商榷。大量档案史料证明，清水教是八卦教的前身，教主是刘省过，而不是震卦长王中。由于文章篇幅所限，不在此文中论证。日本学者的观点可参见日文《一桥论丛，第八十一卷第三号》《乾隆三十九年王伦清水教叛乱小论》。

莲教），自称闻香教主。愚民无不为其煽惑。天启二年，妖党徐鸿儒乱山东，为巡抚赵彦所平。国朝有单县人刘佐臣者，创立五荤道修元教……分八卦收徒党。①

综上所述，摆在我们面前的历史渊源关系就是：

> 王森闻香教→徐鸿儒白莲教→刘佐臣五荤道收元教→刘佐臣曾孙刘省过的清水教→八卦教。

可以说八卦教间接渊源于明末闻香教，直接渊源于明末山东徐鸿儒的白莲教。并且在相当长的时期里曾经是白莲教的异名同教支派。

还有大量事实可以证明这一结论。那就是闻香教的后遗分支清茶门教与八卦教有着惊人的相似之处。由于本文篇幅有限，不能在此类举了。

当然八卦教的产生和发展还受到了其他教门，特别是罗教的影响。罗教所创"真空家乡，无生父母"八字口诀，② 几乎成为八卦教各支派的共同信仰。

（二）八卦教承受了历史赋予它的独特的思想资料

八卦教虽然曾经是白莲教的一个支派，但后来毕竟发展成为一支独立的教派。这不仅因为该教曾经受到罗教等教门的影响，关键在于它承受了历史赋予它的独特的思想资料，并在漫长的发展过程中形成了自己的特点。

八卦教经卷《乾元亨利贞春夏秋冬九经歌》中有这样几句韵文："引阴阳、各分班，一能生二二生三，三气之所命乾天，八卦《易》成性刚坚。"③ 显然在造经人眼里八卦教的八卦是《易经》的产物，是天地阴阳互相交感的结果，因此具有神圣的、万世不能动摇的性质。故曰："性刚

---

① （清）戚学标：《纪妖寇王伦始末》，《鹤泉文钞》卷下。

② 参见喻松青《明清时代民间的宗教信仰和秘密结社》，《清史研究集》第一辑，及《军机处录副奏折》，嘉庆十九年五月二十日升任陕甘总督江西巡抚先福奏折。

③ 《军机处录副奏折》，乾隆四十七年，清水教徒所供。

坚"。这种说法是十分幼稚的。因为《易经》包含着地主阶级的"天地自然之理",与封建正统息息相关,而与"邪教"互同水火,本不相容。但八卦教与《易经》之间毕竟不能说没有任何关联。

八卦教,顾名思义当与"八卦"一词有关。八卦一词源远流长,它是殷、周之际产生的《易》的八种基本图形。以"—"和"--"两种符号组成。以"—"为阳,以"--"为阴。朗阳为八卦的根本,它们之间互相交感而产生万物。因而分别构成"☰"——乾、 "☷"——坤、"☳"——震、"☴"——巽、"☵"——坎、"☲"——离、"☶"——艮、"☱"——兑八卦。它们代表着天、地、雷、风、水、火、山,泽八种自然现象。八卦相迭,又组成六十四卦,每卦六爻构成三百八十四爻。《易》是古代一部卜筮用书,包含了一些朴素的辩证法思想,但并没有超出神学的窠臼。历代封建统治者为了神化《易》,把传说中的伏羲比附成它的作者。"伏羲以后,又有文王作卦辞,周公作爻辞,孔子序象象辞、文言、系辞、说卦、序卦、杂卦、谓之十翼,而《易》始备。"[1] 孔子以《易》为六经之首,《易》成为儒家精典。而演绎八卦则成为历代封建统治者预卜"经国大事"凶吉否泰的万灵药方。

然而也像儒、释、道"圣坛"上的其他"圣品"一样,八卦之说早就流落到民间。西汉初年,长安街市内就设有"卜肆"。主持卜筮的人在那里"辩天地之道,日月之运,阴阳凶吉之本"。其实不过是"矫言鬼神以尽人财"[2]。这大概就是唐、宋以来以算卦为敛钱之具者的先辈。

到了明代,八卦之说开始为秘密宗教所利用。明末《皇极金丹九莲正信皈真还乡宝卷》中说: "极头九杆十八枝护教,内安九宫,外立八卦……排满未来天盘"[3],《皇极金丹正信皈真还乡宝卷》中说:"真精掌领坎卦,真神掌领离卦,真魂掌领震卦,真魄掌领兑卦,真阳掌领乾卦,真阴掌领坤卦,真明掌领艮卦。真行掌领巽卦。"[4] 从上述引经看来,明代秘密宗教已经开始利用八卦安排内部组织结构。《破邪详辩》的作者黄育

---

① （清）黄育楩:《破邪详辩》卷三。
② （汉）司马迁:《史记·日者列传》。
③ 日文《校注破邪详辩》,转引自日本佐藤公彦《乾隆三九年王伦清水教叛乱小论》。
④ （清）黄育楩:《续刻破邪详辩》序。

梃指出：清代天理教"聚众之原，因分八卦，分卦之原，则仿照此卷所言"①，看来不无道理。不仅如此，明代秘密宗教还大胆地修改《易经》内容："子八卦增添二爻改为十二卦，内加兴吉平安四卦。""六十四卦改为一百四十四卦。"② 歪曲儒、释、道正统经典，为我所用，正是"邪教"的一贯作法，因为它不具备创造本身教义体系的基础。

清代秘密宗教在上述经卷内容上也继承了明代。清初就已经流传的混元教的《立天卷》中说："太极混元之图象内有红白二道，分出三才、四相、五行、六爻、七政、八卦、九宫、十干。天地阴阳合成八卦乾坤，乾为天、坤为地，天为父、地为母，坎为水、离为火，坎离交媾，水火均平，而能生万物。"又说："自从先天一气，三皇治世，安八卦、立五行，造下金木水火土，分出五岳名山四大部洲，七十二国。"③ 这就是清初流传在秘密宗教世界中的一种创世说。在这里阴阳八卦相交组合，不仅创造了自然万物，而且创造了人类社会和国家。秘密宗教的创世说，并不是一种无目的的空论，它是为本教门的发展服务的。《立天卷》明确地告诫门徒："八卦九宫是方向"，"八方男女奔中央"。④ 把八卦之说作为招收门徒的手段。

明末清初秘密宗教世界里流传的八卦说无疑影响到刘佐臣。在刘佐臣的传教书本中就一部《八卦说》，这可能就是他"分八卦，收徒党"的宗教依据。这部经卷已经失传。但教内后来流传的《八卦教理条》却有与八卦说相关的教义："八卦六爻人人有，迷人不省东西走，有人参透内八卦，好过青松九个九。"⑤ 显然"参透"八卦成了当时修行的内容。八卦说最主要的作用不在于它的宗教说教，而在于它促成了八卦教组织机构的创立和巩固。"八卦分、天地开。"⑥ 在《八卦教理条》中世界被乾、坤、震、巽、坎、离、艮、兑八卦分成西北、西南、正东、东南、正北、正南、东

---

① （清）黄育梃：《破邪详辩》序。
② （清）黄育梃：《破邪详辩》卷三。
③ 《军机处录副奏折》，乾隆十八年八月四日山西巡抚胡宝瑔奏折，附《立天卷》经卷原件。
④ 同上。
⑤ 《军机处录副奏折》，乾隆五十六年七月八卦教徒刘照魁供出刘书芳所授《八卦教理条》。
⑥ 《军机处录副奏折》，乾隆五十六年七月八卦教徒刘照魁供出王子重所授《八卦教理条》。

北、正西八个方位。这八个方位都围绕着中央方位。"八卦即八宫，加以中央为九宫"①。从刘佐臣创教起，历来的刘姓教首都居于"中央宫"的位置。《八卦教理条》中说："到中央，戊己土，真人进入神仙府。"②五行以土为尊，九宫以中央宫为尊，八卦教以刘姓教首为尊。就这样其他八卦的掌卦和徒众则如臣属之奉君主，处于被支配、被统属的地位。正是在"内安九宫，外立八卦"的教义指导下，八卦教发展成为一个有着固定教首、组织比其他一些教门严密的宗教教派。这种组织形式不仅给八卦教的发展奠定了基础，而且给八卦教内世袭传教家族的形成开辟了道路。

事实告诉我们：没有明末清初活动在山东、直隶一带白莲教的历史传统，没有历史赋予八卦教特殊的思想资料，时代是造不出八卦教的。

二　八卦教世袭传教家族的兴起

（一）八卦教的发展与世袭传教家族的形成

刘佐臣创教的康熙初年，中国还处在一场空前的社会动乱的尾声。在明末清初的半个世纪中，农民阶级与地主阶级，汉族与满族，清政权与地方反叛势力之间进行了一场纵横交错的生死搏斗。这场斗争最终还是以农民阶级的失败而告结束。

在山东曹、单、兖一带情况也是如此。

崇祯十一年曹州范县爆发的榆园军起义在崇祯十二年失败。崇祯末年沂州费县、兖州峄县爆发的王俊起义在顺治八年失败。在顺治五年曹州爆发的东明起义不久也遭到失败。大批起义者惨遭杀戮，农民革命多次壮烈地失败，使这个饱经苦难的阶级再度消沉。为了摆脱完全绝望的处境，这个阶级中相当一部分人转向宗教。他们眼望茫茫苍天，希望在彼岸世界找到救星。由于农民中间大批人信仰宗教，这就给八卦教的产生奠定了基础。

从康熙初年到乾隆中叶，恰恰又是一个新王朝的上升时期。清统治者

① （清）黄育楩：《破邪详辩》卷三。
② 《军机处录副奏折》，乾隆五十六年七月八卦教徒刘照魁供出刘书芳所授《八卦教理条》。

出于维护政权的需要，实行了一些有利于国计民生的措施，因此阶级矛盾有所缓和。至少在一个世纪中，华北地区农民阶级没有进行大规模的反抗斗争。八卦教正是在这样一种历史环境中发生、发展、成熟的。从某种意义上讲，这一个世纪较为平静的历史环境决定着八卦教内部演变的基本趋势。这个以小生产者为基础的宗教组织，只能沿着日益封建化的轨道发展，从等级分化到形成等级制度，一步步演变为披着宗教外衣的地主集团所把持，所利用的教派。随着这一演变过程，教内世袭传教家族兴起了。

从康熙初年到乾隆中叶，八卦教又可以分作三个时期：刘佐臣创教时期，刘儒汉掌教时期，刘省过掌教时期。

（1）刘佐臣创教时期

在曹、单、兖一带农民起义刚刚被清政权镇压不久，刘佐臣就在单县这块苦难深重的土地上开始了他的宗教事业。他以《五女传道》传教布道，用《八卦说》着手宗教组织的创立。从现存的唯一原始材料——乾隆五十年三月湖北襄阳收元教徒所供的《五女传道》中，我们可以分析出刘佐臣的创教意图。

首先，这部经卷没有任何反清复明的内容。乾隆年间的山东按察使国泰就曾说过："五女传道卷虽系邪说，尚无悖逆字句。"① 事实正是如此。其次，它也没有反映出劳动人民向往光明、追求幸福的思想。它的内容重复、晦涩、令人沉闷，明显地反映了部分农民、小手工业者在斗争失败后的消极情绪。它鼓吹人们逃避现实，遁入宗教："寻个真人祖师，求一部长生大道，好躲生死无常。"它托言有一部"弥勒真法正道"，可以使人"永生不沉沦"，"九祖得超生"。凡入此教者都必须"遵正道、学好人、尊当家。""若还不尊。将此身化为浓血。"②

他以五荤道收元教作为教名，一方面是不敢显称白莲教，另一方面是因为该教"不开斋"，"不破戒"③、"不食大五荤，忌生葱生蒜"④，并且以收元结果，即把尘世间的芸芸众生度回"天宫"作为宗教的宣传手段。

① 《朱批奏折》，乾隆三十七年五月十九日山东按察使国泰奏折。
② 《军机处录副奏折》，乾隆五十年三月湖北襄阳收元教徒供《五女传道》。
③ 同上。
④ 《军机处录副奏折》，乾隆二十二年，从山西收缘教徒王五锡家搜得歌词原件。

刘佐臣创教之初，"分列乾坎等八卦，尚有教卦未曾得人。"① 史料记载，他"传于南方郜姓，又传于丰清秦姓，又传于曹县王姓"②。郜姓即河南商邱县郜云龙，他投刘佐臣门下，"自号透天真人"。刘佐臣派他主掌离卦教。王姓即王容清，"康熙初年王容清为刘佐臣分掌震卦教"③。

刘佐臣当然不是为宗教而宗教。像同时代几乎所有的传教者一样，在创教之始并不怀有什么政治目的，而是为了"收徒敛钱"，即把宗教作为谋求生存的一种手段。

刘佐臣的高明之处在于：他的教义迎合了战争之后一部分群众惧怕命运无常、生死不定的软弱心理。同时从一开始，就以分卦为形式建立了一个比较严密的宗教组织。这两者使他获得了成功。在他创教期间就形成了"山东、河南多有徒弟"的局面。④ 使八卦教在群众中站稳了脚跟。

（2）刘儒汉掌教时期

据乾隆五十一年闰七月二十四日永琅奏折载："刘佐臣物故后，伊子刘如汉、伊孙刘恪踵行此教。刘省过系刘恪之子，接充教首。"⑤ 这段奏折清楚地指出了乾隆中叶以前教首刘姓的接绪关系。

刘佐臣有子四人：刘如汉（即刘儒汉）、刘如浩、刘如淮、刘如清。康熙五十七年时，刘佐臣"已死多年"，而刘儒汉在康熙四十五年"曾被刘本元首告邪教"，"拿解审释"⑥。根据这条史料，我们估计刘儒汉在康熙四十五年以前就开始承袭父业，充任教首。刘儒汉死于乾隆元年，掌教三十余年。这一时期八卦教有了较大发展，组织机构逐渐复杂："所收之徒分八卦，每卦以一人为卦长，二人为左干右支，以下俱为散徒。每卦各自收徒，各出银钱送于卦长，卦长汇送于教主，多寡随便。当时因八卦不能齐全，有以一人而兼两卦者。"⑦ 该教势力范围扩大到山东、河南、山西、直隶等省份，有些教徒还在陕、甘一带活动。其中山西一支由韩德荣

---

① 《朱批奏折》，乾隆三十七年五月十二日山东巡抚徐绩奏折。
② 《军机处录副奏折》，嘉庆十九年十一日十四日秦理即秦学曾供词。
③ 《军机处录副奏折》，道光四年三月八日署山东巡抚琦善奏折。
④ 《军机处录副奏折》，乾隆九月九月初五日山东巡抚喀尔吉善奏折。
⑤ 《军机处录副奏折》，乾隆五十一年闰七月二十四日永琅奏折。
⑥ 《朱批奏折》，乾隆十三年三月二十三日山东巡抚阿里衮奏折。
⑦ 《朱批奏折》，乾隆三十七年五月十六日山东按察国泰奏折。

掌管。"韩德荣系单县刘儒汉之徒。"① 曾当过泥水匠，刘儒汉死后，自称"收元祖师"，"星宿下降"，分八卦自行收徒敛钱。

在刘儒汉掌教期间，八卦教还出现了一个异名同教支派——空子教。空子教头目谎称"刘师付转世"、教门徒念"真空家乡，无生父母"八字口诀。"又按八卦为号，立小头八人，敛钱汇送"②。

上述史料证明，以分散的小农经济为基础的八卦教，在教门日益扩大、分支日益众多的情况下，不可能成为一个特别牢固统一的组织。

刘儒汉掌教开创了八卦教内通过血缘关系承袭教权的世袭制。离、震两卦也不例外。郜云龙五世孙郜添佑在嘉庆十八年九月三十日的供词中说："高祖郜云龙从前原是山东单县人老刘爷的门下。""曾祖高晋中、祖高从化即郜敬庵，大伯郜大即郜承福、二伯郜二即郜得福、三伯郜三即郜建福"，"曾祖和祖并大、二、三伯都沿习这教。"③ 这段史料告诉我们，在郜云龙死后，其子高晋中，其孙高从化即郜敬庵踵行教业、充任卦长。震卦在"王容清故后，其教系长子王中接传。"④ 至于其他各卦卦长"久已物故，现在之人，皆每卦中支派"⑤。从仅见的史料来看，在刘儒汉时代，八卦教三个掌握教内最高权力的世袭传教家族已经出现，这就是教首刘姓、离卦长郜姓、震卦长王姓。

经过刘佐臣、刘儒汉父子两代惨淡经营，刘家通过传教已经获得了巨大的好处。刘儒汉不满足充当"邪教"教首，在康熙四十五年"拿解审释"后，"旋由捐纳选授山西荣河县知县"，走马上任去了。直到康熙五十八年因"犯案"，"参革回籍"⑥，作了十几年清政权的地方官。其三弟刘如清也以捐纳成为候选教谕。

清代从康熙朝始，出于财政需要，实行捐纳制度。捐纳制度的实行，给社会上各种有钱人打开了一条出仕作官的捷径；所以难免"人品淆杂"。

---

① 《朱批奏折》，乾隆三十七年五月十二日山东巡抚徐绩奏折。
② 《军机处录副奏折》，乾隆九年九月初五日山东巡抚喀尔吉善奏折。
③ 《军机处录副奏折》，嘉庆十八年九月三十日据高继远即郜添佑供。
④ 《军机处录副奏折》，道光四年三月十八日署山东巡抚琦善奏折。
⑤ 《朱批奏折》，乾隆三十七年五月十六日山东按察使国泰奏折。
⑥ 《朱批奏折》，乾隆十三年三月二十三日山东巡抚阿里衮奏折。

捐纳为官需要花费大笔银钱。仅刘儒汉由捐纳选授知县一项就需输银一千七百两，外加一千零四十担大米。共折合四千六百余两白银。① 这笔庞大的款项当然来自广大"散徒"身上。刘儒汉买官并不只是为了以此掩饰"邪教"教首身份，主要是希望打开另外一条通往权力和金钱的道路。

上述史料说明，随着八卦教的扩大，组织机构逐渐复杂，世袭传教家族的出现，刘姓兄弟捐纳为官，八卦教内部发生了等级分化。该教在刘儒汉掌教期间加速了封建化的进程。

（3）刘省过掌教时期

乾隆元年四月刘儒汉病故。其子捐职州同刘恪向清政府"呈报丁忧文结"②。从史料分析，刘恪似乎不太热心"邪教"。乾隆二年春，山西韩德荣门下张印、田大元"至单县刘家楼，托已故侯进忠通知刘儒汉之子商议入教，亦被斥回，未见刘姓之面。"③ 乾隆十三年山西韩德荣"犯案"，"将儒汉子刘恪解往山西，讯明刘恪并未踵行邪教，递回在案。"④

刘省过掌教当在乾隆十三年以后，具体时间不清。刘省过死于乾隆三十七年"邪教案"中，掌教大概有二十年左右。在这期间五荤道收元教已改名为清水教。

刘省过掌教期间"惟坤卦一卦未曾立教"⑤。其他七卦情况如下：

离卦：势力范围主要在河南。"离卦长即河南商邱部大兄弟。"⑥

震卦：势力分布在山东、河南、直隶、苏北。传教中心在山东菏泽县。"王中本系震卦教主。"⑦

坎卦：传教中心在直隶容城县。"张柏系属卦主。"⑧ 山东坎卦头目孔万林，直隶大兴县坎卦头目屈得兴都是他的亲传弟子。

① 许大龄：《清代捐纳制度》，《燕京学报》专号（1950年），第141页。
② 《朱批奏折》，乾隆十三年三月二十三日山东巡抚阿里衮奏折。
③ 同上。
④ 《朱批奏折》，乾隆三十七年五月十二日山东巡抚徐绩奏折。
⑤ 《朱批奏折》，乾隆五十六年十一月十八日两江总督书麟等奏折。
⑥ 《朱批奏折》，乾隆三十七年五月十六日山东按察使国泰奏折。
⑦ 《朱批奏折》，乾隆五十六年八月三日山东巡抚惠龄奏折。
⑧ 《军机处录副奏折》，乾隆四十年五月二十四日大学士舒赫德奏折。

艮卦：传教中心在山东金乡县。张玉成、张静安父子相继为卦长。①

巽卦："卦长系单县人张炎兄弟。"②

乾卦："卦长系虞城县人张姓。"③ 后来传给其子孙张玺、张文士。

兑卦："卦长系东明县人陈善山兄弟三人。"④

据坎卦头目孔万林供称："每卦长之下，又有支派多人。"⑤

乾隆中叶，八卦教已经成为华北地区最大的秘密宗教之一。清政权说它"潜行传教"、"辗转煽惑"、"蔓延数省"⑥，"从其教者动辄千百人"⑦。这时八卦教已历百年，基本完成了封建化的进程。教内尊卑有序，教职繁多，责守分明，形成了一套较为完整的等级制度。少数世袭传教家族处于这个金字塔的顶端，成为教内的特权阶层。

以震卦的组织机构为例：它上奉刘省过为教首、王中为卦长，卦长之下设六爻。掌爻卦号是指路真人。指路真人下面是开路真人、挡来真人、总流水、流水、点火、全仕、传仕、麦仕、秋仕等教职。诸等教职不仅是分工不同。它代表着人们在教中的地位、权限和利益：

"到全仕上就可以传授徒弟，到流水上可以经管帐目，到真人上可以动用银钱"⑧。真人权力很大，可以"裁处"某一地区教内一切事物，"赐封"教职。被卦长赐以"瑶数铜刀赤剑"——即被封为掌爻的真人，"可以掌教内生杀之权"⑨。"调度同教的权柄诸事，任由自主"⑩。

"点火是专管出钱人的姓名单子，用火烧了使阴司记帐。"⑪ 传仕专管送信。麦仕、秋仕是最低的教职，只有"来世"才有好处："秋仕托生秀

---

① 《朱批奏折》，乾隆五十六年十一月十八日两江总督书麟奏折。

② 《朱批奏折》，乾隆三十七年五月六日山东按察使国泰奏折。

③ 同上。

④ 《朱批奏折》，乾隆三十七年五月十六日山东按察使国泰奏折。

⑤ 同上。

⑥ 同上。

⑦ 《朱批奏折》，乾隆三十九年十一月初一大学上舒赫德奏折。

⑧ 《军机处录副奏折》，乾隆五十六年七月十三日八卦教徒刘照魁供词。

⑨ 同上。

⑩ 《军机处录副奏折》，乾隆五十六年九月六日福安康奏折。

⑪ 《朱批奏折》，乾隆五十六年八月三日山东巡抚惠龄奏折。

才，麦仕托生举人。"① 没有教职的徒众在教内地位最低，只有不断地祈祷、纳钱，才能"心灵福至"，得到"赐封"。

教内以"功行"大小封赏教职。像明代秘密宗教的"科场选考"一样，"功行"的大小主要看招收徒弟的多少。"谁的人多就赐与他大事职份。这大事职份最体面的，管着许多人"②，"管的人多就如同做官一样"③。由于少数特权家族世代把持教权，事实上"大事职份"多由他们的亲戚担任。例如震卦掌爻布伟是卦长王中的妻兄弟，就被封为指路真人，管辖一方教徒。布伟死后教职则由其子布文彬、其孙布大斤承袭。布家成为震卦世代掌实权的人物。

到乾隆中叶八卦教内至少出现了七八个世代掌权的家族：教首刘家、离卦长部家、震卦长王家、乾卦长张家、艮卦长张家、坎卦头目孔家、震卦掌爻布家。嘉庆二十二年清政府曾查获一张《八卦教首谱系图》，这张图告诉我们，八卦卦长全部实行的是世袭制。

除了上述这些家族之外，"虞城县陈圣仪、贾茂林，山东历城县人崔柏瑞，章邱人李大顺、潘筠，直隶容城县人张柏等，皆伊（注：指刘省过）祖父教中支振"④。也就是说这些人都是祖辈传授。

可见，到了乾隆中叶，八卦教实际上已被大大小小的世袭传教家族所把持。世袭教权已经成为教内一种普遍作法。

为什么这些家族宁可冒着杀头灭族的危险世代承袭教权？什么是这种现象背后的动因？恩格斯曾经说过："在宗教狂热的背后，每次都隐藏有实实在在的现世利益。"⑤

乾隆中叶这些家族纷纷上升到地主的经济地位。教首刘家则成为单县一带的大地主。乾隆三十七年清政府查抄了刘省过的家，发现了二十七罐白银，多达一万二千四百余两。刘省过的家"门户甚体面"⑥，"家道殷

---

① 《朱批奏折》，乾隆五十六年八月三日山东巡抚惠龄奏折。

② 《军机处录副奏折》，乾隆四十七年五月清水教徒崔延珍供词。

③ 《军机处录副奏折》，乾隆四十七年五月二十八日山东巡抚明兴奏折。

④ 《朱批奏折》，乾隆三十七年五月十六日山东巡抚徐绩奏折。

⑤ 恩格斯：《论早期基督教的历史》，《马克思、恩格斯、列宁、斯大林论宗教》，中国社会科学出版社 1979 年版，第 492 页。

⑥ 《朱批奏折》，乾隆三十七年五月二日河南巡抚何煨奏折。

实"，"有田庄数处，地数十顷"①。刘省过本人是捐纳县丞。到他这一代，刘家已经三世捐纳为官。为什么他能广为置地，并藏有白银万余两？据刘省过供称："内中多有党徒资助，逐年积累所致。"②仅离卦部大汇送的白银就多达一千九百五十两。

离卦部家、震卦王家世代向教首刘姓汇送大笔款项，家资丰厚，自不待言。坎卦长张柏、坎卦头目孔万林都是地主。他们雇用的长工又是他们的门徒。

八卦教就是由这样一些家族构成了宗教上层统治集团。

为了攫取现世利益，他们千方百计利用宗教手段敛钱致富。收徒敛钱、作会敛钱、"赐封"教职敛钱。震卦每年作会五次，上供时将各人姓名籍贯用纸书写，然后按名索费，自三四百文、七八百文及一千文不等。并且要求徒众"随心布施、越多越好"③。离卦每年四季之首作会敛钱。从离卦鼻祖郜云龙始就"以出钱多寡定来生福泽厚薄"④。各卦敛钱名目大同小异。如根基钱、扎根钱、跟帐钱、种福钱、四季钱、香火钱、进身孝敬钱等等，不一而足。

八卦教庞大组织体系既是权力分布网，又是金钱运输网。每有教徒集中之处都设有"流水"一职。充任流水的人既掌教权、又掌财权。在敛足一定数目的钱财以后，一般折成银两向上汇送。最后由卦长交到教首刘姓处。当然层层汇送，层层盘剥，教职越大，油水越多。至于穷苦的徒众只是用银钱换来一张廉价的通往彼岸世界的门票。

八卦教上层统治集团清楚地意识到掌握教权带来的巨大利益。为了世世代代保持这种利益，就要世世代代保持权力。显然在封建宗法关系占统治地位的社会，通过血缘关系世袭教权是最简便易行的方式。它防止了权力和财产的转移。这就是八卦教宗教领袖在教内实行世袭制的关键所在。

为了巩固这种教权的接绪方式，少数教内特权家族掀起了一场自我造神运动，即自己神化自己。

---

① 《朱批奏折》，乾隆三十七年五月十六日山东巡抚徐绩奏折。
② 同上。
③ 《军机处录副奏折》，乾隆四十七年五月清水教徒崔延珍供词。
④ 《朱批奏折》，道光十三年九月一日山东巡抚钟祥奏折。

至少在乾隆中叶，凡夫俗子刘佐臣已经成为超凡入圣的偶像。他被奉为弥勒转世，被尊为"圣帝老爷"，被比作光被万物、普照生灵的太阳。教内把每年二月一日作为太阳的生日，集体作会，焚香膜拜。教徒每日三次朝拜太阳，同时口念《愚门弟子歌词》。歌词云："愚门弟子请圣帝老爷眷恋……照应弟子，弟子与圣帝老爷磕头。"①

"圣裔"刘省过似乎"法力"更大。他既能安排人们死后的归宿，又是现实世界的"救世主"。教徒们称他是"山上主儿"②。"顾劫数主儿，会避灾难主儿。"③ 把他目为能战胜人间水旱荒乱的超自然力的神灵。他深居简出，"只有王中与他来往。"一般徒众"都不能与刘姓见面"④。

教内设有先天、中天、后天牌位。先天、中天、后天一词来自古代传说："伏羲之《易》小成，为先天；神农之《易》中成，为中天；黄帝之《易》大成，为后天。"⑤ 由此可见八卦教供奉这三个牌位象征着该教初创、发展、成熟三个阶段和它们之间的承袭关系。表示八卦教道统一以贯之，万载流传的内容。同时表示对刘姓教首的尊崇与敬畏。教内称刘佐臣为先天老爷，称刘省过为后天老爷。

不仅刘姓教首利用造神欺骗徒众，各卦掌教也纷纷效法。

震卦：凡有入教者"均称为东力震宫五老爷门下"⑥。或称为后天老爷之徒。

离卦：凡有入教者，均称"投离卦透天真人郜老爷会下"⑦。

坎卦："凡有在教者，均称为北方元上坎宫孔老爷下。"⑧

由此可见，这些家族在底层广大教徒的心目中已经是至高无上的宗教权威。这种权威对他们具有一种无形的威慑力，形成了一种难以摆脱的精神禁锢。这是一种巨大的力量。正是这种力量使教内这些家族世代承袭教

---

① 《军机处录副奏折》，乾隆五十六年震卦教徒毛有伦供词。
② 《朱批奏折》，乾隆三十七年五月初二日河南巡抚何煨奏折。
③ 同上。
④ 《军机处录副奏折》，乾隆四十七年五月清水教徒祝帮贤供词。
⑤ 杨慎：《丹铅总录》卷十六。
⑥ 故宫博物院明清档案部：《清代档案史料丛编》第三册，第7页。
⑦ 《军机处录副奏折》，嘉庆十八年九月三十日王普仁供词。
⑧ 故宫博物院明清档案部：《清代档案史料丛编》第三册，第7页。

权成为合理、合法和不容置疑的原则。一个多世纪，在八卦教中因袭着这种作法形成了一种传统。这种传统的力量甚至使后来的天理教农民领袖也无法完全摆脱宗教权威的束缚，他们在很大程度上要利用这种权威笼络门徒。

（二）八卦教教义分析

为了更好地了解八卦教世袭传教家族，特别是教首刘姓、离卦郜姓、震卦王姓的基本思想倾向，我们有必要分析一下那一时代八卦教的教义。

八卦教教义分为两种，一种是经卷，一种是口头流传的理条、歌诀、咒文。从档案史料中披露出的经卷名目不下二、三十种，但绝大多数已经失传，留下来的多是后者。

（1）把儒家学说宗教化，并把它作为教义的重要内容。

八卦教教义继承了秘密宗教的历史传统，受到了同时代其他教门的影响，同时在自身发展过程中，由于实际的需要不断地改变着教义的内容。这就决定了它有一个内容杂芜、包罗万象、甚至前后矛盾的教义。考茨基曾经说过：“没有宗教是没有矛盾的。没有一种宗教只由一种单纯的概念而产生，是一种纯粹逻辑历程之结果。”① 八卦教的教义既是儒、释、道三家内容的杂糅和曲解，又有秘密宗教共同信仰的一些内容。但总的趋势是随着八卦教的发展，佛、道两家影响越来越小，儒家影响越来越大。至少在乾隆中叶，该教已经把宗教化了的儒学放在教义的首位，成为经卷、理条、口诀的重要内容。

在明末，某些秘密宗教就已经把儒学的个别教条作为教义，把孔、孟目为神仙佛祖。秘密宗教经卷《古佛天真考证龙华宝经·万法皈一品》中就把孔子称作“儒童祖”，与弥陀教主、法王佛等排列在一起，叫做：“十号园满”，《续破邪详辩》中引用的经文说：“善林祖脱化圣人，留下四书五经，仁义礼智信。”不过明代秘密宗教搬出孔子，不过是借助世俗“圣人”给本教门增添一点灵光罢了。他们没有过份地利用儒学内容，而且孔子在“神仙佛祖”座次表中的地位也不显赫。

---

① ［俄］考茨基：《基督教之基础》，生活·读书·新知三联书店1955年版，第369页。

在八卦教这里就不同了。从刘佐臣创教之始，传教书本中就有《八卦说》、《小儿喃孔子》、《蒙训四书》。而最重要的经卷《五女传道》中也载有不少儒学说教。到了乾隆中叶经卷中的儒学内容大量增加。乾隆五十三年六月十七日直隶按察使富尼善在奏报拿获八卦教徒侯闻道的折中附带了两本歌词原件。① 这两本歌词是侯闻道伯父震卦掌爻侯景太遗留下来的。侯景太死于乾隆三十七年刘省过、王中"邪教案"中，因此这两本歌词原件是该教在乾隆三十七年以前的作品，是研究那一时期八卦教思想的珍贵资料。在这两本歌词中也充斥着儒家说教。在乾隆中叶以后，刘姓教首掌握的经卷中出现了《理性大全》、《儒流正宗》等名目。《真传清书》中头一篇就是《上大人歌诀》。②

当然，在八卦教创教之初还是受到释、道两家很大的影响。《五女传道》中就声称该教"归佛、归法、归于三宝，全如正法。"③ 而且那时教中实行斋戒。到了乾隆初中叶，情况就发生了根本变化。五荤道收元教不但改名为清水教。教规也由戒五荤改为戒杀、戒盗、戒淫、戒毁、戒欺，实行仁义礼智信。为什么会发生这样的变化，原因很难全部搞清，但有两条原因是显而易见的。

佛教由于受历史传统的影响和森严教规的束缚，没有也不可能通过血缘关系承袭教权和寺院财产。只有通法"法裔"、"法嗣"把权力传给嫡派弟子，以保证本教派的利益。一些受佛教影响极大的教派都没有实行通过血缘关系世袭教权的制度，而是异姓相传。八卦教为了保证少数家族世代承袭教权，必须把儒学作为教义的根本。其次，过份崇信释家说教，就需要实行斋戒，这势必影响教门的扩大。使许多不愿斋戒的人对八卦教望而却步。大概基于这两种原因，乾隆中叶的经卷公开否定了斋戒："可笑吃斋如不吃，颜回吃荤得了道。""今人吃斋因何故，你看万物哪个素？""荤什么荤，素什么素，吾今观破世间事，不明天理都不是"④。

当然，八卦教并没有完全摈弃佛教影响和秘密宗教传统教义。它也把

① 《军机处录副奏折》，乾隆五十三年六月十七日直隶按察使富尼善奏折（片一，歌词二本）。

② 《军机处录副奏折》，嘉庆二十二年十二月七日山东巡抚陈予奏折。

③ 《军机处录副奏折》，乾隆五十年三月湖北襄阳收元教徒所供《五女传道》。

④ 《军机处录副奏折》，乾隆五十三年六月十七月直隶按察使富尼善奏折（片一，歌词二本）。

世界的过去、现在、未来分成青阳、红阳、白阳三个时期。这三个时期分别由燃灯佛、释迦佛、弥勒佛掌管。但八卦教的造经人采用了偷梁换柱的手法，把孔子塞进经卷，并把他变成弥勒佛的化身。在"白阳当兴"的时期弥勒佛经过三次转世："后尊古佛乃儒童菩萨，二转孔丘夫子，三转佛名弥勒教主。"① 经过这样三转，秘密宗教传统的"救世主"弥勒佛就和尘世间的"圣人"孔丘融为一体了。孔丘就轻而易举地被抬上了八卦教的"圣坛"，成为"收元结果"的祖师：

> 上大人、生中国，戊己土、人不知。山东曲阜来下世，领定三千徒众子。内有七十二贤士，燕南赵北埋名字，落在贫家人不晓，到后来认祖归根。②

这里告诉人们，八卦教的众门徒是孔夫子"临凡下世"从天国带到人间的。他们在"中华汉地"隐姓埋名，为的是秉承夫子之命，准备"度尽九十二亿皇胎子"③。认祖归根，一同回到"天国"，同享神仙之乐。

孔丘"临凡下世"之后还"教化了四大贤"。"内有颜回克己私。还天理"，"有曾参明贯道传天下"，"有子思传理性"，"孟子出头善养浩气，接绪道统"④。"四贤"配"孔圣"大概就是教内流传的所谓"五圣"。

宗教家造神并不是出于玄想，而是为了实现的目的，是为了引导人们崇敬膜拜自己。弥勒佛是孔子"转世"，刘佐臣又是弥勒佛"转世"，而且号称"圣帝"。显然世袭传教家族是把刘佐臣当作再生孔子加以信奉的。

这一时期的经卷宣称："要传一部中正儒理，方可收元。"⑤

八卦教的"中正儒理"并不是什么新创，而是明清两代支配整个社会生活的程朱理学中的"天理"。经卷告诫门徒说："若明真性达天理，就

---

① 《军机处录副奏折》，乾隆五十三年六月十七月直隶按察使富尼善奏折（片一，歌词二本）。
② 《军机处录副奏折》，乾隆五十六年七月据刘照魁供出步文彬传授《八卦教理条》。
③ 《军机处录副奏折》，乾隆五十三年六月十七日直隶按察使富尼善奏折（片一，歌词二本）。
④ 同上。
⑤ 同上。

与前贤皆无二。"①《乾元亨利贞春夏秋冬九经歌》说，这个天理，"在天上元亨利贞，落地下春夏秋冬，落在人身仁义礼智"②。在造经人的眼中它充沛于宇宙之中，达乎天、地、人三界，"历亘万世而（不）易。"③ 这些说法几乎是对朱熹著作原文的抄袭。"天理"并不是抽象的概念，"三纲五常"是它在人间的具体体现。八卦教造经人把"三纲五常"直录于经卷之上，同时告诫徒众要懂得"良善慈悲"、"温柔正道"、"恭敬不偏"、"俭者从宽"、"让者不失"的居中之道，并把他们和仁义礼智信并列在韵文中，作为该教门"修身养性"的内容。

要"达天理"，就要"灭人欲"。朱熹早就鼓吹："天理存则人欲亡，人欲胜则天理灭，未有天理人欲夹杂者。"④ 八卦教教义明显地受到这种说教的影响。从刘佐臣编写的《五女传道》到后来离卦入教誓词都引用着孔丘的四句名言："非礼勿视、非礼勿听、非礼勿言、非礼勿动"。他们明确告诫门徒入八卦教就是"归顺于礼"⑤。并把上述四句话演变成四条禁令："耳上思却听邪言"，"眼上思却观色多"，"鼻上思却闻香馨"，"口上思却说邪言"⑥。如果不道守这四项"正道"，就要变成鱼鳖虾蟹，变成骡马畜牲，落在渔翁屠夫之手，下四种地狱，永世不得"超生"。

这就是"存天理、灭人欲"用宗教语言的写照。

八卦教经卷还不断鼓吹愚人哲学：

> 憨人好，憨人好，得证无上道。天榜挂了名，龙楼了挂号。闪下精细人，云城外边跑。⑦

在这种憨憨傻傻才能成正果的说教中，《愚门弟子歌词》遂大倡于世。

---

① 《军机处录副奏折》，乾隆五十三年六月十七日直隶按察使富尼善奏折（片一，歌词二本）。
② 《军机处录副奏折》，乾隆四十七年清水教徒所供。
③ 《军机处录副奏折》，乾隆五十三年六月十七日直隶按察使富尼善奏折（片一，歌词二本）。
④ （宋）朱熹：《语类》卷十三。
⑤ 《军机处录副奏折》，乾隆五十年三月湖北襄阳收元教徒所供《五女传道》。又及《军机处录副奏折》，嘉庆十八年九月三十日王普仁供词。
⑥ 同上。
⑦ 《军机处录副奏折》，乾隆五十三年六月十七日富尼善奏折（片一，歌词二本）。

它配合着狂热而麻木，虔诚而愚昧的宗教仪式，构成了八卦教史上黑暗的一页。

综上所述，在程朱理学影响很大的清代，在八卦教内等级日益森严，世袭传教家族成为特权阶层的乾隆初中叶，该教门把宗教化了儒学作为教义的重要内容，不能说是一种无意识的行动。因为，八卦教首不同于许多秘密宗教的领袖，他们能填词作诗、编写经卷，他们世代捐纳为官。是地主阶级的知识分子。他们思想浸透着儒学说教，这一点在经卷上得到了明显的反映。显然，儒学的尊卑有等、上下有序的等级观念是支持八卦教内等级制度的有力武器，是维护世袭传教家族特权地位的有效手段。儒学的忠君与八卦教的"尊当家"在本质上毫无二致。以儒学为教义的重要内容是少数宗教领袖为了控制该教内部的一种实际需要。

在分析了儒学在八卦教教义中的地位以后，我们就明白了另外一种历史现象。为什么八卦教的许多异名同教这样命名：空子教（即孔子教，空孔谐音）、清水教（朱熹以清水比喻天命之性，即天理）、圣贤教、天理教。也同样可以理解为什么在王伦领导的清水教起义时教徒们自称是"儒门弟子"。林清、李文成起义前夕把八卦教改名为天理教，甚至曾想把该教冠以圣贤教这个总称。① 显而易见，这是八卦教教义中儒学传统对后来农民起义的一种影响。

（2）世袭传教家族反清思想分析

乾隆三十七年春，清政府发现了两本流传在八卦教内的"无名邪书"。它们是分别从王中的徒弟河南震卦教徒谌梅和山东坎卦头目孔万林的哥哥家中搜得。这两本经卷酿成了一场大"邪教案"。致使王中、刘省过等宗教领袖遭到镇压。

在河南搜到的那本经卷中载有"平胡不出周刘户，进在戊辰己巳年"以及"也学太公谓水事，一钩周朝八百秋"② 等词句。在孔家搜到的那本经卷中载有"走肖、木易、卯金刀来争战"，"此外尚有贼星八牛，火焚

---

① 《军机处录副奏折》，嘉庆二十四年六月二十八日山东巡抚程国仁奏折。

② 《上谕档》，乾隆三十七年四月十三日上谕。

幽燕，以及朝廷离幽燕，建康城里排筵宴"等句。[①] 孔氏所藏的经卷系其父遗留，似乎与教首刘姓无关。但前一本经卷已经"破旧糟烂"，显然在教内流传已非一日。

从上述引经；特别是头一本经卷的内容来看，刘姓教首不仅有浓厚的排满兴汉思想，而且具有登基野心。

什么是世袭传教家族反清思想的基础，这种反清思想又产生了一些什么影响呢？

八卦教具有一切宗教的共性，即起到麻醉人民精神的作用。但中国当时是一个高度集权的国家，封建政权已经有了一套维护本阶级利益的完整的思想体系，其中包括了佛教、道教这些正统宗教的思想。在这种历史条件下，八卦教既不可能无限制地扩大势力，也不可能享有正统宗教的政治、经济权力。它只能在暗中潜行传教，作为专制制度的对立物而出现。无论其内部被哪个阶级或阶层把持，总是被当局目为"邪教"、"匪类"，加以取缔和镇压。特别是在清代，对"邪教"镇压的酷烈远甚于历朝。八卦所处的社会地位决定了这个教门们必然具有反抗性。这种反抗性在不同的时期以不同的形式表现出来，消极的或积极的，暗中的或公开的。

至于教内的世袭传教家族虽然大都上升到地主阶级的经济地位，但毕竟不能把它们和世俗地主以及正统宗教的上层统治者等量齐观。前者受到现政权的打击，后者却受到保护和鼓励。世袭传教家族在教内虽然有至高无上的宗教权威，却依然是清政权的子民，在公开的场合要遵守现政权的法律制度，交纳赋税，对清政权地方官要唯命是听。这种地位对于野心勃勃、广有徒众的宗教领袖是不堪忍受的。刘姓教首曾经试图改变这种社会地位，利用清政权实行捐纳制度之机，走上仕途。然而从康熙四十五年到乾隆十三年，这个家族三次被清政权查获，"俱因本犯病故，侥幸漏网"[②]。虽然没有遭受致命打击，但在仕途上飞黄腾达的设想已成泡影。不仅如此，由于暴露了"邪教"身份，使这个家族的传教事业也成为充满荆棘、险象环生的畏途。存在决定意识，世袭传教家族与清政权的矛盾构成

---

① 《朱批奏折》，乾隆三十七年五月十九日山东按察使国泰奏折。
② 《军机处录副奏折》，乾隆三十七年五月十六日山东按察使国泰奏折。

了他们反清思想的基础。显然他们的反清思想与广大底层教徒的反清意识具有不同性质。他们与清政权的矛盾实质属于地主阶级不同派别之间的矛盾。而广大的农民、小手工业者的反清则是出于一种阶级对立、具有反对封建压迫的深刻内容。

但事物是复杂的。由于世袭传教家族在教内举足轻重的地位，他们的言行，特别是载于经卷上的反清内容，就不能不深刻地影响着底层广大教徒，使他们产生共鸣，激起他们的反抗情绪。八卦教从乾隆中叶至嘉庆一朝，三次举事反清固然出于多种原因，但世袭传教家族的反清思想影响也是存在的，它曾起过酵母作用。

应当着重指出的是，这些家族的反清仅仅停留在思想上。在一个世纪的漫长岁月里，他们没有采取任何实际的反清行动，甚至在思想上也是矛盾。他们一方面要控制广大门徒，约束他们的思想和行动，使之不至越轨，一方面又痛感清政府是他们施展野心的不可逾越的障碍。他们所处的经济地位和长期受到的儒学熏染，使他们不敢冒然"毁家纾难"举事反清。所以在乾隆中叶的经卷中又记载着这样的内容："孔子行正传天下，阳虎作乱一时休。"同时警告门徒："大众谨尊，永不犯五刑。"①

世袭传教家族是处在清政权和农民阶级之间的夹缝中的一种特殊的社会集团。这种特殊的社会地位决定了他们思想上矛盾重重，行动上左右摇摆。对他们说来，"火焚幽燕"、"平胡"之类仅是一种泄愤之词。攻打紫禁城的行动只能发生在一场真正的农民革命之中。

综上所述，我们看到八卦教在走完一个世纪的历史进程之后，终于发展成为一个从组织到教义，从宗教仪式到教规无不以维护少数世袭传教家族特权为出发点和最后归宿的教门。

恩格斯曾经说过："历史上各个时期中，绝大多数的人民都不过是以各种不同的形式充当了一小撮特权者发财致富的工具。"② 这段论述同样道出了世袭传教家族的本质。尽管由于清政权的镇压也导致这些家族存在着

---

① 《军机处录副奏折》，乾隆五十三年六月十七日直隶按察使富尼善奏折（片一，歌词二本）。

② 恩格斯：《十小时工作制度》，《马克思恩格斯全集》第七卷，人民出版社1959年版，第269—270页。

反清思想，这种反清思想也曾影响到广大教徒；尽管世袭传教家族创立的八卦教的组织形式后来被农民阶级利用来进行革命斗争，都不能改变世袭传教家族是披着宗教外衣的地主阶级集团这一问题的本质。

三　八卦教世袭传教家族的衰落

（一）动乱的时代

乾隆中叶到嘉庆末叶是有清历史的重要时代，它结束了清代近一个世纪的表面繁荣。从此封建专制统治如江河日下，再也没有回转的机运。在这个时代里，有一个引人注目的历史现象，那就是以秘密宗教和秘密结社为组织形式的大规模的农民起义接踵而至。它们代表了这一时代农民运动的主流和方向，构成了动乱时代的主要内容。

造成多次农民起义的原因是什么呢？

乾隆三十九年，由于年岁歉收，"地方官妄行额外加征"，① 山东省爆发了王伦领导的清水教起义。

乾隆五十一年，因为"据台湾皆贪官污吏，扰害生灵"，林爽文宣告"以救吾民，特兴义兵"②，爆发了天地会起义。

嘉庆元年，川、陕、楚等五省爆发了白莲教大起义。它的导因是地方官"以虐民喜事为能"，以致"官逼民反"③。

嘉庆十八年直、鲁、豫爆发了林清、李文成领导的天理教起义。它的导因是"总因贫困"，"地方官平时苛虐，无事不与民为仇"④。

从短短的四十年间爆发的四次起义来看，造成社会危机的原因是封建统治者对广大的农民剥削和压迫的加深，使阶级矛盾趋向激化。

乾隆一朝，财政开支庞大。一是用于连续大规模的军事行动，一是用于最高统治者的挥霍。

大规模的军事行动，即乾隆沾沾自诩的"十全武功"。军费开支的庞

---

① 《军机处录副奏折》，乾隆三十九年十月十九日大学士舒赫德等奏折。

② 《林爽文起义军告示》，《康雍乾时期城乡人民反抗斗争资料》，中华书局1979年版，第780页。

③ 《清史稿·谷际歧传》。

④ 《军机处录副奏折》，嘉庆十八年十月十三日通政使司通政使张鹏展奏折。

大是惊人的。两次金川之役耗货七千万两白银，对回、准两部的平叛之役耗资三千五百万两白银。仅此两项军费已逾一亿，无疑给人民造成了极重的负担。

乾隆本人的侈奢是众所周知的。六次南巡，每到一处都要大肆挥霍。地方官为了献媚取宠，不惜悛剥百姓，以供皇帝一时之欢。"饰具踵靡，所费较之康熙时代，殆十倍之"，"清跸所至，戏台、彩棚，镫舫等物沿途点缀，水行飞舟千百般。"所到城市"街道尽铺锦毡，周围百十里，所值甚巨。"①

乾隆三十七年，乾隆已数度南巡，而且进行了几次大规模的战争，但是国库藏银却达到了有清历史最高水平，岁至七千八百万两白银。比乾隆初年"计倍而赢"②。这一数字表明封建统治者对劳动人民剥削的酷烈。

以山东省为例：雍正年间该省由于自然灾害，造成"带征未完积欠通计三百余万两。"乾隆上台不久，就下令严加追索。威胁对所谓"恣意欠拖"者，"当加以重惩，必不姑贷"③。这种作法当然不仅实施于山东一省，各省大率类然。这种损下益上，富国穷民的政策，被后来的龚自珍十分形象地比喻为"自啖自肉"。

赋税苛刻固然给人民带来了极重的负担，而官吏贪污更形成了一个无法添满的无底洞。乾隆一朝"贪污之风遍天下"④。"自和坤用事，上下相蒙，惟事婪脏黩货"⑤。和坤贪污数额之巨在封建社会首屈一指，它发生在乾隆一朝决非偶然。他不过是整个官僚机构贪脏黩货的一个代表。再如山东省，"大吏屡非其人，吏治废弛，贪污遍野"⑥。仅国泰任职期间，他"婪索诸属员，数辄至千万。察诸州仓库，亏二百万有奇"⑦。亏空之数则"巧取于民"⑧。

由于最高统治者"政命皆出邀誉"，导致"媚上骄下之臣当道，忠君

---

① 肖一山：《清代通史》卷中，第一篇，第 55 页。
② （清）《高宗实录》卷九八〇，第 27 页，乾隆三十七年十一月癸卯。
③ （清光绪）《山东通志》卷首，训典二。
④ （清）昭槤：《啸亭杂录》卷十，第 346—347 页。
⑤ （清）章学诚：《章氏遗书》。
⑥ （清）昭槤：《啸亭杂录》卷 10，第 346—347 页。
⑦ （清）章学诚：《章氏遗书》。
⑧ 《清史稿·国泰传》。

爱民之宰退守"、"于是废公利己，各失政守"、"祸国殃民"、"贪酷废法"的"不肖之臣"遍布全国。他们"夤缘为奸，颠倒法纪"，"渔利害民"①。他们对待老百姓的逻辑是："无事恣其侵渔，有事止于剿杀。剿杀之后，仍事侵渔。侵渔既久，势必又至剿杀。"②

统治阶级的贪脏枉法，为非做歹，再加上当时天灾频临、土地兼并、物价上涨、人口暴长等因素就造成了底层社会的动荡不定。

当时山东地区的情况是：

流民多：由于赋税苛刻，农民抗灾能力减弱，以至"岁偶不登，间阎即无所恃，南走江淮，北出口外"。"滋生无策，动辄流移"③。

抗欠者多：由于赋税苛刻，当时山东民间流传着这样的谚语："不欠钱粮，不成好汉。"④ 可见抗欠已经成为底层群众对抗清政权的一种普遍的斗争形式。不仅抗欠国家赋税，佃农还纷纷抗欠田租。其中不少人"强霸地亩"，"抗租不纳"⑤，"累年拖欠，相习成风"⑥，甚至"鸣钟聚众，持梃围宅"⑦，威胁地主性命。

沦为"匪类"者多：由于多种因素造成农民在正常的封建秩序下无法生活下去，以至扒盗案大量增加。"无业穷民，群居觅食。昼则随帮受雇，夜则乘机为匪"⑧。而流民由于无归依之所，也导致"艰于口食，共谋抢夺"。以至"盗风日炽"。⑨

参加"邪教"者多：据故宫明清档案部《农民运动·秘密结社类》条目统计，乾隆二十年以前史料仅记载了十六个秘密结社的活动情况，到乾隆二十年以后则多达一百九十九种。⑩ 山东省情况也大致符合这种比例。

---

① 《军机处录副奏折》，原任湖南长沙府善化县典吏候选府经历邹润吾上皇帝书（大约嘉庆十八年）。

② 《清史稿·孙嘉淦传》。

③ （清光绪）《山东通志》卷首，训典二。

④ 同上。

⑤ 《康雍乾时期城乡人民反抗斗争资料》，第241页。

⑥ 同上书，第218页。

⑦ 同上书，第219页。

⑧ （清光绪）《山东通志》卷首，训典二。

⑨ 同上。

⑩ 参见秦宝琪、刘美珍《试论天地会》，《清史研究集》第一辑。

这时秘密宗教世界呈现出两个特点：

一是秘密宗教与民间武术团体的合流。

清代华北地区除了活动着许多秘密宗教，还存在着大量的民间武术团体，如神拳会、大刀会、红砖会、义和拳、八卦拳……，名目繁多。它们大都是以传习武术而组织起来的松散团体。这些团体有着悠久的历史传统。它们"治世"而隐、乱世而出，几乎是封建政治的晴雨表。乾隆中叶以后它们大量的出现在底层社会，说明了当时社会的混乱。这些武术团体成员的活动引起了秘密宗教的注意："邪教之人，专意诱骗此等人入教，以张羽翼。"① 秘密宗教有着较为严密的组织，有着共同的信仰，而民间武术团体则具备进行武装斗争的高超手段。乾隆中叶以后部分秘密宗教与武术团体合流，反映了华北地区农民运动的特点和历史趋势。

另一特点是出现一些反映变革旧秩序和追求光明等思想内容的经卷。

由于大批破产的农民、小手工业者、小市民涌入秘密宗教，迅速地改变着某些教派的成份。宗教必须满足绝大多数人的意志和要求才能继续存在和发展。在这种背景之下，许多教门的教义发生了深刻的变化。这些内容预示了一个动乱时代的开始。它们宣称，这将是一个"大劫在迩"的时代，"世界当有一变"②。要"换乾坤、换世界"，就要经过"反乱年，末劫年"。"末劫年，刀兵现"③。"南方丙丁，木易要先起。又西北乾天，李、刘各引雄兵，直指长安地"④。在这种动乱的时代，宗教徒们热切地盼望着救世主弥勒佛的降临。他们呼喊着："真空家乡。无生父母，现在如来，弥勒我主"⑤。"我祖速至"⑥ 等口诀。他们深信在一场光明与黑暗的决战之后，"阴阳还理照，天换世界人"⑦。而全新的世界就会出现在眼前："新天新地新乾坤，新人新书新时辰。"⑧ 不仅天、地、人变了，而

---

① 《朱批奏折》，乾隆四年十月二十四日兵部侍郎雅尔图奏折。
② 《戡靖教匪述编》卷十一。
③ 《军机处录副奏折》，乾隆四十年四月二十八日山东巡抚徐绩奏折。
④ 《军机处录副奏折》，乾隆五十三年七月十八日勒保奏折。
⑤ 《军机处录副奏折》，乾隆五十二年二月二十日山东巡抚明兴奏折。
⑥ 《那毅文公奏议》卷四十。
⑦ 《军机处录副奏折》，乾隆三十八年三月初五何煨奏折。
⑧ 《军机处录副奏折》，乾隆二十二年收缘教胡二引进供词。

且一年变成十八个月，一天变成十八个时辰。在经卷中旧秩序就是这样遭到了否定。这些经卷内容深刻地反映了那个时代劳动者"极度憎恨旧秩序"和"自发地渴望从这些重担下解放出来并找到美好生活"的希望。[①]

综上所述，我们看到在乾隆中叶以后，清王朝已经面临着一个风雨将至、大乱在即的局面，一个农民革命际会风云的时代已经为期不远了。显然在这样一个时代，在要求变革现实的苦难的人群面前，一切秘密宗教内部的各种政治势力都面临着决择，然后由人民来决定他们的命运的兴衰。

在这种形势下，八卦教进入了历史的转折关头。

（二）八卦教世袭传教家族的衰落和农民革命的兴起

在任何动荡的时代，几乎所有社会集团内部都面临分化。各种政治势力总要按照自身的利益选择方向，采取行动。这就造成了这些集团内部"过去和将来的成分交织在一起，前后两条道路互相交错"[②]的局面。乾隆中叶到嘉庆末叶，八卦教正是处在这种新旧交错的历史环境中。

一方面，以世袭传教家族为代表的教内传统势力为了维护少数人的既得利益，继续沿着旧秩序的轨道行事。另一方面，大批破产的劳动者涌入教内，他们和原有的底层教徒结合，形成了一股变革旧秩序的力量。

而这两种力量又面临着与第三者——清政府的尖锐对立。当时的状况是：世袭传教家族既面临着清政府的镇压，又面临着广大教徒的离异；广大底层教徒为了寻求生路，既要摆脱宗教旧传统的束缚，又要奋起反抗清政权的统治。八卦教就是被这种错综复杂的矛盾运动所支配，发展到了一个崭新的阶段。

（1）世袭传教家族的衰落

乾隆三十七年是八卦教世袭传教家族由盛至衰的转折。这一年春夏两季，这些家族的主要成员几乎被清政权一网打尽。曾经有一个世纪统一历

---

① 〔俄〕列宁：《托尔斯泰和无产阶级斗争》，《列宁全集》第16卷，人民出版社1972年版，第352页。

② 〔俄〕列宁：《社会民主党在民主革命中的两种策略》，《列宁选集》第1卷，人民出版社1972年版，第576页。

史的八卦教走向分裂。

这是秘密宗教史上有名的"邪教案"。刘省过及其亲弟刘省衍被杀。长子刘洪长期被监禁在山东单县监狱，次子刘齐年即刘二洪逃往河南，卖针度日。刘省过的妻妾及三、四、五子发配给功臣为奴。几乎所有的近亲支派全部流放到新疆。其中一支刘廷献、刘成林父子等人被流放到新疆济木萨种地为业。

乾隆四十二年，刘二洪逃回山东，被同教护送到北京。山东、直隶、京畿一带部分教徒奉刘二洪为教首，力图复兴八卦教。

乾隆四十五年，山东金乡八卦教头目侯尚安"因教首刘省过死后八卦教无人掌管"，"在家复兴八卦教"①。为了取得正统地位，侯尚安派人拜见自己的表亲——被流放到济木萨的刘廷献，奉他为八卦教"中天教首"。

这样在八卦教内出现两个刘姓教首。

离卦郜姓乾隆三十七年也遭到沉重打击。郜大、郜二、郜三被杀之后，郜家一支逃往山东聊城县，一支仍留在河南商邱老家，分别进行传教活动，在河南的一支由郜生文的儿子郜与、孙子邹坦照掌教，山东聊城县一支由郜三之子郜添麟充任教首。郜家也分裂了。

震卦自王中死后，由其子王子重在山东菏泽县老家兴教。

坎卦自从张柏、孔万林被杀后，山东的一支由孔万林的侄子孔玉显充任卦长。孔玉显"指称养赡刘省过之子刘二洪为名，传教敛钱。"敛得钱财，却自置土地。"耕种为业"②，弃教务农了。

该教门"内安九宫，外立八卦"的旧传统秩序已被打破。世袭传教家族控制下的各卦势力纷纷自立门户。

乾隆三十七年清政权对这些家族的残酷迫害并没有激起他们的反抗情绪，更没有导致直接的反清行动。这些家族在各自的势力范围内、抱残守缺，继续以宗教为敛钱之具。而且像一切走下坡路的剥削阶级集团那样，在临近衰败时，不择手段地攫取现世利益。

"中天教首"刘廷献、刘成林父子在发配新疆后已经穷困潦倒，但在

---

① 《朱批奏折》，嘉庆二十二年十二月十九日直隶总督方受畴奏折。
② 《军机处录副奏折》，乾隆五十二年二月二十日山东巡抚明兴奏折。

乾隆四十五年接充教首后绝处逢生。内地八卦教头目侯尚安、侯绳武等人曾命令门徒扮作瓷器商人，万里迢迢，三次赴疆给刘氏父子汇送银两。乾隆四十五年送银一千两，嘉庆七年送银四千两，嘉庆十四年送银三千两，还有若干黄金。据刘成林后来供称，这笔钱"十数年来嫁娶日用，并置房屋陆续花费。"身为"配犯"的刘成林在新疆还娶了妾。①

刘二洪被教徒送到北京后，每年都能从华北各地教徒那里获得大笔汇银。其中山东章邱县刘三送银一百二十两，椎县梁迁送银一百余两。这仅是刘二洪所得银两的一部分。刘二洪用这些钱在北京开了古董店，当了商人。在单县监禁的刘洪也比一般囚徒的生活远为优越。他利用族弟刘兴帮充当狱卒的关系，屡次得到教徒接济。

离卦教首郜添麟自从逃至山东聊城县后，以传教为手段，家业迅速恢复。他在聊城县东关开着首饰铺，其弟郜添佑则以捐纳充任监生，同时做着粮食买卖。

震卦自从王子重接充教首后，情况与刘、郜两家相仿，山东、直隶、江苏教徒也不断有银两汇送。

乾隆中叶以后，世袭传家族把持下的八卦教各支派更加俗化。为了敛钱，这些家族滥封甚至出卖教职，出卖合同，编造敛钱口诀，专意诱惑富家子弟入教，以尽其囊驮。"中天教首"刘廷献、刘成林父子在接到内地教徒汇送的银两之后，立即"赐封"教职，教职名目既多又大。诸如：大善真人、坎宫坎卦极北天尊、乾卦一品教职、坤卦一品教职、坤卦副总等等，并同时赐给木印以象征权力，赐给《八卦教首谱系图》以拢络同教。王子重为了让教徒"速动皇帐"，即迅速给他汇送银两，对表现出"忠心孝意"的门徒每人晋升一级。王子重的后代则公然"以出钱之多寡给与爻数等项名号，为教中出力之人。"②离卦教内则流传着："要得福禄全，还得四季钱"③的口诀。这些家族的末代子孙比他们的祖辈在敛钱事业上走得更远。而他们所干的一切都发生在农民革命风起云涌的时代。

---

① 《朱批奏折》，嘉庆二十二年九月二十五日庆祥奏折。
② 《朱批奏折》，道光四年三月十八日署山东巡抚琦善奏折。
③ 《军机处录副奏折》，嘉庆二十四年六月七日英和奏折。

　　为了避免清政权的镇压，他们的行动更加谨小慎微，政治态度更趋向保守。刘廷献父子在新疆不招一徒，不从事宗教活动。刘廷献告诫其子刘成林："将来断不可传教授徒，"① 以免受株连之祸。刘二洪招收的徒弟"都是庄农人家，不至生事"②。而摈弃所谓"借事招摇"、"为人强横"的不法之徒。③ 为了保持对教门的控制，"他们平日讲究经卷，并不学习拳棒。"④ 刘二洪对于教内学习拳棒的段文经、徐克展诸人采取排斥态度，让门下阻止他们"不必敛钱来京，免致生事"⑤。当时教内流传的经卷也记载了这些人的思想状况："今后不争名利，观破世事，总不如俺一心去养气万万余年。"⑥ "无有处长明不暗，无出处海量宽宏，无住处九州三体，无世界甲子不一，无逃处飞海腾空。""无中生有谁能会。全凭黄婆养性真"⑦。他们希图用空与无的言词回避人世间的挫折坎坷，在空与无的境界中求得灵魂的安宁。

　　显然由于他们所处的经济地位，所接受的宗教传统，以及回避现实的精神状态都决定着他们不但不可能参加以八卦教为组织形式的农民起义，而且仇视、抵制这些革命行动。从仅见的史料来看，清前期八卦教世袭传教家族中没有一个成员参加了任何一次农民起义。嘉庆十八年天理教起义前夕，林清的部下，八卦教头目杨遇山曾派门徒刘存信送信邀请郜云龙六世孙，河南离卦教首郜坦照共举大事，郜坦照"将信焚毁，并将刘存信斥逐"，⑧ 以示坚决反对。同时他手下的其他离卦教头目也告诫门徒："怕起风波，需得安份守己。"⑨ 不允许教徒参加起义。他们这种倒行逆施理所当然地遭到广大教徒的唾弃。在天理教起义爆发前夕，大批教徒纷纷离异。从档案史料中可以发现这样一种现象，那就是许多离卦教徒改信震卦。因

①　《朱批奏折》，嘉庆二十二年十月十二日据刘成林供词。
②　《军机处录副奏折》，乾隆五十一年八月十一日永琅奏折。
③　同上。
④　《朱批奏折》，嘉庆二十二年十二月十五日据靳光含供词。
⑤　《军机处录副奏折》，乾隆五十一年八月十一日永琅奏折。
⑥　《军机处录副奏折》，乾隆五十三年六月十七日富尼善奏折（片一，歌词二本）。
⑦　《机军处录副奏折》，乾隆五十六年七月刘照魁供出书芳传授〈八卦教理条〉。
⑧　《军机处录副奏折》，嘉庆十九年二月二十二日大学士董诰奏折。
⑨　《军机处录副奏折》，嘉庆十八年九月三十日据王普仁供词。

为当时的离卦一部分势力还为郜家所控制，而震卦教已经为李文成所掌握。著名的八卦教头目冯克善、崔士俊都是离卦郜家的再传弟子。冯克善自立门户，与林清、李文成结合，成为农民起义的领袖。崔士俊则改值李文成的震卦教，成为山东金乡县天理教的首领。

虽然八卦教名目只有一个，但在这个庞杂的宗教体系中却有着绝然相反的两种政治力量。一个是以世袭传教家族为代表的旧传统势力，一个是新兴的农民革命力量。清政权也很清楚这些家族掌握的教门"虽系同习八卦教"，但与起事的八卦教，"并非一气"，"实非一党"①。

世袭传教家族尽管采取了与世无争，明哲保身的立场，但并没有得到清政府的赦免。在乾隆末叶到嘉庆一朝，不断遭受致命的打击：

乾隆五十一年七月，段文经率五十余徒众突袭大明府道，造成震惊全国的"邪教案"。刘洪、刘二洪、刘三洪受到牵连，被清政府处斩。

乾隆五十三年震卦长王子重被发配新疆。

乾隆五十六年，震卦头目刘照魁扳供出王子重，王子重被杀。

嘉庆十八年秋，离卦郜家在山东、河南的头目郜添佑、郜坦照受到天理教起义牵连，被处以斩决（后来郜坦照被"改发新疆给厄鲁特为奴"）。

嘉庆二十二年，"中天教首，"刘成林被侯位南扳供，在新疆被杀。教首刘姓至此结束了它一个半世纪的传教生涯。

清政权的铁血政策不仅直接打击了这些家族本身。而且破除了许多门徒对这些家族的迷信和崇拜。这些自诩"法力无边"的"圣裔"，不但不能"赐福"于徒众，自己也难免受制于凡间的刑律，纷纷罹难。这就导致他们把持的教门纷纷解体，大批教徒如鸟兽散。例如江苏沛县震卦教徒就是王子重被发配新疆后全体散教的。

在清政权和农民革命双重力量的夹击下，在嘉庆十八年天理教起义前后，这些家族大都已经败落："各卦已零落断绝，现俱无人。"② 嘉庆二十二年被清政权发现的《八卦教首谱系图》上各卦也多注有"亡绝"，"无

---

① 《军机处录副奏折》，嘉庆二十二年十二月十八日山东巡抚陈予奏折。
② 《军机处录副奏折》，嘉庆十八年九月十五日山东巡抚同兴奏折。

后"字样。① 从乾隆三十七年至嘉庆末年的四十几年间，在一个阶级斗争空前尖锐的时代。这些家族纷纷地走上了末路，无可挽回地衰落了。

（2）八卦教内农民革命力量的兴起

以世袭传教家族为代表的八卦教传统势力逐步走向衰落的同时，教内的农民革命力量却在迅速地崛起。乾隆三十七年清政权对宗教领袖刘省过等人的镇压，恰恰为农民革命势力的发展开辟了道路。八卦教内一个群雄并立的局面随着一个动荡时代的来临出现了。乾隆三十九年山东临清一带王伦领导的清水教首先发难，乾隆五十一年段文经领导的八卦会继之而起。这两次起义充分说明世袭传教家族已无法控制教中局势。当然这两次起义仅仅属于一种局部的斗争，并没有动员起整个八卦教的农民革命力量。随着嘉庆年间社会经济状况的进一步恶化，封建国家机器的更加腐败，一切恶劣的形势都迫使日益贫困的小农、小手工业者、小商贩、小市民以及形形色色被抛到苦难深渊的底层群众为寻求生路，起而抗争。这时八卦教内部酝酿着一场新的爆发。但是八卦教的各种反清力量分散在华北各地，还需要一种力量把它们重新统一起来，形成一种统一的力量，以适应人民群众变革现实的普遍要求。由于清政权的外部压力和八卦教固有的凝聚力，在嘉庆中叶以后这种在反清基础上重新统一的条件已经初步具备。显然世袭传教家族不愿意也不可能完成这种统一。历史的责任落到了名不见经传的林清、李文成头上，正是在这种条件下，林清、李文成登上了时代的舞台。

林清，祖籍浙江绍兴。随父迁往京南大兴县黄村，其父是黄村巡检司书吏。林清十几岁时曾在北京城内药店当过学徒。此后为了谋生当过更夫，开过茶馆、鸟雀铺，到口外当过监工，并曾接替父职任了一年黄村巡检司书吏，之后又到江苏丹徒作过县令长随。大约在嘉庆十年回到黄村，当时已经沦落，形同乞丐。② 在走投无路的情况下，于嘉庆十一年拜白阳教坎卦头目宋进跃为师入教。为了搞清林清的师承关系，我们引用一段林清外甥董帼太在嘉庆十九年四月二日的供词："顾文亮又传给郭潮俊，郭

① 《军机处录副奏折》，嘉庆二十二年十二月七日山东巡抚陈予奏折。
② 《军机处录副奏折》，嘉庆十八年十月十六日董帼太供词。

潮俊传给宋进跃，宋进跃传给我舅舅林清，"①

京南一带早在乾隆中叶就有八卦教（当地称为白阳教）坎卦支派活动。乾隆三十三年坎卦长张柏收大兴县屈得兴为徒。屈得兴在乾隆四十二年还在大兴县一带活动。这以后坎卦在大兴县活动情况史料阙如。由上述史料我们可以看出林清习教师承关系如下：

刘省过→张柏→屈得兴……顾文亮→郭潮俊→宋进跃→林清

嘉庆十三年宋进跃、刘呈祥、林清等人因习教吃了官司。"官司后宋进跃与宋进会商量把白阳教改为荣华会。"② 同年，宋进跃、刘呈祥发配充军。"十四年冬间林清自做教首。"③ 掌了坎卦教。林清的夺权曾经引起郭潮俊的反对，但由于林清为人慷慨，见多识广，又深通"教中道理"，迎得了广大徒众的拥护。林清并不是天生的农民领袖，"初入教也，意图敛钱，无大志"④。可见他最初掌教时思想还停留在收徒敛钱这个八卦教传统宗旨上。林清掌教后，依仗着白阳教的实力和他本人的组织才干以"三教归一"为号召迅速地统一了大兴、通县和直隶固安县、雄县等地的青阳教、红阳教、白阳教支派。

几乎与林清从事宗教活动的同时，河南滑县人李文成投九宫教（八卦教异名同教支派）教首梁健忠为师入教。《靖逆记》记载：李文成"少孤……为木工佣保，人呼李四木匠。"他入教后，"教中事有条理不当者，文成厘次剖晰，众推服之无异词"⑤。

嘉庆十六年二月林清通过其徒弟，滑县人牛亮臣的介绍会见了李文成、冯克善等人。李文成等与林清讲论教中道理，大为折服，"都从了林清"⑥。当时李文成的师傅梁健忠还在因袭八卦教旧传统，一味敛钱肥私。

---

① 《军机处录副奏折》，嘉庆十九年四月二日董帼太供词。
② 《军机处录副奏折》，嘉庆十八年十一月二十八日宋文潮供词。
③ 《军机处录副奏折》，嘉庆十八年十一月王添才供词。
④ （清）兰簃外史：《靖逆记》卷一。
⑤ （清）兰簃外史：《靖逆记》卷五。
⑥ 《军机处录副奏折》，嘉庆十八年十一月九日曹帼昌供词。

林清为了扩大势力，指称梁健忠"所传道不真"。这之后不久，"李文成曾同众人到梁健忠家讲论，争作教主"①。梁健忠因势不敌，被迫交出经卷以及教内底薄，李文成夺取了教权，掌握了八卦教震卦主要势力。

就这样，林清、李文成成为八卦教内新兴的宗教领袖，并在嘉庆十六年二月第一次会晤中开始"商定谋逆"②，走上了反清的道路。林清、李文成之所以走上反清道路当然不能归结为个人的动机。像对历史产生过影响的任何人物一样，他们的动机总是反映了那个时代一定的阶级、阶层或集团的利益和要求。显然正是华北地区农民阶级要求变革现实的力量把他们推上了八卦教宗教领袖的地位，使他们在一段时间内充当了历史舞台的主角，表演了一番慷慨悲壮的剧目。

同样，林清、李文成为了举大事也采取一些突破宗教束缚，符合农民现实利益的措施，因而赢得了更多群众的信仰，达到了争取群众、组织群众、酝酿起义的目的。

首先，他们利用敛来的钱财周济教内外群众。

林清在京南一带以急人好施著称。他把教中各支派汇送的银钱"分散穷人，已有多年"③。相传他家设有谷仓十七个，专门用来接济教内外乏食之人。《靖逆记》中也说他"有告贷者辄给之，乡村仰食者万余家"。

林清为了举大事，特别注意交结各阶层人氏。清四品官独石口都司曹纶在嘉庆十六年"积年欠帐五六千金之多"。债主"日夜追逼，非但无以当差，并无以存活"。林清替他"赎衣服"，并送他马一匹，骡一头，京钱五十千。④ 帮他度过难关。正是在这种情况下曹纶父子才加入了天理教。为了攻打紫禁城，林清利用红阳教与底层太监的关系，按时接济刘得财等太监，使这些人感恩戴德，以死报效。成为内应。

林清、李文成等人不置产业。林清仅有地二亩六厘，土瓦房九间。李文成徒众最多，也只有土瓦房十数间而已。这些农民领袖与同时期一味敛钱致富的世袭传教家族成员有着天壤之别，这正是他们赢得群众的原因

---

① 《军机处录副奏折》，嘉庆十八年十二月二月四日那彦成奏折。
② 《军机处录副奏折》，嘉庆十八年十二月十二日托津奏折。
③ 《军机处录副奏折》，嘉庆十八年十一月两江总督百龄奏折（具体日期不清）。
④ 《军机处录副奏折》，嘉庆十八年十一月五日已革都司曹纶供词。

之一。

其次，以分配土地为号召，扩大组织。

乾嘉时代华北地区土地高度兼并，贫苦农民渴求土地的愿望极其强烈。林清、李文成敏感地意识到了这个问题，并采取了相应的手段：以许给土地为号召，扩大组织。

李文成在夺取教权后，答应"凡有送钱文、粮食者，许俟李文成起事之后给与地亩官职。每钱百文许地一顷，粮食数石许给官职。填注号薄，并开写合同纸片，交与本人作据"①。梁健忠任教主时"人数本不甚多"，"许俟李文成起事之后给与官职地亩，是以相从者众"②。仅登记入册的人数就达三千八百多名。林清在京南也实行同一方法："凡输百钱者得地一顷，愚民惑之，远近踵至。"③ 显然这种作法极大地鼓舞了贫苦农民参加起义的积极性。在起义前夕群众已经跃跃欲试，准备夺取土地了："金乡贼仇士绅入骨髓，思欲聚而歼旃，剖其田宅。"④

林清、李文成以土地号召农民革命的做法的深刻意义在于：他们使天理教从旧传统的八卦教中蝉蜕出来，与它发生了质的区别。

再次，普遍学习拳棒，准备武装斗争。

世袭传教家族出于维护宗教旧秩序的目的，在他们掌握的势力范围外只注重经卷，"只图消灾获福，向不学习拳棒"⑤。天理教出于起事的目的，十分注意对教徒进行拳棒气功的训练，并把它作为招收教徒的手段之一。这在底层劳动者生命财产没有保障的动乱年代，是一项吸引群众的措施。

天理教内"八卦分文武，乾坎艮震四文卦，巽离坤兑四武卦"⑥。其实四文卦的教徒也习武术。教内设文武两卦主。武卦主王祥、冯克善武艺都很高强。冯克善"徒手搏击、数十人无敢近者"⑦。他经常来往于河南、

---

① 《军机处录副奏折》，嘉庆十八年十二月十二日托津奏折。

② 同上。

③ （清）兰簃外史：《靖逆记》卷五《林清》。

④ （清）兰簃外史：《靖逆记》卷二《金乡守城事》。

⑤ 《军机处录副奏折》，乾隆五十三年六月十七日富尼善奏折（片一，歌词二本）。

⑥ 《军机处录副奏折》，嘉庆十八年十二月二日宋树得供词。

⑦ （清）兰簃外史：《靖逆记》卷五。

山东一带传徒授艺，手下有弟子数百人。直隶长垣人徐安帼是天理教起义主要将领之一。冯克善说他"手下人多，本事也好"①。可见天理教内精于拳棒者不在少数。在起义爆发后的道口、滑县、司寨三次战役中，起义军面对着数倍于己的敌人表现出不屈不挠的意志和顽强的战斗力，显然和天理教内普遍学习拳棒、气功分不开的。

为了使起义有组织、有计划地顺利进行，林清、李文成等人在嘉庆十六年以后多次密谋，作了大量的工作。林清曾经说过："八卦总该归一。"② 为了做统一八卦教的工作。他曾经先后五次去河南道口、滑县，会见李文成等人。他的门下支进才曾二十几次往返于大兴县、滑县之间进行联络。李文成、冯克善等人也曾去京南拜见林清。林清、李文成还不断与山东、河南、直隶八卦教各支派进行联系，并派出头目"分路度人。"在起义爆发前夕，已经联络了八卦教众多支派共同举事。其中有"滑县头目于［宋］克俊，磁州头目赵得一，长垣头目贾士元、罗文志，卫辉头目就是冯克善，手下各有几百名……道口镇头目王体［修］志，手下有一二千名；曹县头目许［徐］安帼、德州头目宋跃隆、金乡头目崔士俊，手下人各有几百名……又巽卦头目杨遇三［山］在顺德府。乾卦头目华姓在宣化府。艮卦头目王道隆在归化城。坤卦头目魏正中、石安度。兑卦头目王忠顺在潼关"③。

他们在起义前夕把八卦教改名为天理教。并且确立了领导机构。最高领导人林清、冯克善、李文成为天、地、人三皇。分别掌管天盘、地盘、人盘。由于李文成实力最大，实质上是林清、冯克善辅佐"人皇"李文成打天下，坐江山。牛亮臣任宰相，宋元成任总元帅。三皇之下设八宫王。兑宫王刘帼明、震宫王宋克俊、巽宫王王修志、艮宫王刘宗顺、坤宫王冯相林、坎宫王尹振、乾宫王寿光德、离宫王王道隆。每宫王下设八宫伯，共六十四宫伯。在教内林清、李文成统管八卦九宫。八卦教再次得到统一。尽管这是一个暂时的、松散的统一，它毕竟说明随着阶级斗争的空前

---

① 《军机处录副奏折》，嘉庆十八年十二月十三日冯克善供词。
② 《军机处录副奏折》，嘉庆十八年十二月十五日刘宗山即刘玉山供词。
③ 《军机处录副奏折》，嘉庆十八年九月十九日林清供词。

尖锐，农民运动的高潮迅速地到来，它的领导者林清、李文成等人以及八宫王已经取代了八卦教世袭传教家族在教中的地位。八卦教已经不是个别地主集团手中的工具，它已经掌握在农民阶级手中，成为这个阶级发动起义的组织形式了。八卦教的性质也因此发生了根本的变化。

嘉庆十八年八月林清在滑县告诉李文成等人，"该明道了"①。长期处于地下活动的八卦教从秘密状态走向公开的武装斗争。它以"奉天开道"为明号，以"得胜"为暗号，统一了各卦的手号、口号。在九月中旬前后，在北京以及滑县、浚县、长垣、定陶、单县、城武、金乡、鱼台……一起动手。这是一场迅雷不及掩耳的攻击，它极大地震惊了清王朝的统治中枢，给地主阶级带来了一场"奇灾异变"。农民阶级以自己的壮烈行动迎接着近代中国更加猛烈的狂风暴雨，用可歌可泣的英雄业绩彪炳着史册。

相形之下，世袭传教家族的"遗孽"还在继续着蝇营狗苟的敛钱事业。震卦王姓的子孙在道光年间，离卦郜姓的子孙在咸丰年间还有活动。历史告诉我们，只要这些家族的宗教和世俗基础还没有最后崩塌，这样或那样一些家族的种子总会延绵不绝、贻害于人。然而时代毕竟面临大变，封建大厦已经摇摇欲坠。日之将夕，悲风骤起，历史为它们唱挽歌的时候已经为期不远了。

（原载《中国人民大学八二届硕士论文选》，中国人民大学出版社 1983 年版）

---

① 《军机处录副奏折》，嘉庆十九年正月十二日牛亮臣供词。

从罗教到青帮

　　要研究青帮史就不能不研究罗教，因为它是罗教史的有机组成部分。青帮来源于罗教，但在其发展过程中又逐渐脱离了罗教。从明中叶到清中叶的二百多年的风云变幻，使罗教的一个支派逐渐演化为漕运水手的行帮会社，而这种行帮会社由于其自身的严重弱点，又在近代社会的急剧变动中沉沦为以流氓无产者为主体的社会寄生集团。在青帮的这一演变过程中，罗教的宗教意识和作用越来越小，乃至最后消失。可以说是现实的社会力量塑造了青帮在不同发展阶段的不同特点和品格，创造了一部纷繁复杂的青帮史。

一　关于罗教

　　罗教，又名罗道、罗祖教，是明清两代一支流传广、支派多、影响颇为深远的民间宗教。

　　罗教山"罗祖"创于明正德年间。关于罗祖的姓名历来说法各异。明末《混元弘阳佛如来无极飘高祖临凡宝卷》、《佛说三皇初分天地叹世宝卷》谓罗祖名罗清，明末密藏禅士著《藏逸经书》称之罗静，清道光年间的《众喜宝卷》称之罗英。据清代官方档案记载，罗祖九世孙罗德麟于乾隆年间供称，罗氏家族的创教始祖叫罗梦鸿。① 浙江老官斋教（罗教支派）教主姚姓又称之为罗梦浩。② 而广东的罗教徒则称"罗祖名叫罗杰

---

① 中国第一历史档案馆藏《录副档》（以下皆简称某档），乾隆三十三年九月二十一日直隶总督杨廷璋折。
② 《录副档》，嘉庆十九年四月十三日浙江巡抚李奕畴折。

空，系前明正德年间受过敕封"。① 上述记载并不矛盾。罗氏"以清净无为创教"②，罗清、罗静是其道号。青帮秘籍亦称罗祖道号"净卿"、"净清"和罗清、罗静之称相符。罗梦鸿是他创教前的俗名，梦浩当是音讹。至罗杰空似是罗真空的讹传。罗教的流裔真空教在闽粤一带乃至东南亚都有流传。

关于罗梦鸿的身世和创教情况，中外研究者已有所揭载，本文仅作少许补充。

据乾隆四十年清当局在浙江起获的罗经《应祖行脚宝卷》载，"昔年山东罗祖，年登八十五岁，嘉靖六年正月念九日脱化"③。又据《众喜宝卷》："罗英公，山东莱州即墨人，于正统七年十二月初一子时生。至三岁父亡，七岁母故，行道十三年，于嘉靖六年正月二十七辰时坐化"。可证罗梦鸿经历了明正统、景泰、天顺、成化、弘治、正德、嘉靖诸朝。罗教创成的标志是成于正德年间的五部经卷：《苦功悟道卷》、《叹世无为卷》、《破邪显证钥匙卷》（二册）、《正信除疑无修证自在卷》、《巍巍不动泰山深根结果卷》，世称五部六册。

清嘉庆二十一年，直隶总督那彦成曾派员到罗教发祥地的北京密云一带，向年老乡民调查罗教的创教情况，"据称：罗道始于明季，系山东即墨县人当年流寓，距石匣六十五里、距古北口二十五里之司马台堡外建造讲堂，自称罗道。并将眷口移居石匣，远来馈送颇多，因以而致富。然行踪诡秘，并不传教于石匣之人，……迨罗道子孙之后，其教渐微。"④ 罗教修行方法："三更静夜，咒诅盟誓，以秘传口诀。或紧闭六门，握拳柱舌，默念默提，救拔当人，以出苦海"⑤。当时就有人视其为佛教一支。清代的笔记还说它"奉佛甚虔"，惟"茹斋持戒而不祝发，居室生子，无异平民"，可知罗教和明末盛行的居士佛教很相近。但由于五部六册又兼蓄了佛道两家思想，以独特的"无生"、"真空"为最高境界召号徒众，因而

① 《朱批档》，乾隆十四年三月二十八日署湖广总督新柱折。
② 《录副档》，乾隆三十二年十月七日江苏巡抚彰宝折。
③ 《录副档》，乾隆四十年二月二十一日浙江巡抚三宝折。
④ 《录副档》，嘉庆二十一年三月二十一日直隶总督那彦成折。
⑤ （明）释道开：《藏逸经书》。

被正统佛教和统治阶级斥为异端，被迫在民间秘密流传。

几乎像一切宗教集团必然发生支派衍生的历史现象一样，罗教也没有避免分裂的命运。罗教创成后的第二代就分成两大支派——无为教和大乘教。此后，这个以小生产者为基本群众的教门在封建政权和正统神权的压制下顽强地四处蔓延，支派越分越细，形成了"经非一卷，教非一门"的复杂局面①。

清代的罗教主要有以下几个支派：

1. 无为教。这是罗教的正宗。罗梦鸿合佛教的空、无观念和道家的无为思想为一体，"以清净无为创教"。明《古佛天真考证龙华宝经》记载了明季十六个教派，其中有"无为教，四维祖"②，"四维"合作罗（羅）字。明《佛说三皇初分天地叹世宝卷》也有"无为罗清祖"的记载。可见罗教初创时当称无为教。罗梦鸿的子孙在京畿一带相沿传授此教。嘉庆年间，清当局在盘山无为庵"起获无为居士罗公画象一轴，通明宝卷、传灯心印宝卷、佛说圆觉宝卷各二本。尼僧性空供，师父告之，无为居士罗公即系罗祖。该庵开山始祖法名佛广，系罗祖之女，在盘山出家为尼"。"阅其经卷六本，间有真空及无为、无生字样"③。

事实上直到清代中叶，罗梦鸿的后裔一直相沿为无为教教主。雍正五年，江南罗教水手"犯案"，罗梦鸿的七世孙罗明忠受牵连入狱，供出山东登州、海宁州等地同教多人。④此案因罗明忠并无"匪为"，"存留养亲"。乾隆十一年，"宛平县拿获无为教人董思友等，供出教主罗明忠"，"复经拟流，仍行留养"⑤。到乾隆三十三年，罗明忠已死，因江南水手习教再次牵连到密云罗姓。这次是罗家祖坟被毁，罗明忠的孙子罗德麟一家被递解回籍。至嘉庆二十一年时，罗家"止遗孀媳马氏、玄孙罗兆魁"，京畿罗教已"无传习之人"⑥。由于统治阶级的多次镇压，同时也由于封

<hr>

①《录副档》，嘉庆十九年四月十三日浙江巡抚李奕畴折。

②（清）黄育楩：《破邪详辩》，卷一。

③《录副档》，嘉庆二十一年二月十九日直隶总督那彦成折。

④《朱批档》，雍正七年七月二十八日山东布政使费金吾折。

⑤《录副档》，乾隆三十三年九月二十一日直隶总督杨廷璋折。

⑥《录副档》，嘉庆二十一年三月二十一日直隶总督那彦成折。

建家族世袭的传教方式不适应日益激化的下层群众反抗运动的需要，经历明清两代计三世纪之久的罗教正宗无为教，随着罗氏家族的败落而衰微了。①

2. 大乘教。明代中末叶的大乘教分为两支。据《龙华宝经》："西大乘，吕菩萨"；"东大乘，石佛祖"。《破邪详辩》对这两支大乘教作了解释：吕菩萨即黄村吕牛，香火地在京西香山保明黄姑寺。石佛祖指直隶滦州石佛口王姓。

王森创立的东大乘教孟（又名闻香教、清茶门）是罗教的一大支派。据乾隆中叶文档记载："罗孟洪之子名佛广，及伊婿王善人另派流传，又谓之大乘教"②。这里的明显错误是把佛广当成了罗孟鸿之子，证得前面史料，佛广是罗孟鸿女儿的法名。事实当是罗祖之女佛广及其婿王善人另兴大乘教。

嘉庆朝鉴于混元教和天理教两次大起义的严重威胁，大肆搜索民间教门，因而使这些教门的源流有更多的暴露。据嘉庆二十一年那彦成调查："罗祖分传五支，一支在石佛口王姓"③。同年的龙天门教李和修供词，也为此提供了旁证。龙天门教创于明末，即《龙华宝经》记载的龙门教，创教人号米菩萨。据李和修供："米奶奶是后天，又系先天罗祖所传"，"龙天门教即系罗祖教，又系清茶门"④。由此可证龙门教，东大乘教（清茶门）都是从罗教演化出来的。大乘的名目大概来自罗教的"大乘真经"，即五部六册⑤。至于后来的三乘教、收圆教等教门，据清代文档，都是四大乘教的变名。

3. 老官斋教。罗教在明末传入江南，浙江庆元县应继能（又作殷继能）及其徒姚文宇先后接任教主，并由姚姓家族世袭教权。老官斋教在浙、赣、闽、湘、鄂一带发展势力。乾隆十三年，福建建安、瓯宁二县的

---

① 据《破邪详辩》：自罗梦鸿创教后，各种教门自"称无为祖者不计其数"，因此等教匪稍一出名，即互相假冒"。但作为罗教正宗的无为教的兴衰，则有踪迹可寻。

② 《史料旬刊》，第 15 期，彰宝折。

③ 《那文毅公奏议》，卷四十。

④ 《录副档》，嘉庆二十一年三月十一日直隶总督那彦成折。

⑤ 《朱批档》，嘉庆二十年十月二十一日晋昌、文宁等折。

老官斋聚众抗官，是清代较早的一次农民起义。

4. 活动在浙江漕运水手中的罗教。这一组织是青帮的前身，它和老官斋教虽然都是罗教的分支，但两者之间并无组织联系。由于所处条件各异，它们在漫长的发展过程中形成了各自的特点。

本文的重点，是试图对水手中罗教组织的演变过程及其规律，作一些探索。

二 罗教在漕运水手中的传播和演变

江南漕粮经由运河抵京，始于明永乐年间。清代初中叶沿明制继行漕运。清代漕运分江苏、浙江、江西、安徽、湖广、河南、山东诸帮，每帮又按该省地区分成若干分帮。每分帮由卫所千总一或二人管领，谓之运弁。各船设运丁（旗丁）一人，由运丁临时雇用水手九名，雇值由官方定价。漕粮之外，苏、松、常、太、嘉、湖诸府州"岁输糯米于内务府，以供上用"，"谓之白粮"①，运白粮的诸州府船队谓之白粮帮。白粮帮出入京师打"龙凤旗"，号称"天庚正贡"。

了解以上基本情况将有助于我们对罗教的研究。

清代初中叶，罗教在江浙有两个活动中心，一个在苏州，一个在杭州。后来的青帮直接渊源于杭州的罗教组织。

杭州的罗教起源于明末。"明季时有密云人钱姓、翁姓，松江潘姓三人流寓杭州，共兴罗教。即于该地各建一庵，供奉佛像，吃素念经。于是有钱庵、翁庵、潘庵之名。因该处逼近粮船水次，有水手人等借居其中，以至日久相率皈教"。② 钱、翁两人来自罗梦鸿创教的密云，他们倡导的当是罗教正宗无为教。惟流传日久，罗教之名遂为新的宗派——翁、钱、潘三教所代替。

青帮的许多秘籍都崇奉罗祖以及翁、钱、潘三人。所谓"三祖（翁、钱、潘）传道法先天（罗祖）"，"三祖传道杭州城"、"哑叭桥前家堂

---

① 《清史稿》，志九十七，《食货三》。
② 《史料旬刊》，第12期，崔应阶折。

庙"、"杭州家庙传下来"① 等记载，都说明了兴建于明末的杭州罗教庵堂，是青帮最早的发源地。

江浙水手皈依罗教，与其说是出于宗教信仰，不如说是出于谋生需要。据《江苏海运全案》："江南、浙江等处漕船水手俱系山东无业游民，终年受雇在船，无家可归。"② 这些聚集于江浙水次的游民，清初已是"数以万计"③，构成了江浙漕运水手的主体。清朝统治者认为，造成这种情况的原因是"粮船重笨，江浙人秉性软弱，不能驾驭，各船水手不能不用河北、山东一带之人"④。事实并非如此。漕务在明清两代相沿日久，百弊丛生。由于主管漕务的各级封建衙门和沿途地方官的层层胶削、贪污中饱，弄得民不堪命。明"嘉靖初，民运尚有保全之家，十年后无不破矣"⑤。清代"东南办漕之民……肌髓已尽，控告无门"⑥。因此，谋生出路较多的江浙平民视漕运为危途。另一方面，山东、直隶历来地瘠民贫、灾荒频繁。"岁偶不登，闾阎即无所恃，南走江淮，北出口外"⑦。正是在这种历史背景下，江浙富庶之区成为山东等地大批游民的归依之所，从而造成了江浙"粮船雇用水手率多无业之民"的历史现象。这一经济原因，是我们考察水手中的罗教组织，以及后来青帮性质的关键。

漕运是季节性的职业。每年漕粮北运及回空费时半年以上。水手在回空后四处"佣趁"，要等到第二年才能再次受雇北上。对于他们中的大多数人来说，回空期间的食宿生计是一个大问题。这时，修建在水次的罗教庵堂作为一种下层社会的宗教团体，为水手们提供了方便：水手可以住宿，由"守庵之人垫给饭食"，"俟重运将开，水手得有雇价，即计日偿钱"。这样闲散水手得以安身，守庵人也"借沾微利"⑧。而且，庵堂还有庵地、义冢，成为水手们生可托足、死为归宿的场所。随着清初漕运的恢

---

① （清）王殿甲：《漕运汇选》，《进香堂》诸篇。
② 《江苏海运全案》，卷一，监察御史熊遇泰折。
③ （民）瞿宣颖：《中国社会史料丛钞》，中集，李卫折。
④ 《录副档》，道光五年七月十六日浙江巡抚程含章折。
⑤ 《明史》，志五十五，《食货三》。
⑥ 《清史稿》，志九十七，《食货三》。
⑦ （清光绪）《山东通志》，卷首，训典二。
⑧ 《史料旬刊》，第 12 期，崔应阶折。

复和扩大，以游民为主体的江浙水手团体对庵堂的需求也日益增加，"醵资分建至数十庵之多"，"其闲散水手皆寄寓各庵，积习相沿，视为常事"①。由此可见，水手对罗教的需求主要是表现在对庵堂的经济依靠上。正是这一点使罗教这一支派的宗教色彩日益淡薄，逐渐演化为行业性的帮会。

但是，有些论者把青帮等同于清朝初年翁姓等人所建立的罗教教团，则是不正确的。青帮不是在清初就成立了的，也不是由某几个罗教首领所筹创的。罗教首领传道江浙水次的本意，不过是利用民间宗教的免灾祈福的教义，以迎合漂泊无依的水手们那种畏惧殒命无常的心理，在他们中扩大组织。如康熙年间，北方的罗教首领携带多种经卷，在苏州建立了庵堂，他们"各有宗派，开堂施教"，"平日茹素诵经"，希求免灾祈福。"遇有初来入教者，收银一、二两以作投师之仪"②。这类庵堂仍保持着民间教门所固有的特征。只是当罗教在江浙水次的特定环境中逐渐集结了大批的水手之后，这类水手集团基于其既定的谋生方式和经济利益，才逐渐产生出区别于宗教集团的各种因素，从而又反过来支配和改造罗教，将罗教的偶像和风习纳入了自己行进的轨道。这种由民间宗教演变为行帮会社的过程，是渐进而漫长的。

据现有记载，至少从雍正朝以来，罗教庵堂的内部已经明显地产生了向手工业者的帮会演变的各种因素。

第一，罗教组织成分的逐渐单一化。民间宗教的组织成分一般比较复杂，它们的基本群众是农民和手工业者，但也不乏有市民、商人、地主、生监、衙吏等各阶层人参加。对彼岸幸福的向往，成为联结这些人群的精神纽带。江浙罗教则由于集结了大批水手，因而随着时间的推移，作为宗教象征的庵堂"遂为水手已业"。罗教管庵人"原系驾船出身，年老无依，赴堂入教"③。他们招接的徒弟，在江苏主要是漕船水手和内河船户；在浙江则几乎是清一色的"无籍水手"。罗教徒众的职业的单一化，使共

---

① 《史料旬刊》，第12期，崔应阶折。
② 《史料旬刊》，第15期，彰宝折。
③ 同上。

同的生计要求突破了宗教的纱幕，成为产生手工业者行帮的经济基础。

第二，宗法师承关系取代了宗教的世袭关系。清代初中叶的著名的民间宗教，如罗教的正宗无为教、清茶门教、八卦教等，都是由世袭的传教家族所掌握的教团，子承父业，相延不绝。这种现象反映了小农自然经济的凝固性。然而，脱离了农业经济、"流寓"于游民之中的翁姓三家，却无法较长期地保持其世袭的传教地位。雍正五年清当局在杭州发现罗教时，这一组织已产生出多头的宗法师承关系：一方面管庵人各门传授异姓徒弟，另方面粮船的舵工水手也"各立教门，多收门徒"，结党自强①。这些以宗法师承关系为纽带，以排除异己，防止竞争为目的的职业宗派，是后来各类水手帮会的雏形。

第三，同一行业的世俗生计要求日益突出的结果，是庵堂的宗教色彩逐渐淡薄。雍、乾年间，许多庵堂虽然还供奉罗祖像，诵念经卷，实行斋戒，但这毕竟是转折时期留下的历史残迹。这时，多数庵堂的主持已经"不晓得掌教"了。有些庵堂甚至不再收藏和念诵经卷。宗教的仪式流为形式，仅是在水手回空时"偶一念经礼拜，酬报平安"而已，"别无夜聚晓散及煽惑民人之事"②。这时水手中的罗教组织不仅与罗梦鸿创教之初大相径庭，而且与同时代其他罗教分支的状况也有明显的区别。一种具有浓厚迷信色彩的水手行帮的雏形，已经在罗教庵堂的内部逐渐形成了。

乾隆三十三年清当局拆毁江浙水手的庵堂，是罗教向帮会演变的转折点。这一年，清当局因水手多次械斗"滋事"而对罗教采取了空前严厉的取缔政策。一方面在北方将无为教的后裔驱出密云，递解回籍。另方面把苏杭两地的三十三座罗教庵堂全部平毁。清当局这一措施在主观上旨在切断江浙水手和密云的无为正宗的联系，严禁水手"习教"结社。但是，漕运政策的本身既然造成了盘根错节的水手帮派，清当局对庵堂的取缔，在客观上反而是促进这些帮派突破了徒具形式的宗教外壳。

从这时起至道光初叶，水手组织发生了许多新的变化。这些变化标志着行帮会社的完全形成。

---

① 《朱批档》，雍正五年十一月抄录刑部咨文。
② 《史料旬刊》，第12期，崔应阶折。

　　第一，帮会权力系统的建立。庵堂的平毁，使水手团体以庵堂为活动中心向以老堂船为活动中心的时期转化。"每帮有老堂船一支，悬挂罗姓图象。分派一人专管香火，并掌管本帮水手用钱帐目，为当家"①。同一个大帮派的当家（亦称会首、老管）共同组成该帮的首领集团，以老堂船为议事场所。这样，原来比较松散的、仅仅靠互助作用维系的罗教岸上组织（庵堂）和水上组织就合成了一体，形成了控制全帮的权力机构。

　　这个权力机构制定出帮规和仪式，掌管着全帮水手共有的那一部分财物银钱。建立了自己的通讯联络制度，遇事传出"红箸"、"溜子"为号，"人即立聚"②。它对水手有生杀予夺的大权：老堂船陈设着标志"帮规"和"家法"的"神棍"，"水手滋事，必送老官处治，轻则责罚，重则立毙，沉入河中"③。这俨然是一个独立的帮派王国。

　　第二，帮会垄断了江浙漕运行业。清代初中叶，罗教并没有能控制全部的江浙水手。当时投托庵堂的水手中，既有罗教教徒，也有不入教的游民。据雍正五年清当局调查，江浙各帮中的罗教教徒，有的四、五人，有的十数人。④ 数目并不算大。然而，嘉道年间由老堂船控制了船帮以后，情况就不同了："凡投充水手，必拜一人为师，派列辈分，彼此照应。"⑤ 据道光初年官方估计，各种帮派控制的水手"不下四、五万人，沿途水手尚不在此数"。⑥ 这样，以各帮老堂船为核心，以宗法师承关系为纽带而建立的等级森严的水手帮派就控制了江浙漕务运输，"霸占帮职，视同己业"⑦。

　　第三，各种水手帮派形成了犬牙交错的局面。据道光年间的史料，原来的翁、钱、潘三教成为三个大的帮派："翁安呼为大房，钱安呼为二房，潘安呼为三房"⑧。三房之下又形成了众多的小帮派。以嘉白帮为例，该帮

　　① 《录副档》，道光五年九月二十一日浙江巡抚程含章折。
　　② 《录副档》，道光五年七月二十四日江苏巡抚陶澍折；道光五年七月十六日浙江巡抚程含章折。
　　③ 《录副档》，嘉庆十八年十二月二十五日山东巡抚同兴折；道光五年七月二十四日江苏巡抚陶澍折。
　　④ 《朱批档》，雍正五年十一月抄录刑部咨文。
　　⑤ 《录副档》，道光五年九月二十一日浙江巡抚程含章折。
　　⑥ 《录副档》，遭光五年七月十六日浙江巡抚程含章折。
　　⑦ 《朱批档》，道光十六年两江总督陶澍折。
　　⑧ 《朱批档》，道光八年九月六日漕运总督纳尔经额折。

"钱安六支，翁安一支，总名为老安。每安立会首一名，为七老会"。"潘安即新安亦分四支"①。这些帮派各有自己的老堂船和会首，互相排斥，争夺饭碗。其结果形成了翁、钱二安共同和潘安对峙的局面。

罗教从民间宗教完全转变成运输工人的行帮这一事实告诉人们，宗教的兴衰取决于现实对于它的需要，也取决于宗教的社会基础是否稳固。中国民间宗教的社会基础是以血缘关系为纽带，聚族而居、与世相隔的小农经济。而以流民为主体的水手集团的谋生方式和农民不同，他们之间的关系是靠共同的劳作和共同的利益来维系的，这种关系通常表现为互助会社的形式。这一组织对于宗教的需求，归根到底是要选择共同的权威，以加强本组织的巩固。正是在这种客观要求下，罗教的宗教职能在水手组织中日益淡薄，留下的仅是充斥着封建迷信色彩的祖师崇拜。

在分析了罗教组织的演变之后，我们再考察其分布情况。有的论者认为罗教组织遍布于运河的船夫水手之中，为清政府承办了南北漕运。这是不符合事实的。直到道光年间，河南、湖广、江西等多数省份的船帮中都没有发现罗教的组织和活动。如：河南船帮"所雇皆邻近卫河一带穷民，历来借此为生"，"并无老官名目、罗祖名号"②。"湖南粮船水手向由旗丁雇募本籍安分之人，……其外来无业游民概不准其充役"，故"水次途中尚无设立经堂"，"亦无老官师傅，及老安帮、潘安帮、泰子船等项名目"③。至于江西，"漕船水手多系上著人民，每岁漕船受兑之时则应募上船，回空之后则散归乡里，有家可依，有业可守"，"湖广军船水手大略亦与江西相似"④。

上述省份的船帮中之所以没有罗教组织，恰恰是因为这些省份的漕运水手的构成和江浙不同，这里的水手中不存在业已成为社会力量的流民阶层，因而在船帮系统里不具备滋生罗教的土壤。由此可见，罗教组织在江浙漕运水手中的发展和演变并非历史的偶然，而是有着深刻的经济根源和现实内容的。

---

① 《录副档》，道光五年七月十六日浙江巡抚程含章折；道光五年九月二十一日程含章折。
② 《录副档》，道光五年八月初八日河南巡抚程祖洛折。
③ 《朱批档》，道光十六年十二月二十一日湖南巡抚裕泰折。
④ 《江苏海运全案》，卷一，监察御史熊遇泰折。

三　水手帮会的性质

过去有的论者认为，青帮是在承办漕运过程中形成的清政府的爪牙。近年来，有的论者又把水手帮会看成具有反清传统的秘密结社。我们不同意这两种观点。在考察水手帮会的性质时，既要注意它和其他以劳动人民为主体的秘密结社之间的共性，也要看到它基于特定的经济利益之上的个性。这两方面的因素共同规定了嘉道年间水手组织的性质——一种政治上消极的、具有浓厚封建性的行帮会社。

"有患相救，有难相死"的互助要求，是劳动人民结社的前提。特别是对于飘泊天涯的流浪者来说，没有互相之间的救助，要想生存下去是很困难的。罗教之所以能在江浙水手中立地生根，关键在于它为流浪者的互助要求提供了组织体系和精神纽带。当罗教庵堂转变为水手帮会之后，这一组织体系得到了更完备的体现。水手帮会以"帮丧助婚，济困扶危"相号召，"老管所司，每水手所得雇值按名提出若干，收存生息。遇水手患病医药或身故买棺，则老管即于此项内酌量资助"①。这种互助和福利作用，是团结飘泊无依的广大水手的纽带，"是以顽蠢之辈利其缓急有恃，乐于从事"②。笼统地把这类以运输工人为主体的社会互助团体斥为清政府的爪牙，当然是错误的。

但是，不能把水手帮会的互助作用理想化。和其他同时代的民间宗教和秘密结社相比，水手帮会基于自身的经济利益和谋生方式的特异性，表现出更加浓厚的宗法封建色彩。

第一，在帮派内部实行等级森严的家长制统治。罗教原来按辈分排列。"以清净道德、稳诚佛法、能仁智慧，本来自性、元明兴礼、大通文学二十四字作为支派。凡拜师习教，各按字辈流传"③。道光初年嘉白帮七

---

① 《录副档》，道光五年七月二十四日江苏巡抚陶澍折。
② 同上。
③ 《录副档》，道光六年四月十一日两江总督琦善折。又道光五年七月十一日护理山东巡抚讷尔经额折亦述及罗教辈分。有人在整述青帮史料时说，二十四字辈中的"大通"四字，是辛亥革命时期办大通学堂的秋瑾等人在联系青帮时添加的，不确。

老会内的水手，大都名列明、兴两辈，可见二十四支派在教内流传年数已久。然而，只有当帮派权力系统支配了传教辈分之后，才形成等级森严的家长式统治。辈分大、资格老的"老管"霸占着船帮，凭借"家礼"和"家法"统治着全帮水手。所谓"家礼"是照搬儒家的封建伦理，在教内供天地君亲师牌位，宣扬"师徒如父子，同参如手足"，以孝敬和服从师父为第一要旨。[①]"家礼"用"家法"来保证。老管、师父"替祖代法"，对违反帮规的水手轻则施以各种酷刑，重则处死，沉河灭尸。作为团体互助调节器的，就是这样一种凌驾于团体之上的帮派权力体系。

第二，在帮派之间不仅没有互助精神，而且是彼此排斥，互为仇雠。造成这种情况的根本原因是流民的数目远远超过漕务对水手的需求，因而抢夺就业机会就成为各派斗争的焦点。特别是随着清政府逐步筹议海运，淘汰水手，就更加剧了各帮派之间的矛盾。在这样的背景下，本来就不和睦的老安、新安之间发生了几次大规模的仇杀。

例如，道光五年春天，历来强横的潘安水手为抢夺就业机会，霸占了应归嘉白帮老安管辖的四条新船。老安的七老会"商议起意"，带领水手百余人，在浙江秀山县水次向潘安发起突然袭击。这次械斗延续了四天，"潘安水手先后共死了四十余人，老安水手死者数人"，老安的许多水手不愿参与殴杀，但"被会首逼迫，勉强从命"[②]。此后两派水手仇杀屡起。道光八年九月，老安又因潘安"杂入其中"，将潘安水手"杀毙多命"，"河内尸身纷纷抛弃"[③]。

水手帮会这种对内的家长统治和对外的排斥异己，是封建宗法制度下谋生挣扎的职业团体的必然产物。首先，漕运是一项艰难的、集体性劳动，没有统一的意志和帮规，要完成数千里的河运是不可能的，而完不成漕运，就意味着集体失业；其二，在弱肉强食的就业竞争中，以及在向当局争取经济利益和从事走私、贩私的活动中，都需要集体行动、严守机密和统一的指挥。而江浙漕运水手的成员构成又极为复杂，既有失业的小

---

① 《漕运汇选》，第51页。
② 《录副档》，道光五年九月二十一日浙江巡抚程含章折。
③ 《朱批档》，道光八年九月六日漕运总督纳尔经额折。

农、小手工业者，也有长期流落江湖的赌棍、盗贼、卜巫、卖艺诸色人等。要把这样的人群组织起来，霸住漕帮，在落后的封建社会里最有效的手段只能依靠残酷的帮规和"家法"。因此，正是在水手行帮里，最集中地体现了一切秘密结社的封建性的一面，家长统治、特权思想、蒙昧主义、偶像崇拜等等，占到了主导地位。

特别应当着重指出的是，这类水手帮派基于其特定的经济利益，基本上没有产生过反清的政治要求和行动。它们不是什么具有反清传统的秘密结社，而是政治态度消极的封建帮会。

在考察水手帮会的性质时，我们应当注意一个基本事实：它们垄断着江浙漕运行业，因而拥有相对稳定的经济利益，而这种经济利益又依附于清朝封建政权的漕运政策。这一点使水手帮会不像其他那些以农民和手工业者为基本群众的秘密结社那样，在经济地位上形成和封建当权者的根本对立。

诚然，水手的工价十分低廉。据《漕运则例纂》："嘉白等十帮，重运头工银六两五钱，舵工银五两二钱，水手每名四两"，回空时"舵工银一两七钱，水手每名银一两三钱"[1]。承担如此繁重劳动的水手，每月得银不足一两。因此，必然激起他们的反剥削斗争。但是，上述的经济事实和水手帮会极其偏狭的弱点，又限制了水手反抗斗争的方向和规模，使这一斗争的内容上基本上限于索添工价，而在时间上，又大多只表现在海运兴起、水手生计日蹙的道光一朝。

较大的斗争发生在道光五年。七月，浙江嘉白帮、杭三帮首先在水运途次聚众索添工价。"每帮四、五十支船，先后约被横索钱三千余百千文"[2]。这一斗争迅速蔓延，有十余帮水手"先后效尤"[3]，其中江淮帮水手向粮道座船请愿，"拒伤弁役"[4]；庐州三帮有的水手甚至倡言罢工："如不给钱，大众走散"[5]。在这场斗争中，水手帮会起了领导作用。有的

---

① 《漕运则例纂》，卷九。
② 《录副档》，道光五年七月十六日浙江巡抚程含章折。
③ 《录副档》，道光六年四月十一日两江总督琦善折。
④ 《录副档》，道光六年六月十四日陈中孚折。
⑤ 《录副档》，道光六年六月三十日两江总督琦善折。

材料说，当船帮大队衔尾前进之时，"忽然泊住"，"老官传出一纸，名曰溜子，索添价值"，众水手"挨船讹诈，人众势汹"。以致运弁、旗丁"屡受其挟制"，"不敢不给"①。

但是，水手帮会领导的经济斗争仅是事实的一个方面。另一个更重要的方面，则在于它们对清政权在经济上的依附关系。漕运政策使水手帮会得以"霸占帮船，视同己业"，而为了保证漕运的畅通，清朝政权也制定过一些缓和矛盾的措施。如："每船头舵二人每人准带土宜三石，水手无论人数准带土宜二十石"②；回空时"准舵水人等零星捎带梨枣六十石，免其输税"③。水手因意外事故死亡，照例"赏恤"。甚至对"滋事"信教的水手人等也实行"量加宽容"的政策，以保障漕运、不致生事为要旨。还应看到，水手帮会和押运弁丁之间，也有着基于某种共同经济利益的联合：沿途包揽、客货、走私贩私，特别是夹带私盐而从两淮私盐集团分得"余润"。正由于这种情况，一方面往往导致了押运弁丁在水手经济斗争时的妥协④；另方面也使得帮会把水手的斗争限制在不与官方产生根本冲突的范围之内。有关史料中不乏这样的记载：老管"不许人酗酒滋事"，"不服者送运官责逐"；帮会械斗后老管赴衙门"自首"，械斗水手"问拿则散"，"亦无敢拒捕者"。经济上的依附，在这里绝非偶然地变成了政治上的服从。

水手帮会的这种政治态度反映在青帮秘籍中，是出现了大量歌颂清王朝、崇拜皇权主义的内容。如："三家并一家，为皇家出力"⑤；"奉旨运粮到金銮"，"运粮功大封高官"，"一要孝顺父母，二要为国尽忠"；"常

---

① 《录副档》，道光五年七月十六日浙江巡抚程含章折；道光五年八月初八日河南巡抚程祖洛折。
② 《漕运则例纂》，卷十六，《重运揽载》、《回空夹带》。
③ 同上。
④ 运弁、旗丁等下级官兵在河运中由于屡受各级封建机构刻剥，"谋生之计绌矣"（《清史稿》，卷一二二）。于是"大于法纪""包揽货物"、"偷盗米石"，"夹带私盐"；甚至"纵容水手公然抢劫"，或"隐藏犯法人口"，分取赃物（《雍正上谕》，雍正三年六月二十；《漕运则例纂》，卷十六）。运弁、旗丁的这些活动都需要水手帮会的配合。看到这一点，就容易理解他们为什么"不能约束（水手），其权即渐移于头目，……因是遂有者官之名，……挟索斗械之事"（《录副档》，道光五年八月初八日程祖洛折）。
⑤ 《通漕全书》，第12页。

将义气遵圣谕，投师访友有何难"①，等等。至于老堂船供奉雍正上谕，以及乾隆赐御棍于潘祖、赐匾额于家庙等记载虽属虚构，但这些虚幻的传说却真实地反映了帮会上层集团的政治态度。事实告诉我们，诸如"阳为清廷护粮，阴则刺探秘密"、"反清比较隐蔽"的说法是缺乏根据的。至于有的学者把道光五年的水手械斗也算作水手帮会的反清斗争，则更是对历史的误解了。②

乾嘉年间是清朝封建政权由盛至衰的转折时期。在社会基本矛盾越来越激化的历史条件下，许多以民间宗教和秘密结社为组织形式的农民起义接踵而起。天地会于乾隆五十一年举事反清。八卦教于乾隆三十九年、乾隆五十一年和嘉庆十八年前后三次发难。混元教为主体的民间教门在嘉庆元年起发动了延续九年、波及五省的农民大起义。斋教的反抗斗争在道光朝延绵不断。但是，在这个以民间宗教和秘密结社的起义代表了农民运动主流的年代，水手帮会却基本上游离于人民反抗斗争的浪涛之外，这是一个值得注意的历史现象。

这一动乱时代的风貌独特的农民运动，是民间宗教、结社的组织形式和贫苦人民的反抗意识相结合的产物。越来越残酷的封建压迫和剥削，迫使贫苦无告的下层人民大批涌进宗教结社，借用其异端的教义，利用其现成的组织，来表达对封建秩序的对立情绪和聚结反抗的力量。所以，八卦教、老官斋教、混元教等民间教门，都充当过酝育反抗风暴的温床。但是，水手帮会出于对清朝政权的经济和政治依附，却以森严的帮规和狭隘的组织，遏制了广大水手的反抗精神。它们把水手们的求生欲望，引向帮派之间无休止的职业争夺，引向和弁丁合谋的挟带、贩私和讹诈。劳动者的纯朴品质被腐蚀、被毒化了，他们的活动就这样背离了时代的方向。

事实上，当年清当局在厉行镇压农民起义时，就多次指出了水手帮派

① 《漕运汇选》，第57、43页。

② 有的学者据包世臣《安吴四种》中的一段记载来论证水手从事了反清斗争："乙酉，嘉兴白粮帮在水次杀人数百，反割截首级，悬挂头桅，自嘉兴至淮安，莫敢过问"。按乙酉即道光五年，是年嘉白帮的老安和潘安之间发生大规模械斗已如前述，与反清无涉。至同年该帮索添工价并未戕官毙命。《安吴四种》所述系指前者。但此段记载既未说明"水次杀人"的性质，又夸大了事件的情节。实际上械斗只发生在秀山县水域，事后老安会首即赴县投监。并无"杀人数百"、游行水次之事。

和其他秘密结社的区别：他们不"供奉飘高老祖及真空家乡、父生父母"，既"无悖逆不法邪术"，亦"无夜聚晓散及煽惑民人之事"，不"攻城戕官"，"亦无敢拒捕"，"非如教匪之迷溺邪经至死而不悟者也"①。因此，将这样一种政治上消极的、一切活动都围绕着小集团利益进行的封建帮会说成是反清的秘密社团，是不符合历史原貌的。

四 从水手帮会到安清道友

道咸年间江浙漕运水手的命运发生了巨大的变化。

据《浙江海运全案》："江苏海运始于道光六年，浙江海运始于咸丰三年，初因运河淤阻，迨江淮烽燧，遂无岁不海运"。清政权实行海运有其深刻的政治、经济背景，并非水手"滋事"的结果。但清政权的确在防范水手闹事。所以在咸丰二年九月乘浙江漕船北上、水手人等无法"聚众阻扰"的情况下"将海运筹议试行"②，次年初，正当浙江漕船受阻于北方，运粮商船已取海道北上了。浙省水手全部被遣散，又开始了失业生涯。当时，太平军已沿江东向，占领南京，并继续在江南一带扩大战果。清军则沿长江进行反扑。在这样一个动荡的年代，数以万计的水手、纤夫纷纷走上了不同的道路。一部分人参加了太平军、捻军等农民起义。一部分人投入了反动营垒，"追随曾国藩的军队，屡建功勋"③。更多的人则聚集在两淮盐场，以"安清道友"为组织，开始了贩私、角逐和掠劫的生涯。

安清道友"号称潘门，亦曰潘家，又别称庆帮，俗讹为青帮"④。青帮秘籍多崇奉"潘祖"，如："伸手见三是家礼暗号"，"知此礼，知姓潘的是同支"；又有所谓"翁钱二祖我不管，潘祖香堂我来赶"之说。⑤ 可见"人尤混杂，惯行滋事"⑥的潘安失业水手是安清道友的骨干。

---

① 《史料旬刊》，第12期，永德折、崔应阶折；《录副档》，道光五年七月二十四日江苏巡抚陶澍折。

② 《浙江海运全案》，卷一，浙江巡抚黄宗汉折。

③ 长野郎：《中国社会组织》，《秘密结社》，第274页。

④ 陶成章：《浙案纪略》，近代史资料丛刊《辛亥革命》，第三册，第21页。

⑤ 《漕运汇选》，《顶香炉》诸篇。

⑥ 《录副档》，道光五年七月十六日浙江巡抚程含章折。

关于"安清道友"名目的来历众说纷纭，大体有三种说法：过去有人认为该组织"睹满清之危阽而思安之"①，故名安清。此说望文生义，以臆想代替了史料。

有人认为该组织活动在安徽安庆一带，因此称安庆帮，俗讹安清帮。此说亦似牵强，因为安清道友初创时的活动地点并不在安庆，而是在苏北一带。

还有人根据青帮秘籍的有关记载，认为该组织四十八字行辈，以"清"字居首，故后人称为"清门"。然而，青帮形成以后陆续出现的文献，对该组织的思想信仰、组织状况和政治态度，颇多穿凿附会。后人对"清门"的解释，不能反映其初创时期的原意。

安清道友这一名称在它的初创时期已见于清朝文档。同治元年十一月二十九日卡宝第奏："江北聚匪甚多，有安清道友名目，多系安东、清河游民，私结党羽，号称师徒。"② 按清河位于淮河与运河交界，安东则在清河的东边，地处淮河北岸。据此，最初的安清道友，似足以其自身的活动地点命名的，它不具有政治内容和其他含义。

同一个奏折还记录了早期安清道友的活动情况："其先数百人冒充兵勇，在里下河一带把持村市，名曰站码头。借查街、查河为名骚扰商旅，抢劫民财。近更加以各处土匪附和，窝主容留，结党盈万，散布愈多。并有李世忠营弁庇护，官吏畏势，莫可奈何"。这段史料说明，以失业水手为主体的安清道友还沿袭着过去那种打"龙凤旗"欺压商旅的恶习，俨然自居官方，勾结营弁，查街查河。但他们毕竟是失业者，正当生活来源的断绝导致了流氓无产者本性的膨胀，驱使他们走上了行劫窝赃的邪路。

安清道友初创时期活动在苏北一带，有两个原因。一是江浙地区已经成为太平军和清军激烈角逐的战场，这些流浪者在这里无所依归。二是淮北是当时中国最大的盐场之一，也是"私盐团聚要区"③。清河、安东处于淮盐外运的要道，安清道友选择这里为活动中心，显然是为了争夺两淮

---

① 太平洋客（欧榘甲）：《新广东》，《辛亥革命前十年间时论选集》，第一卷，上册，第298页。
② 《录副档》，同治元年十一月二十九日卡宝第片。
③ 《两淮盐法志》，卷六十。

盐场这块"肥肉"。

由水手帮会改头换面的安清道友之所以能迅速地转向两淮盐场，是有着深刻的历史原因的。几乎从清政权实行漕运时起，船帮水手就和两淮私盐集团结下了不解之缘。

顺治年间的一个材料说："回空粮船约六七千支，皆出瓜仪二闸。一帮夹带私盐奚止数十万斤，会而计之，实浸淮商数十万引盐之地"①。通过这些粮船夹带私盐的是一种叫做"风客"的行商。他们在两淮以货换盐，然后雇回空船帮载运，"所售之价则风客与丁舵水手三七朋分。粮船贪风客之余利，风客恃粮船为护符"②。

适应"风客"和船帮的贩私需要，大概在嘉道年间，又出现了一种叫做"青皮"的盐枭集团，他们在淮北及凤、颖等府"盘踞码头，专为粮船通线散销，从中取利"③。这个集团的构成，除了当游民之外，还有许多人"本系粮船水手"，因"滋事被逐，在洪湖等处自号青皮"④。风客和水手帮会似乎没有稳固的组织联系，青皮则不然，他们是船帮的游离分子，"踪迹往来无定"，"有随帮上下为水手售私渔利者"，有"盘踞村镇码头窥伺粮船到境"者⑤，甚至"隐匿在船，假充水手"⑥。因此，青皮和水手帮会之间有千丝万缕的联系，正是这些人首先把罗教的偶象和风习带进了盐枭集团。

此外，船帮上的弁丁，运河沿岸的捕役、河快等人，也或明或暗地庇护贩私活动。他们"素与水手声气相通"，"互相勾结，从中取利。而水手、青皮亦恃为护符"⑦。

这样，水手帮会为了获取私盐"余润"，很早以来就把组织扩展到了两淮盐场，和风客、青皮、捕役、河快等共同组成了一个庞大的贩私集团，为以后安清道友在两淮地区站稳脚根打下了基础。

---

① 《两淮盐法志》，卷五十九。
② 《漕运则例纂》，卷十六，《回空夹带》。
③ 《两淮盐法志》，卷三，道光十一年五月十二日谕内阁。
④ 《朱批档》，道光十六年十月十日安徽巡抚色卜星额折。
⑤ 同上。
⑥ 《清史列传》，卷三十八，《乌尔恭额》。
⑦ 《朱批档》，道光十六年十二月七日漕运总督恩特亨额折。

道光初年漕运水手大批减员，他们没有谋生的正当途径，被迫大批加入青皮队伍。当时的青皮主要活动在苏北、安徽一带，在当涂、铜陵、桐城、无为等地择要建立码头。① 构成了淮盐运往湖广的交通线。

咸丰三年浙帮解散，数以万计的失业水手、纤夫再次和青皮结合，在辽阔的淮盐引地，以及运河、长江中下游一带，从事贩私、伙劫以维持生存。至光绪初年，"青皮党、安庆道友者，引类呼朋"，已成"不可解之势"。②

安清道友一经在两淮站稳脚跟，在以后的数十年间就迅速地向苏南、浙江一带发展。从光绪到宣统年间，这一组织大体上有三个活动中心：

一是安徽、苏北。光绪年间，安清道友因屡受剿捕，从两淮转向安徽的盱眙、来安两县交界地区，以及江苏六合县等地活动。"该处地僻人稀，向多伏莽"，"安清匪会中人视为逋逃之薮"。此外，安徽沿江一带也多有其党，仿效哥老会"纷立会堂，散放飘布"③。

二是长江中下游一带。上海、镇江"系通商要口，华洋杂处"。安清道友频繁地出没在这个资本主义经济侵略的中心地区，并在这里和哥老会等会党发生更明显的组织融合。如光绪十八年清当局捕获在上海开堂放飘的"红会"首领陈金龙，"讯据供认为安清道友通字辈不讳"，另一个哥老会头目曾同也"供认先入安清帮"，"排行通字辈"④。

三是浙江。浙江也是产盐区，因而像两淮一样吸引了安清道友。"嘉湖一带枭匪蔓延"，"其中半为昔年裁勇，半为盐枭"⑤。据陶成章的调查，该组织分为主帮和客帮，主帮是浙东温州、台州一带的土著，客帮是皖北、江北人，亦称"巢湖帮"⑥。

这样，道咸年间由江浙失业水手转向苏北而建立的安清道友，在清朝末年又由苏北沿运河而至长江，再由长江中下游回向浙江发展。但是，它

---

① 《两淮盐法志》，卷三，道光十一年五月十二日谕内阁。
② 《沈文肃公政书》，卷七。
③ 《录副档》，光绪二十六年四月初四日安徽巡抚邓华熙折。
④ 《朱批档》，光绪十八年三月十八日两江总督刘坤一折并片。
⑤ 《录副档》，光绪三十三年十二月二十一日法部右侍郎沈家本折。
⑥ 《浙案纪略》，《辛亥革命》，第三册，第21页。

的组织成分已经起了很大的变化。各地的私贩、游民，以及被清政府裁汰的营兵都纷纷涌入。它的活动地区日渐广阔，支派杂出，成为一种构成复杂的、不容忽视的社会力量。

五　安清道友在清末的作用

从罗教到青帮，一个以小农为主体的民间宗教组织一变为运输工人的行帮会社，再变为游民无产者的社会团体。这种变化，典型地反映了在中国封建社会急剧没落、半封建半殖民地秩序形成的时代，大量的小生产者和生产资料相分离的过程。从近代社会里游离出来的如此众多的失业人群中，"有许多人被迫到没有任何谋生的正当途径，不得不找寻不正当的职业过活，这就是土匪、流氓、乞丐、娼妓和许多迷信职业家的来源"。① 青帮的形成，从根本上讲，是帝国主义和封建主义联合向中国人民进行剥削和压迫的恶果。

青帮的经济地位和嘉道年间的水手帮会不完全相同。它不再依附于清朝政权的经济政策，而且由于其贩私活动触犯了清当局对盐务的封建垄断而遭到取缔。因此，构成青帮的这批游民无产者是当时社会上最缺乏生活保障的一个阶层。浪迹江湖、备受歧视的经历，一无所有、四海为家的境遇，迫使他们不得不铤而走险，具有比水手帮会更强烈的反抗性。但是，游民无产者的求生挣扎和自发反抗不可能找到出路。由于飘泊而养成的散漫性，由于失业而产生的和整个社会相对立的情绪，使他们的反抗又带有很大的盲目性和破坏性，这就很容易被少数头目所利用，而成为一小撮帮派特权者压迫民众和发财致富的工具。在清朝末年，青帮的这两方面作用综错复杂的交织在一起，但其主要作用是后者而不是前者。

20世纪初年，中国面临着一场资产阶级民主革命的暴风雨。民族危机和社会危机的空前激化和深化，把各被压迫阶级都卷进了反封建反侵略的革命巨潮。在这样一个时代的大背景下，由于群众革命斗争的召唤，特别是由于受到天地会反清起事的影响，青帮的某些组织自发地参加过当时的

---

① 毛泽东：《中国革命和中国共产党》，《毛泽东选集》，人民出版社1976年版，第2卷，第640页。

斗争，从而在这个组织中出现了区别于以往不抗官、不"拒捕"的新动向。

例如：1903年江苏泰州一带的盐枭三百余人结队抗官，开炮拒捕①；同年江苏常州的青帮头领曾国章等开堂聚众，"纠集巨股，以图抗拒"②；1906年巢湖帮在杭州约期起事，焚打教堂③；1907年湖州新市镇一带"枭匪猖獗"，将前去镇压的县令逐回。④

青帮中直接受到革命民主派影响，从而把自己的组织转变为革命团体的典型例子，是陶成章曾为作传的余孟庭部。1904年以后，光复会的陶成章等人在浙江会党中做了很有成效的联络工作。在光复会组织的皖浙起义的推动下，活动在苏松嘉湖一带的客帮首领余孟庭举事反清。他提出"劫富济贫"的口号，针对青帮固有的各种恶习而制定了不许扰乱乡民、不许妄杀无辜和不许强奸妇女的军纪。他企图和陶成章、王金发等革命党人取得联系，"为东西同时并举之策"，多次击败清军。1908年兵败被俘，拒绝收买，被清当局杀害⑤。余孟庭领导的游民团体已经从青帮中分化出来，转变为下层人民的起义组织。这一转变说明，在革命激潮席卷全国的时候，在斗争一反常态而突然以汹涌的阵势向前推进的时候，社会各阶级、阶层会改变其固有的活动轨道，产生新的组合。

在研究辛亥革命史时，我们可以把青帮中某些派别的反抗斗争放在下层群众反抗运动的巨流中加以评价；但是，在作青帮史的专题研究时，则要对这个组织作更全面的分析。事实上，在这个大变动的年代，青帮的反抗并不是普遍现象，它的主流恰恰是日益走向没落和反动。因此，我们认为学术界如下的观点是值得商榷的，即从整体上把这一时期的青帮看成以私盐贩为主体的游民无产者反侵略、反封建的"组织凭借"。

贩卖私盐仅仅是青帮的部分活动，随着时间的推移，在清代末年，这个集团更多的是进行抢掠生涯，而成为一个从事贩私、伙劫、包赌和贩卖

①《中外日报》，1903年10月29日。
②《录副档》，光绪二十九年九月二十二日两江总督魏光焘折。
③《汇报》，1906年4月14日。
④《汇报》，1907年11月13日。
⑤《浙案纪略》，《辛亥革命》，第三册，第72—74页。

人口等各种流氓活动的社会集团。据史料记载："安清道友多在江北，所有劫杀重案及包贩私盐，掠卖妇女，皆其伙党所为。"①

青帮的贩私，是勾串两淮及浙西盐场的兵弁、灶丁，将食盐装载在船，运往湖广腹地或于皖、浙、苏南的一些地区出售。这种活动固然是被生活所迫，并且破坏了清政权的财政收入，但并没有因此就给社会经济和人民生活带来好处。他们为牟高利，不减盐价，而是凭借武力，"勾结痞棍"，"在市上陈列凶器，公然售销，强民购买"，"居民虑其报复，无敢与较"②。贩私的运费、贿赂费以及帮派的各种挥霍，依然转嫁到了消费者身上。

不仅如此，青帮还"借名伙贩私盐，其实结党抢劫。"③ 综观当时有关青帮的记载，最令人触目惊心的是这一团体以各种各样的方式骚害民众。如：在安徽他们"在市则强取货物，持刀逞凶；在乡则淫劫勒赎，无恶不为"④。在苏北，"抢掠衣物，掳捉妇女勒赎"⑤。在太湖，"收徒霸赌，坐地分脏"，"杀人不法"⑥。在浙江，"平日以包赌贩私为事业，遇便则抢劫讹诈，无所不为"⑦。

为了能比较清楚地说明青帮的性质和作用，我们在上面引用的只是从甲午前后到辛亥革命这十几年中间的一些官方档案。在这个民生凋敝，民变烽起的年代，官方档案中关于下层社会"聚众谋逆"，"竖旗起事"的记载不绝于缕。然而，青帮中除了一些盐枭集团曾迸发反抗外，它们留在史册上的，大部分都是极不光彩的记录。

判断近代某一社会组织的性质和作用的标准，是看其主张和实践是否符合近代历史的客观发展趋向。青帮的贩私，既没有产生出在当时是进步的资本积累；而其"啸聚则生抢劫之案，散处即为游手好闲之徒"的活动

---

① 《德宗实录》，光绪元年十月壬午。
② 《录副档》，光绪二十六年正月十三日安徽巡抚邓华熙片。
③ 《朱批档》，光绪十八年七月二十日漕运总督松椿折。
④ 《录副档》，光绪二十六年四月初四日安徽巡抚邓华熙折。
⑤ 程德全：《抚吴文牍》，《辛亥革命江苏地区史料》，江苏人民出版社1961年版，第31页。
⑥ 《录副档》，光绪二十二年十一月十五日江苏巡抚赵舒翘折。
⑦ 《录副档》，光绪三十三年十二月二十一日法部右侍郎沈家本折。

生涯，也和农民揭竿而起"筑寨负嵎者迥异"①。正是青帮自身的活动规律，规定了它在这个各种社会力量都在迅速分化着和重行组合着的年代，沿着以下两条明显的轨道迅速地堕落着：

第一，贩私和劫掠所积累的财富转化为地租剥削。青帮成立后的数十年间，内部发生了严重的阶级分化。如果说乾嘉年间水手帮会的老管还基本上是不脱离水上运输的劳动者，那么，青帮的许多头目则在积年的贩私、劫掠生涯中发财致富，蜕化为依靠剥削为生的地主豪强阶级。活动在江苏江都一带的青帮大头子朱盛椿就是一个典型的例子。此人"收徒至一千余人"，"纵令徒党肆行抢劫，掳人勒赎，坐地分脏"，"积资广置田宅"，拥有田六百余亩、屋三进，并药材店等商号。家中多藏武器，围墙四设枪眼，成为地方上的大恶霸。②

经济变为政治。许多转化为地主豪强的青帮头目不愿再走险毁家，纷纷投靠清朝统治者。扬州的青帮大头目徐宝山在1900年全国反侵略高潮中接受"招抚"，任缉私营督带，穷凶极恶地剿捕同党。大字派头目张仁奎"以单刀驰名江淮"，"于苏北清江投身行武"，先后在清朝水师和陆军中效力，"隶徐宝山部"③。另一个头目赵德成任"两江总督公署缉捕营哨官，于是从者蜂起，一时威镇南北"④。

这些青帮头目以帮派私利为轴心，在风云变幻的清朝末年纵横捭阖，实行政治投机。还是徐宝山，在辛亥革命爆发后，因革命党"许以特别扬蹉利益"⑤而"咸与维新"，他一掌把参加辛亥革命的扬州人民打下去，成为霸占两淮盐引的新军阀。

第二，贩私活动和外国侵略势力相结合。青帮在后来的投靠帝国主义，是从贩私活动中和侵略势力相勾结开始的。这种勾结在同光之交已见倪端。当时的江浙盐枭为了逃避缉私，"每于船上抻洋旗，携带军械火枪，

---

① 《录副档》，光绪三十三年十二月二十一日法部右侍郎沈家本折。

② 《朱批档》，宣统三年五月二十五日两江总督张人骏等折；《辛亥革命江苏地区史料》，江苏人民出版社1961年版，第32—33页。

③ 陈一帆：《清门考源》，民国三十五年版。

④ 同上。

⑤ 《江左用兵记》，《辛亥革命江苏地区史料》，江苏人民出版社1961年版，第253页。

经过卡汛并不拢泊"，直下汉口，"洋关收其报税之利"这些盐枭"恃洋人为护符，使地方从不敢缉拿"①。还有的盐枭直接把盐卖给游弋内河的外国商船，这些商船"夹带私盐多半在镇江以上十二圩一带"起运②，显然是来自两淮盐引。不少"贩私党"头目在发财致富后在上海租界设立香堂、山堂、老窝子，扩充组织，成为和帝国主义者有着多种联系的反动集团。

这样，随着青帮上层分子的日益封建化和买办化，这个组织的贩私行劫、霸赌包娼、贩卖人口等活动又和最黑暗的封建地方豪强势力合为一体，并且日益为帝国主义侵略者所利用。他们严密控制着大批的流氓无产者，把这一庞杂的人群变成为一小撮封建特权者发展帮派私利和反对人民革命的工具。

在本文结束之前，我们想引用一段材料来看一看当时的普通民众对青帮的态度。据常熟一个知识分子记载，1911 年夏，常熟"忽谣传巢湖帮人至，杀人无算。于是城中妇孺肩背相摩，呼男唤女，皆向水旱两北门争出逃匿。至午后，探知无事，始各回家"③。

显然，从主体上将这样一个杀人越货、和人民群众相对立的集团说成是下层人民反侵略、反封建的凭籍，是不合适的。相反，安清道友——青帮在后来彻底堕落为反动的流氓帮会，却符合其历史发展的必然逻辑。

（与程歗合著，原载《南开史学》1984 年第 1 期）

---

① 《两淮盐法志》，卷六十四，《辑私六》。

② 《两淮盐法志》，卷六十四，光绪三年二月常镇道沈敦兰禀。

③ 《常昭水灾闹荒日记》，《辛亥革命江苏地区史料》，江苏人民出版社 1961 年版，第 137—138 页。

略论明清时代民间宗教
的两种发展趋势

　　明清两朝是中国封建社会由没落走向衰亡的时代，经济、政治、文化、思想等各个领域都经历着急剧的转折。明朝中末叶，政治极度腐败，劳动群众贫困不堪，加之正统宗教衰落带来的信仰危机，造成了社会的动荡不安。在这种历史条件下，民间宗教运动作为信仰的补充物再度兴起。罗教、黄天教、三一教、长生教、闻香教、红阳教等数十个教门相继在华北、江南一带产生。这一运动在明末农民大革命中经历了暂短的沉寂，在清代以更加蓬勃的气势向前发展。据统计，至少有二百一十五种教门和结社组织，活动在除西藏、青海以外的广大地区。① 其中以无为教、大乘教、八卦教、混元教、老官斋教、青莲教等为较著者。这一时代民间宗教都有自己的"宝卷"，所谓"每立一会，必刻一经"②。它们的教义大都以民间流行的说唱作为其传播形式，内容通俗，信奉者云集。

　　在这一时代，民间宗教运动和农民革命运动往往错落交叉。披着宗教外衣的农民起义构成了社会生活的重要内容，成为明清封建王朝最为棘手的社会问题之一。

　　近年来，史学界对明清民间宗教进行了比较深入的探讨，取得了可喜的成果。但是，如何估价民间宗教的社会作用，以及民间宗教运动和披着宗教外衣的农民革命运动二者的关系如何，还是需要进一步探讨的问题。本文试图结合明清民间宗教运动内部演变的趋势，对此提出一些粗浅的看法，希方家指正。

---

① 中国第一历史档案馆，《军机处录副奏折》，《朱批奏折》，"农民运动类"目录。
② （清）黄育楩：《破邪详辩》卷一。

一 明清时代民间宗教运动内部的封建化趋势

在对明清民间宗教的研究中，有两个问题引起了一些研究者的兴趣。其一，民间宗教是否以"同财同色"为其教法之纲领，即民间宗教内部是否实行经济平等和社会平等？其二，民间宗教是否构成了一种独立的社会意识形态，一种自成体系的上层建筑？这两个问题都直接涉及到对民间宗教运动的性质和社会作用的理解。笔者认为，考察明清民间宗教内部发展的封建化趋势，可以给予这两个问题以比较明确的回答。

（一）等级制度和特权阶层的形成

民间宗教是以农民为主体的、许多阶层构成的社会组织。它的教义中的个别思想反映了农民阶级中部分先进分子的平等要求。但就整个明清时代的民间宗教而言，从来没有"以同财同色为其教法之纲领"（《中西记事》），来构筑"平等"的理想世界。相反，几乎所有成熟了的教门组织内部都形成了严密的等级制，而这种制度是随着教门的发展逐渐完善起来的。

以江南老官斋教为例：

产生于明代末叶，活动于整个清代的老官斋教，在其活动初期仅有三等教阶，又称三层功夫，即小乘、大乘、三乘。到了清代中叶，该教出现了一个庞大的、系统化了的等级制度。内部"习教次第，有十二步"：

> 凡始入教，诵真言二十八字，曰小乘；再进奉大乘经者，曰大乘；再进曰三乘，始取普字派法名；再进可引人入大乘法，曰小引；再进可引人入大乘法，曰大引。此二者能引而不教。再进曰四句，许传二十八字法，以授小乘；再进曰传灯，始有教单，如执照然，始许领寻常拜佛法事；再进曰号勒，许传大乘法，再进曰明偈，许代三乘人取法名；再进曰蜡勒，许作蜡会领法事；再进曰清虚，副掌教事，蜡勒以下，皆听指挥"。

"最尊者为总勅"，即总教首，由"姚姓子孙世主之"①。姚姓即创教人、浙江庆元县姚文宇。

再以北方的八卦教为例：

清初河南人刘佐臣来到山东省单县创教时，"收徒分列乾、坎等八卦，尚有数卦未曾得人"②。半个世纪以后，教门迅速发展，教内出现了等级：

所收之徒分八卦，每卦以一人为卦长，二人为左支右千，余为散徒。③

到了乾隆中末叶，该教已历世百年，成为华北地区最大的民间教门，教内等级制度更为严密：刘佐臣子孙世代居于教首地位；教首之下是八卦的卦长；每卦分六爻，每爻设爻长一人。卦长、爻长分别由"真人"担当，真人又分数等。真人以下是总流水、流水、点火、全仕、传仕、麦仕、秋仕诸等教职。形成了"内安九宫，外立八卦"的一套等级制度。

当然。形成等级制度的并不限于上述两个教门，还有以五行为序者，以生年纳音为编列名号者，以十步功夫为教阶名称者，以九杆十八枝划分等级者，形形色色，不一而足，但本质是一致的，即人以等分，贵贱不同。

这些等级制产生的根源在那里呢？事实告诉我们，明清时代由于社会经济状况恶化，流民大量出现，在民间形成了一种靠"传教敛钱"为生涯的社会职业。这种职业在开始产生时与一些迷信职业在本质上并无二致。清嘉庆年间，山东学政王引之曾说：

盖愚民未闻礼义廉耻之节，但知银钱可以谋衣食而免饥寒也，则汲汲图之而不恤其他。彼为邪说者，知愚民之可以利诱也，于是借敛钱之

---

① （清）采蘅子：《虫鸣漫录》卷一。
② 《朱批奏折》，乾隆三十七年（1772）五月十二日山东巡抚徐绩奏折（本文所使用的档案资料全部为中国第一历史档案馆收藏）。
③ 《朱批奏折》，乾隆三十七年（1772）五月十六日山东按察使国泰奏折。

说以邀其入教也，则己之钱入于人之手，其人入教而又传教也，则人之钱入于己手。辗转传教则辗转敛钱，愚民信以为生计，遂相与从之。①

这段话中虽有污蔑之词，但包含了部分真理，即民间宗教兴起的原因之一是广大低层群众衣食无着，把传教敛钱作为一种生计。这种生计屡禁不绝，是因为它根植于贫困——这个宗教的沃土之上的。当然民间宗教的传教敛钱比迷信职业者远为高明。迷信职业者没有构成自己的"理论"和组织体系，只能单独行骗。相反，民间宗教则辅之以教义和严密的组织，有着共同的崇拜对象、教仪、教规。因此，它更有凝聚力和广泛的信仰者，较之迷信职业远为兴盛，并构成了一种社会力量。

事实上等级本身是随着教门扩大和敛钱生计兴盛之后出现的，它与这种财产和分配直接发生联系。在老官斋教中，小乘、大乘、三乘是徒弟的代称，不仅无权传徒，还要不断纳献："学小乘的送三分三厘，学大乘的送一钱二分，学三乘的要一两银子。六钱七分留作斋佛费用，三钱三分存解祖堂。"② 所谓祖堂，是由姚姓家族世代把持的。为了"香火旺盛"，姚姓子孙每年都要到福建、江西教区为徒众代取法名，或向各斋堂征收香资。在八卦教中则明确规定："到全仕上就可以传授徒弟，到流水上可以经管帐目，到真人上可以动用银钱"③。由此可见，教职的确立并不单纯是宗教上的分工，或为了弘扬法事，每一种教职都代表着一定权限和实实在在的现世利益。就这样，等级制度在教徒的经济地位的分化中逐渐形成了。与这个制度形成的同时，在一些教门中还建立了相应的财务体系。在老官斋教活动的七八个省份中，"有清虚数人分领，时往来焉。各步岁存费用，多寡不一，积蓄以待清虚，携奉总勅"④。在八卦教中，各基层组织都分设"流水"一职，管理教权、财权。充任"流水"者，在敛得一定的钱财之后向上汇送，层层汇送，层层盘剥，教职越大，油水越多。为了攫取现世利益，收徒作会，发放经卷、教单、印信等物，代取法名，升迁

① 《朱批奏折》，嘉庆二十年（1816）十一月十九日山东学政王引之奏折。
② 《朱批奏折》，乾隆十八年（1753）七月十三日提督浙江总兵官史弘蕴奏折。
③ 《军机处录副奏折》，乾隆五十六年（1791）七月十三日八卦教徒刘照魁供词。
④ （清）采蘅子：《虫鸣漫录》卷一。

教职，无一不和敛钱相联系。而收钱名目也日渐繁多，诸如根基钱，元勋钱，福禄钱、四季钱、香火钱、跟账钱等等。显然，民间宗教这种敛钱生计不但不能解决社会贫困问题，相反却培植了一批富豪和特权分子。

明正德年间（1506—1521），罗教创始人罗梦鸿在北直隶雾灵山下开堂讲经，结果"远来馈送颇多，因以而致富"①。

明末浙江人汪长生创长生教，"其教甚行，从者颇众"。其后"斋堂添建数百间，田亩亦多"②。清道光年间，以《众喜宝卷》宣传教义的陈众喜成了"家财矩万"的富翁。

明末闻香教主王森原是个穷皮匠，创教后被奉为佛祖。"其徒见者，俱称朝贡，各积香钱，络绎解送"。王氏家族用这些钱"置买庄田"，或"盛停别处，以待它用"③，成为滦州一带的大庄园主。

八卦教创教人刘佐臣曾孙、教首刘省过"有地数十顷"，"田庄数处"，家中藏银万余两。④刘省过近亲刘廷献父子被当局发配新疆，八卦教徒三次赴疆送银，总计八千两之多。

在这里，不直接依靠土地剥削，却造出一批大土地所有者；不依靠高利贷放债，却使少数人发了横财。这种依靠传教进行剥削的方式是以封建土地制度为其基础的，在本质上与正统宗教以捐献、布施为名建立起来的寺院经济并无不同。只不过在民间宗教中是以特权家族为集团的地主经济，而正统宗教则是以派系为集团的地主经济。它们同样没有跳出封建经济法规的制约。正是在经济分化中产生了等级制，并在这个制度的基础上产生了特权阶层，从而在教门内部划出了阶级分野。

不仅如此，在部分教门内部，神权和族权的结合也是异常牢固的。为了防止财产和权力的转移，少数处于特权地位的宗教领袖所能采取的唯一办法是实行以血缘关系为纽带的世袭制。这种世袭制又被各种教义和偶象崇拜的神圣光环所笼罩，于是孕育出一个个"神圣家族"，许多教门成为某些家族的世袭领地。如罗教的罗家、黄天教的李家、清茶门教的王家、

---

① 《军机处录副奏折》，嘉庆二十一年（1816）三月二十一日直隶总督那彦成奏折。
② 《史料旬刊》第十五期，永德折二。
③ （明）黄尊素：《说略》。
④ 《朱批奏折》，乾隆三十七年（1772）五月十六日山东巡抚徐绩奏折。

老官斋教的姚家、八卦教的刘家、郜家、王家等等。这些家族大都统治教门五至十代，长达一二百年、二三百年不等。在这些教门中，创教人及其家族具有至高无上的宗教权威，不仅"职掌"着教徒们在彼岸世界——天堂和地狱中的"命运"，在精神上控制徒众，有些教门还设有森严的教法、教规，掌握着对门徒的生杀予夺之权。

很显然，在封建宗法制占统治地位的民间教门中，要想寻找"同财同色"的理想世界，不啻是一种幻想。

（二）教义的思想倾向和政治态度

像任何宗教一样，民间宗教教义也是充满矛盾的，因为它们并不是某种单纯概念的产物，也不是一种纯粹逻辑发展的结果。

明、清民间宗教是宋元时代的延续和发展，比宋元的民间宗教更为复杂。清初周克复在《净土晨钟》中罗列了民间宗教的部分信仰：

"有妄分男普女妙者；有妄分三字、四字、六字佛者；有妄分在家为弥陀教，出家为释迦教者；有捏称释迦去世，弥勒治世者；有捏称烛光见鬼者；有捏称香烟断凶吉者；……有以镜照人，自见王侯冠服者；有咒水洗眼，具现空中佛像、龙凤幡幢者；……如伪作十六字经，摄气归脐，尽力奔送，直至丹田者；……将眼泪涕津溺等尽取食之，谓之修无漏果者……又捏称六祖云：宁度白衣千万，不度空门半个僧。今日元为、长生耸动俗家，辄云：未来弥勒佛现在治世，专度居士，不度空门。任善知识辈，必再生有发，方得成佛作相。"[1]

《净土晨钟》的作者站在佛教的立场上指斥各类"异端邪派"，自然难窥民间宗教全貌。明清民间宗教远比这复杂得多，其经卷中充斥着儒、释、道正统宗教的内容，又包含了隋唐、宋元各类教门流传下来的教义，甚至气功、炼丹、中医疗养法，乃至各类迷信内容，光怪陆离，兼流杂出。

民间宗教的信仰如此驳杂，说明它的成份复杂，也表现出底层群众在现实世界寻找不到出路时思想上的盲目与混乱。民间宗教的信仰尽管如此

---

[1]　（清）周克复：《净土晨钟》。

复杂，但还是有规律可循的。只要仔细分析，就会发现在一些教门中不同的阶级甚至阶层都在寻求适合自己口味的教义，并在这些教义中添加现实的政治、经济内容。教义中有少数鼓吹变革，要求平等的思想，明显地反映了底层群众憎恨旧秩序的情绪。但更多的则是封建糟粕，这些内容表明造经人竭力要把群众的信仰纳入传统秩序的轨道。这些教门的教义或偏重于佛、或偏重于道、或偏重于儒，或对三家思想兼收并蓄，并把上述内容注入某些民间宗教的观念之中。其根本目的是为了神化、圣化少数宗教领袖及其家族，维护教内封建统治。

在明、清两代，佛教和儒教对民间教门的影响最大，下面分别加以说明。

受佛教影响很大的教门有罗教及其分支大乘数、无为教、老官斋教，以及红阳教，还源教等。

罗教创始人罗梦鸿在创教前"曾拜一和尚为师"[1]，苦修十三年，集卷五部。这五部经卷对明末及整个清代民间教门影响巨大。但"皆杂引释、道言语，凑集成文"[2]。清笔记称："其经典支离怪诞，略如佛氏。惟所修者，冀来生富贵，非若释子之寂灭无求，微不同耳。"[3] 在明代罗教被作为佛教异端受到正宗支派的攻击。密藏禅师在《藏逸经书》中说它"见知混滥"，"真近代魔种哉"。密藏同时还攻击过多种"异端"。例如他攻击妙明所著《华严疏钞会本》与"儒家经书集注相似"，致使"无分本源，根叶殊失"。攻击法舟弟子太虚所撰《法华大意》"见知邪恶不可当"。攻击《金刚经十七家注解》"邪见甚多"。攻击无垢子《心经》，咒骂慈度"邪恶过师十倍"[4]。上述这些"异端"与罗教一样，既没有脱离或触犯正统宗教的本质，更没有为农民革命提供思想火花，不包含任何"革命的社会政治理论"[5]。它们之间的交恶攻击多属宗派相斗。罗教产生

---

① 《军机处录副奏折》，乾隆三十三年（1768）九月二十一日直隶总督杨廷璋奏折。

② 《朱批奏折》，雍正七年（1729）十二月六日署江西巡抚谢旻奏折。

③ （清）采蘅子：《虫鸣漫录》卷一。

④ （明）密藏：《藏逸经书》。

⑤ 恩格斯：《德国农民战争》，《马克思恩格斯全集》第7卷，人民出版社1959年版，第401页。

于阶级斗争尖锐的明中末叶，以"清净无为创教，劝人修证来世"① 为宗旨，引导底层群众脱离阶级斗争轨道，向往虚无飘渺的彼岸世界，它和同时代众多民间教门一样，实质是阶级斗争的消极产物。

如果说罗教惯用彼岸世界的所谓"真空家乡"的美好来吸引尘世间漫无归宿的芸芸众生的话，那么还有一些教派则喜欢利用佛教制造的地狱恐怖去震摄茫茫人寰中的不安分子。总的来看，民间宗教"神曲"中的"天堂篇"和"地狱篇"，并没有唤起"群愚"，对现世地狱的憎恶和对人间天堂的追求。它同样具有一般宗教对人们灵魂的腐蚀性。

还有一些教派则是用转世说和降世说发挥了巩固家长制统治的作用。老官斋教主姚姓，"托言其远祖普善，初世姓罗，二世姓殷，三世姓姚。现为天上弥勒，号无极圣祖"②。因是闽、浙、赣一带底层群众趋之若鹜，敬姚氏如活佛。在清茶门教中，教主王姓倡言"未来佛降在石佛口王姓家内"③。"是以王姓传教之人，俱称为青山主人，入教者皆称之为爷，写信者竞尊为朝上，送给银钱者并推为根基、元勋，磕头礼拜，居然有主臣之分"④。

明清时代，儒教对民间宗教的影响逐渐超过佛教。这突出表现在北方的八卦教、一贯道，南方的长生教、三一教等教门的教义中。

八卦教创成于孔教影响很大的山东，随着教内等级制度的形成，教义的内容发生了很大变化，儒学色彩日益浓重，最终孔夫子成了该教"收元结果"的祖师。而传统的民间宗教"三际说"遂被改造成道、释、儒三家依次传教的内容。头两个时期——青阳、红阳时期，教主李老君和释迦佛分别度人二亿，到了第三际白阳期，孔夫子"临凡下世"，大显神通，要把九十二亿蒙尘儿女全部度回天宫。孔夫子的宗教使命是弘扬儒学，教化"群愚"，"明真性、达天理"，振三纲、张五常。它公然宣称"要传一部中正儒理方可收元"⑤。即用儒教作为沟通此岸与彼岸的思想桥梁，把它作

① 《军机处录副奏折》，乾隆三十三年（1768）十月七日江苏巡抚彰宝奏折。

② （清）《高宗实录》卷三〇九，第38—41页。

③ 《清代档案史科丛编》第三辑，第28页。

④ 同上书，第29页。

⑤ 《军机处录副奏折》，乾隆五十三年（1788）六月十七日直隶按察使富尼善奏折（片一，歌词二本）。

为天、地、人三界的共同信仰。

在浙江一带流传的长生教在教义上与八卦教具有相似之处，而融汇"正宗三教"，弘扬孔学则比八卦教更有过之。长生教经卷《众喜宝卷》序言中开宗明义："三教之内儒为首，四民之中士为先。""儒称为根，作戍已；释称为蕊，作青龙；道称为枝，作白虎。"明显地表露了该教以儒为主，释、道为辅的教义宗旨。在长生教中，孔夫子被编造成两度临凡的"儒童玉佛"。一次在春秋时代，"五霸乱世"，他"化为圣人"，"以仁治人"。第二次"直至大明"，"再下凡世，时万历年间，灵化衢西"。① 万历年间是长生教创始人汪长生在衢西创教的时代。和八卦教一样，门徒们是把创教人当作孔夫子加以信奉的。而其教义鼓吹纲常伦理、君权神授则远过于八卦教。长生教、八卦教等教门把孔学作为教义的核心内容是有其用意的。显然在这些等级森严的教门中，儒学的尊卑有等、长幼有序的宗法观念是维护教内封建秩序的最有力的思想武器。

综上所述，我们可以看到正统宗教对民间宗教思想影响的一斑。这种影响并不是一种历史的偶然，正像地主经济是封建经济的支柱，地主阶级的思想也必然支配着整个的意识形态领域。不但一些已经封建化了的民间教门不可能也不愿意另辟蹊径，去开创一套超脱现实世界的独立的思想体系和上层建筑，就整个民间宗教世界而言也不存在这种"体系"。

在我们分析了上述教门组织和教义的特点以后，这些教门所表现出的政治倾向性就不是十分复杂的问题了。族权、神权、特权的结合，必然导致上层宗教领袖对政权的欲望。这种欲望以两种表现形式出现，一种是投靠现政权，一种则表现为政治野心。

明、清两代，罗教虽然一再遭到禁止，但该教希望成为合法宗教的幻想始终没有破灭。统治者也承认此教"无妖书、符咒，亦未结社联合，集众滋事"②，"传三百年并无妄为"③。

明末红阳教初创时，创教人高阳就以宦官集团为靠山。该教尊魏忠贤

---

① （清）陈众喜：《众喜粗言宝卷》序。
② 《朱批奏折》，乾隆十四年（1749）十二月十九日两广总督硕色奏折。
③ （清）采衡子：《虫鸣漫录》卷一。

为佛祖，尊石亨等阉竖为护法，并在经卷中进行无耻吹捧。这种投靠致使教势大振，"传徒尤众"①。而其经卷则在太监把持的内经厂中广为刊行，"经皮卷套，锦缎装饰"②。其精致程度与正统佛经无异。

八卦教教首刘姓家族从第二代起三世四人捐纳为官。刘佐臣之子刘儒汉以捐纳选授山西荣河县知县，作了十几年的清政权的地方官。佐臣孙刘恪是捐职州同，曾孙刘省过是捐纳县丞。他们都是以"邪教"教首兼世俗地主、地方官吏，一身而三任。

老官斋教姚姓在清代多人应举，其中教首姚汉揖是乾隆己酉科拔贡生，姚海查是嘉庆辛酉科拔贡生。

上述情况在罗教、黄天教、清茶门教、鸡足山大乘教内部普遍存在。这充分暴露了上述教门的掌权家族与当局的合作及对世俗权力的渴望。

神权与特权的结合往往还导致这些家族的政治野心。特别是有些家族妄图获取世俗权力的幻想破灭以后，明显地表现出僭号称王的登基野心。在八卦教中流传着"平胡不出周刘户，进在戊辰己巳年"，"也学太公渭水事，一钓周朝八百秋"③的说法。清茶门教宣称"清朝已尽，四正文佛落在王门"，门徒拜见俱称"朝贡"④。这些教门宗教首领存在着反清思想并不代表农民阶级，也不具有反抗封建压迫的深刻内容，不过是地主阶级内部不同派翼之间的矛盾。当然教首反对当局的情绪会直接影响到底层群众，造成另外一种社会效果，其中包含着积极因素，则又当别论。

从以上诸方面的分析，我们可以看到民间宗教运动中有一种内在的发展趋势——等级化、特权化、正统化、封建化的发展趋势。它之所以带有某种普遍性，正说明它是封建社会形态必然产生的一种规律。从历史上看，中国的民间道教成为正统宗教，唐代的摩尼教，⑤元代的白莲教都一度为当局认可，成为合法教派。在明、清两代，尽管有许多教门内部已经

---

① （清）黄育楩：《破邪详辩》卷二。
② （清）黄育楩：《破邪详辩》序。
③ 《上谕档》，乾隆三十七年（1772）四月十三日上谕。
④ 《清代档案史料丛编》第三辑，第36页。
⑤ 摩尼教于唐初传入中国，不过40年即遭禁断。安史之乱期间，唐请回纥出兵平叛。其后，回纥又把作为国教的摩尼教带入中原，其教因之大兴，遂为唐政权认可。会昌三年（843），又遭禁断，再次转向民间传播。

逐渐封建化，却始终处于受压的地位，只有极少数教门在短时期内取得合法传教的权力。之所以如此，是由于特殊的历史环境——封建专制的空前酷烈，统治阶级形成了统一完备的思想体系，从而堵死了民间宗教成为合法宗教、正统宗教的可能性。

二 民间宗教运动向农民革命运动转化

明清民间宗教运动，像历史上的许多宗教运动一样，并不总是沿着同一方向笔直前进的。由于运动本身错综复杂，阶级力量的对比经常发生变化，导致民间宗教运动向农民革命运动转化。这已为大量的史实所证明。

明、清时期，民间宗教被当局视为"异端"、"邪教"，遭受残酷镇压，便在底层潜行默运，作为专制制度的对立物而出现。然而这并不是运动转向的根本原因。在许多教门中，把持教权的地主集团虽然在政治上处于受压地位，有时也存在着反抗当局的思想，但由于所处经济地位和长期受正统思想的桎梏，使他们不能举旗造反。民间宗教运动向农民革命运动转化的根本原因是社会危机的到来，造成底层群众的生活急剧恶化，他们乞神无灵，呼天不应，从而产生变革现行秩序的革命要求。由于民间宗教长期在底层流传，少数教派遂成为农民革命集蓄力量、酝酿起义的组织形式。然而民间宗教教门多为地主分子所把持，并不是农民阶级天然可以利用的工具，革命要想利用它达到自己的目的，就需要用现实的力量对它进行改造。虽说这种改造极不彻底，但对封建政权的冲击总要伴随着对神权的冲击。下面我们分几个方面简要地谈一下这种改造的社会内容。

（一）农民革命要想利用民间宗教，首先要掌握教权

在民间宗教世界，派系之争或教权易手的现象贯穿着整个明清时代。这种斗争反映了教门之间或教门内部现实利益的冲突。其中有些矛盾则表现为宗教领域内地主阶级与农民阶级的对抗。这种斗争由于被宗教外衣所掩盖，往往处于隐蔽状况。但在形势急剧动荡的时代，由于不同的阶级都要按照各自的利益选择方向，采取行动，这种斗争就逐渐明朗化，从而造成教门内部的争夺和分裂。农民阶级要突破宗教旧传统的轨道，夺取教权

就成为不可避免的历史现象。但是农民革命并不是一种自觉的革命。特别是长期受宗教束缚的农民，要想起来反抗封建压迫，总要经历一番曲折、复杂的历程，因此摆脱宗教旧传统和旧领袖的斗争也就呈现出多种形式。

第一种情况是：长期统治教门的宗教领袖由于当局的打击，家败族亡，结果造成教内群龙无首，各自为政。这种形势恰恰为农民革命的爆发开辟了道路。明万历末年，闻香教主王森死于狱中，其子王好贤为家财所累，不肯举旗造反。山东等地教徒在徐鸿儒、于志弘等人的领导下于天启二年（1622）"以他事相激，先期而起"①。

第二种情况是：打着教主的招牌以吸引群众，但在行动上却与宗教旧传统背道而驰。乾隆五十一年（1786）七月，直隶八卦会头目段文经，以营救被监禁在山东单县的教主刘洪为名，带领徒众夜袭直隶大名府道，杀官、劫狱、抢库藏，而根本没有任何营救教主的行动。这次起义，成为震惊全国的"邪教"案。

第三种情况是：脱离旧教主控制，另立山头，独树一帜。清嘉庆到同治数十年间（1796—1874），以老官斋为组织形式的起义接连不断。道光年间江西斋教头目谢嗣凤自称教主，"招亡命乌合数千人揭竿而起"②。同治五年（1866）江西斋教头目陈奴奴自称大将军，"谋为叛逆，戕官踞城"。③ 同年斋教头目仇光跃"自称教主"，"私刻县官假印，代人税契，完纳钱粮"，"入会者皆视作骨肉，以手足呼之"，图谋起事。④ 上述三例都是与传统势力分道扬镳后举行暴动的。

第四种情况是：直接夺取教权，把群众控制在革命的势力范围之下。清嘉庆十六年（1811），八卦教头目李文成以原教首梁健忠"所传道不真"为由，带领徒众与梁健忠"讲论道理"，梁因势不敌，被迫交出经卷及在教人名单，李文成掌握了河南震卦的领导权。⑤ 嘉庆十四年（1809），林清夺取了八卦教坎卦支派的领导权，"自作教主"，又进而以实力统一了

① （明）黄尊素：《说略》。
② （清）采蘅子：《虫鸣漫录》卷一。
③ 《军机处录副奏折》，同治五年（1879）五月初八日闽浙总督左宗棠等奏折。
④ 《军机处录副奏折》，同治五年（1879）十二月十七日存诚等奏折。
⑤ 《军机处录副奏折》，嘉庆十八年（1813）十二月二十四日那彦成奏折。

京畿一带民间宗教各派力量。这两次夺权，为嘉庆十八年（1813）秋直、鲁、豫三省八卦教大起义铺平了道路。

上述事实表明，明清时代多次发生的以民间宗教为组织形式的农民起义，几乎没有世代把持教权的宗教领袖及其家族倡导或随声附议者。既使像清中叶川、陕、楚等五省白莲教起义那样大规模的农民战争，鱼龙混杂，泥沙俱下，把个别上层宗教领袖裹胁进去（如号称首富的湖北宜都白莲教头目聂杰人），但这些人中的多数最终不过是革命的蛀虫。显然，农民革命要想利用民间教门作为联系群众、酝酿革命的纽带，只能用各种方式把教权掌握在自己手中，这是起义的先决条件。

（二）对传统教义的改造

在民间宗教的传统教义中充斥着大量儒、释、道正统宗教的内容：或是劝导人们遵守纲常法纪，或是以彼岸世界的报偿迷惑或恐吓群众，或是以修身养性，保精固丹的神秘主义为封建制度服务。这些内容当然不可能鼓动群众"犯上作乱"。

既使一些更带有民间宗教特色的教义，也并不是那么轻易地就可以作为农民革命的纲领和口号，因为这些民间宗教观念，任何阶级、阶层都可以解释利用，而关键要看它们包含着什么样的实际内容。

例如，在中国民间宗教世界流传了一千多年的弥勒佛信仰，就曾多次被不同阶级、阶层的人们赋予不同的解释。

在世袭传教家族把持下的老官斋教、八卦教、清茶门教，弥勒佛是创教人的化身，是后代教首的转世，是教门内部封建秩序的象征。但在乾隆十三年（1748）老官斋教起义中，起义者在旗帜上书写着"无极圣祖、代天行事"。他们托言"弥勒下世"，"弥勒佛欲入府城"，"劝富济贫"[①]。在这里弥勒佛不再是彼岸世界的神祇，而是起义领袖"以神道蛊惑愚民入伙为匪"[②] 的精神武器。同样在八卦教起义中，弥勒佛不再是孔夫子的化身，创教人刘佐臣转世，而是农民阶级要求"改换天盘"，荡平清政权统

---

① （清）《高宗实录》卷三〇九，第4—7页，第20—21页，第38—41页。

② 同上书，第38—41页。

治的精神支柱，变革现行秩序的救星。同样一个观念就是包含着这样不同的阶级内容。

再如，长期流传在民间宗教中的"劫"的观念。"劫"的观念是民间宗教从佛教中搬来的思想武器。"劫"在佛教那里是一种时空观，佛教进入中国后，这种观念带上了中国色彩，包含有"劫灾"的内容。在民间宗教中则进一步演化成不可预测、难以抵御的灾难。它之所以深入人心，正表明底层群众对现实世界人为的和自然造成的极度苦难的恐惧感。一些民间宗教家巧妙地利用了这种情绪，又造出了另外的一种观念——"避劫"。"劫灾"虽然可怕，但还有免除劫灾的办法，这种办法并非"群愚"所知，而是掌握在"法力无边"的宗教家手中。于是"避劫免灾"就成为一些人传教敛钱的法宝。例如，八卦教教首刘省过就被门徒奉为"避劫数主儿"，"能避灾难主儿"[1]。宣称入八卦教者，生前可以免灾，死后可以升天。

在一些农民起义中，这种观念也很流行，但已注入了新的政治内容，即把"入教避劫"改为"起事避劫"。在八卦教起义中，林清倡言"弥勒佛有青洋、红洋、白洋之劫，此时白洋应劫"[2]。林清自称"太白金星"下世，色尚白。因此参加起义者，在家门口挂上"奉天开道"白旗，头裹白巾，就可以躲避劫灾。而不参加起义者的，则在"末劫"到来时会遭不测之灾。在19世纪末的义和团运动中，劫的观念又被赋予了反抗帝国主义的内容，曾为这一伟大运动的兴起推波助澜。

在明清时期的民间宗教世界，还有对"真空家乡，无生老母"所谓八字"真言"的广泛信仰。在一些教门中，"无生老母"成为最高崇拜对象，甚至高踞于燃灯佛、释迦佛、弥勒佛之上。然而它并不是农民一个阶级的"上帝"，在成份复杂的民间宗教内部，这个上帝被涂抹上不同色彩。在有些教门中，这个最高女神被描写成造物主和人类的救世主。它打发它手造的人类到尘世间遭受磨难，然后再派使者们分批"下凡"，到人世间收元结果，即把尘世间的芸芸众生度回天宫，同享无极之乐。它所显示出

---

① 《军机处录副奏折》，乾隆四十七年（1782）五月清水教徒祝帮贤供词。

② （清）兰簃外史：《靖逆记》卷一。此处"青洋、红洋、白洋"即"青阳、红阳、白阳"。

的力量正像一切偶像一样，是虚幻的，它不可能给濒于绝望的人群指出现实的出路。不仅如此，它也被人利用作为维护现行秩序的工具。在长生教中，这位"老母"被描绘成"重立儒修"、振兴儒教的神灵。① 在八卦教中，无生老母则是封建纲常伦礼之首——孝道的护法神。

对无生老母的信仰之所以导致了传统的封建血缘关系的松动，还在于农民革命赋予了这种信仰以现实主义的力量。在清嘉庆十八年（1813）八卦教起义以后，在直隶农民起义的部队里流传着这样一首歌谣：

> 二人同来问情音，渝谕你我亲不亲，
> 咱俩本是一个母，亘古至今一根根。②

在这里，同一个战壕的战友，乃是一母所生的同胞兄弟，而这种亲密关系经历了"亘古至今"的漫长岁月。这首歌谣显然是造歌人为了团结群众、一致对敌而利用对无生老母的信仰加工改制的。它和"同心合我，永不分离，四季平安"这样的口号有着异曲同工的作用，它本质上已经剔除了宗教杂质，使群众从蒙昧的信仰中转向现实，从而使以血缘为基础的封建关系受到冲击。

此外，在民间宗教中流传的转世说、掌盘说等等都同样被不同阶级赋予不同的内容。在一些为世袭传教家族把持的教门中，纷纷把一些浑身散发着"灵光"的"佛祖"据为己有，作为本宗本族的化身或转世，诸如无极圣祖、圣帝老爷、石佛祖、收元老祖、透天真人等等。但在八卦教起义前夕，林清明确宣告，李文成"系明朝李自成转世③"。十八子当主神器的说法固然带有某些神学意味，但这种说法具有的革命内涵是不言而喻的。

综上所述，我们可以看到作为观念形态的东西，不仅要随着时代的变迁而发生变化，即使在同一个时代，同样一种观念也可能被不同的阶级附

---

① （清）陈众喜：《众喜粗言宝卷》卷一。
② 《军机处录副奏折》，嘉庆十六年（1813）十月十三日章熙奏折。
③ 《康雍乾时期城乡人民反抗斗争资料》，第887页。

会上不同的、带有本质区别的社会内容。很显然，作为民间宗教的传统思想，尽管被当局视为"邪说"、"异端"，也不是农民阶级天然可以利用，信手拈来，作为发动起义的思想武器的。它要被改造，在它的"旧瓶"中，要装上"新酒"，才能适合造反者的口味。

（三）用现实的手段吸引群众，改造世界

民间宗教运动与农民革命运动最大的区别还不在于某些教义内容的实质性改变，而在于农民革命要把民间宗教制造的"天堂"放在现世的土地上加以实现，把彼岸世界的报偿变成现世的报偿。采取的手段则是暴力革命。

那么准备起义的农民领袖是怎样把群众从宗教信仰的迷雾中吸引到自身的解放上来的呢？根本一条是让群众获得或许诺获得实实在在的现世利益。

有些史料说民间宗教首领"轻财好施"，教内似乎在实行经济平等，其实这是混淆了宗教教门和披着宗教外衣，正在酝酿中的农民革命二者的界线。前者是为了敛钱而传教，一切为了金钱，而后者为了起事要广罗人才，招兵买马，必须"轻财好施"，急人危难。

清水教首领王伦是个"轻财好施"的典型。为了举大事，他经常资助甚至藏匿江湖豪杰。他通晓医术，常"抄撮方书，为人治痈疡"。对一些得病的精壮男女，不仅不收医费，"且助以资"，于是"均感其惠，愿为义儿、义女以报德"①。军师范伟，元帅孟灿都受过他的恩惠，愿以死报效。

八卦教起义领袖林清，"慷慨好施与"，"乡村仰食者万余家"②。他施与的对象上至清朝破产的四品官、宫中的太监，下至一般农户、城市贫民。所以各阶层都有仰慕其名而追随入教者。

但施舍财产对于贫苦的百姓毕竟是杯水车薪。要发动群众还必须解决土地和财产再分配问题。以清中叶的几次起义为例：

① （清）俞蛟：《临清冦略》，载《昭代丛书》，别编辛集卷十，第1—16页。
② （清）兰簃外史：《靖逆记》卷五《林清》。

乾隆十三年（1748），福建老官斋教起义提出了"劝富济贫"的口号。①

乾隆三十九年（1774），山东清水教起义提出了"上杀官劫库，不杀百姓"的口号。②

乾隆五十一年（1786）台湾天地会起义提出了"剿除贪官，以保民生"的口号。③

嘉庆十八年（1813）八卦教起义时，京畿、直隶一带流传着"若要白面贱，除非林清坐了殿"的民谣。④

这些起义，一次比一次深刻。其中八卦教起义还直接触及到了土地问题。李文成在河南招兵买马、发动群众的根本性措施是答应起事后给穷人土地："凡有送给钱文粮食者，许侯李文成起事之后给与地亩官职。每钱百文许地一顷，粮食数石，许给官职。"⑤ 林清在京畿、直隶一带也实行了同一政策，"凡输百钱者，得地一顷，愚民惑之，远近踵至"。⑥

显然在农民革命的酝酿阶段，吸引群众的主要并不是彼岸世界——真空家乡的"美好"，也不是最高神灵——无生老母的"仁慈"，而是"仇士绅入骨髓，思欲聚而歼旃，剖其田宅"⑦ 这样一种均贫富的农民阶级的最高理想。他们喊着"改换天盘"的口号，干的却是攻打紫禁城、夺取清朝的政权。

正是由于农民阶级对现实利益的追求，并把这种追求付诸暴力行动，才涤荡了一些宗教的污泥浊水，使对彼岸世界迷盲的幻想变成了对现实世界幸福的热望，使民间宗教运动向着改造现实世界的农民革命运动转化。

综上所述，我的结论是：

不能把民间宗教笼统地说成是农民的宗教。民间宗教既不能以"同财

---

① （清）《高宗实录》，卷三〇九，第4—7页。

② 《军机处录副奏折》，乾隆三十九年（1774）九月十二日山东巡抚徐绩奏折。

③ 《军机处录副奏折》，乾隆五十二年（1787）三月十三日闽浙总督李侍尧奏折。

④ 《军机处录副奏折》，嘉庆十八年（1813）九月陈绍荣供词。

⑤ 《军机处录副奏折》，嘉庆十八年（1813）年十二月十二日托津奏折。

⑥ （清）兰簃外史：《靖逆史》卷五《林清》。

⑦ （清）兰簃外史：《靖逆史》卷二《全乡守城事》。

同色"为其教法之纲领，也不能构成一种脱离社会现实的独立的意识形态和自成体系的上层建筑。在支派错杂的民间宗教世界，总有一部分日益成熟的教门内部，由等级的出现到形成等级制度，少数世代把持教权的家族逐渐上升到地主阶级的经济地位；这些教门的宗教领袖不断吸取正统宗教的教义，并把它作为本教门教义的核心内容；在政治上或则力图投靠当局，争取合法性，或则心怀野心，觊觎政权，使整个教门沿着封建化的轨道发展。而这种发展方向则具有某种普遍意义。

民间宗教运动并不等于农民革命运动，它们不是同一进步运动的两种不同表现形式。虽然这两者往往密切相关，互相影响，但由于被不同的内在规律所支配，导致在目的和发展方向上有着质的不同。前者，就总体而言是阶级斗争的消积产物，而后者则是农民阶级改造社会的伟大实践。当然，民间宗教毕竟不同于正统神学，由于它长期在底层传播，在一定的历史时期，教内农民革命因素的增长，它有可能为农民起义提供组织形式，甚至部分教义、口号。然而民间宗教并不是农民革命天然可以利用的工具，农民革命要想利用它达到自身的目的，还必须用现实的力量对它进行改造。一旦农民阶级利用这种宗教形式着手对现实世界的变革，运动的性质也就超出了宗教的范畴，向着农民革命运动转化了。当然，农民革命不可能完全摆脱宗教的束缚，这正是造成革命失败悲剧性结局的重要因素之一。

（原载《世界宗教研究》1984 年第 1 期）

林兆恩三教合一思想与三一教

　　明中末叶至清初，是中国封建社会大变动的时代，也是思想界最活跃的时期之一。灿若群星的思想家，从不同的角度探索着封建社会的出路，用各种哲学思想为自己的政治主张和社会主张开道。在这些思想家中有一位为国内研究者忽略的人物——林兆恩。林兆恩是明正德至万历年间人。明末清初大思想家黄宗羲曾为之作传，说林兆恩倡三教"为合一之说，挽二氏（指佛、道二教）以归儒而婚娶之，率吾儒以宗孔而性命之"，"夫周、程以后必欲立一说"①。清初学者朱彝尊还把他与李贽并列为"闽中二异端"②。上述评议是否确当姑勿论，至少说明林兆恩及其思想曾受到那一时代思想界的重视。不仅如此，在林兆恩的生前，他和他的追随者已经把一种松散的学术团社变成了宗教组织——三一教。其教势力先后波及江南数省，乃至直隶、北京，后来又由信仰者漂洋过海带到了我国台湾省，以及东南亚各国。其教势力在一些地区至今未衰。③

　　20世纪20年代以来，日本学者小柳司气太、间野潜龙、酒井忠夫等，澳大利业华裔学者柳存仁，西德学者付吾康（Wolfgang Franke），以及美国、苏联学者都相继从不同角度对林兆恩的思想及其倡导的三一教进行过研究，特别是日本学者间野潜龙、酒井忠夫对史料爬梳剔抉，用功颇深。

　　林兆恩的思想驳杂而不乏精深之处，本文拟探讨他的三教合一思想，分析三一教的形成和演变，以及导致这种新宗教产生所具备的内在因素和外在条件。由于文中所用基本史料与国外研究者有所不同，因此对林兆恩

---

　　①　《林三教传》，《黄梨洲文集·传状类》。

　　②　（清）朱彝尊：《静志居诗话》卷十四。

　　③　参见［西德］Wolfgang Franke：Some Remarks on the《Three—in—One Doctrine》and its Manifestations in Singapore and Malaya. 载于 *Oriens Extremus*，1972，19，Jh，H，1—2。

其人及其著述的考核介绍将占一定的篇幅。

一　林兆恩其人及其著述*

（一）林兆恩，字茂勋，别号龙江，道号子谷子、心隐子。后又号混虚氏、无始氏，"学者初尝称三教先生，后乃称曰三一教主"①。明正德十二年生于福建莆田县，死于万历二十六年。一生历经武宗、世宗、穆宗、神宗四朝，享年八十二岁。"兆恩本名家子"②，其远祖在唐朝曾出任端州刺史，明代洪武年间，兆恩七世祖林洪以进士及第出任儋州同知。其祖父，字守仁，号省吾。是明弘治壬戌进士，以忤阉竖刘瑾落职。后曾追随王阳明镇压农民革命和少数民族起义，王阳明出任两广总督，林富协同治军，阳明病危，向朝廷荐林富代己任。③ 林富以兵部右侍郎兼都察院右金都御史总制两广。林富有子三人：林万仞、林万潮、林万言。林万仞"恩荫太学生，省吾公长子也"④。万仞有子三人；林兆金、林兆恩、林兆居。兆恩兄兆金是明嘉靖庚戌进士，兆恩族弟兆珂亦为进士及第。可以看出，林氏家族是个世代以读书干禄位的大族。在这样的家庭，林兆恩耳濡目染，自然深受封建文化熏陶。

林兆恩六岁读书，十六岁撰博土家言，"下笔有神"。"年十八补本县庠生，有声黉序，督学钱塘田公汝成，节推四明章公蘗咸赏鉴其文"。但是从十八岁至二十八岁，他仕途坎坷，"三试弗售，及弃去举子业"⑤。从三十岁至三十六岁，林兆恩已"隐处六年"，但"学官不削其籍"，甚至督学朱衡还迫使他就举业。他干脆"辞谢学官"，"焚青衿而归"⑥。这是

---

　　* 本节主要依据史料：①《林子行实》，载于崇祯版《林子全集》贞集第九册。该书藏于北京图书馆。②《林子年谱》，藏于日本左篷书库，间野潜龙所著《明代思想研究》附有影印本。③《林子本行实录》，是书为林兆恩门徒卢文辉存稿编辑，晚出于清顺治年间。本文使用的本子为台湾玉湖书院铅印本。

　　① （明）卢文辉等：《林子本行实录》。
　　② （明）谢肇淛：《五杂俎》卷八。
　　③ 《明史·王守仁传》。
　　④ （明）林兆珂：《林子年谱》，《林子年谱序》。
　　⑤ 张洪都：《林子行实》，崇祯版《林子全集》贞集第九册。
　　⑥ 《林三教传》，《黄梨洲文集·传状类》。

林兆恩人生的一大转折。造成这种转折的因素除去仕途失意之外，同时代的学者和宗教家对他的影响也不能排除。林兆恩在三十岁时曾造访王学著名人物罗洪先，后两人常有书信来往，关系十分密切。罗以学者而求禅，对林兆恩不能没有启迪。在这段时间，他还与莆田道士卓晚春相厚，"数年间，相与搜秘讨奇，纵饮行歌，旁若无人。莆人咸以卓狂林颠目之"①。与此同时又"遍叩三门，凡略有道者，辄拜访之，厚币之，或邂逅儒服玄装，其痼流，亦长跪请教知醉如颠者，十数年如此求道"②。最终在对三教经典的解释发挥中自成一统，成为融三教为一炉的宗教家。

（二）林兆恩一生著述颇富，几十年间洋洋洒洒，百余万言。五十岁时，他将诸书总名《圣学统宗》。六十七岁时又以平生所著各书标名为《三教分内集》。六十八岁时，再编平生著述，共六函。四函以元亨利贞标号，二函以乾坤标号，总题为《圣学统宗》、《非非三教》、《心圣集》、《夏撰元神实义》。七十二岁时，再次命门徒把自己的著述分门类编：《三教分摘便览》及拾余共十三册，《三教经解》共十册，《三教原编》共十册，合计三十三册。

以上编纂的各种版本的集子在国内还有部分收存。其中明嘉靖年间刻本《三教正宗》上下两册；明万历庚子季复涵江夏心堂重梓版《三教正宗统论》六册二十卷，都收藏在北京图书馆。

现存的内容比较全面的集子是由不同的人编辑的《林子全集》。一种是林兆恩族弟林兆珂在他死后不久所编的全集，又称万历刻本。这种版本分藏于日本各图书馆。间野潜龙在《林兆恩及其著作》一文中将日本几处所藏互相参照，列出篇名，计七十九篇。

本文使用的《林子全集》收藏于北京图书馆善本部。该书是明崇祯四年由直隶涂文辅等人出资汇刻。全书共四十册。第一册包括八篇序言和跋，开首为《林子全集要语》，序末有"崇祯岁辛未节端阳漳弟子马鸣起书于敬事之精舍"。二篇是《林子全集自序》（录《分内集》旧文三段）。三、四、五、六、八诸篇分别为诸弟子序跋。最重要的是第七篇《林三教

---

① （明）张洪都：《林子行实》，崇祯版《林子全集》贞集第九册。
② 同上。

先生全集序》。序末有"崇祯四年辛未中秋之吉金陵倡教不肖门人真懒百拜谨识"字样。

崇祯四年出版的《林子全集》的原稿即是名叫真懒的人提供的。"真懒号了玄,闽莆水南人也。俗姓朱氏,幼侍先师(指林兆恩),执供洒扫,一无所长,惟勤行心法。至二十岁娶室,二十三岁失偶,遂披剃云游……。"①"艰涉山川,历四十寒暑,背戴此书,静即读之,神领之下,常决疑义……今且老矣……"②。真懒是三一教金陵中一堂堂主,写林子全集序时为崇祯四年。此书虽晚出于万历版本的《林子全集》,但原稿却在崇祯四年时已问世四十年。由此上溯,则在万历二十年时书稿已备集。是时林兆恩尚存人世,正是弟子们纷纷为他编辑出书的时代。真懒一生,备受艰辛,因此四十年间"镂板未备",难以付梓。直至崇祯初年,"门下涂生文辅,慕道慎笃,……叹服不已,毅然捐金授梓"③。与此同时,直隶沧州盐山地方,"门下孝廉刘生永昌,孝廉于生廷陈……釀金助刻"④。是书终于崇祯四年出版。

关于这种本子的《林子全集》,在清乾隆年间开馆编纂的《四库全书》提要中有所记载:

> 《林子全集》四十卷,生年立说,欲会三教为一。……是及(乃)其门人涂元辅汇刻。分元亨利贞四集,每集十册。⑤

《四库全书》的记载有两个明显的错误。一,汇刻人乃涂文辅,而非涂元辅。涂文辅,字左垣,"保定安肃人也,位居八座,爵至三公"。三教门人吹捧他"洞三圣之命脉,会吾师之神传……,作斯道之领袖,为当世之师模"⑥。事实告诉人们,刻印这样一部大书,没有当朝有力者和有钱人

---

① (明)张洪都:《林子行实》,崇祯版《林子全集》贞集第九册。
② 《林三教先生全集序》,崇祯版《林子全集》元集第一册。
③ 《林三教先生全集序》,《林子全集》元集第一册。
④ 同上。
⑤ 《四库全书提要》卷一二五,《杂家类》。转引自间野潜龙《林兆恩及其著作》,《明代史论丛》。
⑥ 《金陵中一堂行实》,《林子全集》贞集第九册。
  又据文秉《先拨志始》记载,涂文辅曾依附阉竖魏忠贤,崇祯元年崇祯皇帝下旨"涂文辅着降做小火者,发凤阳司香。"

作后盾是难以问世的。其二，崇祯本《林子全集》不是四十卷，而是四十一册，计一百三十余卷。

关于崇祯本《林子全集》，国外个别研究者知有其书，惜条件所限，似未阅览。为便于参照研究，现将全书目录照录于下：

《林子全集》目录：

元部共十一册

第一册：《自序三篇附诸门人序跋》。

第二册：《五切不可》、《作圣》、《仲尼天地》、《度世》、《道无不可》、《三教无遮大会》。

第三册：《道一教三》、《万古此纲常》、《纲常教之本》、《复古之道》、《宗孔之儒》、《孔门心法》、《九序》。

第四册：《心是圣人》、《须识真心》、《艮背行庭》、《炼心实义》、《世出世法》、《在世出世》。

第五册：《性命》、《性命仁丹》、《常明教》、《本体教》、《河图洛书》、《心爻》。

第六册：《常道篇》、《无生篇》、《太虚天地》、《真我昌言》、《佛菩萨义》、《无神实义》、《梦中人》。

第七册：《经传释略》、《德性问学》、《格物正义》、《立本》。

第八册：《信难》、《儒经讯释》、《黄老讯议》、《无为真实义》、《见性篇》、《坛经讯释》、《教外别传》。

第九册：《权实》、《破迷》、《三教异端》、《持斋辩惑》、《念经辩惑》。

第十册：《心镜指迷》、《银丝喻》、《七窍》、《易解俚语》、《著代礼祭》、《崇礼》、《歌学解》、《诗文浪谈》。

第十一册：《六美条答》、《井田》、《导河迂谈》、《山人》、《遍叩三门》、《天人一气》、《帖门辞谢》、《跋二篇》。

亨部共十册

第一册：《论语正义》上一卷。

第二册：《论语正义》下一卷。

第三册：《大学正义》一卷。

第四册：《中庸正义》一卷。

第五册：《孟子正义》上一卷。

第六册：《孟子正义》下一卷。

第七册：《道德经释略》上三卷。

第八册：《道德经释略》下三卷。

第九册：《常清净经释略》一卷、《心经释略》一卷、《心经概论》一卷。

第十册：《金刚经统论》四卷。

利部共十册

第一册：《会编盘古氏至秦二世》二卷。

第二册：《会编汉高祖至隋恭帝》二卷。

第三册：《会编唐高祖至后周恭帝》二卷。

第四册：《会编宋太祖至元顺帝》三卷。

第五册：《先愆》一卷、《三教经略》一卷、《儒经》一卷。

第六册：《醒心诗》一卷、《林子旧稿》一卷。

第七册：《林子续稿》五卷。

第八册：《林子续稿》二卷、《疏天文稿》二卷。

第九册：《夏语注释》二卷。

第十册：《夏语注释》二卷、《三教合一六要》一卷、《颂章》一卷。

贞部共十册

第一册：《分内集宗教至法身无法》三卷。

第二册：《分内集性命至圣贤禽兽之分》三卷。

第三册：《分内集问仁至时人按剑》三卷。

第四册：《分内集知往藏来至三教以孔子为宗》三卷。

第五册：《心圣直指》一卷。

第六册：《道统中一经》三卷。

第七册：《寱言录》二卷、《林子书札》一卷。

第八册：《醒心摘注》一卷、《联句》一卷。

第九册：《林子行实》一卷、《中一堂行实》一卷。

第十册：《林子文略》。

　　仔细研读这部《林子全集》，并对照日本所藏万历本目录，我们可以看出：首先，崇祯四年出版的这部书不是依据林兆珂等人参订的那部《林子全集》，而是另有所依。据《金陵中一堂行实》记载，此书"依先师在日亲笔旧稿，无半字更易。所谓不愆不忘，率由旧章也"①。同时，这部书在出版前还经过林兆恩孙等多人核准校对，因此内容是可信的。与万历年本目录比较，似乎内容更丰富，篇名卷数都多。其次，这部书贞集第九册载有《林子行实》一卷。《林子行实》是林兆恩亲传弟子张洪都撰于万历二十七年，它比《林子年谱》（撰于万历三十八年）早出十一年，比《林子本行实录》（撰成于清顺治十一年）早五十六年，内容真实，较少神化。有人认为此书失传，不确。第三，这部书还附有一卷《金陵中一堂行实》，以大量史料记载了林兆恩死后门徒们在大江南北"分任倡教"的情况，对研究明末三一教的兴衰演变，弥足珍贵。第四，这部《全集》的某些卷还附有门徒序跋，也都提供了零星史料。

　　我们认为崇祯本《林子全集》是研究林兆恩思想和三一教的一个较好的本子。

　　除上面所说的数种林兆恩著作外，我们还见到过另外一些三一教经典和有关该教礼仪方面的书籍，因篇幅所限，这里不再一一介绍。

二　林兆恩的三教合一思想

　　林兆恩的著述是一个涉及面很广的庞杂体系。因此《四库全书提要》把《林子全集》列入杂家类。林兆恩的著述虽然十分庞杂，但却贯穿着一个主要线索——三教合一思想。而三教合一思想的本质是汇同释道二教以归儒宗孔。可以说这种思想是他全部著作的灵魂。

　　（一）道一教三　两汉以来，随着佛教在中土立地生根，随着道教的封建化、正统化，佛道两教与儒教并存，成为支撑地主阶级在意识形态领域里实行专制统治的三根支柱。但是这三家各以正统相标榜，相互诋毁攻讦，纷纷攘攘，千年不息。深通儒、道释经典和历史的林兆恩，

____

　　① 《金陵中一堂行实》，《林子全集》贞集第九册。

对此颇为不满，认为这是后世三家的继承者们"入于迷途"，不知本源的结果。

在林兆恩看来，三教之源本同，三教之道本一。这种"道"。不仅生化了天地星辰、万物万类，而且儒、道、释三教也是从这种"道"中衍化生成的。他说：

> 盖我之道，未有儒、未有道、未有释之光之道也……譬之树然，夫树一也，分而为三大支：曰儒、曰道、曰释。①

这种道又像是山前的泉水，逐渐分成浩荡奔腾的三大支流，三支河流虽各奔异途，但其源本一。这样林兆恩就概括出道一教三，源一流三的儒、道、释生成论。

同一道生成的三派，虽然在后世分门别宗，但在其初起阶段——孔、老、释迦的时代，并没有自称儒、自称道、自称释，只不过是职掌着本质相同的教化功能，即所谓"道惟一致"，各自"设科以教人也。"在林兆恩看来，儒、道、释之所以各立宗门，是孔、老、释迦的继承者们杜撰出来的。他说：

> 孔子之教，未尝曰我儒也，而学孔子者，乃始命之曰儒；黄帝老子之教，未尝曰我道也，而学黄帝老子者，乃始命之曰道；释迦之教，未尝曰我释也，而学释迦者，乃始命之曰释。②

林兆恩认为，正是这些"圣人"的不肖后学把本源同一的学说，分成绝然对峙的三派，造成了纷争不已的局面。他认为，道既然是一致的，人性原本也没有根本不同，儒、道、释同为道的衍生物，是为了达到以"道"教化人的目的而设置的，那么对这三教就不应该别正分邪。他告诫门徒说：

---

① 明崇祯版《林子全集》利第五册《先衍》。
② 明崇祯版《林子全集》，元第三册《道一教三》。

　　余尝谓性本不殊，道惟一致，而其设科教人也，固不知有儒、有道、有释，亦不知儒、道、释之有正有邪。①

　　什么是林兆恩一再声称的"道"呢？他关于道的说法很多，有抽象的道，有具体的道。他既谈道的本质，也谈道的功能。而贯穿儒、道、释，生成三教的道，叫"常道"。这种常道又叫"一"。林兆恩所说的"一"是"不二之一"，即保持着未分裂状况的一种永恒不变，超越时空的东西，用林兆恩的话说，这样的"一"，"遍满天地之内，天地之外，只此一个一尔，而无二也"。这个"一"的功能是巨大无比的：

　　故天得此一以常而清，地得此一以常而宁，日月得此一以常而明，四时得此一以常而序，孔子得此一以常而圣，老子得此一以常而玄，释迦得此一以常而禅。②

　　总而言之，天地日月，四时八节，儒、道、释三教"皆得此真常之道，而不能外也"。可见这个常道是无所不包，无所不容，造化万物，生成三教的本源。这个道不是一种物质实体，而是一种神秘的精神。在这个道中，我们看到了朱熹所极力倡导的"天理"的影子。当然，林兆恩的道又与朱熹的天理有所不同，林兆恩的道是建筑在主观唯心主义本体论的基础上的。

　　在林兆恩的其他著作中，道又被称作"仁"，称作"圣人之心"。他在《度世》一篇中写道：

　　圣人之心，包罗乎天地者也。惟其心能包罗乎天地，故其气能充塞乎天地。惟其气能充塞乎天地，故凡天地间之形形色色，如上之日月星辰，下之山岳河海，以至昆虫草木，生生化化，而无尽者，则皆

---

①　明崇祯版《林子全集》，元第二册《度世》。
②　明崇祯版《林子全集》，元第四册《常道篇》。

我之形也。……则是天地之间只我一心尔。心一则气一，气一则形一，不谓之宇宙分内事，皆吾分内事邪！①

这段话清楚地表明，林兆恩所谓"常道"即是"圣人之心"，即是林兆恩之心。在他看来，他的形体虽然生于明代，可是他的"圣心"却于宇宙生成之前就已存在。道即是他韵精神，他的圣心即是道。正是林兆恩把精神作用绝对化，才终于使他走上了宗教的道路。关于他的主观唯心主义思想体系的分析，我们将另具文论述。

现在回过头来，再看"常道"与儒、道、释的关系。

既然儒、道、释皆得此"一"以"常圣"，"常玄"，"常禅"，所以林兆恩认为孔、老、释迦的学说本质上并无二致："孔子一贯之旨，与释老得一、归一之旨不殊。"② "释迦之寂灭，道之虚无，儒之格致，其旨一也"③。儒、道、释三家说法虽异，妙用却同，因而林兆恩反对某些儒者对三教乱分邪正。

林兆恩不同意在三教之中分邪分正，并不是主张三教在地位上平分秋色，并驾齐驱。他是有明显的倾向性的，他是崇儒尊孔的。他说：

孔子之所以教人者，尧舜禹汤文武之所以治天下也，最切于民之日用之常，而又不可一日无焉。故常人非彼无以乐乐利利，贤智非此，无以希圣希天。此孔氏之教之大，无一而不在孔氏所容蓄之中。④

当然，林兆恩对佛道二教也颇为称颂，说：

释老二教，则皆精微之致，而专与贤智者道也。故老氏言太极，而释氏言无极，无极则太极也。老氏言一，而释氏乃言未始一，未始

---

①　明崇祯版《林子全集》，元第二册《度世》。
②　《三教正宗统论》一册，《三教会编》卷二，卷一。
③　同上。
④　明崇祯版《林子全集》利第七册《续稿·答论三教》。

一则太虚矣。①

然而，林兆恩认为，释老教理虽然"精微之致"，但是这一切却都包容在孔氏之学之中了。

由此可见，在林兆恩看来，在常道衍化三教的最初阶段，三大流派本质是完全一致的，而后世三教的继承者们，把孔、老、释迦的学说分成互不相容、相互诋斥的三教，是根本违背了"常道"的原意，三圣的本心。所以必须指斥其非，以廓清大道。

（二）非非三教　林兆恩痛感世之儒者、道者、释者所诵所行，大都口是心非，背离孔、老、释迦的本意，因而著书立说，指斥其非，以匡复三教正宗为己任。他把生平著述汇编为一部集子，题目为《圣学统宗·非非三教心圣集》。为什么要起这么个名字呢？林兆恩解释说："其曰圣学统宗者，归儒宗孔之本质也。曰非非三教者，以三教之非者非之也。"② 黄宗羲曾指出：林兆恩"以坐禅之病释也，运气之病道也，支离之病儒也，为说非之"③。

林兆恩对三教者流是怎样"为说非之"的呢？他指出：

> 老子之道大矣，后世学之者众，而未闻有得其宗者。若孔子传之曾参，曾参传之孔伋，孔伋传之孟轲，孟轲死而孔子之道始不著。释迦牟尼佛尚矣，〔在印度传二十八祖，中国传六祖，最后传到惠能。〕惠能死而释迦之道始不著。④

因此，在林兆恩看来，三教正宗之不传，由来已久，以伪为真，以谬为正，习以为常，必须下大力气，方能挽颓风，正人心。为此，他特意编著了一部号称"林子春秋"的《三教会编》，⑤ 上溯盘古，下逮元末，汇

---

① 明崇祯版《林子全集》利第七册《续稿·答论三教》。
② 《林子本行实录》第32页。
③ 《黄梨洲文集》中华书局1959年版，第46页。
④ 《三教正宗统论》一册《三教会编》卷一。
⑤ 明嘉靖四十二年《三教会编》编成，并首次付梓出版，共九卷。

三教史实，加以评判褒贬，以示归依。

他是怎样非非儒的呢？

他从荀子非起。众所周知，荀子是我国战国时期的大儒，以传播儒家学说而著称。林兆恩却不以为然。在他看来，"荀卿以桀纣性也，尧舜伪也，是其学不识性，而凋其本根矣。虽序列数万言，不过徒烨其条枝以为华美尔"①。

林兆恩对汉儒注经，几乎使孔子心性之学荡然无存，深恶痛绝。认为秦始皇焚书坑儒，罪固不容诛，但是秦王之罪较之汉儒遍注六经之罪，只不过是小巫见大巫罢了。他写道：

> 焚诗书，而先王之典籍未亡也。注诗书，而先王之心性斯晦矣。陆子静曰："秦不曾坏了道脉，至汉而大坏"。盖秦之失甚明，至汉则迹似情非，故正理愈坏。
>
> 大抵汉儒之陋，失在于记诵辞章，训诂雠驳矣。②

对于唐代韩愈的道统说林兆恩颇有同感，给予赞尝，认为深通"孟子七篇卒章之旨"③。可是，对韩愈"性三品说"，则斥之为非："退之之学最为谬戾者，以不知性善之旨，而有三品之说焉"④。

当论列到宋儒时，林兆恩则褒贬不一。

对二程，他褒程颢而贬程颐，说："颢资性过人，充养有道，和粹之气，盎于面背。""若定性一篇，内外两忘，廓然大公等语，是明道之学，盖得其大矣。"⑤ 对程颐则有微词，认为他"多学而识"，似不明孔子"一贯之旨"。⑥

对于有名的朱熹与陆九渊之争，林兆恩明显地回护陆而暴朱之不足。

---

① 《三教正宗统论》一册《三教会编》卷二。
② 同上。
③ 《三教正宗统论》三册《三教会编》卷六。
④ 同上。
⑤ 《三教正宗统论》四册《三教会编》卷七。
⑥ 《三教正宗统论》四册《三教会编》卷八。

他认为："朱子之患，在于注训太早，而伊川之失，在于检束之太严也"①。并说："朱子晚年，尝答陆象山书，曰：迩年日用工夫，颇觉有力，无复向时支离之病。甚恨未得从容议论。未知异时相见，尚复有异同否耶？"② 暗示朱熹晚年以陆学为是，已经悔悟到自己支离多识的毛病。

然而，在林兆恩的眼里，朱熹的"道问学"，陆九渊的"尊德性"，均有各执一是之偏，只有他才是高踞于宋儒之上的继往开来者。在其《道一教三》一篇文章中，明显地流露出他的真意。"汉唐宋以来，训释四书者多矣，敢问何者为正？林子曰：余惟直诵孔、曾、思、孟之者已尔，而不知其他也"③。

林兆恩是怎样非道教者流呢？

世上的道士们，一般均以清静无为、避世幽居为尚。以为如此可以超脱凡俗之累，专心修炼得道。对此，林兆恩极言其非。他指出：

> 黄帝为天子，老子为柱下史。柱下史今之侍御史秩也。果如后世道家者流，入山之深而无所为者欤？
>
> 且黄帝四妃二十五子，而老子之子宗，封于段干，考之史氏，较然著明④。道教的祖师黄帝老子，一个贵为天子，一个官为史秩，而且都婚娶生子，所谓君臣之义，父子之仁，夫妇之别，无不具备。

相反，他们的后世传人，却"欲断弃伦属。以为高且洁，盖传之失其宗也"⑤。

至于道书中屡见不鲜的所谓"长生久视"，"白日飞升"；"辟谷尸解"等奇异之事，林兆恩则一概斥之为"虚怪妄诞"。他说："后世道家者流，乃欲以假合之躯，长存不死，亦甚惑矣"⑥。

---

① 《三教正宗统论》四册《三教会编》卷八。
② 同上。
③ 明崇祯版《林子全集》元第三册《道一教三》。
④ 《三教正宗统论》一册《三教会编》卷一。
⑤ 同上。
⑥ 《三教正宗统论》一册《三教会编》卷二。

当然，在道家世代传承中，间或也有可称道者。对庄周，林兆恩说："老子之道，至庄子而益明，亦至庄子而益晦。……能逆其寓言之微，则道为益明。惟习其无端涯之词，则道为益晦"①。此后，如三国时魏伯阳、晋之钟离权，唐之司马承祯和吕洞宾，宋之张三峰、白玉蟾等，都是林兆恩认为能或多或少悟得道教真意者。而大量习道教者流，往往陷入"以淫阳丹，谓之内荒，以烧铅汞，谓之外荒。……吐纳召邪，群谷中馁"② 等迷妄之中而不能自拔。道教者流，背祖离经，害人匪浅。

对于佛教，林兆恩把"明心见性，不假外求"的禅宗，视为真传正宗。因此他认定从释迦牟尼到达磨，从达磨到惠能，即禅宗的世代传承，才是祖祖相传实授的正宗流脉。凡与禅宗相违的佛教传人，则往往被看作释者流而非之。林兆恩所谈的佛教者流之非，有如下几点：

其一是不婚娶延续子嗣之非。他举出释迦牟尼结婚生子罗睺罗为证，认为"释迦之夫妇父子之伦备矣"③。如来佛祖尚且如此，后来的佛教僧侣信徒何不躬行遵从？"设释迦复生而入中国也，必群释流而婚之，使不圜坐矣"④。唐贞观五年，皇帝下诏书，命僧道致拜父母。林兆恩就此评论说："此万古不易之常道也。非孝无亲，悖乱常道。如地狱之说果有是事，则地狱之人，必此首恶也。"⑤ 世上的僧侣们之所以遵奉此枯槁戒行，是由于他们根本不懂得寂灭清净的真实含义，而妄加诠释，以为只有离弃君臣、父子、夫妇之伦属，才能悟道成佛。其实是"惑之甚也"！

其二是出家而不事常业之非。林兆恩认为，天下世俗之人都从事于士农工商四业，惟独僧侣们出世脱俗隐遁寺庙山林，不事常业。实际上，这是那些奸逸恶劳、逃避日常劳作的游闲之士，曲解佛教经典的结果。他指出："能尽士农工商之常业，而周旋于人伦日用之间者，能得道也。不能尽士农工商之常业者，而周旋于人伦日用之间者，且不可以为人，而况能

---

① 《三教正宗统论》一册《三教会编》卷二。
② 《三教正宗统论》四册《三教会编》卷七。
③ 《三教正宗统论》一册《三教会编》卷一。
④ 明崇祯版《林子全集》贞一册《林子分内集纂要》卷一〈纲常最大〉。
⑤ 《三教正宗统论》三册《三教会编》卷六。

得道乎？"①

其三是念经之非。林兆恩认为：达磨祖师从西方来到中国，教化徒众，不以诵经念佛为要，而是直指人心。"若也不能明心见性，不知念佛念心，而朝诵金刚，暮诵圆觉，如此求佛，抑即勤矣，而曰可以证佛果者，余弗能知之矣"②。

其四是坐禅之非。林兆恩认为，如果佛徒不知什么是本来面目，参禅只是一味枯坐，那就一定会坠入顽空，无任何效益。他还举出怀让禅师以"磨砖成镜"喻马祖道一故事非坐禅。并进一步指出：

> 《六祖坛经》曰："心念不起名为坐。"后人不识坐字，而以为行坐之坐，不亦谬乎！考释氏典有行禅之说。余醒心集有卧禅之旨。要之，心念不起，而行卧之间亦是坐也。③

其五是行斋戒忌荤酒之非。有人问林兆恩为什么不行斋戒？他回答道：

> 余惟以心斋为贵尔。余惟以释氏经律虽严，犹许人食三种净肉，鹿肉一，猪肉一，其一余则忘之矣。若弥勒佛，释氏之卓然者，尝饮酒食猪头肉。至六祖乃以菜寄者肉锅，而曰：但吃肉边菜。④

所以他认为，净与不净，在心而不在迹。只要心净，吃荤饮酒与净无染。

至于说到那些帝王将相，尊高富贵者们，为了达到个人赎罪、解脱、成佛的目的，竟相以广建佛塔寺庙，施舍钱财为能事，如北魏的胡太后，南梁的肖衍，唐朝的武则天之类，林兆恩一律斥之为非。他说："崇佛以

----

① 《三教正宗统论》六册《道业正一篇》。
② 《三教正宗》下册《念经辩惑分摘便览》。
③ 《三教正宗》下册《破迷分摘便览》。
④ 《三教正宗》下册《持斋辩惑分摘便览》。

心以性"，而不在"作功德"的多寡。①

总之，在林兆恩看来，千百年间儒、道、释的真传道统已丧失殆尽，以至谬说流行，以伪乱真，私相授受，误己误人，这种局面再也不能继续下去了。"江山代有才人出"，继往圣之绝学，有待来者。

（三）合三教为一　林兆恩阐明三教本一，非非三教，目的在于合三教为一，"以宣明三教之旨于万世。"② 为达到这个目标，他不惜以宗教狂热式的精神，"栖栖皇皇，不遑宁处"③，终生以此为职志。他在万历十三年致名将戚继光信中说："窃念兆恩分属卑微，而所谈三教，因欲以继往圣之绝学矣"④。

林兆恩发大心愿要合三教为一，究竟合在哪里呢？合在中一道统上。他说：

> 儒氏之执中，其与道氏之守中有不同乎？道氏之守中，其与释氏之空中有不同乎？而所以持心法以入门，以造于执中、守中、空中之极则者，不可不知也。儒氏之一贯，其与道氏之得一有不同乎？道氏之得一，其与释氏之归一有不同乎？而所以持心法以入门，以造一贯、得一、归一之极则者，不可不知也。⑤

儒、道、释三教的"中"、"一"之道，本来就是相同的，林兆恩名之为"中一道统"。追根溯源，所谓中一道统，实在是由《尚书·大禹谟》中十六字敷演而来。他写道：

> "人心惟危，道心惟微，惟精惟一，允执厥中。"盖言心与精而为一，而会归于黄中之中而允执之者，此尧舜之所以开道统之传，而为

---

① 《三教正宗统论》二册《三教会编》卷四。
② 《林子年谱》隆庆五年辛未草遗嘱。
③ 同上。
④ 明崇祯版《林子全集》利七册《续稿卷四·奉都督戚南塘公》。
⑤ 《夏午尼经》，《三一教主夏总持经》卷一。

万古圣学之宗也。若孔子之一，是亦精一之一也。①

为了论证中一道统能够成立，林兆恩对"中"、"一"进行了充分的阐释发挥，说得神乎其神。他认为："一"、"中"是性之所本，道之根源。"一也，以一天下万世而同之者，心性也。"②"未发之中，一太虚也，而天地万物咸囿焉。"③中一之道，可以位天地，育万物，其功用有无限之大。

林兆恩正是靠中一道统的神奇魔力，把儒、释、道三教统一起来，合而为一。他在七十九岁时，著了一部《道统中一经》。他的弟子卢文辉后来追忆说："三一教主严命结集夏午诸经，而道统中一之经，尤三一教主之所留意者。乃口授太虚先天图，太极后天图，天地人图，天圆地方图于文辉，曰：此道统中一之大旨也。"④

我们循着林兆恩的思路，可以得出如下的推论：纵观历史上儒、释、道三教的发展，经历了正——反——合三个阶段。孔、老、释迦三圣出，倡教立说，"道本不殊"，"根源为一"，此时无所谓儒、道、释之名，共任教化之职。其后，三教名立，徒众日广，互相攻扞，道统中绝，如此绵延千百年之久。至林兆恩出，始再倡三教合一之旨，返本归源，重回中一道统，才使三教正宗得以昌明于世。

然而，林兆恩所说的三教合一，并不是混而为一，也不是三足鼎立，拱而为一，而是有先后次第，有主有从。他说："余惟酌裁三氏之教而后先之尔。故人伦日用，教之所当先也。"⑤将儒之常道，常业放在最优先的地位。他还具体地指出：

> 余设科也，有曰立本者，是乃儒氏之所以为教也。有曰入门者，是乃道氏之所以为教也。有曰极则者，是乃释氏之所以为教也。而其

----

① 《夏午经纂要》卷二《大成时经》（手抄本）。
② 明崇祯版《林子全集》贞一册《林子分内集纂要》卷二。
③ 明崇祯版《林子全集》贞二册《林子分内集纂要》卷五。
④ 《夏午经纂要》卷四《道统中一经》。
⑤ 明崇祯版《林子全集》元三册《道一教三》。

教之序也，先立本，次入门，次极则也。①

三教合一，以三教"归儒宗孔"为宗旨，而最终则是把三教合为一教，浑然一体，不复再分儒、分道、分释，是为三一教。林兆恩认为：

> 三教既一，风俗自同，不矫不异，无是无非，太初太朴，浑浑熙熙，此余三教之大都，合一之本质也。②

应该指出，三教合一思想，在宋明时代已形成一股社会思潮。但是，那时儒、道、释三家的界限毕竟还是分明的。一般学者或信徒，都以宗门守业为尚，否则就有被视为异端之虞。

可是，林兆恩这位名门出身的儒生，在明代把理学抬到吓人高度的社会气氛下，竟敢公然打破三教门墙壁垒，倡明三教合一之说，在哲学思想上必有所依恃，精神上必有所信仰。他依恃的是心的神化，极度的自我夸张和创造宗教的狂热精神。林兆恩认为，儒、道、释三教之学的真谛在"心性"二字，进而把"心"说成是包容宇宙，贯通古今的神物。他说：

> 以人之心，至理咸具，欲为儒则儒，欲为道则道，欲为释则释，在我而已，而非有外也。③

也就是说，为儒、为道、为释，主于心，在于我。所以，三教久已形成的森严壁垒，在林兆恩面前就自然化为乌有了，溶为一体了。他还进一步指出：

> 昔孔子著《论语》书时，我原在孔子腔子里，而孔子特为我以笔记之而已尔。今我读《论语》时，孔子原在我腔子里，而我特为孔子

---

① 明崇祯版《林子全集》元三册《道一教三》。
② 同上。
③ 明崇祯版《材子全集》利七册《续稿·答论三教》。

以目而视之而已尔。若不会此意，而曰能识真心，善学孔子者，末也。①

　　林兆恩不仅认为孔、老、释迦的心与他的心千古相应，同为一体，而且还把自己与二千年前的孔夫子合而为一：他就是今天的孔圣人。既然如此，什么三教合一，什么三一教，在林兆恩那里不就成了"从心所欲"，"发必中节"的易事了吗？

　　林兆恩在思想上深受王阳明主观唯心主义心学的影响。无怪乎清人徐珂认为他是"姚江别派"②。这一派，是在王阳明死后王学分化过程中不容忽视的一支。它以绝对化的方式，融汇三教，从心学径直走向宗教。但是，由于林兆恩从王学之门而走向宗教，因而被以王学正宗自许的黄宗羲打入另册，视为异端。黄氏认为：

　　　　观兆恩行事，亦非苟矣。夫周程以后，必欲自立一说，未有不为邪者。兆恩本二氏（指佛道二氏）之学，恐人之议其邪也，而合之于儒。卒之驴非驴，马非马。③ 黄宗羲这段评语，平实而论，是偏正参半。说林兆恩"欲自立一说"，是说对了的。

　　林兆恩的哲学思想是宗教哲学，正是这种宗教哲学把他引导到成佛作祖的道路。他作为一位"极顶览众"的大圣人，除了孔子、老子、释迦牟尼之外，什么周程朱陆、真人仙翁，各派祖师，乃至王阳明，就全然不在话下了。这种以圣人、教主自居的高傲口吻，在他的著述中几乎比比皆是。

　　黄宗羲认为林兆恩"本二氏之学"，则是不公允了。实际上，林兆恩对宋儒奉之"天理"的纲常名教，同样是视若神明，谨遵莫违的。所不同的是，他在常道之外，特别强调了常业。他说：

---

①　明崇祯版《林子全集》元四册《心是圣人》。
②　黄宗羲在《明儒学案》中称王阳明学为"姚江学案"，所以世称王阳明学派为"姚江学派"。见徐珂《清稗类钞》宗教类。
③　《黄梨洲文集》，中华书局1959年版，第47页。

士也者，所以明此君臣之义，父子之仁，夫妇之别也。若或不与农、与工、与商，则将何所赖藉，以成其君臣之义，父子之仁，夫妇之别邪？[①]

我们认为，林兆恩在三纲五常之外，要求世上的每个人必须从事于士农工商等常业，而且不加鄙薄，认为是人们所以能遵行三纲五常的"赖藉"，甚至不反对其弟子经商营利。这一点，在当时无疑是有某种积极意义的。尽管他的本意还在于把人们限制在纲常礼法之内。

林兆恩创立的三一教，是一种最世俗化的宗教，它不仅合儒、道、释三教为一教，而且不论士、农、工、商、高低贵贱一切人，都包括在内，度己、度人、度世、普度众生，共赴"三教无遮大会"。林兆恩的宏愿，就是要使天下人都信奉三一教，共作圣人，皆成尧舜，以便在地上建立"人间天堂"，幻想以此挽救衰颓的封建专制王朝，使大明帝国老而复壮。

三　三一教的形成和演变

历史上，许多新生的宗教往往要经历从旧宗教母体里脱胎、从一种宗教向另一种宗教演化的过程。三一教的教义无疑是儒、释、道思想的融汇、杂糅或曲解，后来又明显地受到民间宗教信仰的影响。但三一教的组织却不是任何宗教的派生物，其母体是一种松散的学术团社，这是它独具一格之处。

林兆恩在开始时既没有创立宗教教门的意图，也没有自称教主的野心，而是把融合三教作为一门学问来研究的。他在仕途失意之后，曾经"从儒者讲学"，但发现当世儒者所云孔学大都"荒唐枯槁"，"掊析支离"，"恐孔门授受之旨似不如此也"[②]。在失望情绪支配下，他曾弃去儒学，出入佛、老。但又发现"从二氏者流，徒见其溺于枯坐顽空之习，搬

---

① 明崇祯版《林子全集》贞集第一册《林子分内集纂要》卷二〈纲常最大〉。
② （明）林兆珂：《林子年谱》，嘉靖二十五年丙午。

精闭气之术。又恐释迦老子之道似不如此也"①。十年间，他如醉如痴，求道访真。终于"幸遇名师"，教他"直指此心是圣，而所言者一皆四书五经"②。又教他一种气功——艮背之法，以疗疾去病。他的老师是谁，他从未明指，但从此以后就开始了对三教的究极探源。

林兆恩在三十五岁时收了第一个弟子——他的朋友黄州，并"授以心法"。不久，"黄大本、肖应麟、黄莳……弟兆居、兆诰、兆琼、兆豸等相继受业"③。他以山林隐逸相期，自比巢父、许由。或终日与弟子切磋学问，发幽探玄，叩三教奥义；或造访名山古刹，"退处云壑，内养性灵"④，或作"好善乐施"之举。在四十岁时，以他为领袖的学术团社已经基本形成。他"居东山宗孔堂"，著书立说，"与诸生讲明五礼"，制定了射礼、祭礼、冠礼等各种礼仪，"时时课诸生肆习其间"⑤。不仅如此，他还特做了"三纲巾"、"五常履"，"三纲五常衣"。他讲学的地点也改成三纲五常堂，"堂中为合一堂。合一者，合释遗者流而三纲之，五常之。"⑥ 从三十五岁至六十岁左右的二十几年间，他的学说日臻成熟，名气也越来越大。在这一阶段，林兆恩虽然也用艮背法为人疗疾，也请僧道为死于倭患者超拔亡魂，也曾于"疫疠流行"之机作歌咏赋，以驱"邪气"。但他还不是宗教家，三一教也还没有形成。环绕他的核心人物几乎都是"儒林受业者"。"一时胜流袁宗道、肖云举、王图、吴应宾、皆北面称弟子，邹元标极言其所学之正。"这些人虽然都是进士及第并参与时政，对他却佩服得五体投地，甚至说："早岁读书，多有未解处，每于三教集中，阅之豁然。"⑦ 至于布衣称弟子者如黄大本、张洪都、林兆居、卢文辉等多人也都是莆田一带颇著声望的知识分子。当时一些学识卓著者或当道者也很看重林兆恩的学识。福建督学耿定向曾"荐先生山林隐逸于朝"。御史林润"亦时有荐拔之意。"是时戚继光在闽中剿倭，"慕先生道

---

① （明）林兆珂：《林子年谱》，嘉靖二十五年丙午。
② 同上。
③ （明）林兆珂：《林子年谱》嘉靖三十年辛亥。
④ （明）卢文辉，《林子本行实录》三十八岁。
⑤ （明）林兆珂：《林子年谱》嘉靖三十七年戊午。
⑥ （明）林兆珂，《林子年谱》万历六年壬申。
⑦ 《林三教传》，《黄梨洲文集·传状类》。

德，折节下之，早夜谈心，足称知己。"① 当然在士林中也有人攻击他为异端，但毕竟是把他作为学问家看待的，而且朝中或地方大吏也总是加以迴护。

融汇三教，使释道归儒宗孔这种思想体系，是一种哲学，但本质是一种宗教哲学。随着这种宗教哲学的发展，随着弟子对林兆恩的崇拜和林兆恩自我意识的无限膨胀，逐步地把他推向了宗教教主的地位。在林兆恩的晚年，以他为核心的学术团社加速了向宗教演化的过程，最终导致三一教形成。三一教形成的标志是：各地三一教堂的建立和林兆恩由学术领袖向宗教偶像的转化。

万历四年，林兆恩就曾命弟子"传教于金陵"。万历十二年，"黄芳倡建三教祠于马峰"②。第一座三一教堂建立了。嗣后，此类教堂于各地纷纷拔地而起：

乙酉，苏簧、林自明等建于涵江。

戊子，林亹、林梦熊等建于瑶台。

乙丑，林红等建于美澜。

庚寅，林至敬等建于岳秀，陈芹、陈一鲤等建于塘下。

壬辰，张叔吉等建于中沁，朱逢时等建于水南。

癸巳，张子升、张洪都等建于林宅。

戊戌，廖德馨、王克方、林建等建于枫亭。

己亥，李盛、李坤等建于昆头，陈奇莘、陈应孙等建于南坂。③

从万历十二年到万历二十七年，在林兆恩的家乡莆田、仙游一带建立了十二座三一教堂。它标志着三一教的形成。当时有人作联说：

　　　亘古今三圣事业此时始定
　　　环天地一大公案万世皈依④

① （明）张洪都：《林子行实》，崇祯版《林子全集》贞集第九册。
② 同上。
③ 同上。
④ 同上。

在这一阶段林兆恩还屡派弟子到外地倡教："王兴精于却病，后多出倡教新安，拜者几千人，建三教会所。"① "陈标倡教于榕城……其教大行，拜者几千人"②。游思忠、张洪都倡教金陵，远近拜者几数百人"。朱有开"倡道于建安，及门者甚众"③。在林兆恩的晚年三一教不仅在闽中一带扎根，而且蔓延至浙江、江苏。

最初的三一教堂称为三一教祠。明代人为在世名声卓著者建生祠已成风习。一般生祠虽有迷信色彩，但毕竟不是宗教庙宇。三一教祠则带有明显的宗教性质，因此林兆恩的身份也就不能不发生变化。

据《林子行实》记载：林兆恩弟子朱有开于万历十五年倡教杭州，曾遇一江湖术士扶鸾，"画三教合一图"。这个江湖术士编造神话说："近日诸神升天，朝玉皇天尊，见所事者乃三教合一像，即今之三教先生也，世间可传祀之。"④ 这显然是有意安排、耸动视听之举，是宗教借助迷信力量的一种把戏。然而这种举动竟被林兆恩认可。"至是门下始称三教先生为三一教主。"⑤ 林兆恩终于在七十一岁时登上了宗教教主的宝座。最初的三一教堂供奉四个偶像：孔子，即三一教所谓的儒仲尼氏，圣教宗师；老子，道清尼氏，玄教宗师；如来，释迦牟尼氏，禅教宗师；林兆恩，夏午尼氏，三一教主。至此，一种学术团社本质上沦为麻醉人们灵魂的宗教。

万历二十六年，林兆恩"拱手而逝"。像许多宗教一样，教主的死往往带来教门各立宗支，自称正统的局面。据《金陵中一堂行实》记载："三教先生寂后，诸门人为教授师，各分任倡道一方。"⑥ 就我们掌握的史料来看，明末清初林兆恩的门徒大体分三支倡教。

一支以陈标、王兴为首，先于浙江、安徽，后于福建福州一带活动，时而又至金陵倡教。陈标善辩，多与"当道庶士讲学，辩论不屈，四方闻者莫不悦服"⑦。而"王兴倡教与人却病，征验如响。"王兴曾在浙江新

① （明）张洪都：《林子行实》，崇祯版《林子全集》贞集第九册。
② 同上。
③ 同上。
④ （明）张洪都：《林子行实》，《林子全集》贞集第九册。
⑤ 同上。
⑥ 《金陵中一堂行实》，《林子全集》贞集第九册。
⑦ 同上。

安、安徽黄山一带建三一教堂，"善信宗教者亦最盛"①。他们又在福州一带"建祠五所，延、建、汀、邵四府，诸缙绅新旧弟子多从事焉"②。

另一支以张洪都、真懒为首，倡教金陵等地，及直隶、北京。张洪都在林兆恩生前即倡教金陵。林死后"事师至孝，三年心丧之后，自弃产业，刻印书籍，往江左江右、南直等处倡教"。万历三十八年，"抵顺天倡教……，其祠建于玉河桥"。张洪都在北京倡教时，民部大吏朱某"力为护法"。而往来多为缙绅，"文学弟子拜者不可胜计"③。张洪都于万历四十二年死于北京，后继无人，三一教祠遂"被乡宦变价三百金，入莆田会馆"④。三一教在北京的传播至此结束。

在张洪都北上传教，客死京师之际，他在南京真珠桥一带建立的教堂由于缺乏住持，"房屋倾圮，多属莆田士商往来客舍，道友寥然"⑤。万历四十四年，真懒云游四方，偶至金陵，决意与同道"共兴祠宇，振刷吾教"⑥。由于多方募化，终于在天启元年建起了一座富丽堂皇的三一教堂——中一堂。开堂之日，冠盖者云集，内阁大学士周如磐为之题联，御史张继孟为之题匾。"自此车马通衢，便成坦夷大道"，"求道问病者，纷然毕集"，"从者日盛"⑦。真懒主持金陵中一堂干了三件事：以艮背法为人疗疾；向"信善者"募化，向死无告贷者施舍棺木；刻印《林子全集》。正如本文第一节所述，其教势力曾蔓延至直隶。《林子全集》问世主要得力于直隶教徒。

第三支即在莆田、仙游倡教者，以卢文辉为首，卢文辉也是林兆恩亲传弟子。林生前曾命他编《道统中一》诸经。据《林子本行实录·附嫡传卢子本行》记载，他出身名门之后，"弱冠补郡弟子员"，为莆田邑丞的女婿。万历二十六年始建三一教堂于涵江。他对三一教最大"功绩"是继续神化林兆恩，并以林氏嫡传自居。万历三十六年建筑了"规模宏大"

---

① 《金陵中一堂行实》，《林子全集》贞集第九册。
② 同上。
③ 同上。
④ 同上。
⑤ 同上。
⑥ 同上。
⑦ 同上。

的三一堂，万历三十七年命弟子纂《三教龙华醮祷》、《兰盆科仪》，万历四十一年，"重整授教堂，名曰结经馆，塑教主宝像于其中"，并把自己的塑像"从旁配之"①。从此三一教由供林兆恩画像变成供奉塑像。孔、老、释迦像不见了。万历四十五年又重塑教主"宝像"。卢文辉曾纂《林子本行实录》。这本"实录"其实已非实录，其中添加了大量神化内容，深受流传于当地的各种民间宗教信仰的影响。在这本"实录"中，林兆恩被说成"弥勒下生"，编造他在钱塘江见到五色毫光的头陀"从空中降下，以示弥勒现身"，借弥勒之口劝林兆恩行"龙华三会，普度人天"②。这本"实录"的方术气也比《林子行实》、《林子年谱》浓重得多。据该书称，林兆恩在六十四岁时，"忽有一物从顶门直下神室，圆转如丸……此名黑铁丹，古今希有，全靠功行"③。又称"林兆恩六十七岁时舟次榕水，忽然晴天霹雳，风雨大作，令人惊诧"。"实录"却说这是林兆恩"金丹变动耳"④。林兆恩晚年好炼内丹，确有其事。但像许多炼丹者一样，结局并不美妙。据黄宗羲说："观其所得，结丹出神，则于道家之旁门为庶几焉。闽人谢肇淛谓其发狂而死，其弟子亦言晚年胸中有物隔碍，不措一词。即朝夕随侍之人，不能识其姓名，则又金丹之为祸也。"⑤ 林兆恩得祸于金丹，卢文辉及其弟子不仅为之讳言，反而加以神化，张大其词，目的在于保持"嫡传"位置，排斥异己，掌握三一教教权。综观"实录"对真懒金陵中一堂及其所印《林子全集》不置一词，而在卢子行实中又屡屡攻击"嫉妒者"，可见一斑。

卢文辉死于万历四十五年，其弟子陈衷瑜接续教权。陈衷瑜"恪守大道廿余年"，"建嵩东祠，修东山涵江尚阳等祠，……"重订奉行三教经书"，并于清顺治十一年重修《林子本行实录》。⑥ 陈衷瑜死于顺治十二年，门人董史承续教权。

---

① 《林子本行实录·附嫡传卢子行实》。
② （明）卢文辉：《林子本行实录》，六十二岁。
③ （明）卢文辉：《林子本行实录》，六十四岁。
④ （明）卢文辉：《林子本行实录》，六十七岁。
⑤ 《林三教传》，《黄梨洲文集·传状类》。
⑥ 《林子本行实录·附再传陈子本行》。

上面所述即林兆恩死后其教分支概况。南京真懒一支好言祸福，以多行善事为辞，广为招徕，其近佛；浙江、安徽王兴一支，多以疗疾去病为手段，似近巫；莆田卢文辉一支多受道教及民间宗教影响，流于"左道"。当然这三支就本质而言还没有脱离三教归儒宗孔之旨。

清初，金陵真懒一支，安徽、浙江王兴一支的兴替演变尚无史料说明，或已泯灭或与其他民间教派合流。莆田是三一教发祥地，群众基础雄厚，所以在清顺治、康熙时代还有活动。至雍、乾以后，其道"式微"，"继起无人，书多散失"①。清雍正、乾隆时代，专制统治酷烈，各类民间教门多遭厄难，三一教命运可想而知。但一种宗教的兴亡是不以人的意志为转移的，封建当局的鼓励固然可以使三一教昌盛，封建当局的压抑，也足以使之痿顿。然而宗教的土壤尚存，这种宗教是难以消亡的。

四　结束语

（一）融三教为一炉并不是林兆恩的独创，但他却是一位集大成者。隋唐以往，儒、释、道三家已经基本结束了纷争不休、争作霸主的局面，融汇合流成为历史趋势。佛道两家为了立足图存，不能不俯就儒学的社会伦理道德，而儒学为了更适应封建社会地主阶级的实际需要，不能不求助于宗教的力量。两宋以往，众多的思想家都从佛道教义中吸取养分，充实自己。程朱理学的出现绝不仅仅是儒学本身逻辑和概念的发展，明明掺杂了大量宗教哲学的内容。"天理"是一种宗教哲学概念，三纲五常成了"天理"在人间的具体原则。"人欲"成了邪恶的代称，禁"人欲"不期然也就有类于宗教戒律。这一时期也不乏无神论者，他们中许多人的出发点是纯净儒学。他们的出现恰恰反映了佛道对儒学影响的深刻程度。金、元时代全真道兴起，成为道教中影响最大的一支，它的教义基本特点是强调三教圆融。而佛教也进一步世俗化、儒学化，这一时期居士佛教的出现并非历史的偶然。民间宗教教义的演变是正统宗教融汇合流的一面镜子。明清时代许多大教门教义都把宗教化了的儒学放在首位。孔夫子成了"龙

---

①　《林子本行实录·书后》。

华三会"末劫收元结果的祖师。总之，以儒为主，释道兼辅的统治阶级的思想格局在两宋以后巩固下来。

关于三教合流的史料不胜枚举，中外学者多所论述，这里从略。本文仅想指出的是，在林兆恩生活的时代，"合儒释而会同之，尽采先儒语类禅者以入，盖万历世士大夫讲学类此"①，这是一种社会思潮。明嘉靖三十八年赣人何心隐曾对林兆恩讲："儒释、道大事也已为孔老释迦作了，以后只三教合一是一件大事，又被吾子作了。"② 这段话反映了当时知识分子的一种认识，带有明显的时代特征。林兆恩以百余万言著书立说，于三教的各种"精言妙道"之间，架桥铺路，力图贯通，并进而创设教门，直称教主，就我们所知，在那一时代也仅此一家，仅此一人。总而言之，林兆恩的三教合一思想并不是从天上掉下来的，它是一种社会思潮奔涌推动的产物，从某种程度上，又是对这种思潮的一个发展、一种总结。虽然这种总结并不那么尽如人意。

（二）三一教的前身是一个学术团社。学术团社是已干禄位或未干禄位的知识分子的组织。这种组织似乎不可能和宗教，特别是和民间宗教发生联系。但历史并不是人们臆测的产物。

两宋时代，由于多种因素造成知识分子地位的提高，文人代替了武人当政。科举事业空前发达，各种学术团体也随之兴盛。学术团社一般以共同思想为其纽带，以书院、讲堂为活动中心，形成不同派别。宋代的白鹿等四大书院，周敦颐讲学的濂溪书堂、朱熹在福建讲学的紫阳书院是其代表，张载则在关中创立了所谓关学。明初，学者承袭程朱。至明中叶，陈献章、王守仁别立宗旨，抗衡朱学。特别是王守仁"门徒遍天下，流传逾百年，其教大行。……嘉、隆而后，笃信程朱，不迁异说者，无复几人矣"③。王学的兴起冲击了程朱的一统天下，各种思想流派兼泻杂出，这在客观上活跃了明中、末叶至清初的思想界。是时，讲学之风遍宇内，学派林立，领袖辈出。特别是江南数省，一说倡明，和者云集，流风所及，已

---

① 《明史·儒林一》。
② （明）林兆珂：《林子年谱》，嘉靖三十八年己未。
③ 《明史·儒林一》。

成传统。除了王、陈而外，湛若水、钱德洪、王畿、王艮、何廷仁、李贽等等，无不设帐讲学，广有门徒。如王畿"足迹遍东南，吴、楚、闽、越皆有讲会，年八十余不肯已。……所至听者云集。……而泰州王艮……门徒之盛，与畿相埒"①。正是在学派林立，讲堂迭起的历史条件下，林兆恩在家乡莆田创立了学派，并先后设立了宗孔堂和三纲五常堂。

　　几乎与文人结社的同时，民间宗教也成批地涌现出来。南宋初年，吴郡沙门茅子元创白莲教，建白莲忏堂。元代白莲教遍及大江南北，"历都过邑，无不有所谓白莲堂者，聚徒至千百，少不下百人，……栋宇宏丽，像设严整，乃至与梵宫道殿相匹敌……。"②白莲教在福建也得到急剧发展。这一时代还活动有摩尼教、白云宗、弥勒教等教派。

　　明代中末叶，民间宗教活动愈演愈烈。在华北、江南，新教门竞相创立。从明正德年间起至明末，罗教、黄天教、圆顿教、收元教、还源教、东大乘教、西大乘教、红阳教等等相继创立。

　　北方各教，特别是罗教、黄天教等迅速流布江南。万历年间浙江衢西出现了长生教，宗主黄天教。浙江、福建等地的老官斋教则是罗教与当地摩尼教、白莲教的混合物。这些教派广设斋堂、庵堂，教势极大。在林兆恩的家乡莆田则有罗教及其分支无为教、金童教、老官斋教等等。

　　历史创造了各种知识分子的学术团社，也创造了流行于底层的形形色色的民教派。这两者隔着一道壕沟深堑，但是只要现实需要，鸿沟之间也会架设起桥梁。学术组织是知识分子的团社，它面向的社会范围极其狭窄，而且组织机构松散。宗教则不然，它有相对严密的组织，各阶层人士都可以参与其间。林兆恩的学术团社既然已经具备了向宗教转化的内在因素，就导致了它必定要面向各阶层，渗透到社会各个角落，才能图存和发展。当时的社会已经为这种发展提供了宗教形式，也提供了信仰宗教的物质基础——群众。在内在因素和外部条件全都成熟的情况下，事物的性质就发生了转化。一种新宗教产生了。当然新宗教的产生，又必然意味着它与知识分子的学术团社的许多不同。基本群众中虽然包含大量的知识分

---

①　《明史·儒林二》。

②　《水云村泯稿》卷三，转引杨讷《元代的白莲教》，载于《元史论丛》第二辑。

子，但比起其他阶层的信仰者来说毕竟微不足道了。三一教是一种桥梁，它不仅把哲学带进了宗教的殿堂，也使知识分子的学术团社与民间宗教发生了联系。

（三）林兆恩曾经说过："君子之于道也，以理身、理家、理国、理天下，以继往圣，以开来贤，此其所以有贵于道也。夫道也者，文之足以定太平，武之足以戡祸乱。"[①]

这段话是他对他的"道"——三教合一思想的社会作用的概括和总结。他的道就是倡天下各色人等无外于孔氏之道，无外于三纲五常规定的封建秩序。他认为整个社会只要合于他的道，就可以祖述尧舜，宪章文武，达到太平盛世。如若有人不按其道行事，甚至有背于三纲五常，他的道就会不客气地行使"戡乱"的职能。他这种思想体系无疑是为统治阶级设计的，社会作用是消极的。

但为什么还有人把他的学说指为异端，把三一教指为邪教？历史现象是复杂的。林兆恩虽然尊孔，可是他的弟子却又把他抬到高于孔老释迦的至高无上的地位，他虽然崇儒，但对孟子以后的诸儒，特别是程朱诸人多所指斥；他虽然深受王阳明心学影响，却又超出了王学的范围。这样就不能不遭到当世一些人的反对；他本人由于自我意识的无限膨胀，不仅与当时各种儒学流派分庭抗礼，而且大有雄视千古，以孔孟以来第一人自居的味道，也就不能不遭受一些人的忌恨；他的学说的主要支柱是各阶层官吏、知识分子和各种深受封建意识毒害的人。可是他又往往藐视一些地方官吏，甚至"父母官"也必须持门生贴方能与之谋面。这就不能不遭到一些官僚的诋毁，至于他的学说的核心虽然是融汇三教以归儒、贬抑释老以尊孔，但晚年又时有流于道家的偏颇，以至受到一些思想家的指斥。但是有人把他和进步的思想家李贽相提并论为两大异端，则从根上背离了历史事实。

至于三一教的社会作用的消极性也是显而易见的。三一教形成以后，在政治上投靠当局，从精神上麻痹民众。它的教义没有包括任何革命的政治、经济内容。它的三教合一思想在明末和整个清代对民间宗教世界，特

[①] 《林子全集》元集第二册《道无不可》。

别是江南的一些教派的教义产生过深刻而又消极的影响。对闽中等地民风民俗的潜移默化也有着不可低估的作用。三一教是一种带着难以磨灭的封建社会后期时代印记和地方特色的宗教，它的影响并不因时代的转换而完全消声匿迹。因此，指出它的来龙去脉和本质具有特别重要的现实意义。

（与韩秉方合著，原载《世界宗教研究》1984 年第 3 期）

黄天教源流考略

　　黄天教又名黄天道、皇天道，是明代末叶兴起的一支民间秘密宗教①。该教倡立不久，教势日炽，迅速分麾华北、江南广大地区。清初思想家颜元（1635—1704）对此曾有描述：

　　我直隶隆庆，万历前，风俗醇美，信邪者少。自万历末年添出个黄天道，如今大行，京师府县，以至穷乡山僻都有。②

　　黄天教历经明末和整个清代。这个以佛、道相混，外佛内道为特征的宗教，在错综复杂的历史环境中，不断与其他教门融汇合流，对这一时代民间宗教世界产生过较大影响。

　　关于该教，中外学者从不同角度已有所论述。本文拟以清代官方文档，黄天教初创期三部经典——《普明如来无为了义宝卷》、《普静如来钥匙宝卷》、《太阴生光普照了义宝卷》为主要史料，参照某些学者研究所得，探讨该教基本源流。

一　黄天教的创立

　　黄天教创立于明末北直隶万全卫，这一点已无疑义。但关于创教人及创教具体时间，诸种史料多有出入。

　　据明末圆顿教两部经典，黄天教的创始人是普静。《古佛天真考证龙

----

①　关于黄天教教名来历，明代史料缺乏记载。清代文档云："过去者是燃灯佛，……度道人道姑，是三叶金莲为苍天。现在者是释迦佛，……度僧人尼姑，是五叶金莲为青天。未来者是弥勒佛，……度在家贫男贫女，是九叶金莲为黄天。"（《清代档案史料丛编》第三辑，第65页）可作黄天教名目来历之参考。

②　（清）颜元：《四存编·存人编》卷二。

华宝经》第二十三品云：

> 黄天教，设宗门，度下儿女。
> 普静祖，领黄胎，皈依佛门。

持此见的还有《木人开山显教明宗宝卷》：

> 有静老祖在顺圣县里，留下一百零八部经，设立黄天法门，度下
> 善人，念佛出苦，同赴龙华三会，不违善愿也。①

但据另外一些史料，黄天教的创始人不是普静，而是普明。清道光年间刊行的长生教经典，《众喜粗言宝卷》记载：黄天教开派祖师为印度人达摩，唐代禅宗大师惠能为六祖。七祖"于嘉靖年临凡，居北直隶，……号普明祖。……续传普光，为八祖。……又传普静，为九祖。"十祖即长生教创教人汪普善。② 此处把达摩作为开派祖师，惠能为六祖，实属附会，自不足凭。它实质是以普明为创教人，普光接传，普静为三代传承人。

关于普明为谁，又有三说。

据《破邪详辩》记载：

> 无为祖即普明祖，名李升官，曾著《普明如来无为了义宝卷》。③

而据民国年间修纂的《万全县志》记载，普明并非李升宫，而是李宾：

> 就耆老传闻，明嘉靖四十一年有马房州人李宾来膳房堡，娶许姓
> 女，夫妇修道成真，号曰普明，葬于碧天寺内。④

---

① ［日］泽田瑞穗：《初期的黄天道》，《增补宝卷的研究》。
② 陈众喜：《众喜粗言宝卷》卷三。
③ （清）黄育楩：《续刻破邪详辩》一卷。
④ （民）《万全县志》卷七。

1948 年，我国学者李世瑜到万全县调查，在普佛寺普明殿发现了一块石碑。上面写着："明故高祖行三李公讳宾之墓。"碑右面有小字："祖原藉万全左卫后揆兑本堡，……午时，卒于嘉靖四十一年十月十一日子时。"①

对上述两种不同史料，李世瑜得出下述结论："明代无为教的教主普明名李升官，今日黄天道道主名李宾，两者不同。我断李宾之名一定是错传。"② 他认为错传的原因大概有二：一是，他考查墓碑"字体不同"，因此碑文本身"不可靠"。二是，方志记载普明为李宾，亦靠"耆老传闻"。

关于普明为谁的第三种说法载于《宗教词典》黄天教条："明嘉靖（1522—1566）时由河北万全人李宾（又名李升官，即普明虎眼禅师，普明祖）创立。"这里把李宾与李升官合为一人即普明有两个名字。

总括以上诸说，哪种意见符合历史真实呢？

有清一代屡兴"邪教案"，仅乾隆一朝就曾四次查办黄天教。其中以乾隆二十八年最为酷烈，破坏了该教活动中枢。据乾隆二十八年（1763）三月二十九日直隶总督方观承奏折记载：

> 臣……检查乾隆八年田金台、丁至等犯案内，声称黄天教倡自前明万全卫属膳房堡李宾，乃嘉靖时人，法号普明。死后在堡起有庙塔，普明坟在塔下。凡皈教者俱来上坟，有同教许姓在彼居住接待等语。③

乾隆二十八年四月初二日李宾后代李遐年供词称：

> 李宾是黄天道教，道号普明。妻王氏，道号普光，同葬一塔。④

① 李世瑜：《现在华北秘密宗教》第 15 页。
② 同上书，第 30 页。
③ 《军机处录副奏折》，乾隆二十八年三月二十九日直隶总督方观承奏折。注：本文使用的档案史料全部为中国第一历史档案馆收藏。
④ 《军机处录副奏折》，乾隆二十八年四月十六日兆惠奏折。

再据李继印即李继应供称：

> 普明是明嘉靖年间人，立下黄天道教，称为佛祖。

征诸有关黄天教清代档案各类奏折及供词，无一不认为黄天教创始人普明即李宾。

从上述史料，我们可以得出结论：李宾即普明，于明嘉靖年间在直隶万全卫创立黄天教。而李升官其人仅在黄育楩《破邪详辩》中出现过一次，目前尚无旁证，待考。至于普静，将于另节探讨。

关于普明详情，《虎眼禅师遗留唱经》有所记载：

> 普祖乃北鄙农人，参师访友，明修暗炼，悟道成真，性人紫府。蒙玉清敕赐，号曰普明虎眼禅师，设立黄天圣道，顿起渡世婆心，燃慧灯于二十四处，驾宝筏于膳地宣云，遗留了义宝卷，清净真经。……时康熙岁在壬申月，五代后裔岁贡生萃贤堂李蔚沐手谨识。①

这本唱经还用民间宗教特有的隐晦语言向人们暗示了李宾的生平踪迹：

> 古佛爷，上牛生，地名兴宁。然后住在膳房村。
> 访名师，数十年，却来到顺圣川，蔚罗辛庄儿重相见。
> 癸丑年，遇真传，说破玄关卯酉之功。
> 戊午年，说根源。
> 戊午年，去归宫。
> 壬戌初起，大叫一声。
> 癸亥数尽甲子。②

---

① ［日］泽田瑞穗：《初期的黄天道》，《增补宝卷之研究》。
② 同上。

《普静如来钥匙宝卷》也有类似记载：

> 普明佛，戊午年，传通大道。
> 壬戌年，功行满，早去归宫。①

综合上述史料，以及李世瑜当年的调查和泽田研究所得，可以概括出普明学道、传道的大致情况：李宾出生在地处长城脚下的直隶怀安县兴宁口地方，生年不详。青年时曾经务农。由于正德、嘉靖年间蒙古族屡次在长城附近侵扰，明政权为此派兵驻守并重修长城，以防边患。李宾遂应征入伍，在野狐岭充任守备军人，并在战争中失去一目，故后称虎眼禅师。由于驻守长城生活艰苦，环境孤寂，宗教气氛应运而生。大概就在此时他开始"求道访真"。退役后，到万全卫膳房堡定居。癸丑年（嘉靖三十二年，1553），得遇"真传"。戊午年（嘉靖三十七年，1558）著《普明如来无为了义宝卷》。所谓"戊午年，说根源"，盖指此事。黄天教的创立应从他得"真传"之日算起，即嘉靖三十二年。创教初期，其传教范围在直隶宣化府和山西云州一带。嘉靖癸亥（嘉靖四十二年）李宾死于万全卫膳房堡，葬于附近碧天寺②。坟前起有十三层高塔。碧天寺在此后二百年内成为该教圣地。关于碧天寺，清档案记载颇详：

> 据秉称，塔在膳房堡之西二里许碧天寺内。寺宇五层，前三层俱系佛像，尽后一层高阁系三清神像。阁前石塔十三层，即李宾坟墓。③膳房堡之西碧天寺四面环山，基址颇大，寺门镌"祇园"二字。一、二、三层供立佛、坐佛等像。三层东西两壁绘画李宾平生事迹。后层高阁上扁额正中题"先天都斗宫"，东题"玉清殿"，西题"斗牛宫"。阁前石塔十三层，高三丈六尺，周十二步，称为明光塔。以李宾号普明，其妻号普光也。楼下尽东尽西二间屋宇之内复用石灰砖发

---

① 《普静如来钥匙宝卷·钥匙佛如来开悟道修行分第七》。
② 注：关于李宾死日还有一说，即壬戌年（嘉靖四十一年）。
③ 《军机处录副奏折》，乾隆二十八年三月二十九日直隶总督方观承奏折。

圈砌为洞形，绘画种种异像。①

自李宾死后到乾隆二十八年碧天寺拆毁之前，"庙里一年四时八节做会"②，"奉其教者，犹千里拜坟，多金舍寺"③。

从上述史料可知，黄天教在李宾创教后不久已初具规模，也可以看出该教佛道相混，以道为尊的迹象。

二　黄天教的传承

黄天教历世近四个世纪，但该教主要派系教权接续关系罕为人知，清代官方档案弥补了这一缺欠。

（一）五位佛祖

据李世瑜《黄天道》一文记载，嘉靖四十八年万全县境内有多座黄天教庙宇，内中供奉着五位佛祖塑像。据传除普明佛外，其妻"是普光归圣佛的化身，生有三女；大女是普净古佛投胎，二女是普贤古佛投胎；三女是圆通古佛投胎……。五人在世时，皆好念佛吃斋，戒杀行善"④。普明、普光夫妇被群众称为普明爷爷、普明奶奶。三个女儿分别被称为米姑姑、面姑姑。这段记载基本符合事实，但由于仅靠传闻，难免舛错。据乾隆二十八年三月二十九日直隶总督方观承奏折记载：

> 李宾号为普明，其妻号为普光，同瘗一塔，人皆称佛祖。⑤

普明于嘉靖四十二年死后，教权由普光接续。《普静如来钥匙宝卷》云：

---

① 《军机处录副奏折》，乾隆二十八年三月二十九日直隶总督方观承奏折。
② 《军机处录副奏折），乾隆二十八年四月初二日直隶总督方观承奏折。
③ 《军机处录副奏折》，乾隆二十八年三月二十九日直隶总督方观承奏折。
④ 李世瑜：《黄天道》，《现代华北秘密宗教》。
⑤ 《军机处录副奏折》，乾隆二十八年三月二十九日直隶总督方观承奏折。

> 普明佛，戊午年，传通大道，
>
> 壬戌年，功行满，早去归宫。
>
> 普光佛，己巳年，通传妙法，
>
> 丙子年，归宫去，性复元宗。①

己巳年是明隆庆三年（1569）。是时，普明已死七年。其妻王氏"通传妙法"。至丙子年。即万历四年（1576）死，与其夫李宾合葬碧天寺内。普光死后，教权由两位女儿接传。乾隆二十八年四月七日兆惠等向乾隆皇帝奏报：

> 普明当日只生二女，称为普净佛、普照佛，次女之女称普贤佛，所葬坟墓各建塔座。此外并无嫡派亲属。②

另一奏折记载更加明确：李宾及王氏"没有儿子，……两个女儿都嫁给康家"。而二女之女，即所谓普贤嫁给当地米家。③

上述史料纠正了某些错传：李宾妻王氏，并非许氏。他们生有二女，而不是三女。二女普照即小康李氏，曾著《太阴生光普照了义宝卷》。二女普照之女米康氏也不是所谓圆通古佛化身，死后被门徒奉为普贤佛。

黄天教在明代末叶出现的五位受崇拜的"佛祖"，说明了该教教权的传承关系：

> 普明→普光→普净→普照→普贤。

为什么李宾死后教权被其妻接传，而后又由女儿、外孙女递传？一是李宾没有子嗣，二是在黄天教内妇女有一定的地位。黄天教主张夫妻双

---

① 《普静如来钥匙宝卷·钥匙佛如来开悟道修行分第七》。
② 《军机处录副奏折》，乾隆二十八年四月七日兆惠，钱诚汝、方观承奏折。
③ 《军机处录副奏折》，乾隆二十八年四月十六日兆惠奏折（附供单一）。

修，共同悟道，女人在教内被称为"二道"①。明末该教的五位"佛祖"中妇女占了四位，和这个教门修持内容有直接关系。但是在封建宗法制占绝对统治的明清时代，神权、族权、夫权密不可分，并直接关系到财产的分配与再分配。基于此种原因，教权传至李宾外孙女止，又回到李姓手中。

（二）李氏家族

李宾没有儿子，但他两个哥哥却有子嗣。据清档案记载，从清康熙初中叶至乾隆二十八年的近一个世纪里，教权掌握在李宾胞兄李宸的后代手中。乾隆二十八年四月十六日李遐年供称：

> 我是万全县膳房堡人，年四十四岁。我第六世祖李宸是李宾胞兄……。我祖父李贲是个贡生。因做过会首，死后会上的人称他为普慧佛。……李贲是我祖父李蔚的亲兄弟。我祖父故后，家里的经文都交与李贲。李贲故后，他孙子李昌年接当会首。乾隆八年李昌年病故，他的儿子李奉吉年幼，就把留下的经卷交给我收看。我从前也做过会，因乾隆八年父亲李景膺吃斋犯了案，我害怕，把留下的经卷烧毁了。②

经卷烧毁一事不足为凭，但供词中所述教权接续关系确非捏造。有李遐年堂侄李奉吉供词为证：

> 我年三十一岁，是普明七代侄孙。父亲李昌年系黄天道教，死时我才十五岁，把经卷交给叔子李遐年了。李遐年的祖父李蔚是我曾伯祖。③

---

① （清）颜元：《四存编·存人编》卷二。
② 《军机处录副奏折》，乾隆二十八年四月十六日兆惠奏折。
③ 同上。

上述两份供词告诉我们，从清初至清中叶，黄天教嫡派正宗教权递传四次：……李蔚→李赟→李昌年→李遐年。至于李蔚是否从李宾外孙女米康氏手中接续教权，史料阙如。关于李蔚"平日行踪事迹"，乾隆二十八年四月十三日兆惠奏折中有所披露：

> 臣等到碧天寺，遇有碑碣字迹，即行详细阅看。因见普明塔前碑记上有康熙四十一年元孙李蔚立石等字，随查询李蔚平生行踪事迹。佥称伊系岁贡生，为普明胞兄李宸四世孙。生前曾当会首，死后咸称为普慧佛。①

据诸种史料记载，李蔚于康熙二十九年考取贡生，康熙三十一年曾为《虎眼禅师遗留唱经》作序，康熙四十一年为普明立碑于碧天寺。② 据此可知，他是一个热衷科举的知识分子兼"邪教"会首一身而二任的人物。这样的人物在明清时代民间教门中所在多有，颇值深思。

清政权对乾隆二十八年发现黄天教李氏一案颇为重视。不仅直隶总督方观承驰赴现场，按权行事，而且朝廷重臣武毅谋勇一等公、协办大学士兆惠亲往万全，主办此案。比案处理颇严酷，李宾后裔及信奉者多人依律从严处置，对死人也未放过。是年四月十三日兆惠向乾隆皇帝奏报：

> 臣等即于四月六日一同自宣起程，前往碧天寺，饬命多集人夫，将普明塔连夜拆毁。塔下并无普明夫妇棺尸，随将弥勒殿中间深掘入土一丈六尺有余，始行锹获尸骨。……随将二尸骸骨裹至郡城，投弃城外车道，寸锉扬灰，宣示众庶。其碧天寺屋宇并令拆为平地，以涤邪业。至伊康李氏二女。米康氏外孙女三塔，臣等亦俱亲往查验拆毁。所获尸骸悉照普明，一律碎剉。③

---

① 《军机处录附奏折》，乾隆二十八年四月十三日兆惠奏折。
② （民国）《万全县志》及〔日〕泽田瑞穗《增补宝卷的研究》。
③ 《军机处录副奏折》，乾隆二十八年四月十三日兆惠奏折（片一）。

对身为贡生，充任会首的李蔚当局当然更不放过，说他"生当会首，死窃佛号，狂诞僭妄，莫此为甚。"同样遭到"毁坟起棺，剉尸示众"的处置。①

清政权对李氏家族如此着力打击，足见黄天教在民众中影响至深且远，也可以看出乾隆一朝已远无康熙时代的恢宏气度，清政权已渐进衰境。

李氏家族从李宾起传了七代，历时二百一十年。此案一兴，遂至衰落。但李姓之败，并不意味着黄天教的没落，仅导致教权易手罢了。就万全县膳房堡一带，黄天教虽然经历了一个世纪的沉寂，至光绪元年，再度大兴。据民国二十二年重修之《万全县志》卷七记载：

> 后寺宇（按：碧天寺）为官家所毁，仅存佛像，经该堡许姓迁佛像于其家。迨后旱魃为灾，乡民祷于普明坟墓，油然作云，沛然下雨，则苗勃然兴之。甘霖既降，信佛弥坚。于是鸠工庀材，建庙祀之，名曰普明寺，时在光绪元年。当是时也，有僧人志明来自小屯堡，参与修庙事宜，口讲指划，应验如神，因之寺院逐渐扩充。

上段史料记录了碧天寺拆毁后万全县群众对黄天教及创教人李宾的信仰情况。它告诉人们，在诱发宗教产生的各种因素没有消除之前，仅仅采用政权手段加以镇压是无济于事的。

（三）普净与普静

前面曾引证史料，否定了普静是黄天教创建人一说，但普静在该教发展过程中至关重要，因此不能不加以考证。普明长女康李氏被群众奉为普净佛，那么普净是否是普静呢？在有的研究文章中曾把二者混为一谈。事实证明普静并非普明长女普净。

普静曾作过一部《普静如来钥匙宝卷》，这部经卷于明万历年间问世。普静被信奉者尊为钥匙佛。"钥匙佛"的经历载于该卷《钥匙佛如来开地

---

① 《军机处录副奏折》，乾隆二十八年四月十三日兆惠奏折（片一）。

涌金莲分第二十一》中：

> 南瞻部洲，一群好贤民。（你怎知道谁人纳贤？）钥匙佛出在蔚罗郡中。（他是那里人？）北直隶有他家门。（姓甚么谁人？）邑奠城中为姓。（他兄弟几个？）生下兄弟三个。（他父在世不在世？）父母早亡先归天。（他作甚么生艺？）自幼吃斋向善拜师真。（投何人为师？）普明老祖传心印。（修了几年？）九年功满性归空。（在圣在凡？）得见佛宝复来临。（因甚么降世？）因为他度众生。（当初有愿在前？）对天发誓度良民。（度良民多少数？）九十二亿。（倚什么度人？）发经发卷讲三乘，钥匙宝卷通开天门。（为僧为俗？）在家为俗务庄农，一灵真性走雷音，外相为俗里为僧。①

这段史料说明，所谓普静——钥匙佛，是普明的亲传弟子，有兄弟三人，以务农为俗务，当是男性无疑。这就否定了他是普明的女儿普净之说。

又据《众喜宝卷》记载：普静祖，姓郑，顺天昌平顺义人，号明钟，字光祖。"于万历六年戊寅显圣，十二年甲申吐经五千四十八卷，十四年丙戌十一月冬至回宫。"②

《普静如来钥匙经》第十一品也有类似记载："静公……，收元了道通凡圣，表光祖，道号明镜。"③

上述史料进一步否定了普静即普净的说法。普静即郑光祖虽然宗主普明，但与普净、普照、普贤及李氏家族似无干涉，应属黄天教另一大支派。普静在黄天教中有着特殊地位，他不仅编撰过经卷，不仅和当时流传的圆顿教发生联系，而且对江南一大民间教派长生教的出现产生重要影响。长生教创于明末浙江省西安县，该教创教人汪长生（普善）被奉为黄天教十祖，是普静一派在江南的直接传承人。

根据本章所述，黄天教主要派系教权递传秩序如下：

---

① 《普静如来钥匙宝卷·钥匙佛如来开地涌金莲分第二十一》。
② （清）陈众喜：《众喜粗言宝卷》卷五。
③ 《普静如来钥匙宝卷·钥匙佛如来开细行妙诀分第十一》。

李宾(普明)→郑光祖（普静）→汪长生(普善)
↓
王氏(普光)→大康李氏(普净)
└───→小康李氏(普照)→米康氏(普贤)……李蔚(普慧)
↓
李贲→李昌年
↓
李退年

三　黄天教教义的思想渊源

颜元曾指黄天教为"仙佛参杂之教也。"他的根据是，该教"似仙家吐纳采炼之术，却又说受胎为目连僧，口中念佛。"[1] 颜元以辟佛道为己任，兼及"旁门左道"。但他对民间教门不甚了了，且辟黄天教时已离该教创立时几近一个世纪。

黄天教实际是一支佛道相混、以道为尊的民间教派。其教义渊源于宋元时代道教的内丹派，同时又受到明正德年间产生于北直隶密云的罗教的影响。

（一）佛道相混，以道为尊

黄天教似乎是崇佛的。该教圣地碧天寺是五进大寺，前三进皆饰以诸类坐立佛像，寺门以"祇园"名；该教开山祖及教权主要传承人都被门徒奉为佛祖，崇以佛号；主要宝卷名称及品名亦有类于佛经名目；教徒虽然家居火宅，娶妻生子，各守常业，却须尊守有类佛徒的三皈五戒。但黄天教毕竟仅得释教毛皮。判定一门宗教的信仰，主要看其教义宗旨及修持内容。纵观黄天教初期三部宝卷，贯穿着一条修炼内丹，以冀长生的主钱。

创教经典《普明如来无为了义宝卷》第一品开宗明义，告诫门徒：

修行人，要知你，生来死去，
依时取，合四相，昼夜功行。……

---

① （清）颜元：《四存编·存人编》卷二。

　　坎寓交，性命合，同为一体，
　　古天真，本无二，一性圆明。①

这种昼夜功行，兼修性命是为了什么呢？是为了结丹：

　　三心聚，五气朝，辉天现地，
　　采诸精，合一粒，昼夜长明。②
　　性命合，同一粒，黄婆守定，
　　结金丹，九转后，自有神通。③
　　龙去情来虎自安，二意相合结金丹。④

在黄天教造经人看来，兼修性命只是结丹的条件，结丹则是修行的结果，一旦丹成就突破了凡与圣、生与死的界限。即所谓：

　　还丹一粒，神鬼难知，超凡入圣机，包裹天地。⑤
　　炼金丹九转以后，牟尼宝辊上昆仑。
　　金书诏身入紫府，赴蟠桃永续长生。⑥

　　可见黄天教修炼内丹的最终目的在于追求长生不死。这种幻想境界被描绘成"天无圆缺"，"人无生死"，"无饥无饿"，"无染无污"，来去纵横如意。"寿活八万一千岁，十八童颜不老年"⑦。可谓理想之至。不难想象这种教义对底层群众会有何等的诱惑力。
　　普静、普照继承了普明的思想，继续以修炼内丹为教义的核心。《普静如来钥匙宝卷》第六品云：

─────────

① 《普明如来无为了义宝卷·释迦牟尼如来分第一》。
② 同上。
③ 《普明如来无为了义宝卷·金刚不坏如来分第二》。
④ 《普明如来无为了义宝卷·精进军如来分第五》。
⑤ 《普明如来无为了义宝卷·宝光如来分第三》。
⑥ 《普明如来无为了义宝卷·普明无为了义如来分第三十六》。
⑦ 《普明如来无为了义宝卷·离姤如来分第十二》。

得道之人，先通内用。养神、养气，神气不散，结成大丹。①

同卷第十二品云：

修行人，参求大道，……养成他，仙丹一粒。②

普照是普明三女，其作《太阴生光普照了义宝卷》颇有些提高妇女在修行中作用的内容。但在"结丹出神，"的修炼宗旨上与其父却一脉相承。她告诫"有德贤人"要注重修炼金丹。其方法是将两弦正气——阴历初七、初八和二十二、二十三日月亮"精气"吸入"金舍黄房"。再于朔望之期，使"两弦正气"归于一处，运上泥丸宫。如此则"凡圣相结，丹珠自成"，经过十年功夫，自可"脱离凡谷"。是时，"钟鼓齐鸣，霹雳震顶，仙童引接，宝盖来迎。超出三界外，逍遥自在仙。"③ 这段教义描绘了所谓"结丹成仙"、"丹成即仙成"的大致过程。

普明、普静、普照三人的教义在炼丹的方法上不尽一致，但修炼宗旨却无不同。显然，这套内丹术并非李宾和他的传承人的独创，而是自有渊源。

道教丹鼎派自隋唐以后，由主炼外丹转向主炼内丹。两者名词术语虽然往往通用，修炼内容却发生根本变化。宋代内丹派代表人物张伯端之《悟真篇》不仅对正统道教影响甚深，且旁及民间宗教。《悟真篇》所言，大抵是排斥外丹，讲求修炼内丹的方法及"妙用"：

人人本有长生药，自是迷途枉自抛。
……
丹熟自然金屋满，何需寻草学烧茅。④

---

① 《普静如来钥匙宝卷·钥匙佛如来开内外妙诀分第六》。
② 《普静如来钥匙宝卷·钥匙佛如来开七宝妙诀分第十二》。
③ 《太阴生光普照了义宝卷》卷上。
④ （宋）张伯端：《悟真篇》。

> 时人要识真铅汞，不是凡砂及水银。①
> 牵将白虎归家养，产个明珠似月圆。
> ……
> 群阴剥尽丹成熟，跳出凡笼寿万年。②

把黄天教有关炼丹的说法与《悟真篇》两相对照，其内容如出一辙。有些提法《悟真篇》注释讲得更直接、更清楚：

> 天仙非金丹不能成……
> 盖天仙除金丹之道，则余无他求。③

在修行方法上，黄天教还讲求夫妻双修：所谓"一夫一妻，阴阳和合，善男子，善女人，同习修炼"④。即使在这一点上也没有超出宋代内丹派窠臼。张伯端及其一些弟子亦主张夫妇同习修炼：

> 本因戊己为媒娉，遂使夫妇镇合欢。

但此中所云夫妻，并不是世俗所云夫妻，乃"金丹之夫妻也"。必须"不为爱欲之所制也"⑤。此种说教也基本为黄天教所接受。在黄天教中，不仅规定了"戒淫邪外色"一条，而且严格地规定了夫妻修行的戒律。

黄天教不仅受到宋代内丹派的影响，还受到金元以后的全真道的影响。道教在金元时代大体分为四支：正一教，全真道、太一教、真大道教。四支中除正一教为原天师教正宗外，余皆为新创道派。全真教势曾囊括整个北方，鼎盛一时。后在与佛教争宠中骤然失势。全真以兼修性命、圆融三教为宗旨，也有兼炼内丹者。明初，朱元璋以正一派为正宗，一统

---

① （宋）张伯端：《悟真篇》。
② 同上。
③ 善成堂梓《四注悟真篇》卷上。
④ 《普静如来钥匙宝卷·钥匙佛如来开修道诸品分十七》。
⑤ 善成堂梓《四注悟真篇》卷上。

道教，正一派贵盛，全真派再度失势。除通邑大都道观还有保存实力者，信仰下移，与民间教派合流。这一点在黄天教经卷中有明显的反映。《普明如来无为了义宝卷·开经偈》云：

> 普明如来者，无为了义也。普贤全真大道，千圣不闻，万祖非说，今遇古佛慈悲，指透天真大道。

所谓"千圣不闻，万祖非说"，正反映了全真道在明代的遭际。统治阶级对这个正统道派的态度决定了它的荣辱兴衰。在这种状况下，它在民间找到了出路。《开经偈》又云：

> 普贤大道开全真，妙传般若了义经。
> 非在念虑求假相，跳出三千六百门。

《善明如来无为了义宝卷》第七品云：

> 普贤菩萨全真道，二九童颜八万年。
> 古佛留下三乘教，了死超生总收元。①

在黄天教中，全真面貌发生变化。开派祖师王重阳为佛教传说人物普贤菩萨取而代之，全真历代祖师的说教变成了"般若了义经"。这的确是非驴非马。但这仅是表面文章。因为黄天教毕竟继承了全真"兼修性命"、"圆融三教"的部分内容。在该教的几部宝卷中多次提到"性命合，同为一体"，"性命要两投"，"性命两家同一处"，"性命是阴阳"等等，把修性修命合而为一。但与全真道不尽相同的是，黄天教把兼修性命作为"结丹出神"的条件，而全真道则往往倾向于以性命双修为宗旨。诚如马丹阳《示门人》所云："神气是性命，性命是龙虎，龙虎是铅汞，铅汞是水火，水火是婴姹，婴姹是阴阳，真阴真阳，即是神气。种种异名：皆不用著，只是神

---

① 《普明如来无为了义宝卷·宝火如来分第七》。

气二字。"正像有的论者所云：全精、全气、全神是王重阳立教的本意。①

至于圆融三教，凡圣一体的说教在黄天教中虽不占主导，却也受到全真派的影响。

> 生仙生佛，不离人伦，大道本全真，性命相合，凡圣同根。②
>
> 混源经，一点光，通玄入妙，
> 分三教，生万物，本性圆明。③
>
> 一切众生归天去，收元了道，三教归一。④
>
> 自呼（古）三教，枉分三乘，本是一佛，如是岂有二呼？⑤

颜元在辟"邪教"时也曾说："大凡邪教人都说'三教归一'，或说'万法归一'。"⑥ 这其实是明清时代多数民间教派共同之点。黄天教在初创期的教义中表现的还不算最突出，只有黄天教一派流布江浙，形成长生教时才完全变成了以儒为主、释道为辅的三教归一型的宗教。由于涉及内容颇多，将另具文论述。

综上所述，可以看出黄天教受正统宗教影响的一斑。这种影响表现为宋之内丹派和金元以后全真派二者的结合。

我们指出黄天教与道教在教义上的内在联系，仅仅是事物的一个方面。需要着重说明的是：为什么黄天教能在明嘉靖一朝从底层迅速崛起？嘉靖是明国势急剧衰败的一朝，有明亡国，不亡于崇祯，而亡于嘉靖、万历，这是学界公认的事实。衰败的因素很多，但世宗崇道，神宗佞佛，不能不说是重要原因。据史料记载：世宗初登基，即"好鬼神事，日事斋醮"。先征龙虎山上清宫道人邵元节，"大加宠信"。继招陶仲文。陶"得宠二十年"。嘉靖二十年后，帝"移居西内，日求长生，郊庙不亲，朝讲

---

① 陈俊明：《略论全真道的思想源流》，《世界宗教研究》1983 年第 3 期。
② 《普明如来无为了义宝卷·坚德如来分第十八》。
③ 《普明如来无为了义宝卷·清净施如来分第十五》。
④ 《普静如来钥匙宝卷·钥匙佛如来开悟道修行分第七》。
⑤ 《普静如来钥匙宝卷·钥匙佛如来开妙法宝偈分第九》。
⑥ （清）颜元：《四存编·存人编》卷二。

尽废，君臣不相接。"他多次自封道号、屡收仙方、道书、秘籍，前后达千种之多。他主要信奉符箓派，对丹鼎派并不排斥，内丹、外丹兼收并蓄，最后还是死于丹方之手。世宗在位近半个世纪，他崇信道教，影响波及整个社会生活。上至朝廷，下至民间，无不受其风熏染。廷臣需撰青词，青词是否称旨，往往决定身家荣辱。道士地位骤然提高，达官显宦多师事道士，以问道家故事。[①] 上有好者，下必甚焉。在民间，"求道访真"，参师拜友，秘撰丹方、经书，几成风习，李宾正是在这样的历史环境中，于嘉靖三十二年"悟道成真"，并进而自创教门、自造经书、自称教主的。可以说，黄天教兴起的重要原因是正统宗教影响的结果，是封建王朝政治腐败，宗教迷信空气迷漫的一种产物。

（二）黄天教与罗教

黄天教与罗教关系密切，对此日本学者泽田瑞穗已作了某些考证。本文仅想就罗教对黄天教教义的一些影响，探讨两者之异同。

罗教即无为教，由山东即墨人罗梦鸿于明正德间创于北直隶密云。该教以清净无为创教，追求无生、真空境界。故罗梦鸿又被人尊称无为祖、无为居士、无为宗师。罗教影响之大，为明清时代诸民间教派之冠。其经卷《叹世无为卷》云：

> 从他四大都零落，其中别有一神通。
> 无为法门在玄中，扫出万典觅无生。
> 一法包含无量法，一门劈破万般门。
> 也无罪来也无福，也无天堂并地狱。
> 一朝摆院这皮囊，自在纵横无管束。[②]

这段经文可以作为理解罗教教义的纲绳。其意很明了，即以无为法扫除一切"杂法"，以达到无生境界。所谓无生境界，亦真空境界，即虚空境界，

---

① 《明史》邵元节、陶仲文等传。
② 明万历甲寅年重印本《叹世无为卷》下。

在经卷中又叫真无极。在罗教信仰者看采，此乃宇宙本体。大千世界之万事万物，包括诸佛诸祖，三教圣人无一不是从中幻化而来。世人若能探求此中真缔，须行"无为妙法"，摈弃人间一切欲念的追求，并从根本上否定以往的各种修持方法——有为法。所谓有为法不仅包括修庙建塔、念经垒忏，搠火炼魔等等，诸如食斋受戒、坐净行善、说因果、讲轮回，也都是"不明大道"的"拘心之法"，"有为之法"，皆着了色、相，是生灭法，有始有终，毫不足取，都在扫除之列。在罗教徒看来，无为法义缔无他，即向自家心头参道。罗教的五部经典总在告诫门徒："心明法中王"，"佛在灵山莫远求，灵山只在汝心头"，"心即是佛"，"一切万物心变化"等等。《正信除疑无修正自在卷》第二十一品云：

> 要得心空若便无。如何是心空？无生死，无轮回，无有一切相，无八苦，无三关，无来无去，无有一物，便是心空。……但有思量，便有生死。①

可见所谓无为法，不过是教人忘却任何人世追求存想，逃避统治阶级强加给人民的苦难现实。

在罗教创成后不过数十年，其教义被许多教门所借用，无为教法也被写进一些宝卷之中。黄天教即是一证。黄天教创教宝卷以无为了义冠其名，普明被尊称无为教主，其教义也充斥着关于无为的说教：

> 无为奥妙，好一个黄天道。②
> 悟彻无为生前理，万姓原是一华生。③
> 无为妙法一性空，能生万像众群真。④
> 无为祖，发慈心，独驾孤舟，

---

① 《正信除疑无修正自在卷·不执有无心空品第二十一》。
② 《普明如来无为了义宝卷·开经偈·桂香枝》。
③ 《普明如来无为了义宝卷·龙尊王如来分第四》。
④ 《普明如来无为了义宝卷·宝火如来分第七》。

化贤人，有缘得，千里来会。①

黄天教经典也屡屡使用无生一词。诸如：

> 返本还源，同证无生大道。②
> 修行了义，妙达无生，依时取真经，时时熬炼莫放松。③
> 访悟无生大道，参拜明眼真师。④

上述内容从字面上讲与罗教经典相仿佛，似乎黄天教也在行无为法，追求罗教的无生境界。其实两者仅在修持方法上近似，而在宗教追求的目标上却有很大不同。前者近佛，后者近道。但无论近佛，还是近道，都把清净无为，摈斥万虑作为修行的首要条件。只不过是黄天教接受了罗教的影响，把无为法取来以净心，把无生观念取来，作为丹成的另一种说法罢了。不仅如此，黄天教也摈弃所谓有为法：

> 因为贪尘妄想，不识一点真灵，只求假相有为之法，念经垒忏，修寺建塔，只求富贵，有身有苦，造业如山。⑤

在黄天教看来，除炼内丹，余皆有为法。罗教则追求空无境，舍此无正法。罗教也罢，黄天教也罢，尽管教义或有因袭，或有不同，都不能不受制于封建社会政治、经济的支配。因此也都面临着不可克服的矛盾，即宗教家的社会实践与所宣讲的教义的严重脱节。罗教创始人罗梦鸿及其子孙以"清净无为"而取得富贵，黄天教的李家则以劝人修炼成为地方豪门。这是一切宗教难以摆脱的痼疾。

---

① 《普明如来无为了义宝卷·宝月光如来分第八》。
② 《普明如来无为了义宝卷·开经偈》。
③ 《普明如来无为了义宝卷·释迦牟尼如来分第一》。
④ 《普明如来无为了义宝卷·现无愚如来分第九》。
⑤ 《普明如来无为了义宝卷·金刚不坏如来分第二》。

四 黄天教与其他教派的关系

明代末叶产生的长生教宗主黄天教，是黄天教一大分支，本文不拟多谈。黄天教与圆顿教、收元教、八卦教关系密切，限于篇幅，仅择要点涉及一、二。

（一）黄天教与圆顿教

关于圆顿教创教人说法有二：

（1）依清档案记载："……圆顿教，其教起于前明，名曰四柱香。设有经堂，供奉经卷、佛像。自山西汾阳县罗城村魏姓传于山西曹姓，转传于解映雪。曹姓为其取名义法堂。解映雪转传李纪通远祖李荣化，取名乐山堂。又传……。各传经卷，各自在家供佛、吃斋、念经，并塑有魏姓、曹姓、解映雪之像供奉，每日烧香四遍，名曰四柱香。相沿八、九代。山西魏姓俱呼为老魏大爷，曹姓呼为曹三老师傅，解映雪称为解好爷。……只希图消灾获福，别无不法情事。……并无传习咒语。"此教由山西传至陕西。①

（2）依明代民间宗教宝卷记载：圆顿教由明万历年间直隶人弓长（张）所创。弓长出生地在"燕南赵北中元（原）之地，草桥关，桑园里，大宝庄。"② 这位张姓创教人作了一部《古佛天真考证龙华宝经》，其卷首云：

> 古佛为相，无生为本，置立为起，收源为落，一字为用，大乘为法，圆顿为教。古佛法门，末后一着，千门万户，尽皈佛门，诸佛万祖，都皈圆顿。

张姓教主并非无师自通。他的师傅即著名闻香教，又名东大乘教创始人王森，居于直隶滦县石佛口。弓长在《龙华经》中自述：

---

① 《军机处录副奏折》，嘉庆二十三年三月初三日陕西巡抚朱勋奏折。
② 《古佛天真考证龙华宝经·无生传令品第三》。

　　　在东土领石佛王祖修行，传与我三皈五戒。①
　　　弓长领定真老五，石佛域内取真经。②

王森死于万历四十七年，可见弓长创圆顿教在明万历年间当无疑义。
　　黄天教与圆顿教的关系，主要表现为普静一支。创教人李宾死时，圆顿教尚未问世。普照所作《太阴生光普照了义宝卷》也未提及圆顿教。只有普静所作《普静如来钥匙卷》多次提到圆顿教，并给圆顿教下了定义：

　　　圆者，十方都圆满；顿者，顿悟心意明，教者，教人都成道。③

　　普静的这支黄天教与圆顿教是什么系呢？在《普静如来钥匙宝卷》中多次提到弓长或张先生：

　　　弓长为媒，才显真祖，新了一部钥匙道，
　　　男女躲轮回，早得高升。④
　　　张先生，他与俺，为媒作证，
　　　展宝卷，逼邪魔，通精三乘。
　　　……
　　　才显出，圆顿教，清净佛门。⑤
　　　用弓长，他与俺，为媒作证，
　　　古弥陀，显神通，邪魔不侵。⑥

---

① 《古佛天真考证龙华宝经·弓长领法品第五》。
② 《古佛天真考证龙华宝经·东西取经品第十二》。
③ 《普静如来钥匙宝卷·钥匙佛如来开四句妙偈分第一》。
④ 《普静如来钥匙宝卷·钥匙佛如来开天地命脉分第三》。
⑤ 《普静如来钥匙宝卷·钥匙佛如来开七宝妙诀分第十二》。
⑥ 《普静如来钥匙宝卷·钥匙佛如来开蕴空妙法分第十六》。

所谓"为媒作证"，并非世俗所云婚姻之媒证，而是民间宗教所用隐语，意指弓长承认普静的宗门和领袖地位。这一点的确可以在弓长所作《龙华宝经》中找到证据。《龙华宝经·天真收元品第二十三》云：

> 黄天教，设宗门，度下儿女，
> 普静祖，领黄胎，皈依佛门。

在《天真收元品》中弓长把黄天教列入同时代十八个教门之中，并以普静为黄天教开山祖师。这种说法虽然有背于事实真象，却有利于普静所辖的那支教派力量的发展和普静在民间宗教世界权威地位的巩固。因此弓长受到了普静一派的推崇。从《普静如来钥匙宝卷》中我们还可以看出这支黄天教派与闻香教、圆顿教教义思想融合的某些迹象，诸如对弥勒的崇拜及劫变应世观念的倡导等等。

（二）黄天教与收元教、八卦教

民间宗教所谓收元，意指把尘世间人度回"天宫"。多数教派都以此为手段，诱人入教。收元观念问世颇早，就我们所知，明初宣德年间，民间宗教的经书中就已出现。但收元教或收缘教名目却出现在明末。《龙华宝经》的作者认为收元教为收元祖所创，但并未指明谁为收元祖。

清代，收元教多活动于华北地区，清政权多次查获该教活动。其中乾隆七年、乾隆二十八年、乾隆三十二年、乾隆五十二年四次办案审理中，都涉及到收元教、黄天教两者的关系。

从雍正年间到乾隆初叶，山西长子县人田金台掌管收元教，颇有名气，"直隶人都晓得田金台是收元教首"①。田金台死于乾隆十一年，乾隆二十七年"破棺戮尸"，其子田济道拟斩，在监病故。其义孙又于乾隆五十二年"犯案"被刑。田金台以收元教名目广授门徒，在山西、直隶教势很大。但田金台在乾隆四年时就曾与黄天教徒"讲论教法"，并接受黄天教徒赠送的偈言一册。这本偈言"称系普明留传"。这以后黄天教与收元

---

① 《军机处录副奏折》，乾隆五十二年三月初三日山西巡抚勒保奏折。

教开始融合。据乾隆二十八年四月十六日兆惠奏折记载：

> 臣等伏查近年邪教，不外直隶、山西，河南等省。所有设教名色，或称收元、或称黄天道其说皆本于普明……。普明一脉实为诸案邪教之总。……流传已久，深入人心，迷而不悟……。①

乾隆三十三年八月当局再次于直隶发现"邪教"活动。直隶口北兵备道向上司禀报：

> 伊等邪教即宗主普明黄天道、无为、收元等名色。②
>
> 讯据供认，该犯等曾于乾隆十五、六年皆入无为教，又名收元教，即黄天道普明余孽。③

这些教徒还收藏铁斧一把，"系普明遗物"，作为世代相传的奇珍异宝。④

上述史料虽然不能完全揭开黄天教与收元教历史渊源关系，毕竟可以了解乾隆年间黄天教对收元教的影响，以及两个教门融合的概况。至少在那一时代直隶、山西部分收元教支派已成为黄天教异名同教。

在研究八卦教的过程中，我们再次看到黄天教对收元教的影响。

清康熙初年，河南人刘佐臣到山东单县创立了八卦教。该教创立之始教名是五荤道收元教。它深受罗教和闻香教的影响，这一点作者已在《八卦教世袭传教家族的兴衰》一文中论及。⑤但八卦教即五荤道收元教还受到黄天教的影响。

清乾隆中叶，八卦教内部流传着两部歌词。《乾元亨利贞春夏秋冬九经歌》和《乾坎艮震巽离坤兑八卦八书歌》。这两部歌词揭示了八卦教的一些信仰和组织状况。对研究八卦教至关重要。但这两部歌词早在明代万

---

① 《军机处录副奏折》，乾隆二十八年四月十六日兆惠奏折。
② 《军机处录副奏折》，载乾隆三十三年八月初九日直隶口北兵备道福德禀。
③ 同上。
④ 同上。
⑤ 《八卦教世袭传教家族的兴衰》，《中国人民大学八二届硕士论文选》。

历年间问世的黄天教经卷《普静如来钥匙宝卷》中即已提及：

> 未来皇极化弥勒，遗留九经八书……①

黄天教宝卷并未纪录《九经》、《八书》的内容，因此我们只能从字面上理解这两个教门教义中的联系。此外，八卦教中流传的《五更书》几乎是对《普明如来无为了义宝卷》中的五更词的抄袭。

不仅两教在教义上有相通之处，在崇拜仪式上也有相合者。在八卦教中，教徒"每日早午晚三次朝礼太阳，两手抱胸，合眼跌坐，口念真空等八字八十一遍，名为抱功。功成可免灾难临身"②。对太阳的崇拜几乎是八卦教各派的共同信仰，教内经卷中还特编有太阳经歌词。八卦教对太阳的崇拜也是来自黄天教的。从明代末叶起，黄天教徒就"唤日光叫爷爷，月亮叫奶奶"，"每日三次参拜"③。这种参拜仪式一直延续到清代。据乾隆八年四月初九日吏部尚书署直隶总督史贻直奏称：

> 黄天道教系前明嘉靖年间万全县僧人普明倡设。以每日三次朝日叩头，名曰三时香；又越五日将行道之事默祷天地，谓之五后愿。平时茹斋念经，以为修行善事，愚民转相传习，由来已久。④

黄天教参拜太阳，默祷天地的作法染及八卦教，成为八卦教重要的祈祷仪式。

五　黄天教教义中的两种政治倾向

有一种观点认为黄天教是不主张叛乱的宗教。⑤ 其实就明清时代民间

① 《普静如来钥匙宝卷·钥匙佛如来开三乘分第十八》。
② 《军机处录副奏折》，嘉庆十八年九月十五日山东巡抚同兴奏折。
③ （清）颜元：《四存编·存人编》卷二。
④ 《军机处录副奏折》，乾隆八年四月初九日署直隶总督史贻直奏折。
⑤ Richard Shek：《Millenarianism With bout Rebellion——The Huangtian Dao in North China》，*Modern China*，Volume 8，Number 3，July 1982.

宗教而言，几乎没有一种宗教在开创时期就主张对抗当局，鼓吹造反的。相反绝大多数教门都在经卷中颂扬皇权，吹捧封建王朝的"文治武功"，以此博得当政者的青睐，以利教势的发展。为数众多的教门的上层领袖人物或投靠皇亲，或阿附权贵，甚至攀缘最腐败的阉宦集团。这一点，明中末叶的许多教门表现的颇为突出。但是随着教势的发展，宗支派系不断繁衍，这些以小农、小手工业者为基础的民间教派不可能特别统一牢固，教义也会发生某些变化。特别在局势动荡、民生多艰的时代，带有不同目的人群涌入教团，宗教组织发生急剧分化，部分教门的教义则会以宗教形式反映出社会黑暗和人民对苦难的叹息和抗议，甚至间有鼎革王朝、改天换地的内容。这实质是激烈的阶级斗争在民间宗教领域内的反映，是社会变革对民间宗教的一种改造。黄天教的历史就证明了这一点。

黄天教创教时期的三部宝卷通篇以修身养性，保精固丹，冀求长生为说词。偶涉世事，则不外鼓吹封建伦理道德，谀颂时政，平息群众不满情绪。《普静如来钥匙宝卷·序》云：

> 净手焚香告上天，文武康太（泰）得自然，有道皇王万历年。

《普静如来钥匙宝卷》第三品云：

> 至今日，才显出，圣明君，真天子。万历之年，我朝有德真人现，好个真天内，才把钥匙宝卷传。①

万历朝是有明最腐败的时代。黄天教却极力粉饰太平，认为宇内清明，"好个真天"，正是传道良机。为了依附当局，在经卷中还不断为皇亲国戚，满朝文武祀寿祝福。《普静如来钥匙宝卷》内载十报歌云：

> 一报天地盖载恩，二报日月照临恩。
> 三报皇王水土恩，四报父母养育恩。

---

① 《普静如来钥匙宝卷·钥匙佛如来开天地命脉分第三》。

　　　　五报五方常安乐，六报六国永不侵。

　　　　七报文武迁高转，八报人民永平安。

　　　　九报九祖升天早，十报三教范师恩。①.

这十报歌，最早自出罗教经典。黄天教转引到自己的教义中，表现了该教
上层领袖人物的政治倾向和世俗理想。这种说教无非是让信仰者跪倒在天
地君亲师的牌位下，顶礼膜拜，成为封建秩序的驯顺良民。为此经卷还明
确告诫门下：

　　　　诸色人等，各守自己生理本分。父慈子孝，兄弟和睦，亲尊长
　　上，妯娌贤良，敬邻爱友……②

一方面大讲清净无为，一方面又念念不忘世俗的伦理道德，何其伪善，何
其矛盾。其实又不矛盾。因为讲清净无为也罢，宣扬封建伦理也罢，都有
利于封建地主阶级企望的那种"六合清宁"、"七政顺序"的局面。但明
中末叶政治并不清宁，封建秩序颇为混乱。农民革命际会风云的时代已为
期不远。在民间造作预言，非议国政以"惑世"者，几遍宇内。在这种情
况下，以不问世事著称的黄天教也在极力"劈邪"：

　　　　劈邪是一切不正之言：谈说国家兴废，刀兵马乱，几时换帝，几
　　时安立银城，自称祖师，祸乱人心，谓之邪也。③

"劈邪"的目的不仅在于安世，而且在于安教，使信仰者不致越轨为非。
为此黄天教的宗教领袖要门徒：

　　　　一不谈国王兴废，二不论士兵刀兵，三不说年岁浅薄。④

―――――――――――

　　① 《普静如来钥匙宝卷》序。

　　② 同上。

　　③ 《太阴生光普照了义宝卷·劈邪显正分第十二》。

　　④ 《普静如来钥匙宝卷》序。

总之，要"守其本份"，"不妄想贪尘"。鼓吹乱中求静，苦修"性命根源"，以达结丹出神的"善果"。

这就清楚地暴露了黄天教创教人和主要传承人的政治倾向。但是像历史上的许多具体事物一样，黄天教在其发展过程中呈现了十分复杂的局面。在明清两朝鼎革之际，以及其后的一段时间，黄天教的教义出现了与初创阶段一些不同的特点。

据乾隆二十八年四月初七日兆惠、钱诚汝、方观承奏折记载，他们在办案时发现"三角符三张，每张各有四字"：

> 一作霎霎霎霎，一作霎霎霎霎，一作霎霎霎霎。分析察看，始知除去上下雨山二字，中间藏嵌大王朱相，朱王后昭，日月天下等字。又先天敕劄一张，内称走肖传与朱家，朱家传与李子之语。其与玙琦印文词意隐显虽有不同，而狂悖妖妄实无异致。臣等检查玙琦印篆，其标题指称普明遗留，而词中狂吠语涉吴逆，事在康熙年间。按普明为前朋嘉靖间人，其久经物故，必非伊作。[①]

文中所云吴逆，指吴三桂。吴三桂降清后受封西南王，驻云贵。康熙十二年清廷撤藩，三桂反。而黄天教玙琦印文中"有康熙甲寅并癸亥等词"，其作于康熙十三年至康熙二十二年当无疑问。是时正是吴三桂等反清叛乱的年代。从上述史料可以判定：黄天教李姓已放弃了明末拥戴当局的立场，在一种特殊的历史环境中产生了浓厚的政治野心。

在同一阶段，黄天教教义中还有部分以倡言劫变为内容的说词，表观了底层群众对动乱年代极端苦难的愤懑情绪。乾隆八年署直隶总督在办理黄天教案时发现一纸偈言。内"有二十三愁，语多荒谬。盖缘其教倡自前明嘉靖，迨末季流冦之乱，人民愁怨。偈内所云大劫皆其时事，故有张李及兵戈饥荒等语"[②]。

上述史料告诉人们，简单地把黄天教列为不鼓吹造反的教门的结论是

---

① 《军机处录副奏折》，乾隆二十八年四月初七日兆惠、钱诚汝，方观承奏折。
② 《军机处录副奏折》，乾隆八年四月初九日吏部尚书署直隶总督史贻直奏折。

武断的。但人们习惯于把民间宗教混同于农民革命则更失之于偏执。

黄天教的历史再度告诉我们，民间宗教运动和披着宗教外衣的农民革命毕竟是两回事。民间宗教运动虽然受到多种复杂因素的影响，但毕竟有自己固有的发展方向，并不因为它在底层传播，属于民间信仰，就改变了宗教的本质。作为宗教运动，它的作用无疑是消积的。但在特定的历史条件下，它的某些教义可能发生变化，被人添加上新的社会内容。这些内容确实曲折、隐晦地反映出底层群众对现实苦难的叹息和抗议，它的组织形式也曾作为纽带，起到联系散漫的农民群众的作用。清代中叶的川陕楚等五省白莲教大起义与黄天教响影下的某些教派发生关联就是明证。不过它已超出本文讨论范围，不能作为黄天教本身源流加以考证了。

附：《乾隆二十八年在碧天寺查出黄天教经卷字迹单》

一束三件：《玽瑃印记文篆逆词一张》、《古佛亲文逆词二张》。

一束十六件：《普明暗传黄极号二张》、《普明通天正印一张》、《半印文宝一张》、《伍佛定位之印一张》、《先天敕劄二张》、《药师化普明二张》、《古佛真言一张》、《佛像一张》、《轩皇宝公的亲眷属一张》、《普明家谱一张》、《十八诸真隐埋姓名一张》、《普明古佛遗留归家宝偈一册》、《普明古佛以留末后一着文华手卷》。

一束二十件：《护身金牌三张》、《随身金牌一张》、《三家金牌一张》、《免死金牌一张》、《通天牌一张》、《都斗牌一张》《普明牌一张》、《过关牌一张》、《灵感金牌二张》、《三角符三张》、《三符灵道二张》、《八般大利宝一册》、《飞符二张》。

一束六件：《三宝文凭一张》、《朝阳罗凭二张》、《通天批引二张》、《三宝文引一张》。

手卷二件：《佛说扣天真宝一卷》、《佛说辖天宝诀文法一卷》。

以上四十七件共一封。

一函三件：《朝阳三佛脚册通诰唱经》。

以上三件共一封。

一函四件：《朝阳遗留排天论宝卷三册》、《朝阳天盘赞一本》。

以上四件共一封。

　　后记：撰写本文时，蒙中国社会科学院世界宗教研究所郑天星、韩秉方同志提供部分史料，特此致谢。

（原载《世界宗教研究》1985 年第 2 期）

最早一部宝卷的研究[*]

宝卷主要是由唐、五代的变文以及讲经文孕育产生的一种传播宗教思想的艺术形式。它多由韵文和散文相间组成，可讲可唱，引人视听。

据作者掌握的史料来看，最初的宝卷是佛教徒向世人说法的通俗经文或带有浓厚宗教色彩的世俗故事的蓝本。本文所要介绍的《佛说杨氏鬼绣红罗化仙哥宝卷》可以算两者的结合，僧侣借这类宝卷宣扬因果轮回，以弘扬佛法。宝卷的问世，是佛教进一步世俗化的有力佐证。

明代初叶，宝卷开始为民间宗教利用。以宣扬教义宗旨。明中叶以后，为数众多的民间宗教预言家纷纷撰经写卷，皆冠以宝卷名目，从此宝卷几乎成为民间教门经书的代称。清代，专制统治更加酷烈，在当局眼中，宝卷则成为"邪说"、"妖书"的同义语。宝卷引起当局的注意，是在它为民间教门利用之后。明代万历年间，政府已明令禁止一些宝卷，毁经焚版，宣示众庶。清雍正年间，清当局初次发现宝卷，此后，就把搜缴宝卷作为镇压民间教门的重要手段，每次破获"邪教"，都把抄获的宝卷送往军机处，或呈御览后，加以焚毁，"以涤邪业"。但宝卷的流传却如野火春风，以至清道光年间，直隶的一个官僚黄育楩竟专门著书，以攻宝卷为己任。

当然，即使在明清时代，宝卷也不仅限于经书一种。大量的宝卷并非民间宗教经书，而是纯粹的劝善书本。它们广泛地流传在民间，产生过深远的社会影响。

真正对宝卷进行研究还是现代的事。胡适、俞平伯、郑振铎、向达、

＊ 作者说明，由于山西省文物局、博物馆领导和同志的大力支持，世界宗教研究所丁明夷同志的具体帮助，我和韩秉方同志得阅珍藏之《佛说杨氏鬼绣红罗化仙哥宝卷》。任继愈先生嘱我等进行深入研究。事后，丁明夷同志命我为此文。在此，对以上诸同志深表谢忱。

周作人、吴晓铃等人都作过探讨。而郑振铎先生则从文学史的角度进行了更深入的研究。其后，是傅惜华、李世瑜同志在 1961 年发表的《宝卷综录》是迄今为止最完整的一部宝卷目录。在日本，研究宝卷最有力者是泽田瑞穗，其著《增补宝卷的研究》、《校注破邪详辩》都引起了广泛的重视。

关于宝卷渊源，一般人都认为它脱胎于变文。但对于最早宝卷问世的年代，迄今尚无定论。本文试图探讨这一问题。

一　最早的宝卷——《佛说杨氏鬼绣红罗化仙哥宝卷》

迄今所知最早的宝卷是哪一部呢？郑振铎先生说：

> 《香山宝卷》为许多最流行的宝卷中之最古者。相传为宋普明禅师于崇宁二年（即公元 1103 年）八月十五日在武林上天竺受神之感示而作者。①

这是郑先生 1928 年在《佛曲叙录》中表述的观点。十年后他的《中国俗文学史》问世（1953 年再版）。在该书第十一章《宝卷》中，他认为所谓宋普明禅师于崇宁二年在武林上天竺受神感示而作《香山宝卷》"当然是神话"。但又认为"宝卷之已于那时出现于世，实非不可能。"他的根据是：

> 北平图书馆藏有宋或元人的抄本的《销释真空宝卷》我于五年前，也在北平得到了残本的《目连救母出离地狱升天宝卷》一册。这是元末明初的金碧钞本。如果《香山宝卷》为宋人作的话不可靠，则"宝卷"二字的被发现于世，当以《销释真空宝卷》和《目连宝卷》为最早的了。②

---

① 郑振铎：《佛曲叙录》，《中国文学研究》。
② 郑振铎：《中国俗文学史》下册，第 308 页。

郑生在这里已经部分地修正了自己的观点，即认为《香山宝卷》为宋人的作品可能是靠不住的。但郑先生在 1928 年《佛曲叙录》的观点又为一些辞书所采纳。《辞源·宝卷》条目载：

> 相传最早的宝卷是宋普明禅师所作的《香山宝卷》。元人有《销释真空宝卷》，抄本尚存①

《辞海·宝卷》条目载：

> 现存《香山宝卷》，一般认为是宋普明和尚的作品。②

无论是"相传"也罢，"一般认为"也罢，还是以"神话"为依据，把《香山宝卷》作为宋代作品，列为诸种宝卷之最古者。

与郑先生对立的观点是李世瑜同志提出的明正德年间始产生宝卷的说法。他说：

> 无生老母的崇拜是起于明末的，无生老母是秘密宗教的中心崇拜，宝卷是秘密宗教的经典，所以也是起于明末的。
>
> 但是今天我们还能见到的宝卷中最早的为明正德年间刻本，如《苦功悟道卷》、《叹世无为卷》、《破邪显证钥匙卷》、《正信除疑无修证自在宝卷》、《巍巍不动太山深根结果宝卷》（皆题为正德年间"罗祖"所著）就是，还有稍后一些的嘉靖年间的刻本，如《药师如来本愿宝卷》就是……③

接着李世瑜又引了一段清代黄育楩《破邪详辩》的"考证"，认为"托古、作伪是秘密宗教的惯技"。但又说黄育楩的"考证"，"只是一个孤

---

① 《辞源》，第 864 页。
② 《辞海》，第 1009 页。
③ 李世瑜：《宝卷新研》，载《文学遗产增刊》第四辑，1957 年。

证"，还不能否定正德刻本一说。他最后得出结论："宝卷是起于正德年间的。"①

对郑振铎的宋元说，李世瑜反驳道：

> 至于郑著中根据一段关于《香山宝卷》的传说和《销释真空宝卷》、《目连宝卷》两种钞本的写绘形式就斯定了宝卷可能起于"宋崇宁二年"，不然就是"宋或元"，再不然就是"元末明初"，这样的说法是不可信的。②

上述结论哪一种正确？还是都不正确？还是都具有某些合理成份？

我认为，郑先生在最早一部宝卷具体年代的判定上是错误的。但他估计到了变文与宝卷之间渊源关系，认为宝卷的产生与变文消亡的时代之间不应隔的过久，否则宝卷的产生就成了无源之水，无本之木。这一点具有可贵的预见性。

李世瑜同志的可取之处，在于坚持以刻印年代为准，以判定宝卷产生的具体年代。他对郑先生宋崇宁二年说的辩证无疑是正确的，因为仅靠宝卷中的几句传说，既没有具体刻印年号，又没有其他佐证，就得出《香山宝卷》是最古宝卷的结论，显然不妥。郑先生在1938年就意识到了这个问题。但李世瑜对《销释真空宝卷》、《目连宝卷》年代的否定则没有拿出有力反证，仅是用"篇幅所限"为由，一笔带过。在宝卷产生的问题上，其不妥之处有两点：一是，认为宝卷是明中末叶民间宗教的产物，因此宝卷产生的年代应以这一时代为限。他的证据是产生于明正德间罗祖教的五部经和嘉靖、万历年间产生的一批宝卷。这种说法在没有发现更早年代宝卷时是有一定说服力的。但新发掘的史料证明：宝卷是佛教进一步世俗化的产物。民间宗教在兴起的过程中，汲取了佛教的思想资料，而且利用了宝卷这种艺术形式，添加了具有民间信仰特征的宗教教义。其二，他虽然承认宝卷来自变文，"是变文，说经的子孙"，却在具体分析过程中忘

---

① 李世瑜：《宝卷新研》，载《文学遗产增刊》第四辑，1957年。
② 同上。

记了这一点，把变文消亡的年代——宋代，与自己判定宝卷产生的年代——明代正德年间，一下子隔开了数百年，使宝卷的产生失去了源头。

最近，在许多同志的帮助下，我们查阅了一部迄今为止人们发现的最早一部宝卷——《佛说杨氏鬼绣红罗化仙哥宝卷》，这部宝卷现收藏在山西省博物馆。由于这一发现，上述有争议的问题迎刃而解了。

《佛说杨氏鬼绣红罗化仙哥宝卷》为木刻刊本，蝴蝶装。版心长十九厘米，每面宽十二点五厘米。版心为黑口，上有"红罗"二字。仅有上鱼尾，下鱼尾处标页号。每面十二行，每行二十五字，乌丝界栏，行间划线间隔，"白文"部分有圈点句读。卷内有木刻黑白图画两幅，绘《公主抛绣球》、《夫妻求子》、《鬼绣红岁》、《尤氏苦打化仙哥》、《张员外一家团圆》等五组画。正文二十四页（每页两面），加封面、目录、扉画共计二十九页。

封面题作：《佛说杨氏鬼绣红罗化仙奇宝卷》。内中"奇"是误刻，参照书内题目及内容，应为"哥"字。扉页上刻：

> 佛说杨氏鬼绣红罗化仙宝卷
> 至元庚寅新刻金陵聚宝门外圆觉庵
> 比丘集　　　　　　仁捐众开雕

目录前有字一行：

> 至元庚寅新刻佛说鬼绣红罗化仙哥宝卷目录

目录后又有字一行：

> 至元庚寅新刻佛说鬼绣红罗化仙哥宝卷目录终

统观全卷，三次出现"至元庚寅"年号。这个年号每次出现都与"新刻"二字相连。新刻者，再刻之谓也。那么"至元庚寅"版的《红罗宝卷》（下简称《红罗宝卷》）依据的是什么本子新刻的呢？在目录后面又有字三行：

> 依旨修纂
> 颁行天下，
> 崇庆元年岁次壬申长至日

这样《红罗宝卷》中就出现了两个年号：崇庆元年（壬申）和至元庚寅。

"崇庆"，是金代卫绍王的年号。卫绍王（完颜永济），金世宗第七子。金承安二年（1197），金章宗改封他为卫王。泰和八年（1208）章宗崩，卫王继承大统，登皇帝位，年号大安。执政三年后，改元崇庆。崇庆年号仅用一年，即仅有崇庆元年，次年改元至宁。至宁元年，发生兵变，完颜永济遇弑。后继者不承认其帝位。直至贞祐四年，"诏追复卫王谥曰绍。"故史称卫绍王。仍用其在位时年号记事。[①]

崇庆元年（壬申）是公元 1212 年。《红罗宝卷》即初刻于（在没有更早版本《红罗宝卷》被发现之前，应认为是初刻）1212 年长至日，即 1212 年夏至那一天。可见，这部最早的宝卷产生于金代，最初流传在北方。

"至元"为元世祖忽必烈年号。至元庚寅即忽必烈登基的第三十一年（至元二十七年），公元 1290 年。南宋亡于 1279 年，至 1290 年，元已统一中国十一年。事情只能是这样：长期流行于北方的《红罗宝卷》，随着中国的再度统一传至江南，被金陵聚宝门外圆觉庵的僧人集资再次刻印。现收藏于山西省博物馆的《红罗宝卷》是元初至元二十七年（1290）刻本。

这部宝卷之所以不是初刻本的证据，除了卷中出现"依旨修纂，颁行天下，崇庆元年岁次壬申长至日"，以及三处"至元庚寅新刻"字样外，还有一条。在目录终同一页有如下记裁：

> 管理书籍舍人吴仰泉
> 再命良工　治图二幅　谨镂佳　板观者存之

---

① 《金史·本纪》第13页。

可能由于原刻金代本并无图幅，或因图幅破损不清，新刻时加图两幅。

上述事实告诉我们：迄今所知最早的宝卷产生于金代崇庆元年（即南宋嘉定五年），现存最古刻本产生于元初至元二十七年。

前面已经述及郑振铎先生以《香山宝卷》为最古宝卷之误，至于抄本的《销释真空宝卷》为"宋或元人"的作品，本身就未成定论（胡适便认为是明代万历末年的作品）①。而郑先生生前所存元末明初金碧本残本《目连救母出离地狱升天宝卷》无疑晚出于金代初刻、元初再刻之《红罗宝卷》。至于李世瑜同志的明正德年间出现宝卷的观点，在时间的判定上则比金崇庆元年整整晚了三个世纪，比元至元二十七年亦晚了二百多年。

谁是这部宝卷的具体作者？现有资料很难判定。但它为僧侣的作品则是不容置疑的。《红罗宝卷·大唐王执掌天下分第一》记载："红罗卷诸佛所留，衲子使碎心结集成就"。诸佛所留，荒诞无稽，但"衲子"结集成就却真实可信。衲子是僧侣自谓或代称，这就证明了作者的身份。

再者，宝卷中两次出现"金陵聚宝门外圆觉庵比丘集仁捐众开雕"字样，说明出资刻印这部宝卷的也还是僧院及僧众。这是作品为僧侣所作，所用的有力佐证。

作品两次出现"吴仰泉"，书后印有"书林吴仰泉梓行"牌记，说明吴仰泉是元初金陵刊刻书籍的书商，是书为吴氏代僧侣开雕印行的坊刻本。

在考证完《红罗宝卷》的年代以后，笔者不能不产生如下想法：《红罗宝卷》产生于金、元时代是否是一种孤立的现象？同时代，或稍后一些年代还有没有其他的宝卷问世？

大量的事实证明：在明正德年代以前就出现过不少宝卷。

笔者翻阅了郑振铎先生生前所藏几种明刊本宝卷，内中就记载了不少宝卷名目。如《巍巍不动太山深根结果宝卷》，该卷最后有罗祖以"俗家"口吻的自述，当为罗祖所著无疑②，此卷最迟为明正德间问世，其

---

① 胡适：《销释真空宝卷跋》，载《国立北平图书馆馆刊》第 5 卷 3 号。

② 罗祖：名罗梦鸿，生于明正统七年，死于明嘉靖七年，享年八十五岁。后被信奉者尊为罗祖。参见《军机处录副奏折》，乾隆四十年（1775）二月廿一日浙江巡抚三宝奏折。

《受持神鬼耳报知人好来知人歹来品二十四》载曰：

> 香山卷　有外道　七分邪宗
>
> 昭连卷　有外道　七分语言
>
> 目连卷　有外道　七分邪宗
>
> 六祖卷　有外道　七分语言
>
> 大乘卷　是宝卷　才是正道
>
> 圆觉经　是正道　都要明心
>
> 金刚经　是正道　能扫万法
>
> 说心经　是一本　都得明心

郑藏本《正信除疑无修证自在宝卷·先天大道本性就是品第十二》中出现了"圆觉宝卷作证"、"金刚宝卷作证"、"香山宝卷作证"、"弥陀宝卷作证"字样。同卷《是名为佛常住不灭无量寿佛布施品第十三》中出现了"圆觉宝卷云"，"圆通宝卷云"字样。《正信除疑无修证自在宝卷》早出于《巍巍不动太山深根结果宝卷》，亦应是明正德年间的作品。这两部宝卷中共提到《香山宝卷》、《昭连宝卷》、《目连宝卷》、《圆觉宝卷》等十部宝卷名目，毫无疑问这些宝卷都产生于明正德以前。而其中《目连宝卷》据郑先生考证应为元末明初作品。

再据日人泽田瑞穗考证，在明嘉靖年间问世的《金瓶梅词话》中已出现《五祖黄梅宝卷》（《金瓶梅词话》第三十九回，《黄氏女宝卷》第七十四回、《五戒禅师宝卷》第七十三回、《红罗宝卷》第八十四回），这些宝卷都是尼姑宣卷的蓝本。我们有理由相信，上述四部宝卷都非当世之作，其产生年代可能很久远，否则当世之作不可能迅速进入《金瓶梅词话》。其中《红罗宝卷》、初刻于金代崇庆元年（1212）就已说明了问题。

再者，国内学者还存有明初宣德五年刻本的《佛说皇极结果宝卷》。而元代刻本的宝卷为其他学者陆续发观。

上述事实不仅再次否定了李世瑜同志明正德年间出现宝卷的说法，而且告诉我们：《佛说杨氏鬼绣红罗化仙哥宝卷》出现在金代，绝不是孤零零的偶然现象。我们可以大胆地预见，在同一时代（或迟或早），应有一批宝卷问世。

二 《佛说杨氏鬼绣红罗化仙哥宝卷》的内容与形式

《红罗宝卷》是一部借口"佛说"的世俗故事，语言生动，情节离奇，它的发现无疑会对金元时代的杂剧、诸宫调等艺术形式的研究产生助力。不仅如此，由于内中贯穿着大量的宗教思想（不仅仅是佛教思想），对我们研究那一时代宗教史的演变也不无补益。因此有必要简单地介绍一下故事情节和这部宝卷的写作形式。

故事情节是这样的：

唐代有一位张员外，他在一次赴宴的过程中，因无子嗣而受冷遇，于是与夫人杨氏到庙中求告三郎爷（大概是"五圣神"中的老三），求其赐子。他们在庙中摆了三牲贡品，并在神像前发愿"普塑圣像"，"彩画雕梁"。是时，上方左金童，因打坏了香炉，被罚到下方。三郎爷就把左金童托化与张家为子。儿子长到三岁，取名化仙哥。但张员外忘记了酬谢三郎爷送子之恩，三郎爷派鬼使摄去了化仙哥真魂。张员外夫妇再次到庙中求告神灵，杨氏许愿，绣一付红罗宝帐，为三郎爷金身遮寒避暑，堵风挡尘。杨氏选了良辰吉日，开始绣红罗宝帐。上面绣了大千世界的森罗万象，诸佛诸祖诸菩萨、玉皇大帝、周天三十三层、太阳、太阴、诸类星宿、三清、天曹、地曹等等。天宫绣罢又绣人间，乃至昆虫世界。总之，"四生六道，佛祖根源，山河大地，果木林川，恒沙世界，彻底周全。"①绣了三年，才得分明。张员外夫妇将红罗宝帐献与三郎爷，却不料引起大郎爷、二郎爷、四郎爷、五郎爷的不满，命鬼使将杨氏魂魄勾到幽冥，再绣四付红罗宝帐，方许还阳。杨氏死后半年，张员外受媒婆康氏哄骗，续弦尤氏，生下一子。为了使亲子日后独霸产业，尤氏背着张员外百般折磨化仙哥，针扎、水烫、下毒，靡术不施。但由于有三郎爷在冥冥中护佑，尤氏均未能得手。后来张员外用银钱干办了一个守备之职，镇守九江口，受到水贼刘洪的攻击，战败，被打入南牢问成死罪。尤氏听到消息，决意

---

① 《佛说杨氏鬼绣红罗化仙哥宝卷·张员外同夫人庙里答谢神明分第四》。

要杀化仙哥，却错杀了自己的亲生子，之后反到县中诬告化仙哥。受了尤氏贿赂的县官，将化仙哥判成死罪。秋决时在法场，三郎爷施法术将化仙哥提至郊野，并嘱咐化仙哥赶快去东京南牢内寻找父亲。他白天讨饭，夜宿破窑，终于赶到东京南牢，见到父亲。为了给父亲送饭，他流落街头，打起莲花落，向人乞讨。当时"唐王天子"，有一位翠微公主在闹市搭起一座彩楼，欲招驸马。化仙哥正从彩楼下经过，恰中彩球，从乞丐一变而成驸马。他进宫向"父王"禀告所受冤屈，其父张员外被释放。大唐天子又命他带兵三千，去捉拿县官、尤氏、康氏及贩卖毒药的四个仇人。与此同时，杨氏在阴间绣完了四付红罗宝帐，还魂回到阳间，与张员外、化仙哥、公主团圆。杨氏劝化仙哥饶恕四个仇人，但这四人因作恶多端，死后下了幽冥，生成畜牲。而化仙哥与父母妻子"四圣归天，真性赶灵山"；"龙华会，再证金身"，完成了大团圆的结局。

《红罗宝卷》的结构分两部分：一为开经和结经部分，分别在宝卷的开头和结尾。一为宝卷的具体情节，内有二十二分，形式上与后来宝卷的"品"相同。这部分内容占据了此卷的主要篇幅。

开结与结经部分由韵文和散文组成，韵文中不涵词曲，由五言和七言交替出现。散文部分则是以白话说经。与后世多数宝卷不同，它没有开经偈、焚香赞、收经偈，形式古朴，语言简洁。但由于是向世俗男妇讲经说法，维护讲堂秩序和引人视听，必要的交待还不可免。

在宝卷开始部分有如下一段：

> 《红罗宝卷》，法界来临，菩萨转凡下天宫，因为小儿童不得安宁、子母两分离。
> 南无救苦难菩萨摩诃萨　众和三声

这段文字不但交待了菩萨"临凡"的因由，而且在"众和三声，僧俗共念菩萨法号"之后，造成了一种浓重的宗教气氛。

开经部分的正文是奉劝世人皈依佛法，以及《红罗宝卷》是受佛指示，具有甚深法力等内容：

无上甚深微妙法，百千万劫难遭遇。

我今见闻得授持，愿解如来真实意。

红罗宝卷才展开，诸佛菩萨降临来。

龙天八部尊如塔，保佑大众永无灾。

这种大力渲染宝卷作用的韵文，被后世宝卷保留了下来，几乎成为每部宝卷的套语，形成开经偈言及焚香赞等形式。

在韵文之中间有散文，宣卷的僧尼借"三世诸佛，诸天菩萨"的口吻，劝奉世俗人等要明白，生来死去"尽是诸佛本源，山河大地是菩萨法身"。因此不要"颠倒胡行，不信正法，失落根源"，以至"响失真元，家乡难认，追悔无因"，堕入轮回，落得个"死后不免见阎君"的下场。

开经部分，把宣卷人的目的交待得一清二楚。

结经部分与开经部分相互照应，浑然一体。开经部分指出"佛说"的真谛，结经部分则对所述故事加以总结，以印证"佛说"不虚，得出信佛者升天堂，逆佛作恶者"累劫坠落灵光"的结论。

在结经部分还提到一部《南无一乘宗无量意真空妙有如来救苦经》。从题目上看此经并非印度传经，而是中国僧侣自撰"伪经"。我怀疑开经、结经部分的宗教说词可能受到此经的影响。

《红罗宝卷》的第二部分是正文。也是由韵文和散文组成。韵文部分包括词、曲、五言、七言、十言韵文。其中以三、三、四字形式组成的十言韵文，构成了这一部分的主体。正文分共二十二分，每分第一段或为一词，或为一曲，个别处还有两词或两曲者。下面我们介绍目录及相关的词、曲牌名。

《大唐王执掌天下分第一》　　上小楼

《张员外同杨氏求儿孙分第二》　　浪淘沙

《左金童托化张员外家分第三》　　绵搭絮

《张员外同夫人庙里答谢神明分第四》　　一江风

《杨氏夫人绣红罗宝帐分第五》　　山坡羊

《杨氏绣龙宫海藏分第六》　　傍妆台

《员外领定夫人儿童献供红罗宝帐分第七》　　浪淘沙

《杨氏夫人在阴间烦恼分第八》　　山坡羊

《康氏与员外说媒分第九》　　山坡羊

《化仙哥想娘分第十》　　哭五更

《尤氏嫁张员外分第十一》　　山坡羊

《员外打尤氏不良之妇分第十二》　　绵搭絮

《尤氏滚锅陷害小儿童分第十三》　　山坡羊

《员外来家尤氏撇过分第十四》　　一封书

《尤氏将毒药摆化仙哥分第十五》　　傍妆台

《尤氏错杀儿子反去告状分第十六》　　山坡羊

《秋后出决要杀化仙哥分第十七》　　驻云飞

《化仙哥在破窑中想耶娘分第十八》　　哭五更

《化仙哥到监父子相见分第十九》　　山坡羊

《化仙哥打莲花落化饭救父分第二十》　　红绣鞋

《化仙哥做驸马救父出狱分第二十一》　　傍妆台

《员外夫人公主驸马四人团圆分第二十二》　　山坡羊

上述每一分都包含一段故事情节，并以词或曲开头。全卷词、曲牌名共计出现十一种，其中一半被重复使用。词、曲为卷中演唱部分，其作用是把本分内容作梗概提示，引出故事具体情节。而演唱形式本身则引人入胜，提高听宣卷者的兴趣。如《大唐王执掌天下分第一》的曲牌是《上小楼》：

> 红罗卷诸佛所留，衲子使碎心结集成就。张员外子母们历难无尽无休，左金童生下来遭害，神灵答（搭）救，诸佛在人间四生转谁能参透。

又如《张员外同杨氏求儿分第二》，词牌是《浪淘沙》：

> 杨氏共商量，又许猪羊，耶耶感应降儿郎，普塑圣像重修盖，彩画雕梁。

在词或曲之后是一段"白文"，一般为一、二百字，用来交待本分故事原委。这一段无疑是说的部分。

白文之后，是大段三、三、四格局的十言韵文。这种韵文不但构成了《红罗宝卷》的主体，而且构成了这类宝卷独具特色的语言形式。还是以第一分为例：

> 张员外　　到家中　　心中烦恼，
> 痛伤情　　好恓惶　　雨泪纷纷，
> 有家财　　有儿女　　众人恭敬。
> 有钱财　　无儿女　　总不如人。
> ……
> 有灾难　　病着床　　谁知疼痛，
> 满家眷　　百十口　　视如他人。
> 起五更　　睡半夜　　放钱讨帐，
> 一口气　　不来了　　囫的一声。
> ……

这类十言韵文部分地重复了"白文"中所叙述的故事情节，更主要的是着意刻划了人物的内心世界，这样就加深了听宣卷者的印象，引起了他们的共鸣。至于十言韵文是以吟诵、说白还是演唱的形式表达出来的，有必要作进一步的探讨。

在十言韵文之后，还有一小段不标词、曲牌名的词曲，无疑又是以唱的形式表达的。

每分最后是五言韵文四句，作结束语。如第一分是这样的：

> 杨氏最聪明，发愿求儿孙。员外虔心至，天降左金童。

这四句韵文在内容上有承上启下的作用，主要为了引起下一分。四句五言韵文显然不是唱出的，而是清清楚楚地吟诵出来的。

这样，《红罗宝卷》中的二十二分就以同样的形式，不同的内容，一段、一段地排演下去，在边讲边唱的过程中形成了生动的故事整体。

三　从《红罗宝卷》看宝卷渊源

在我国研究宝卷的人很少，而关于它的来历，学者更少问津，仅郑振铎先生在《中国俗文学史》中有所涉及。金代初刻、元初再刻之《红罗宝卷》的发现，有助于我们对这一问题的深入研究。

关于宝卷的来历，郑先生说：

> 当"变文"在宋初被禁令所消灭时，供佛的庙宇再不能够讲唱故事了。但民间是喜爱这种讲唱的故事的。于是在瓦子里便有人模拟着和尚们的讲唱文学，而有所谓"诸宫调"、"小说"、"讲史"等等的讲唱的东西出现。但和尚们也不甘示弱。大约在过了一些时候，和尚们讲唱故事的禁令较宽了吧（但在庙宇里还是不能开讲）于是和尚们也便出现于瓦子的讲唱场中了。这时有所谓"说经"的，有所谓"说诨经"的，有所谓"说参请"的，均是佛门弟子们为之。①

接着，郑先生指出："所谓'谈经'等等，当然便是讲唱'变文'的变相。可惜宋代的这些作品，今均未见只字，无从引证，然后来的'宝卷'，实即'变文'的嫡派子孙，也当即'谈经'等的别名。"② 上述的观点很清楚：变文亡于宋初，其变相是混迹于瓦子讲唱场中和尚们所演说的谈经一类的东西。而谈经又是宝卷的别名。谈经等本质就是宝卷。而李世瑜同志则认为宝卷是"说经"的子孙，而不是别称。郑、李二人谁是谁非，无从考核，因为谁也没有拿出任何一条史料证明"说经"与宝卷是等同关系，还是"父子"关系。但是不仅变文，还有唐、五代的讲经文与宝卷的关系却是清清楚楚的。由于为数众多宝卷的发现，我们可以得出更加肯定的结论。下面我们把部分变文、讲经文名目与宝卷名目加以对照：

---

① 郑振铎：《中国俗文学史》下册。
② 同上。

《目连变文》→《目连救母出离地狱升天宝卷》（简称《目连宝卷》）。

《太子成道变文》→《太子宝卷》。

《孟姜女变文》→《孟姜女宝卷》。

《董永变文》→《董永卖身宝卷》、《董永孝子宝卷》

《降魔变文》→《伏魔宝卷》。

《破魔变文》→《伏魔宝卷》。

《地狱变文》→《明证地狱宝卷》。

《金刚般若波罗蜜经讲经文》→《金刚宝卷》。

《佛说阿弥陀经讲经文》→《佛说弥陀宝卷》。

《佛说观弥勒菩萨上生兜率天经讲经文》→《佛说弥勒下生三度王通宝卷》、《大圣弥勒化度宝卷》、《弥勒古佛救劫篇》（宝卷类）、《布袋真经》（宝卷类）……

《唐太宗入冥记》→《唐王游地府李翠莲还魂宝卷》、《李翠莲宝卷》。上述变文、讲经文与宝卷不仅名目相仿，而且不少内容一致。其中有些宝卷发展了变文或讲经文的故事情节，或改头换面，但因袭的痕迹处处可见。

在唐代，变文和讲经文影响很大。讲经文与带有宗教色彩的变文是僧侣宣传宗教思想的工具，深受各阶层人民的喜爱。变文和讲经文这种艺术形式也影响至民间，一些民间艺人也讲唱变文或接受了讲经文的熏染，并对其声调加以改造，以成歌曲。据《因活录》记载：

> 有文淑僧者，公为聚众谭说，假托经论。所言无非淫秽鄙亵之事。不逞之徒，转相鼓扇扶树，愚夫治妇乐闻其说，听者填咽寺舍，瞻礼崇奉，呼为和尚。教坊效其声调以为歌曲。[①]

这段史料，足证唐代俗讲之盛，以及俗讲这种艺术形式流入民间情状。唐、五代、两宋、金、元数百年间，各种通俗讲唱艺术就是沿着两个渠道向前发展的：一个渠道在佛教、道教领域，讲经女、部分带有宗教色彩的

---

① （唐）赵璘：《因话录》卷四。

变文、道情、宝卷就是在这个领域里发展起来的。另一个渠道在民间，词、曲、诸宫调、杂剧等等主要是在这个领域里发展起来的。而这两个领域又互相影响，互相补充，最终形成了蔚为大观的中国通俗文学艺术，构成了文学艺术史的重要方面。正是这些通俗的文学艺术又滋养了一大批不朽的文学艺术杰作。宝卷的产生无疑曾为之作出过贡献。

宝卷问世之初，也是僧侣在寺院中"俗讲"的蓝本。在地主阶级知识分子的眼中，所言也"无非淫秽鄙亵之事"。最早问世的《红罗宝卷》便是明证。此卷不仅是"衲子使碎心结集成就"，而且是知识阶级不愿与闻，"愚夫冶妇乐闻其说"的东西。内中讲的是"市井小民"的悲欢离合，以及符合这类人心理的大团圆结局。僧侣们为了现实的经济利益，尽量揣摩其好恶，乘机贩买其说：

> 衲子分明度万缘，佛保天差在人间。
> 在世口口说不尽，分明指示到中天。

从金到元，从元到明，不少寺院的僧侣便世世代代以宣卷为生涯。到明嘉靖年间，一部《金瓶梅词话》竟有多处大段描写尼姑到西门庆家为其妻妾吴月娘、李瓶儿等人宣讲宝卷的情节。其中八十二回记录的《红罗宝卷》，到明嘉靖年间已被僧尼宣讲了三百多年。不仅宣讲于寺院，而且进入有钱人家的深宅大院，其影响之巨，可想而知。

不仅如此，在形式上变文、讲经文与宝卷也有相似之处：变文、讲经文多为散、韵相间，讲唱相兼。宝卷亦如是。

上述说明，进一步论证了郑振铎先生宝卷来自变文的观点。但是郑先生在论述过程中也有一些明显错误。

其一，他把讲经文包涵在变文之中。其实两者虽有相同之处，却又不是一种东西。关于这一点，此处不拟多谈。

其二，变文消亡的年代并不在北宋初年，其消亡也绝非官方一纸禁令能奏效的。据《佛祖统纪》记载：

> 良诸曰：准国朝法令，诸以二宗经及非藏经所载不据经文传习惑

众者，以左道论罪。……不根经文者，谓《佛佛吐恋师》、《佛说啼泪》、大小《明王出世经》、《开元括地变文》，《齐天论》、《五来子曲》之类。①

良诸为南宋理宗时人（1225—1264），是时变文尚流传，而宝卷这种形式已经出现（《红罗宝卷》初刻于1212年）。变文与宝卷曾并行于世。由此可见，所谓变文消亡了宝卷才出现的观点是不能成立的。事实只能是这样：变文乃至讲经文之所以消亡，是有更通俗、更流行的说唱形式——宝卷、鼓子词、诸宫调的问世。唐代盛行的变文、讲经文不能满足宋、金时代群众的口味，也就不能不退出历史舞台。如果我们把《红罗宝卷》与变文、讲经文加以比较，就不难明白两者兴衰趋势的必然性了。

其三，郑先生认为变文在宋初遭禁后，僧侣们不能在庙宇里宣讲，从而进入瓦子，形成了"说经"——宝卷的。这种论述有其合理成份，但问题是，和尚们既然能在热闹的瓦子讲唱场中招摇过市，抛头露角，"说诨经"、"说参请"，为何不能在冷僻的寺庙中为人宣卷？事实是《红罗宝卷》一类宝卷也是一种俗讲蓝本，它的出现固然受到多种民间艺术的影响，但它赖以存在和发展的最初阵地是寺庙。众所周知，僧尼是以寺庵为家，而瓦子是民间艺人的栖身之地。元代至元二十七年，金陵圆觉庵僧众募化集资重刻《红罗宝卷》，为上述观点提出了有力佐证。显然，宝卷的出现是适应了佛教进一步世俗化这个社会内容的。

其四，郑先生说："'宝卷'的结构与'变文'无殊"②。这种说法不全面。诚然，宝卷与变文有甚多相似之处，但结构又有很多不同。

（1）变文或讲经文多为一气呵成，而大多数宝卷不仅有清楚的段落结构，而且出现品或分的名目。例如，最早出现的《红罗宝卷》就有二十二分。一般宝卷无论是宣扬宗教教义，还是通过世俗故事宣扬宗教思想，都尽量敷衍成长篇文字。而篇幅过长，情节复杂，是一次、两次宣讲不完的，要分多次宣讲。因此采取了佛经分品、分的办法。

---

① （元）志磐：《佛祖统纪》卷三十九。
② 郑振铎：《中国俗文学史》下册。

（2）变文，讲经文没有词、曲的形式，其中三言、五言、七言韵文为演唱部分。而多数宝卷则是词、曲并用，放在开头或结尾处，作为一分或一品的引子或结束。本文第二节在介绍《红罗宝卷》时已作说明。很明显，变文产生于唐代，词、曲刚产生不久，还没有被吸收到变文、讲经文这种艺术形式之中。而宝卷则产生在南宋、金、元时代。词已经成为广泛流行的成熟的艺术形式，散曲也进入戏剧，构成了它的重要组成部分，而引起社会各阶层人氏的普遍重视。词、曲正是在这样的历史环境中走进宝卷，而最初一批宝卷的出现又必然对同时期戏剧等艺术产生影响。《红罗宝卷》金元版本的发现，为我们研究那一时代戏剧、词曲提供了珍贵的新资料。

（3）变文的韵文部分主要由七言组成，间有三言、五言、六言韵文。唐代，七言诗不仅成熟，而且被诗人应用到炉火纯青的地步。其影响及于变文、讲经文是不足为怪的。

宝卷的韵文部分除去词、曲外主要由三、三、四字结构的十言韵文组成，间有五言、七言韵文。十言韵文本质也是一种长短句。它的出现既受到唐曲的影响，又反映了宋、元时代的艺术特点。据现有资料而言，最早采用十言韵文的宝卷即《红罗宝卷》。

对构成宝卷主题和特色的十言韵文，我们准备多说几句。因为对它的探讨也是对宝卷本身的探讨。

三、三、四字结构的十言韵文是从哪里来的呢？我在翻阅了任二北先生的《敦煌曲校录》等资料以后，有了一种粗浅的见解。

在《敦煌曲校录》第一《普通杂曲》中，我们发现了三、三、七字组成的曲调——《渔歌子》：

> 睹颜多，思梦误。花枝一见恨无路。声哽噎，泪如雨。见便不能移步。五陵儿，恋娇态女，莫阻两情从过与。畅平生，两风醋。若得丘山不负。①

而在该书第二《定格联章》中，上述形式似乎被固定下来。如《五更转》

---

① 任二北：《敦煌曲校录》，第28页。

中《南宗赞》云：

> 一更长，如来智慧化中藏。不知自身本是佛，无明障蔽自慌忙。
> 了五蕴，体皆亡。灭六识，不相当。行住坐卧常注意，则知四大是
> 佛堂。
> 一更长，二更长，有为功德尽无常。世间造作应不久，无为法会
> 体皆亡。人圣位，坐金刚。诸佛国，遍十方。但知十方原贯一，决定
> 得入于佛行。①

这种《五更转》不仅在结构上与后世宝卷的三、三、四字十言韵文相
近，而且被应用在宝卷之中。如《红罗宝卷》就两次出现《哭五更》
曲牌：

> 一更里，好孤恓，儿想亲娘泪双垂。几时绣了放回归，子母才得
> 团圆会。我的佛呵，子母才得团圆会。
> 二更里，哭哮啕，儿想亲娘睡不着。连叫亲娘两三遭。闪杀儿，
> 无着落。我的佛呵，闪杀儿，无着落。②

从上面的对比中，人们已经可以确定宝卷曾受到唐曲的巨大影响。

但只有在唐宋《大曲》中，我们才真正发现三、三、四字的十言韵
文。如《苏莫遮》：

> 大圣堂。非凡地。左右盘龙。……
> 面慈悲。心欢喜。西国神僧。……《第一》。
> 上东台。过北斗。望见扶桑。……
> 吉祥鸣。师子吼。闻者狐疑。……《第二》。
> 上北台。登险道。石径峻嶒。……

---

① 任二北：《敦煌曲校录》，第 123 页。
② 《佛说杨氏鬼绣红罗化仙哥宝卷·化仙哥想娘分第十》。

骆驼崖。风袅袅。来往巡游。……《第三》。①

但是，大曲中的《苏莫遮》也是三、四、五、六言并用。并不像后世宝卷中连续不断地出现三、三、四结构的十言韵文。且用语不十分通俗。然而宝卷中的十言韵文从类似《苏莫遮》等曲子中脱胎的痕迹已经可以清楚地看出。

什么时候，在什么艺术形式中，类似宝卷中的十言韵文出现于世，并连续应用，现在还无法断定。这种十言韵文是怎样地进入宝卷，也还要进行深入研究。但有一点可以肯定，在封建文人占据的文学领域，很少发现十言韵文，我们必须到民间艺术的行列中去发现它的"直系亲属"。

通过上述说明，我们不难得出这样的结论：宝卷源于变文、讲经文，但在其产生的过程中又受初唐、宋词曲，乃至其他尚未探明的艺术形式的影响，它是以变文、讲经文为主的多种艺术形式综合孕育的产物，也是佛教进一步世俗化的产物。

四 《红罗宝卷》所包含的宗教思想

《红罗宝卷》金、元版本的发现，不仅使研究者得以确定宝卷发端的年代，深入认识这种艺术形式的来龙去脉，而且使我们对初期宝卷可能包含的宗教思想有一个大致的了解。

（一）服务于佛教宣传的三教合一思想

《红罗宝卷》是僧侣的作品，作为佛教的通俗宣传物，其落脚点当然是为了弘扬佛法。但是经过北宋，以迄金、元，以包融释、道思想为特征的理学的出现，以圆融三教为根本的全真道的发生与兴盛，都不能不影响及佛教本身的"纯洁"。儒、道挤入佛教的阵地，特别对以世俗说法为本的一些佛教教团产生了深远的影响。这一点已明显地反映在《红罗宝卷》之中。

---

① 任二北：《敦煌曲校录》，第181—182页。

《红罗宝卷》的开经、结经部分，几乎全部为佛教说词。这反映了写卷者、宣卷者的出发点和归宿。但是这类佛教宣传家，并不如名寺古刹的"高僧"那样板起面孔，森森然地说教。其手段要灵活地多。在《红罗宝卷》的故事部分，既有对佛祖菩萨的崇拜，又有对道教神仙圣灵的顶礼，同时在离奇曲折、带有人情味的情节中，自然而然地掺杂了儒家的纲常伦理。如《张员外同夫人庙里答谢神明分第四》云：

> 绣大千　及大千　森罗万像，
> 绣玉皇　张大帝　执掌天官。
> 绣灵山　大聚会　人天百万，
> 绣古佛　掌三教　千佛牒文。
> ……
> 绣文殊　菩萨降　真光化现，
> 绣普贤　生圣水　万古流通。
> 绣三微　和四渎　二十八宿，
> 绣三清　十一曜　十二官辰。
> ……

杨氏为了救护受难的儿子化仙哥，在还愿时几乎把所知闻的佛、道神明全部绣上了红罗宝帐，以示虔诚。这说明了那时中国的普通老百姓大都是多神的信仰者。生活苦难、命运多舛，使他们不得不把精神寄托在各类神明身上，在重重宗教偶像的威压之下，小心翼翼地生存着。《红罗宝卷》的作者正是抓住了信仰者这种软弱心理，挂出了一道近百名的"封神榜"，既投合了群众的口味，又造成了浓重的宗教气氛，一次次地赢得了俘虏和牺牲。

儒家的纲常伦理则属于另一种情况，它融汇于日常生计，渗入了封建社会的世道人心。宣卷的僧侣们十分明白，绝大多数人决不会抛妻弃子，以及人人奉之为规矩的纲常名教，而出离"尘世"，皈依"佛国"的。世俗化了的佛教的特点正在于把佛教教义与父慈子孝、兄友弟恭、宗族敦笃、乡邻和睦等等信条调和在一起，作为"佛说"的真谛，信佛者，家庭幸福，人丁兴旺，福禄皆备；不信佛者，则堕入地狱，百万千劫，不得解脱。从这个角度，我们就明白了，为什么自诩清净无为的衲子们兴致勃勃地编造一部部人间悲欢离合的故事，而且那样崇尚其中表现出来的忠孝节义的精神。一句话，是为佛所用。

以佛为主，兼扬儒、道，是《红罗宝卷》的思想特点之一。编卷或宣卷的僧侣们在利用儒、道，以弘扬佛法的时候，并没有意识到：三教融汇，也意味着三教都在逐渐泯灭着自己的特点。佛教世俗化固然赢得了广泛的信仰，却不可避免地远离了固有的教义，在思想上为民间宗教的兴起开辟了道路。明代以后，民间宗教不但广泛地利用了三教合一思想，而且公然地把宝卷作为宣扬教义的工具，擎在手中。

（二）《红罗宝卷》包含的民间信仰思想萌芽

发现《红罗宝卷》金元版本的另一个重大意义，是使人们对明清时代弥漫在民间宗教世界的"真空家乡"、"无生老母"观念的来历有了全新的认识。

清代嘉庆十八年，天理教起义前夕，华北大平原的教徒们曾高呼过这样的口号："真空家乡，无生父母，现在如来，弥勒我祖"，以及"我祖速至"的口号。"真空家乡"即彼岸，"无生老母"则是无数底层群众日思夜慕的最高崇拜偶像。

对"真空家乡，无生老母"或"真空家乡，无生父母"所谓八字真言，李世瑜和喻松青同志都作过探讨。李世瑜认为：

> 无生老母的崇拜是起于明末的，无生老母是秘密宗教的中心崇拜，宝卷是秘密宗教的经典，所以宝卷也是起于明末的。①

并把无生老母的崇拜作为宝卷产生的先决条件，可见这种崇拜曾被研究者放到了何等重要的位置。喻松青继而对此作了研究：

> "真空家乡，无生老母"最早见于《苦功悟道卷》和《巍巍不动

---

① 李世瑜：《宝卷新研》，载《文学遗产增刊》第四辑，1957年。

泰山深根结果卷》，它们说："单念四字，阿弥陀佛，念得慢了，又怕彼国天上，无生父母，不得听闻"，"这里死，那里生，那里死，这里生，叫做流浪家乡。生死受苦无尽。既得高登本份家乡，永无生死。"这就是有关"真空家乡，无生老母"信仰来源的最早文字记述。①

对于上述两同志的观点，特别是喻松青同志关于"八字真言"最初来自罗教经典的看法笔者曾经采纳过。在没有更新史料发现以前，持上述观点，似无可厚非。

但是《红罗宝卷》金元版本的发现，彻底打破了上述观点，使人们对这一问题的认识耳目一新，在《红罗宝卷》中曾三次出现有关"家乡"或"无生老母"观念的记录。开经部分云：

> 奉劝男女，为人寿命，如电光石火之速，莫得迟延，急早修持。……大地男女，已不知生来死去，是佛本源，响失真元，家乡难认，追悔无因。

《杨氏夫人绣红罗宝账分第五》云：

> 杨氏夫人绣天宫森罗万相，普天星斗，周天缠度，过去未来，三世诸佛。绣的灵山会上佛祖、佛母、无生老母。自从失散，不得见面，时时盼大地男女，早早归家。怕的是三灾临至，坠落灵光。八十一劫，永不见娘生面。

结经部分云：

> 经声朗朗，上彻天堂，下透幽冥地府。念佛者，出离三途地狱；作恶者，累劫堕落灵光；得悟者，诸佛引路，光明照彻十方。东西下，回光返照，南北处，亲到家乡。证无生，漂舟到岸；小婴儿，得

---

① 喻松青：《明清时代民间的宗教信仰和秘密结社》，载《清史研究集》第一辑。

见亲娘；入母胎，三灾不怕；赴龙华，八十一劫，永远安康。

上述三段，词意十分清楚，已经包含了明清时代"八字真言"的基本含义。也就是说，这部宝卷的发现，同样把"无生老母"以及回归"家乡"的观念提早了整整三个世纪，毫无疑问，也再次否定了有了"无生老母"崇拜，才有宝卷问世的观点。

至于"真空家乡，无生老母"八字真言源流的考订，以及社会意义的判定，已非本文所能容纳，拟另具文论述。

（原载《世界宗教研究》1986 年第 2 期）

清乾嘉时期八卦教案考

整个清代，民间宗教活动遍布宇内，教派不下数百种。乾、嘉两朝屡办"邪教"案，给后人留下了浩如烟海的有关档案。与诸类民间教门相比，八卦教案最具有典型性和连续性。本文拟择其中三次案件，作为探索这个神秘王国的再次尝试。

一 乾隆三十七年刘省过清水教"逆案"

清康熙初年，刘佐臣在山东省单县创立了八卦教。创教之始，教名是五荤道，又叫收元教。当局将这两个教名混而为一，叫五荤道收元教。据乾隆五十一年闰七月二十四日王大臣永琅等奏折记载："山东单县人刘佐臣于康熙初年倡立五荤道收元教，编造《五女传道》等邪书，分八卦收徒敛钱。刘佐臣物故后，伊子刘如汉，伊孙刘恪踵行此教。刘省过系刘恪之子，接充教首，于乾隆三十六年河南邪教案内发觉，经原任山东巡抚徐绩查拿具奏，将刘省过问拟凌迟，伊长子刘铨问拟斩决，其年未及岁之刘把等分给功臣为奴。嗣经奉旨，刘省过改为斩决，刘铨改为斩监侯。至四十八年秋审刘铨实情十次，改为缓决，监禁在案。"① 这段奏折，将刘佐臣创教及子孙传承的来龙去脉交待得十分清楚，它包含着丰富的内容。

从康熙初年刘姓创教，到乾隆三十七年刘姓第四代教权接续者刘省过"犯案"前，清朝当局三次触及到这个教门的统治中枢。但都因偶然原因，使教首刘姓家族侥幸漏网。

第一次在康熙四十五年，刘佐臣长子、第二代教首刘如汉（亦称"刘

---

① 《朱批奏折》，乾隆五十一年闰七月二十四日永琅等奏折。

儒汉")被刘本元首告邪教,拿问审讯,但因证据不足,被无罪开释。不久,刘如汉以捐纳选授山西省荣河县知县,当了清政权的地方官。①

第二次在康熙五十七年。康熙五十六年九月,河南、山东出现了一次白莲教"叛案"。白莲教徒,生员李雪臣、李义山,监生曹锡等人要"聚众杀官"。被河南兰阳县知县冉介异派人"密行围拿",审讯后,"立毙杖下"②。"审据李雪臣等供出,有赵勋公一名,是山东单县人,……又供出袁进一名,系曹州人,……乃白莲教印符帖为首之人"③。袁进又扳供出刘佐臣,"奉文查拿刘佐臣早已病故。查伊子孙并无行教情事,题结在案"④。但其子知县刘如汉、候选教谕刘如清"系邪教之子,俱行革职"⑤。

第三次在乾隆十三年三月。山西省巡抚准泰、河南巡抚硕色,共奉上谕查办山西定襄县民人韩德荣倡立收元教一案。韩德荣供出其师父,教首刘如汉。山东巡抚又奉乾隆谕旨,于同年三月十二月在单县拿获刘如汉之子刘恪,押解山西。审明刘如汉已于乾隆元年物故,有丁忧文结可据,而刘恪"并未踵行邪教",递解回籍。⑥

以上三次,或因证据不足,或因本犯病故,都没有使刘姓家族受到严重打击。

在近一个世纪的历史进程中,八卦教的内幕无人知晓。这个内部结构十分隐秘的教团在底层潜行默运,至乾隆中叶已经形成一个势力遍及山东、河南、直隶,波及山西、江苏及至陕甘等省份的庞大的地下秘密宗教王国。从其教者成千累百,教内组织盘根错节,形成了势不可解之势。这种状况直至乾隆三十七年刘省过清水教案发后,才为当局窥知一二。

乾隆三十七年二月,山东濮州小长治村人李孟炳等人携带"邪书"至河南临颍县一带传教,为当局查获。办案者在教徒河南临颍县人谌梅家搜得一部《训书》。并究出教首山东濮州沙土集王中及李孟炳兄弟李孟醇。

① 《朱批奏折》,乾隆十三年三月二十三日阿里衮奏折。
② 《朱批奏折》,康熙五十六年十月十一日山东巡抚李树德奏折。
③ 《朱批奏折》,康熙五十六年十一月二日山东巡抚李树德奏折。
④ 《朱批奏折》,乾隆三十七年五月十二日山东按察使国泰奏折。
⑤ 《朱批奏折》,乾隆十三年六月初三日山西巡抚准泰奏折。
⑥ 《史料旬刊》第30期《韩德荣倡立邪教案》。

同村教徒龙居泾等人。事情发露后，乾隆帝谕军机大臣等"飞咨直隶、山东两省查拿。"三月初，王中被获，河南巡抚何焴随即将李孟炳、谌梅等人传授的"邪书"上呈御览。不知是何焴糊涂，还是故作糊涂，竟未看出书中"悖逆情事"。还是乾隆于事敏锐，发现了问题："朕……及阅谌梅家搜出王中所传逆书内有'平明不出周刘户，进在戊辰己巳年'之句。朕阅平明之明左旁日字有补改痕迹，细察笔法，系胡字迁就改易而成，其为大逆显然。即后叶'也学太公渭水事，一钩周朝八百秋'二语，亦俨然有自居太公与周之意，不可不彻底严究，以申国法。"① 此处乾隆确非深文周纳，陷人于文字狱。这本"邪书"的确暗藏反清内容。对此，王中当然不会承认。从下段御批中可以看出当时审讯王中的情景："至山东审拟编书之王中即王忠玉一犯，此人甚鬼诈，不可不设法严究。前经徐绩查讯，以平明为天明时运气流转，太公及八百秋，为行善可如太公有寿……。王中所供皆系捏饰。"②

王中是此案中最有骨气者，没有吐露丝毫真情，于四月十五日卯时被绞死。而四月十三日乾隆帝还下谕命严审王中。四月十四日未刻，军机处咨文，令将王中缓刑，但为时已晚。

王中之死，并未使案情就此止步。王中死后不久，教徒龙居泾等就供认了"王中原本及递抄各书，俱系平胡字样。前以河南抄送书内改为明字，王中籍端狡饰，是以随同附合"③。这样就证实了乾隆帝判断的正确，也就更坚定了他把此案搞到底的决心。在乾隆帝的严谕下，河南、山东当局分头同时审理此案，并互通案情，使此案的办理向纵深发展。据乾隆三十七年五月三日河南巡抚何焴奏折记载："臣随督同司道各官悉心推究，将李孟钠再三研鞫。据供：乾隆三十五年八月，小的与同教张勤说起兴教的人，张勤说王中还有老教主刘姓，住山东曹州府单县东门城里。刘姓是个监生，祖上做过官的人，皆称为山上主儿。家中现在行教，又有先天、中天、后天称呼。王中是其分支行教的人。……又听得刘家门户甚体面，

---

① 上谕档，乾隆三十七年四月十三日上谕。
② 同上。
③ 《朱批奏折》，乾隆三十七年五月三日河南巡抚何焴奏折。

只有王中与他往来，……刘姓是大教主"①。

五月六日，山东巡抚接准河南巡抚咨会，以河南案情为线索，迫使王中之徒王振等招供："王中系单县监生刘宗礼之徒，惟王中能入老教主之家，余人不能与老教主见面。"② 这样此案的审理就触及了八卦教的核心，确证了教首为单县人刘宗礼。

五月六日，山东巡抚委派按察使国泰亲往单县主办此案。五月九日国泰至山东济宁府，十日获报在宁阳县枣庄地方、邹县杨树林地方分别拿获八卦教重要头目孔万林及其弟子秦舒。署单县知县史国辅则禀报拿获老教首刘宗礼。刘宗礼供名刘省过，不是监生，而是捐纳县丞。五月十一日国泰抵单县，先调历次有关案件卷宗。次日亲赴刘省过家中全面搜查，于卧房西屋三间地下"刨有大小瓶罐二十七个，皆贮银两，兼有散埋土中者，……共计一万二千四百二十七两，又有金子一小锭，计二两五钱。"③

这么一笔巨大的款项是从哪里来的呢，据刘省过供称："内中多有伊祖、父传教、徒弟、徒孙等陆续帮助，逐年积累，致有此数。……惟供出河南商邱部大弟兄，并虞城县人陈圣仪、贾茂林、王继圣，山东历城县人崔柏瑞、章邱县人李大顺、潘筠、荣成县人张柏及已正法之王中兄弟，并现获之孔万林、秦舒等，皆伊祖、父教中支派，内多有送银之人。"④

五月十五日，国泰向巡抚徐绩禀报。五月十六日，徐绩再次向乾隆帝奏报："臣查刘省过等祖孙相继传教，得受夥党馈送，坐拥多资，必另有邪逆不法书物，足以煽惑人心。……讯据王瑶等供称，刘姓家道殷实，闻有田庄数处，地数十顷。臣思该犯现银多至万余金，庄田富有，自必均系传教所得，其徒党之众更不待言。"⑤

从五月十六日和五月十九日国泰的两份奏折可以看出，当局主要关注两个问题：一个是八卦教的内部结构，一个是八卦教的教义思想，即传播了哪些"邪书"。

① 《朱批奏折》，乾隆三十七年五月三日河南巡抚何煟奏折。
② 《朱批奏折》，乾隆三十七年五月六日山东巡抚徐绩奏折。
③ 《朱批奏折》，乾隆三十七年五月十二日山东按察使国泰奏折。
④ 同上。
⑤ 《朱批奏折》，乾隆三十七年五月十六日山东徐绩奏折。

对八卦教的组织结构，刘省过供称："伊曾祖刘佐臣兴教时，伊尚未生长。止闻得伊祖刘如汉传教时，所收之徒分八卦，每卦以一人为卦长，二人为左干右支，以下俱为散徒。每卦各自收徒，所收之徒，各出银钱送于卦长，卦长汇送于教主，多寡随便。当时因八卦不能齐全，有以一人而兼两卦者。"① 从各种史料来看，此案主要挖出三个卦长：离卦长河南商邱邸氏兄弟；震卦长山东菏泽王中；坎卦长直隶容城县张柏，及其大弟子山东邹县人孔万林。关于离、震两卦案情十分复杂，不拟在本文中涉及。

关于传教"邪书"，刘省过供称："伊曾祖刘佐臣所传《五女传道书》、《禀圣如来锦囊》、《神仙论》、《八卦图》及《六甲天元》等抄本旧书，俱传授于山西人韩德荣，……伊父犯事之后，又将存本尽行烧毁，现实无存留……。"② 刘省过的这段供词当然不可信。因为传教书本乃是"道脉"所系，绝不可能"尽行烧毁"的。

在同一奏折中记录着孔万林等人的供词。孔万林供出其兄孔兴已藏有《五女传道书》，于是国泰命令署邹县知县搜查。结果搜得寻常道教书本、《五女传道书》一本以及无名"邪书"一本。据国泰奏报："内《五女传道书》虽系邪说，尚无悖逆字句；其无名邪书内有走肖、木易、卯金刀、来争战等句，较之王中逆词周刘等字，尤为悖逆。此外尚有贼星八斗，火焚幽燕，及朝廷离幽燕，建康城里排筵宴等句，亦皆悖逆之极。"③

这本"邪书"的发现，进一步加重了"案犯"的罪情。此案于乾隆三十七年八月九日结案。教首刘省过原拟凌迟，"从宽改为斩立决。至刘省过之弟刘省愆、并其长子刘铨，法司均照大逆，遂坐以斩决。今思刘省愆、刘铨究系缘坐，……从宽改为应斩监候，秋后处决"④。当年秋审后刘省愆处斩，刘铨即刘大洪依然判斩监候，关在单县监狱。刘省过二子刘二洪，当时不在家中，逃到河南。刘省过之妻李氏并其子刘把（刘三洪）、刘永庆、刘五子及刘铨妻黄氏与儿子六人解赴北京，分配给功臣为奴。李氏与刘省过四子、五子分给副都统果昇阿为奴，住东城帽儿胡同。刘三洪

---

① 《朱批奏折》，乾隆三十七年五月十六日山东按察使国泰奏折。
② 同上。
③ 《朱批奏折》，乾隆三十七年五月十九日山东按察使国泰奏折。
④ 上谕档，乾隆三十七年八月九日上谕。

分给伯鄂岳家为奴，住西城帅府胡同。刘铨妻黄氏及幼子分给公复兴家为奴。而刘姓其他近亲多发配新疆种地为生。在此之前，王中兄弟、郜氏三兄弟或绞或斩，已死多时。坎卦长张柏发配黑龙江与披甲人为奴。坎卦大头目孔万林由于收藏"逆书"，造作"逆词"，与刘省过同时"照律斩决"。刘省过清水教"逆案"至此结束。

为什么此案不叫收元教案或八卦教案，而称作清水教案？

八卦教同教异名甚多，前后出现过十几种。诸如收元教、清水教、空子教、圣贤教、天理教等等。变换教名是为了适应形势，避免当局搜捕镇压。八卦教发展到刘省过时代改名清水教。日本学者依据《清实录》，认为清水教是八卦教中震卦教别名，这种看法是不妥的。

据乾隆三十七年五月十二日徐绩奏折："清水教本由东省传播蔓延，前经缉获之逆犯王中，虽已正法，今豫省审出教首刘姓其人，与逆书所云'周刘户'字样相合"。可见清水教教首并非王中，而是刘省过。再据乾隆四十七年七月二日明兴奏折："吴克己籍隶河南确山县，寄居山东曹县，于乾隆三十六年间投已故菏泽县人布伟为师，人已正法单县人刘省过等清水教，传有《灵山礼采茶歌》等邪词。"①

再据乾隆四十七年清水教徒杨起玉供词："上年三月间，……小的想诓骗别人，自己就将刘省过清水教内遗留口授《乾元亨利贞春夏秋冬九经》、《乾坎艮震巽离坤兑八书原歌》，讲论道理，哄骗愚人入教。"②

上述三条史料足证清水教是整个八卦教的别称，而不仅仅是震卦教的别称。

为什么八卦教又叫清水教？这和其入教仪式有关："入教时节只用三盅清水磕头，所以叫清水教，又名白莲教。"③ 这就是八卦散又叫清水教的原因，也是乾隆三十七年刘省过"逆案"又叫清水教"逆案"的原因。

二　乾隆五十一年刘洪段文经案

乾隆五十一年闰七月十四日夜，直隶大名府捕快领班、八卦会头目段

---

① 《军机处录副奏折》，乾隆四十七年七月初二日山东巡抚明兴奏折。
② 《军机处录副奏折》，乾隆四十七年（日月不清）清水教徒杨起玉供词。
③ 《军机处录副奏折》，乾隆四十七年（日月不清）清水教徒位荣供词。

文经，元城县捕役、八卦会副头目徐克展召集同教五十余人，于三更天突袭大名府道，杀官劫狱，造成了震动清廷的重大"邪教"案。同年七月二十六日，直隶总督刘峨奏折对此有详细描述："据已获之许三等金称，系段文经、徐克展招引入教，徐克展以段文经为师，段文经以山东单县刘洪为教主，……刘洪即刘铨。七月十三日段文经、徐克展招引同教五十余人，……相约在城内许三家会集。因许三家有空房三间贴进道署。三更以后，段文经等点香叩头，各用红白绸布包头，由许三家推墙而出，先进道署。熊恩绂（注：大名府道道员）闻声出堂喝禁，并喊人擒拿。群贼执持刀枪将熊恩绂先后砍扎十伤。熊恩绂回至中堂，倒地殒命。家人、衙役惊起拒敌，被杀八名，受伤八名。正打库门，因见各役渐次增多，贼始由大门而出，分赴大名、元城二县，抢劫囚犯。大名县仅将监狱头门打开，典史王学书抵拒受伤，内监未动。元城县已砍入内监，将各犯锁镣砍断，胁令同行。各犯畏惧央求，内有二名被贼吓砍致伤，亦坚不同逃……。各贼听闻枪声，遂跑至西门，砍伤军门，夺门逃逸……。"①

这个奏折是有关段文经等突袭大名府道最完整的文字记录。事件后，大部分八卦会成员被捕，或凌迟，或斩决。而主谋段文经却逃脱法网，不知所终。而与此案无任何关联的刘省过的几个儿子再次受到牵连。

乾隆三十七年八月刘省过被斩决以后，其长子刘铨即刘洪于秋审后拟斩监候，乾隆四十八年经过十次审讯，被判监禁，至乾隆五十一年已入狱十四年。

刘省过二子刘二洪从乾隆三十七年清水教案逃出，到乾隆四十二年"潜回单县"，遇见其父同教张世英，得知母亲与兄弟们在北京为奴，决意前往。因记忆起其父在日常说"京中前门外小椿树胡同有相好方姓，……想到京投他好寻母亲、兄弟的下落。"这之后，刘二洪随同张世英到了直隶大名府见了同教杨林，杨林替他凑了钱、物（京钱五十千、皮袄一件），又派手下教徒高世英送他到北京。据刘二洪后来供词云，他进京后"找到小椿树胡同方中正家，认他做了父亲，改名方孝。打听出兄弟三洪，叫他

---

① 《军机处录副奏折》，乾隆五十一年闰七月二十六日直隶总督刘峨奏折。

带我到东城帽儿胡同，见我母亲和四弟。"① 经过多年的漂泊离异，母子兄弟终于再次相见，而这种相会的背后还隐藏着杀机。

刘二洪到京后，在京畿、直隶、山东部分教徒的拥戴下，成为八卦教新的领袖。据史料记载：直隶章邱县、榷县及京畿南海子之教徒朱二，梁迁、王世俊等先后共送银数百两。

乾隆四十五年，刘二洪以教主的身份到直隶大名府一带，见到杨林。杨林告诉刘二洪，有门下段文经、徐克展，以及山东单县吕栋等人"为人强横，借事招摇"。这些人"指着我兄弟的名色在外招摇敛钱，我因他们敛的银钱都是自己分用，不过给我几十两，将来闹出事来，我母子兄弟性命俱不能保，就向杨林阻止，叫他们不要敛钱来京……"②。

段文经系广平县张孟村人，曾拜震卦头目焦玉坤为师入教（焦玉坤又拜焦廷秀为师），又曾拜河南虞城县麻孟村李老五为拳棒师父，是一个拳教相兼的捕快头目。他依仗着自己的社会地位和武功，多方招徒，成立了八卦会。并打着刘二洪兄弟的旗号，广为招摇，受到刘二洪的斥责。这以后，他开始转向在单县监禁的刘大洪，希图打着刘大洪的旗号，扩大教势。

从档案史料记载看，段文经从乾隆五十年就开始了反清活动。有善相者说他"是龟背，有些异相"，所谓异相即帝王之相。③ 他一方面扩大八卦会人马，一方面靠拢刘大洪。乾隆五十一年初，他的徒弟、单县人吕栋曾数次通过狱卒刘兴邦的关系给刘大洪送银。四月份段文经已经打算占领大名府，他给刘大洪写了一封信，内有"心里至明，稳坐大名，心思已定，忠心不退"等字样；吕栋等不敢转交，将信焚毁。④ 七月十日、段文经、徐克展命令其在山东单县的徒弟吕栋、秦法曾等人劫出教首刘洪，送至大名府教徒许三家中，⑤ 但劫狱之事未果。

段文经、徐克展原打算乾隆五十一年八月十五日袭击大名府，后因风

---

① 《军机处录副奏折》，乾隆五十一年八月七日永琅奏折。

② 《军机处录副奏折》，乾隆五十一年八月七日和八月十一日奏折。

③ 《军机处录副奏折》，乾隆五十一年八月八卦会成员李得禄供词。

④ 《军机处录副奏折》，乾隆五十一年八月山东巡抚明兴奏折。

⑤ 同上。

声日紧，于是请其"军师"、算卦为生的邢士花卜卦。邢士花卜卦后认为闰七月十五日乃大吉之日，于是就发生了前面叙述的杀官劫狱案。结果营救刘洪未成，而占领大名府的计划也成泡影。

事件发生后，乾隆皇帝极为震怒，前后发谕旨不下百道，严办此案。

七月十五日，大名府道首获八卦会教徒许三、邢士花等五名，究出监禁在山东单县的"教首"刘洪。八月初，山东巡抚质讯刘洪。"据刘铨（即刘洪）供称，伊收禁花监已十四年，并不能结交同党。吕栋、刘兴邦数次送过银两，收受属实（朱批：此非结交而何?），实不知段文经等谋为不轨，先寄逆书及欲劫伊出监之事。"① 据吕栋、刘兴邦、李得禄、甄汉杰等人供词记载，刘洪从未与闻大名府事件，且不知段文经、徐克展为何人。但当局以其为教首之后，牵连至大名府案件之内，不能免罪，于乾隆五十一年八月初六日与吕栋等一同绑赴市曹处斩。

与此同时，刘二洪、刘三洪、刘四洪并其母李氏也再次被捕。他们是被单县教徒吕栋供出的。据供：吕栋"于四十五年二月内曾同冠县人闫得三至京，在西城帅府胡同鄂大人家见过刘洪之母，听闻刘二洪已改方姓，住居前门外小椿树胡同，开小古董铺生理。"② 这样，刘二洪即于同年八月初二日在京城被捕。

伯鄂岳补放福建副都统；刘三洪随同去闽。乾隆五十年冬，随伯鄂岳进京。五十一年正月娶妻黄氏，随即出京。九月十七日闽浙总督常青奉旨将刘三洪斩首于福州。③

刘四洪即刘永庆被捕最早，于乾隆五十一年闰七月二十四日即被王大臣、永琅等审讯，后与其兄刘二洪在北京被处死。这样刘省过的儿子皆因大名府杀官劫狱案惨遭杀戮。

三　嘉庆二十二年刘廷献刘成林案

乾隆五十一年刘姓兄弟之死，并未使刘姓"断绝根株"，三十年后，

---

① 《朱批奏折》，乾隆五十一年八月初六日山东巡抚明兴奏折。
② 《军机处录副奏折》，乾隆五十一年闰七月山东巡抚明兴奏折。
③ 《军机处录副奏折》，乾隆五十一年九月十七日闽浙总督常青奏折。

嘉庆二十二年清政权再次发现这个家族的成员充任八卦教教首。

嘉庆二十二年六月，山东巡抚陈予视察漕运情况，接准齐河县知县秦谦密禀，拿获"头戴金顶"，"世代传教"的八卦教教徒侯位南，究出同教刘元善、夏洪章、靳光含等多人。并供出从乾隆四十五年以来八卦教的部分活动。据侯位南供称：本系山东金乡县人，"当年刘佐臣将震卦教传给我祖父侯棠。祖父故后，传给四叔祖侯朴。四叔祖故后，传给我父亲侯绳武。"①乾隆三十七年清水教案内，侯氏一族除个别人外，多"侥幸漏网"。到乾隆四十五年，侯朴（字尚安）因"刘省过死后八卦教无人掌管"，决心振刷八卦教，派门下到新疆济木萨寻找刘省过近亲刘廷献父子。②

刘廷献又名刘闻诗，是刘省过族兄弟，于乾隆三十八年受牵连，与其子刘成立、刘成器、刘成林被发配到乌鲁木齐，分拨到济木萨安插种地。刘廷献与震卦头目侯朴是表亲，因此侯朴派人到新疆找寻，并欲立他为八卦教新的宗教领袖。据刘廷献之子刘成林供词记载："乾隆四十五年，伊父刘廷献在日，有直隶人徐卿云、山东人刘尚喜来济木萨寻见伊父，说表亲侯尚安叫徐云卿等赍送银信前来。并说教首刘省过死后，无人掌管八卦教，现在侯尚安复兴此教，所以前来找寻，推为中天教首，总管八卦教中之事，伊父应允。"③

八卦教中历来供奉先天、中天、后天牌位，以表明教首辈份与道统"一以贯之"之意。自乾隆四十五年，刘廷献成了部分八卦教徒的"中天教首"。徐云卿等在这次共奉献给刘氏父子一千两白银。为了防止"道统中绝"，刘廷献命其三子刘成林拜徐云卿为师，学习教中道理、口诀及祈祷仪式，每逢朔望之期早午晚面对太阳，合掌焚香，参拜顶礼。刘廷献托徐云卿等带信，托侯尚安代管内地教中之事，并送侯氏传教书一本。

嘉庆七年侯尚安物故，其侄侯绳武接续教权。为了使教权获得合法性，他出银五十两，并命门下共凑银四千两，再次派人到新疆参拜刘氏教

---

① 《军机处录副奏折》，嘉庆二十二年十月十三日山东巡抚陈予奏折。

② 同上。

③ 同上。

首。六人为：冯青云、王曰鲁、夏洪章、宋相贵、刘元善、魏尚存。他们扮作磁器商人，从二月份起身，至五月份到达济木萨。是时刘廷献与长子刘成立皆先后死去。刘成器和刘成立或种地为业或卖油为生。冯青云等以中天教首刘廷献虽死，但刘成林亦是"圣裔"，遂拜刘成林为中天教首，总掌八卦教，并献银四千两。刘成林则将大印一方，上刻"崇德堂"，小印二方上刻"克己堂"、"儒林堂"，送与侯绳武，作为掌教的凭据。并送给侯绳武手折、勅书、锦囊、教首刘姓谱系及八卦教首谱清单。"谱系单内开载教首刘姓世系甚详，并注生殁年月日时，即刘成林等之女亦皆注出。"① 又有香块，名为信香。"每遇劫数，焚烧此香，自有诸神救护。"② 大概为使侯绳武更好掌教，又送经书一套，总名《传教成全书》，又名《西皇经》，内中有《五女传道宝卷》一本，《五圣传道》一本，《性理大全》一本，《太皇宝卷》一本，《儒流正宗》一本，《孔明问子其》一本。据后来当局查阅，内《儒林正宗》一书"中间词句尤属悖逆显然"，"《孔明问子其》一书中多隐语，亦属狂悖"③。在嘉庆七年内地教徒参拜教首时，刘成林还封冯青云为乾卦一品教职，宋相贵为坤卦一品教职。六人回到山东时，侯绳武又封夏洪章为大善真人。

嘉庆十四年五月，侯绳武再次命冯青云、宋相贵、夏洪章、丁宜宗等四人到新疆济木萨送银三千两，送信一函。刘成林回信，内有"仍烦侯绳武代管教中之事，众人俱各安静，不必记挂"④ 等语，侯绳武于同年物故。

从乾隆四十五年到嘉庆十四年，内地八卦教徒万里迢迢赴疆送银，共计八千两．刘成林一人独得七千两。刘成林本是无能之辈，仅以刘佐臣后裔的身份，身居中天教首地位十年。在新疆，他身为配犯，却能娶妻纳妾，过着豪华的生活，化贫为富，化贱为贵，为人顶礼膜拜。这种历史现象值得人们深思。

嘉庆二十二年六月，侯绳武之子侯位南在齐河县被捕以后，迅速交待出刘成林等人。刘成林于嘉庆二十二年十二月被当局在新疆正法，其父刘

---

① 《军机处录副奏折》，嘉庆二十二年十二月初七日山东巡抚陈予奏折。
② 同上。
③ 同上。
④ 《朱批奏折》，嘉庆二十二年九月二十五日庆祥奏折。

廷献戮尸。

就现有史料来看。刘成林是刘氏家族最后一位八卦教的掌权人。从刘佐臣到刘成林，刘姓掌教五代，计一个半世纪。到嘉庆二十二年，这个家族终于退出了历史舞台。

（本文引用的奏折、上谕等档案史料均为中国第一历史档案馆收藏，

原载《历史档案》1986 年第 4 期）

离卦教考

离卦教是清代著名八卦教中的一支教派，实力及影响仅次于震卦教。该教派系复杂，盘根错节，活动方式隐秘，官书方志绝少记载。唯当局屡办"邪教案"，乾、嘉、道三朝侦破离卦教活动不下数十起，遗留下大量档案史料，但杂简不一，颇难钩沉。至近代，其教虽有影响，脉络却更难考稽。所以本文仅就清前期离卦教的发生、演变作一番介绍。

一　八卦教与离卦郜姓

康熙初叶，华北地区局势已趋平静，但所到之处，满目榛荒，社灶烟冷，民生凋蔽。八卦教就是在这块残破的土地上崛起的。

清顺治年间，河南人刘佐臣师承太监魏子义，到山东省单县创立五荤道，又叫收元教，其后易名清水教。至乾隆中末叶，始出现八卦教称谓。刘姓创教之始，"妄造五女传道逆书，分八卦收徒党"①。他"传于南方郜姓，又传于清丰县人秦姓，又传于曹县王姓"②。所谓南方郜姓即指河南商邱县人氏郜云龙，为离卦教开山祖，被门徒奉为透天真人。关于离卦郜姓创教及传承，嘉庆十八年（1813）九月二十日郜云龙后代郜添佑供词作了清楚的交待：

> 据高继远即郜添佑供，监生原是河南商邱人，年四十六岁。……监生是嘉庆九年捐的聊城籍贯。高祖郜云龙、曾祖高（郜）晋中、祖

---

① （清）戚学标：《纪妖寇王伦始末》，载《鹤泉文钞》卷下，嘉庆五年刻本。
② 《军机处录副奏折》，嘉庆十八年十一月秦学曾供词。本文使用的档案史料全部为中国第一档案馆收藏。

高从化即郜敬庵，大伯郜大即郜承福、二伯郜二即郜得福、三伯郜三即郜建福．四伯从幼夭亡。父亲第五，名郜鸿福。高祖郜云龙从前原是山东单县人老刘爷的门下，那老刘爷原是弥勒佛转世，高祖从他得道，叫透天真人。到乾隆三十几年上刘家闹事，把大、二、三伯都正法。①

关于郜云龙倡离卦教的史料颇多。据道光十三年九月一日山东巡抚钟祥办离卦教案折内云：

> ……郜添麟世居河南商邱县，自其高祖郜云龙倡立离卦教，自号透天真人，传徒跪香，紧闭四门……郜云龙之后，郜三等屡在河南犯法。传至郜添麟，迁居山东聊城县，改姓名为高道远，倡立邪教……。②

为什么郜云龙号"透天真人"？据离卦教传教书《扫心经》记载："内有坐功图像，顶上有放出圆光者，有透出小人者……即系透天真人。……舌抵上腭，鼻采真气，闭目存神，久后顶上透出小人，无所不照，即得真法。"③从透天真人称谓可知郜氏倡教之初曾得道家余绪，以采清换浊、透出元神为宗旨，传教敛钱。

八卦教创教之初，即立离卦教。因草创之际，入教者寥寥，"尚有数卦未曾得人"④。刘佐臣当时有数本倡教经书，较重要者为《五女传道》和《八卦图》。《易·说卦》云："离为火，为日，为电"，又云："离也者，……南方之卦也"；据此，刘佐臣以山东单县偏南之河南商邱人郜云龙主掌离卦，取其"南方丙丁火"之意，而以单县之东菏泽县王姓主掌震卦，取其震主东方之意。佐臣则自居中央宫的位置，其他各卦皆尊奉之，

① 《军机处录副奏折》，嘉庆十八年九月三十日高继远即郜添佑供词。
② 《朱批奏折》，道光十三年九月一日山东巡抚钟祥奏折。
③ 《朱批奏折》，嘉庆二十一年十二月二十三日两江总监孙玉庭奏折。
④ 《朱批奏折》，乾隆三十七年五月十二日山东巡抚徐绩奏折。

如臣属之奉君主。①

刘佐臣大概死于康熙四十五年左右，其子刘儒汉接掌教权，登上教主宝座。"刘如汉传教时，所收之徒分为八卦，每卦以一人为卦长，二人为左干右支，以下俱为散徒。每卦各自收徒，所收之徒，各出银钱于卦长，卦长汇送于教主，多寡随便。当时因八卦不能齐全，有以一人而兼两卦者"②。可见在刘儒汉掌教时，各卦皆有相对的独立性。

刘儒汉死于乾隆元年。其子捐职州同刘恪接充教首。当时离卦两代卦长郜云龙、郜晋中已物故。云龙孙郜从化充任离卦长，奉刘恪为教主。据台湾现存清档记载：

> 河南商邱县民郜从化原充收元教离卦长，以刘恪为教主。虞城县民陈霞九等在离卦名下入教，郜从化另招赵重、……贾茂林七人为徒，郜从化之子郜大、郜二、郜三俱随从入教。陈霞九另招吴守志、……及山东范县人李文进四人为徒，陈霞九之弟陈老四，其子陈圣仪俱随同入教。韩德荣案发后，刘儒汉之子刘恪亦因事犯提解质审，郜从化与陈霞九向教中信徒凑银一千两，欲送给刘恪，帮助盘费，旋闻刘恪释回，未将银两送往，郜三随将郜从化所收存的银两，开铺经营图利。③

乾隆二十二年，刘恪已死，其子刘省过接充教首。是年十月，坎卦长直隶容城县张柏之徒、山东曲阜人孔万林到商邱，郜三即邀请孔万林至家，款待优渥。二人相商，以郜大愚蠢，郜二相貌、言谈不及郜三，遂以郜三为第四代离卦长，以郜二为左支，陈圣仪为右支。从乾隆二十二年至三十七年，郜三掌离卦教计十五年，皆以招徒敛钱为能事。其中贡奉教首刘省过白银一千九百五十两。

乾隆三十七年二月，山东濮州人李孟炳等人携带"邪书"至河南传

---

① 详见拙作《八卦教世袭传教家族的兴衰》，载《清史研究集》第四辑。
② 《朱批奏折》，乾隆三十七年五月十六日山东按察使国泰奏折。
③ 庄吉发：《清代乾隆年间的收元教及其支派》，载《大陆杂志》第六十三卷第四期。

教，为当局查获，究出震卦长王中。河南巡抚将"邪书"上呈御览，乾隆皇帝于书中发现了问题：

> 朕……及阅谌梅家搜出王中所传逆书内有"平明不出周刘户，进在戊辰己巳年"之句。朕阅平明之明左旁日字有补改痕迹，细察笔法，系胡字迁就改易而成，其为大逆显然。①

王中于是年四月十五日被绞死于菏泽老家。王中死后，震卦教徒李孟炳供出教首刘省过。五月十二日山东按察使国泰亲赴单县捕获刘省过，刘省过遂供出离卦长郜大兄弟、离卦头目陈圣仪等，震卦长王中兄弟、坎卦长直隶容城县张柏、坎卦头目孔万林兄弟等等，"皆伊祖、父教中支派，内多送银之人"②。

乾隆三十七年案内郜大、郜二、郜三被杀。郜五因未习教免罪。至乾隆五十二年郜二之子郜巩再次传习离卦教，"犯事充发绝嗣"。郜五受其侄郜巩牵连，"在河南监禁身故"。郜三之子郜添麟"因祖、父们传习这教屡屡闹事，于五十二年秋间搬到山东聊城县东关外居住，改姓高"。郜五之子郜添佑亦于嘉庆二年与郜添麟一起居住。郜添麟改名高道远，郜添佑改名高继远。高道远后来"又接充离卦，传起教来，……他从前传了单县人刘陇士、莘县人从学珠；……又传了靳清和、靳中和这四个徒弟"。郜添麟死于嘉庆十六年六月。门徒靳清和等人以其长子高魁元嗜酒胡言，次子高会元半疯半傻，遂请郜添麟堂弟郜添佑即高继远充任卦长。③ 郜添佑充任离卦长仅两年零三个月，直鲁豫八卦教起义爆发。他受到牵连，于嘉庆十八年十月，以"邪教"为首例，被当局斩决。当局将郜氏子孙迁徙，"自此高姓无人，其教遂散"④。

在郜云龙部分后裔于乾隆五十二年迁居山东时，河南商邱老家仍有郜姓传教。乾隆中叶，郜云龙另一支后代郜生文传离卦教，直隶著名离卦教

① 《上谕档》，乾隆三十七年四月十三日上谕。
② 《朱批奏折》，乾隆三十七年五月十六日山东按察使国泰奏折。
③ 《军机处录副奏折》，嘉庆十八年九月三十日高继远即郜添佑供词。
④ 《朱批奏折》，道光十三年九月一日山东巡抚钟祥奏折。

首刘功（刘恭）是其亲传弟子。"郜生文系乾隆三十六年间因习教犯案正法"①。其子郜与、其孙郜坦照踵行教业，并与直隶教首刘功及杨遇山、孙维俭往还，并收受银两。"郜与于嘉庆十七年八月间病故，……郜坦照于十八年间……获解到直，经署督臣章煦讯认，收受教匪馈送，问发新疆为奴"②。郜坦照有子郜东来，"又因另案获解来直，讯无习教情事，郜东来有子郜成儿，年尚幼小。此外并无伯叔兄弟。经臣奏明将郜东来解回豫省，咨明河南抚臣，饬令该府县严行管束"③。

清政权对离卦郜姓恨入骨髓，数十年间剿捕赶杀，不遗余力。但郜姓影响源远流长，难断根株，至咸丰间郜云龙后裔郜永清又继起活动。至于民间习武者竞相以郜姓为祖师，则史无验验，难以考稽了。

从郜云龙首倡离卦教至六传郜添佑，历经一个半世纪。其间屡经风暴，终未覆灭，而于嘉、道间几成燎原之势，除了有深刻的经济、政治、民族背景之外，该教自有一套钳制、迷信信徒的教法、教规。

离卦收徒颇神秘，凡入教者，多于深夜在偏僻之所"点上三柱香，供三杯茶，拿出一百五十文根基钱"。然后于香案前顶礼膜拜，说："请圣如来，接圣如来，投离卦透天真人郜老爷会下"。接着紧闭耳眼鼻口"四门"，默念咒语。其经咒怪诞荒谬、沉闷晦涩。无非告诫门徒地狱之苦、而投"郜老爷门下"则能打开通天路、闭上地狱门，回归家乡，见到无生老母，于龙华会上同享无极之乐。

念完经咒后还要发誓："依正弟子，改邪归正，归顺于礼。非礼勿言，非礼勿视，非礼勿听，非礼勿动；传授心法，轻传匪言，泄漏至理，阴诛阳灭，将此身比为浓血，入水水中死，入火火中亡，强人分尸，天地厌之。"这类誓言血淋淋、恶恨恨，无以复加。目的是以誓言束缚、威胁信仰者，使其一不叛教、二不背祖。离卦教教仪是每日朝午晚三次朝拜太阳，"朝太阳吸三口气，把唾沫咽下，工夫用久，可以给人家治病下针，随口念真空家乡、无生父母八字……"④。八卦教各支都有联络暗号，离卦

---

① 《朱批奏折》，嘉庆二十二年五月二十一日直隶总督方受畴奏折。
② 同上。
③ 同上。
④ 《军机处录副奏折》，嘉庆十八年九月三十日王普仁供词。

暗号是："凡是同教的人，只把食指中指并着往上一指，名为剑诀。……就知是同教人。"①

二　"癸酉之变"中的离卦教

嘉庆十八年（癸酉，1813 年）九月华北平原上爆发了一场震撼清廷的大事件。九月初直、鲁、豫三省近十个县同时爆发了八卦教起义。九月十五日数十名八卦教徒又在教首林清策划下，突袭紫禁城，造成了"千古未有之变"。

离卦教在动荡的年代经历了一次分化，形成了新的组合。以郜姓为首的上层宗教集团分崩离析，大批底层教徒摆脱传统教规的枷锁参加了起义，或弃离卦而归震卦，或独立行动，或直接接受起义领袖李文成的指挥。其中有三支影响较大。

（一）冯克善与离卦教

冯克善是八卦教起义著名领袖。世代家居河南滑县，平时酷爱拳棒和赌搏。嘉庆二年曾拜离卦教头目山东济宁人王祥为师学习拳棒。嘉庆五年又拜滑县人唐恒乐学习梅花拳。嘉庆十六年从王祥入离卦教。②

据冯克善被捕后供词，交待其习离卦教师承关系：

> 又有掌离卦的郜二，山东东昌府城内人，系现已病故王充之师，王充系王祥之师，王祥即我之师。③

此处所云郜二即指山东离卦教主郜添麟即高道远。冯克善是郜家三传弟子。王祥死于嘉庆十八年四月，冯克善因武艺高强，"徒手搏击，数十人无敢近者"，被推为离卦教头目。他与李文成交谊甚厚，与八卦教另一

① 《军机处录副奏折》，嘉庆十八年九月三十日郜添佑供词。
② 《军机处录副奏折》，嘉庆十九年正月十二日廷讯冯克善供词及嘉庆十八年十二月十六日唐恒乐供词。
③ 《军机处录副奏折》，嘉庆十八年十二月十六日冯克善供词。

领袖牛亮臣是连襟，因此在八卦教内有举足轻重的地位。嘉庆十六年春天，林清、李文成在河南道口镇商议"谋逆"时。冯克善亦与闻其事。嘉庆十七年四月，冯克善到山东德州教习拳棒，宋跃隆、宋玉林父子拜其门下，他招了一批离卦教徒。

　　嘉庆十八年九月三日，滑县老岸司刘巡检侦知八卦教将于九月十五日起事消息，禀报知县强克捷。强知县逮捕了李文成、牛亮臣。九月初七日冯克善等率数千名教徒攻入滑县，戕官劫狱，救出李文成、牛亮臣，揭开了直、鲁、豫起义的序幕。滑县起事后，直隶长垣、山东定陶、金乡、城武、曹县、单县、鱼台等地教徒云集响应，战声回起。嘉庆皇帝速派陕甘总督那彦成为钦差大臣率兵围剿义军。冯克善率兵几次与清军接仗，后受李文成之命于十月二十四日单骑突围，前往山东搬救兵。几经周折于十一月初十日到山东景州见到宋跃滦。宋跃滦父子势单力孤，并无起事准备。冯克善遂离去，四处躲藏。十一月十九日走到山东献县一带，扮成郎中"卖药治病"。十二月初六日在献县被捕。① 嘉庆十九年正月在北京被当局凌迟处死。

（二）崔士俊与金乡县离卦教

　　早在嘉庆初年，山东金乡县一带就活动着一支离卦教。至"癸酉之变"前，金乡离卦教头目是崔士俊，是年六、七月间受滑县李文成之命积极准备起义，因而惊动了地方官。据《靖逆记》记载：

> 七月朔，贼渠崔士俊于城西茂林，椎牛设酒，享客八昼夜，县役营兵络绎赴会。又有孙战标者，亦俊党。择期七月二十七日享客李家阁，二十八日考试铨选伪官。人情汹汹，乱有日矣。②

　　是年六月，前任金乡知县赴省审案病故。当地绅缙闻知地方"不靖"，

---

① 《军机处录副奏折》，嘉庆十八年十二月十一日冯克善供词及嘉庆十八年十二月九日直隶总督刘峨奏折，又及嘉庆十八年十二月十一日刘添相供词。
② （清）兰簃外史：《靖逆记》卷二《金乡守城事》。

向济宁知州首发"匪情"。知州等"查得该县城南有李允魁、崔士俊、张文明等实有编造歌词，敛钱惑众之事，因闻拿躲避无踪"。山东抚臣遂派后补知县吴阶署理县事。七月中旬，吴阶利用习义和拳之胡世全、李邦正与崔士俊等人的矛盾，拿获了崔士俊、孙战标等七人，先行正法。八、九月份续获离卦教头目张建木、王普仁等，审出山东金乡县离卦教发展之原委：

> 缘张建木即张建谟，籍历钜野，与已获正法之金乡县人崔士俊、李允魁、吕华容、孙战标、宋大勇及同县人赵清元、城武县人刘燕场相认识，俱系素习八卦离字教。其教先令人跪香、磕头，口授真空家乡、无生父母八字。并捏造鄙俚歌词，兼与人治病。入教之始，先给教师钱一、二百文不等，名为根基钱。……凡同教见面，骈食指中指，名为剑诀，以为暗号。

其离卦教首系已故之河南商邱县人郜云龙，即现获之监生高继远之高祖，世相传授。嗣传至高继远之已故堂兄高道远即郜添麟。……又传昔存今故之刘陇士及现获之监生靳清和即靳清洪，未获之从学珠、靳中和为徒。……刘士陇又转传现获之王普仁。王普仁传徒已故张强束，同现获之张衡……及已故之王敬修。王敬修复传刘燕。刘燕自来在外游荡于金乡等县。而转传徒已正法之崔士俊、赵清元，现获之张建木、李允和……等。而赵清元亦传徒李允魁……等。靳清和又传……。此张建木、崔士俊、刘燕等辗转传习八卦离教之先后情由也。[1]

又据它折记载，崔士俊乃于嘉庆九年从刘燕入教。从上述史料可知崔士俊师承关系：郜云龙……郜添麟—刘陇士—王敬修—刘燕—崔士俊。

崔士俊是郜姓四传弟子。但为什么崔士俊等大批离卦教徒会打破离卦教传统的封建礼仪，毅然决然参加了八卦教起义呢？

嘉庆十七年中叶，河南滑县李文成为起事而派人四出传道。直隶长垣人徐安帼来到山东传授震卦教。他曾赴崔士俊家，指称"震卦教胜于离

---

① 《军机处录副奏折》，嘉庆十八年九月三十日山东布政使朱锡爵奏折。

卦，劝其改离归震。该犯遂拜徐安帼为师"，学习抱功，"每日早午晚朝礼太阳，两手抱胸，合眼趺坐，口念真空等八字八十一遍"。嘉庆十八年二月徐安帼再次到崔士俊家，"口称今岁九月以后交白洋劫，行教之人劫数到时，老教首送给白旗一面，插在门首，可以免遭杀戮"①。据后来徐安帼被捕供词记载："我陆续在定陶、曹县、城武、单县、金乡收了男女一百十三家，共约六、七百人。"②在此期间，刘燕、孙战标、张建木等多人"俱改离归震"③。

嘉庆十八年二月，徐安帼带领崔士俊、张建木前往滑县，拜见李文成、于克敬、刘帼明等大头领。李文成告诫他们说："你们好生用工，一劫能造万劫之苦，一劫也能造万劫之福"。暗示众人准备起事。刘帼明又告以八卦教生刘姓（指林清），住在京南二十八里沙河地方，"是弥勒佛转世"。现在众头领分路收人，"专等老刘爷收起北方三省，就好起事。有两句话：单等北水归汉帝，大地乾坤只一转"④。一场酝酿已久的华北三省大起义已经迫在眉睫。据张建木又供称：徐安帼已安排了起义时具体作法：

> 十月三个节气以后就是白洋劫。白洋劫前七天，要把白布旗普里同时传遍，各处应手。并不打造刀枪，怕人知觉。到临时，走哪一路就抢哪一路气械使用。有旗子的人家便不杀戮，把没旗子的人家都杀了。临时同教的人起事，各人束一根白带子，脖领上插一条白布，小旗上写"奉天开道"，便是记号。⑤

崔士俊等奉命从河南滑县赶回山东，积极准备起事。士俊自封天下都招讨兵马大元帅，封其婿李敬修为后军督抚，思欲剖当地士绅田宅，至使

---

① 《军机处录副奏折》，嘉庆十八年九月十五日山东巡抚同兴奏折。
② 《军机处录副奏折》，嘉庆十八年十二日二十六日徐安帼供词。
③ 《军机处录副奏折》，嘉庆十八年九月三十日山东布政使朱锡爵奏折。
④ 《军机处录副奏折》，嘉庆十八年九月三十日张见木（张建木）即张建谟供词。
⑤ 同上。

"境内士民避乱者纷纷"①。由于崔士俊等人过于招摇，遂于七月为当局捕获。"张建木因闻崔士俊被拿，即写信通知徐安幅、朱成方躲避。复经该署县吴阶并钜野等县、先后拿获张建木等解省"。② 张建木亦于是年十月初被当局处斩。

崔士俊、张建木等人从虔诚的离卦教徒走上起事的道路，终于惨遭杀戮，但他们的活动并未付诸东流。嘉庆十八年九月十日左右，大批山东离卦教徒与八卦教其他各派徒众攻破了曹县、城武等县城、杀官劫狱，并屡次围攻金乡县，给山东有清当局造成了巨大威胁，配合了河南、直隶等地的八卦教起义。

（三）离卦教头目杨遇山在直隶的活动

在河南、山东部分离卦教徒参与"癸酉之变"的同时，直隶也有少数离卦教徒铤而走险。

嘉庆十九年二月初八日，清廷审理八卦教起义"逆案"已近尾声，嘉庆皇帝又接到吏部尚书、署直隶总督章煦奏折。内称拿获"逆犯"杨遇山并审出卦首郜坦照及籍隶直隶清河县著名离卦教头目刘功。

杨遇山，直隶南和县人，"向在各处行医卖药，与巨鹿县大乘教匪犯孙维俭等均拜从犯案发配旋已病故之吴二瓦罐习教。吴二瓦罐与现犯张希胜又系清河县刘功之徒。刘功系由河南商邱县犯案正法之郜生文传授"③。

这段奏折清楚地证明了杨遇山的师承关系：郜生文—刘功—吴二瓦罐—杨遇山。杨遇山是郜姓的三弟子。嘉庆十一年杨遇山至刘功家，会遇到郜生文之孙郜坦照，才知"郜坦照家本系离卦教首"④。同年十二月他前往河南商邱拜见了郜坦照并其父郜与。"十二年正月间，又同孙维俭等往见。孙维俭送给郜与父子银两。以后孙维俭因另立大乘教，遂不复往。惟杨遇山时往看望并传徒刘文明、刘存信……等多人。"⑤ 杨遇山慑于郜姓

① （清）兰簃外史：《靖逆记》卷二《金乡守城事》。
② 《军机处录副奏折》，嘉庆十八年九月三十日山东布政使朱锡爵奏折。
③ 《朱批奏折》，嘉庆十九年二月八日署直隶总督章煦奏折。
④ 同上。
⑤ 同上。

在民间宗教世界的权威，成为这个家族的忠实信徒。至嘉庆十八年，这种情况发生了变化。是年四月，受李文成之命，滑县各路头领"四处度人"。大头目于克敬以行医为名来到南和县，偶遇以行医为业的杨遇山。杨询系同教，遂与交往。于克敬邀杨遇山等人同往京南宛平县宋家庄拜会八卦教总头目林清。林清告知已联络宫内太监高福禄及独石口四品武官曹姓，"并约同教之人定期四五月三五日一齐起事，暗藏九月十五日之期"①。此后杨遇山及其离卦弟子遂参加了起事行列。林清交遇山信一封，嘱其交送滑县李文成。六月末杨与弟子刘存信等人前往河南。八月一日会见了李文成，文成"令其纠党接应"。他赶回直隶，召集门徒"告述前情，约同助逆"。他口授书信三封，一封交李文成、刘帼明、于克敬；一封交离卦教首郜坦照。八月十三日杨遇山以文成现令招人接应，必须备造名册，于是命手下人等缮写十家牌式及编造招军告示，招兵买马，准备接应李文成北上部队。李文成的部队从九月七日起事后未能北上，不久便被清军阻隔于河南滑县一带。林清的坎卦教于九月十五日攻入紫禁城后，仅两日便被清军殄灭殆尽。林清亦于十七日被捕于黄村宋家庄。在审讯中供出杨遇山。至杨遇山派刘存信至河南商邱给郜坦照送信，"郜坦照畏惧，因不识字，并未拆看，将信焚毁，将刘存信斥逐"。作为离卦教首郜姓子孙竟无一人参与起事。②

嘉庆十九年二月初，杨遇山在直隶南和县被捕，经刑讯供出门徒多人，被凌迟处死。参与其事之门徒刘文彩、刘存信等十一人或拟斩决，或在监病故，一并戮尸。至郜坦照因未参加造反，讯"无谋逆情事，……改发新疆给厄鲁特为奴"③。

"癸酉之变"的主力军是震卦教与坎卦教支派。震卦教是抗击清军的主力，在河南道口、滑县、司寨三次战役中，其部众力挽狂澜，可歌可泣；坎卦教是进攻紫禁城的主力，虽然迅速失败，却给地主阶级带来了一场千古未有之"奇灾异变"。离卦教徒虽广布华北、华东数省，实力雄厚，

---

① 《朱批奏折》，嘉庆十九年二月八日署直隶总督章煦奏折。
② 同上。
③ 《军机处副奏折》，道光十二年五月九日曹振镛奏折。

但举旗造反者寥寥。究其原因，是与离门郜姓一个半世纪的封建统治分不开的。

三　刘功与尹老须案

离卦教正宗有二变：一变是乾隆三十七年离卦长郜氏三兄弟的被杀，导致郜添麟携家从河南商邱老家移居山东聊城县，传教中心由河南而山东。二变是郜生文传徒直隶刘功，刘功所辖离卦教教势日炽，传教中心由山东而直隶。郜生文死于乾隆三十七年（一说三十六年），刘功当在乾隆三十七年以前"得授真传"的。刘功能量很大，传教四十多年，教徒遍布直隶、山东、江苏北部数十州县。弟子们辗转传习，使离卦教衍化成多种支派，二十几个不同的教名。据道光年间档案记载："十八年间有刘功之徒孙起洛传徒狄畛，在山东兰山县犯案，供出孙起洛并解老松，行文直隶查拿刘功"[①]。嘉庆十九年二月初，刘功再传弟子杨遇山因犯"谋逆"罪，在南和县被捕，也供出刘功。刘功旋即被捕，"解往山东质讯，行抵景州，在途病故"[②]。刘功在被捕前，曾将教权传与直隶清河县人尹老须即尹资源。此后刘功所创教业均掌握在尹氏父子手中，近三十年之久。

关于尹老师，《清实录》有少许记载：

> 恭录道光十二年五月初九奉旨：此案尹老须即尹资源，接管刘功离卦教，自称南阳佛。创立朝考等场，黑风劫名目，神奇其说，煽惑至数千人之多，勾结至三省之远，狂悖已极。尹老须即伊资源，着即凌迟处死，仍传首犯事地方，以昭炯戒。尹明仁听从尹父习教多年，实属世济其恶。尹明仁着即处斩。韩老吉、肖滋依议斩，着监侯，入于本年秋审实情办理。其失察之地方官及查办不实各员，着吏部查取职名，分别议处。余依议，钦此。[③]

---

① 《清实录·宣宗》卷二二一。
② （清）黄育楩：《破邪详辩》卷一。
③ 《清实录·宣宗》卷二二一。

此案发后，在直隶任地方官之黄育楩著《破邪详辩》，内中嘲讽道：

> 即如清河教犯尹老须，言能出神上天，接见无生，盖仿透出昆仑而言。迫至刑部堂前，用刑恐吓，即稽首乞怜，涕泗交流，供称出神上天并无其事。至绑出时，其急惶惶之像，恐惧之形，不堪言状。至凌迟时，犹复苦苦哀号，连叫数十声而后死。尹老须自称为南阳佛，人亦共称为南阳佛，乃于严审之先不能上天，凌迟不能上天，其平日之出神上天，将谁欺乎？邪经所谓透出昆仑直上天宫大率如此，不可信也。①

上两段为官书及笔记对尹老须案较详尽之记录。但毕竟多语焉不详，令人难知所云。

今以档案史料，对此案详加叙述。

道光十一年七月，直隶总督琦善接准河南巡抚杨国桢来函，以六月十七日怀安府城门内粘有解培玉揭贴一封，"内称韩复元传单直隶清河县杜家务村殷老须. 欲聚阴魂大阵，约共谋逆"。并"照开名单一纸"，"开列直隶籍贯者共七十余人。内唯为首之殷老须一名，住居清河，余俱散处平乡、巨鹿、任县、南宫、新河、隆平、宁晋等七县"。河南抚臣会知琦善密查。②

在此期间，又有村民马顺天，陈洛八也得到传单，呈首官府。内称"身等于今年五月初五日接韩福元传单，内语清河县杜家务村殷老须本是未来真主，欲聚阴魂大阵，净（争）夺江山。……又称殷老须前有七星猴，后有八卦龙，而且山崩地烈时展（即）将到，何不早替未来出力报效等语。……但身等本系庄农，岂敢与伊谋逆，为此将伊传单一并呈上……"。③

在清代档案中还存有一不具名揭贴，内称"清河县杜家务村殷老须父

---

① （清）黄育楩：《破邪详辩》。
② 《军机处录副奏折》，道光十一年七月二十五日琦善片。
③ 《军机处录副奏折》，道光十一年五月附村民马天顺等具禀。

子是未来真命皇帝，国号大兴。甲午年承齐天下，普天下同庆。先占了山东六府，后占了河南八府，再占了山西五府。又得了里八府，何愁北京。天鸡叫，地鸡应。聚大五土立中京，一朝八帝不为真，九宫出世灭八门。书信传到州城县，时晨（辰）到了天下通。……"①

琦善接准河南抚臣来函，认为揭帖作着"踪迹诡秘，显有挟仇诬陷，捏情拖累情事"。"且如果谋为不轨，岂肯将首从姓名、住址轻泄于人"。但琦善还是"就近派委妥员，不动声色，密访殷老须等"②。

直隶当局不久将尹老须、尹明仁父子提省审讯，"尹老须捏供掘获藏银，因而暴富，并无习教为匪等情。"同时有清河人氏李逢吉、尹从山、安文炳、滕兰磐等联名出具保结，"均称尹老须实系安分良民。"又有地保杨来修称，"只知尹老须系属邪教，不知其假托文王转世等情，亦扶同具结"。直隶总督琦善昏庸无能，遂为众人眩惑、释放了尹老须父子。③

道光十二年四月，当局于他案审出白阳教头子王法中。王法中先得河南涉县人申老叙传授，后创"旗门即佛门"之说，到北京煽惑，传徒敛钱。王法中教内信徒阎老得"供出尹老须结会敛钱，自称南阳佛，住屋名飞龙寺等情"。直隶当局第二次逮捕尹老须，并抓获同教谢老闻、韩老吉等人，"行提归案，分别煞审"。始搞清尹老须习教、传教的来龙去脉。此案的办理，揭露出一个庞大的民间宗教教团的活动状况，使当局为之震惊。

尹老须即尹资源，又讹传殷老须，籍隶直隶清河县杜家务村。有子尹明仁、尹明义、尹明智。乾隆六十年，他拜从直隶南宫县人田苳忠为师，入离卦教，指点他"耳为东方甲乙木，目为南方丙丁火，鼻为西方庚辛金，口为北方壬癸水。性在两眉中间，外为十字街，内为方寸宝地，是中央戊己土。又称性是无生老母所给。无生老母住在三十三天中黄天，名为真空家乡。又传授闭门运气，从鼻孔收入，名为采清，又从鼻内放出，名为换浊。统名而字功夫。……并称用此功夫生前可免受灾，病死后不至转

---

① 《军机处录副奏折》，道光十一年关于殷老须之揭贴。
② 《军机处录副奏折》，道光十一年七月二十五日琦善片。
③ 《军机处录副奏折》，道光十二年五月九日曹振镛奏折。

生畜类。复传给'在理'二字，每遇同教之人，彼此问答，均以此作暗号。"① 后来田荗忠认为尹老须功夫纯熟，遂带他到清河县离卦总当家刘功处"领法"。根据教内规矩，"领法以后即可传教，又名开法。"经刘功向其传授"真空家乡、无生父母"八字，以及四句"灵文"，具有了传徒敛钱的资格。尹老师开法以后，传授了韩似水及其子尹明仁兄弟三人。②

嘉庆十五年，尹老须"因习教日久，积忘生魔，每逢闭目，如见天上人来人往。又似听闻音乐，自谓悟道明心。……刘功闻知，即唤尹老须至家问悉前情，许其功夫深透可以上天，至无生老母处办事"。并向其传授教礼仪：

> 按每年立春、立秋、立夏、立冬日期在家上供，名为四季祭分，正月十五日为上元，七月十五日为中元，十月十五日为下元，至期上供，名为三元。可以祈福消灾。又给与"丰"字作记号，升单填写在内，即可至无生老母处。③

尹老须回家后，依刘功所授，按节气上供。并将同教人姓名添入"升单"，"代求福祐"。教徒遂按时送交银钱。

嘉庆十八年，刘功之徒孙起洛出事，扳出刘功。"因风声日紧"，刘功"随亲赴尹老须家，……将教中之事交尹老须接管。并称经文内有'老子扳指等南阳'之语，日后有南阳佛出世，此教当兴。嘱尹老须牢记"。尹老须成为刘功嫡传弟子。④

刘功于嘉庆十九年初在解途中病故。尸枢为同教搬回，葬于清河。嘉庆二十一年间，离卦教头目韩老吉等人到尹老须家，谈及刘功已故，传教无人。尹老须遂将功刘生前嘱托之意告诉众人。韩老吉等公推尹老须为离卦总当家。从此，尹老须就接管了刘功传教家底。刘功生前门徒遍及山

---

① 《军机处录副奏折》，道光十二年五月九日曹振镛奏折。
② 同上。
③ 同上。
④ 同上。

东、直隶、江苏北部。众人闻知新总当家已立，纷纷拜在门下。①

下面将刘功、尹老须离卦教活动分布图示如下：（图示见下页）

上面的离卦传教分布表，并未包容刘功、尹老须教团的整个蔓延地区和信徒数字，更不能代表离卦教所有支派的分布。离卦教的势力远比这大的多。

嘉庆二十五年，尹老须延请同教谢老闻到家中"帮办教中事务"。他们利用民间宗教世界广为流传的三纪说，指称现在是白阳劫，弥勒佛将收末劫之人，命教徒开写姓名，"每名出钱数百文，汇送伊家上供。将姓名列入单内，升至无生老母处，名为书丁"。三省数十州县，近五千名教徒及头目"均因闻知尹老须于刘功故后接充当家，各出钱文前往书丁，并带领同教之人俱归尹老须教内。尹老须因此敛钱致富"。"所有书丁之人，场系谢老闻代记帐单，交尹老须办理"②。不过数年间，尹老须暴富。他利用这笔钱为长子尹明仁"报捐州同职衔，为伊请六品封典。并陆续置买田宅，设立铺业。因见人数众多，教务兴旺，随附会刘功日后有南阳佛出世，倡兴此教之说，自称为南阳佛。因耳内旧有长毫并添捏臂有肉龙，以为异相。又陆续盖房两所，一百余间。西所系属住宅。留东所以待同教之人，取经内收找元人归家认母之议。名正厅为收元厅，统名飞龙寺。"③

尹老须成因一方巨富，却"未能满欲"。他和谢老闻相商，创立大场、小场、朝考、均正、巡香等名目，称"无生老母与先天老爷要随时考察众人功夫，增添福力"。他命谢老闻开写传单，载名日期，派门徒多人分送各地头目，让他们以"出钱多少为加福之等次"，"先期敛钱凑交"，"汇送伊家，置办祭供"。他则于期命亲信弟子多人假作"闭目分神，上天问话，妄称加福。……欲使众人畏惧，出钱求福"。他不仅以无生老母赐福名义邀众出钱，而且造出各类荒诞不经的传单"载明某年应有黑风劫，某年应有臭风劫，彼时即有妖兽食人。……教中人被其蛊惑，各送数千、数

---

① 《军机处录副奏折》，道光十二年五月九日曹振镛奏折。
② 同上。
③ 同上。

十千，数两、数十两不等，均经尹老须收用"①。

传教人	传教人籍贯	传教地区	传教人数	备注
张老化 张本善	直隶清河县	直隶清河等县	三百余人	
史三省 梁老灿	直隶南宫县	直隶威县、南宫县　山东临清州	一百余人	
韩丰年 孙效畛	山东临清州	直隶巨鹿、隆平、南和、平乡、任县	一百余人	
冯振九之徒 刘　　辉等	山东清平县等	山东清平县、冠县等处	一千余人	离卦教南会
冯振九之徒 韩　　发等	山东高唐州等地	山东高唐州、夏津、聊城、邱县、堂邑等地	一千余人	离卦教北会
狄汉符	山东兰山县	山东南部 江苏北部	二千余人	
刘景业	山东峄县			
马士成	江苏邳县			

为了保持庞大的教团的统一和稳定，"恐日久分离，不能联络"，尹老须又花样翻新，"捏称八卦本系文王所定，伊即系文王转世，所以为离卦教首"。编造其子尹明仁是武王转世，称年近八十的同教韩老吉系太公转世。为了使众人信服，嘱令同教肖滋"于出神上天时假作先天爷言语，向同教传播……"②。

一个庞大的、连跨三省的民间密秘宗教的地下王国，在尹老须等人的神权统治下，得到了暂时的统一。但以追求金钱和教权为目的宗教家是不可能把一个以小生产者为基础的地下宗教组织牢固地把持住的。"日久分离"的结局是不可避免的，金钱源源不绝地流入直隶清河县尹老须的"飞龙寺"，引起了同教的忌妒。道光十一年五月出现在河南怀安府揭贴的作者就是同教肖老尤。"伊因同教人多往尹老须处送钱入教，心怀不满，编造逆词，欲令败露"③。道光十一年，尹老须侥幸漏网；但终于躲不过道光十二年的灭顶之灾。

─────────────

① 《军机处录副奏折》，道光十二年五月九日曹振镛奏折。
② 同上。
③ 同上。

　　清当局对尹老须一案从重处置。认为此案"虽无谋逆实迹，实属狂悖已极，自应比照大逆问拟。尹老须即尹资源除传习八卦教为首，罪轻不议外，应比照谋反大逆者凌迟处死律凌迟处死。传首犯事地方，以昭炯戒"。"已革州同职衔尹明仁听从伊父尹老须习教多年，迨尹老须嘱令肖滋假捏该犯系武王，……尹明仁应于尹老须凌迟上量减为斩立决"[①]。除尹氏父子重判外，此案还涉及近百人。或拟斩监侯，或发遣新疆给大小伯克为奴，或发遣云贵两广烟瘴地方充军。直隶、山东、江苏三省刘功、尹老须势力范围内的离卦教派都遭到残酷打击而元气大丧。但是在中世纪的中国——这块培育民间宗教得以生长的肥田沃土上，类似离卦教这样的教派，是难以扼杀而断其根株的。它们是生命力极强的野草，只要有土壤，就要顽强的滋生下去。就在尹老须案发生三年以后，道光十五年三月，一支由离卦教衍化而成的先天教教派，在山西人曹顺的策划下在赵城举行了暴动。这是中国古代史上最后一次农民暴动，它毫无结果地失败了。从此，农民阶级就戴着沉重的枷锁迈向了近代。

---

　　① 《军机处录副奏折》，道光十二年五月九日曹振镛奏折。

附:《离卦教传承表》

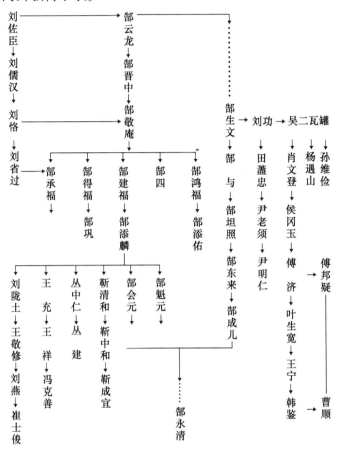

(注:由于篇幅所限,本文未能将所有离卦教派一一描述。)

(原载《世界宗教研究》1987 年第 1 期)

先天教与曹顺事件始末

　　道光十五年（1835）三月初四、五两日，山西省赵城县爆发了以先天教首曹顺为领导的农民起义。这是中国古代史上最后一次较大规模的农民造反行动。从此以后，农民阶级就带着固有的沉重锁链迈向了近代，开始了新的悲壮历程。

一　离卦教与先天教的倡立

　　清前期华北地区发生过四次较著名的起义和暴动：乾隆三十九年（1774）王伦清水教起义，乾隆五十一年（1786）段文经八卦会大名府暴动、嘉庆十八年（1813）林清、李文成天理教起义、道光十五年（1835）先天教曹顺起义。这四次行动似乎没有什么内在联系，其实它们都与八卦教系统中各类教派有着直接或间接的关联。曹顺所习先天教就是八卦教中离卦教的一个旁枝。

　　嘉庆二十一年（1816）秋，山西当局第一次发现先天教的活动。是年闰六月，赵城县廪生卫君选闻知左近有"邪教"活动，但"因各犯传教秘密，难以得实"，遂向先天教头目刘长禄名下"伪投入教"，给其银元一两，"嘱令带挈入会"。"至闰六月十四日立秋夜间，王宁、李世洪、刘长禄、宋长魁、贾明……与卫君选等设坛，供奉无生老母神位，拜祝供献，并将出钱人姓名录写一单，随帛焚化"。卫君选探得实情，"即赴儒学呈报"，而赵城县知县也同时访知"邪教"，遂拿获先天教教首王宁等三十余人，投首者二十余人，并"起获经卷"①。从而究出先天教倡立、传

_____

　　①　《朱批奏折》嘉庆二十一年十一月二十七日山西巡抚衡龄奏折。

教原委。得知先天教系离卦教衍化而来，因"离卦教头郜姓曾经传教犯案"，而"讳言离卦教"①。为了搞清先天教的来龙去脉，有必要了解离卦教的传承，及其与先天教的关系。

离卦教源远流长。作为八卦教的一个支派，它创成于康熙初年。当时，山东单县之刘佐臣"倡立五荤道收元教，编造《五女传道》等邪书，分八卦收徒敛钱"②。刘佐臣派令河南商邱人氏郜云龙充任离卦长。自此，"郜云龙倡立离卦教，自号透天真人"，传徒跪香，口授心法，赌咒发誓，并收受根基钱。③郜云龙死后，离卦教由其后代传承，掌教五代，历时一个半世纪。云龙物故后，其子郜晋中、孙郜从化相继掌教。郜从化有子五人，郜大郜承福、郜二郜得福、郜三郜建福、郜四幼殇、郜五郜鸿福。乾隆三十七年（1772），八卦教首刘佐臣曾孙刘省过"犯案"，招出离卦长郜氏兄弟。郜大、郜二、郜三被杀。④另一支离卦教头目郜生文在乾隆三十六年（1771）即被当局捕获处斩。

这以后，离卦教分为两支。一支于乾隆五十二年（1786）从河南迁徙至山东聊城县，继续传教生涯。另一支是郜生文后裔郜与及其子郜坦照，留在河南老家，暗中行教。嘉庆十八年（1813）九月，直、鲁、豫三省爆发了大规模的天理教起义（即八卦教起义）。离卦郜姓虽无一人参与其变，但皆因习教，受到牵连。为当局斩决或发配，至此郜姓无人，"其教遂散"⑤。

郜姓虽败，但离卦教却传遍华北广大地区，教派不下数十支，教名变换不下二十几个。诸如：离卦救苦教。义和门离卦教、佛门教、大乘教、圣贤教等等，先天教仅是其中一支。经嘉庆二十一年（1816）秋晋省当局审出之先天教，系传自郜生文一支。

先天教首王宁籍隶忻州，寄居赵城县。嘉庆六年（1801）"拜从平定州民寄居直隶钜鹿县（今巨鹿县）之叶生宽为师"，叶生宽又系直隶钜鹿

① 《朱批奏折》嘉庆二十一年十一月二十七日山西巡抚衡龄奏折。
② 《军机处录副奏折》，乾隆五十一年闰七月二十四日永琅奏折。
③ 《朱批奏折》，道光十三年九月一日山东巡抚钟祥奏折。
④ 《军机处录副奏折》，嘉庆十八年九月三十日郜添佑供词。
⑤ 《朱批奏折》，道光十三年九月一日山东巡抚钟祥奏折。

县人侯冈玉传授，"并究出叶生宽曾听从傅济传授《老子歌》案内拟徒"①。当局顺藤摸瓜，在直隶抓获了侯冈玉并其师孟见顺，悉知其教传承的来龙去脉：

> 孟见顺、侯冈玉在直隶供有离卦教、无为救苦教名目，传教首犯系已故离卦教首郜姓。……已故教匪刘恭传授吴二瓦罐，吴二瓦罐传与已故之肖文登，肖文登转传孟见顺，孟见顺转传侯冈玉。……该犯侯冈玉因于习教之后，会遇吴二瓦罐，告知离卦教头郜姓曾经破案，该犯虑恐称其门下，招惹是非，是以嘉庆四年赵其祥邀其劝教傅济之时，该犯讳言离卦教，只向傅济传教设誓并坐功运气功夫，尊奉无生者母。王宁等倡立先天教，伊等实不知情。②

此段供词中的郜姓即郜生文，"于乾隆三十六年犯案正法"③。"刘功（即刘恭）系由河南商邱县犯案正法之郜生文传授"④。刘功习教四十余年，传徒直隶、山东、江苏三省数十州县，门徒不下四、五千人。郜生文死后，离卦教传教中心之一由河南商邱转向直隶清河，刘功成了离卦教的大当家，嘉庆十八年（1813），刘功为山东兰山县门徒扳供被捕，"解往山东质讯，行抵景州，在途病故"⑤。生前传有弟子吴洛兴即吴二瓦罐。吴二瓦罐死于嘉庆十六年直隶大乘教案内。先天教这个离卦教旁枝就是郜生文、刘功、吴二瓦罐等人递相传授的。

上段供词中关键性人物是傅济，傅济，籍隶直隶钜鹿，以兽医营生，有子傅邦疑，嘉庆四年（1799）拜侯冈玉为师入教，侯冈玉向其隐瞒了所传系离卦教。嘉庆五年（1800），傅济传徒山西人叶生宽。是把离卦教引入晋省的传教人。他向叶生宽传授了《老子传道歌》，并给其《龙华经》一部（注：《龙华经》即《古佛天真考证龙华宝卷》，明末问世）。嘉庆六年

① 《朱批奏折》，嘉庆二十一年十月二十九日湖广总督孙庭玉奏折。
② 《朱批奏折》，嘉庆二十一年十一月二十七日山西巡抚衡龄奏折。
③ 劳乃宣：《义和拳教门源流考》，《义和团》Ⅳ。
④ 《朱批奏折》，嘉庆十九年二月八日署直隶总督章煦折。
⑤ 《军机处录副奏折》，道光十二年五月九日曹振镛奏折。

（1801）"叶生宽引王宁学习此教，拜叶生宽为师。"叶生宽又将《龙华经》转传王宁。① 嘉庆十三年（1808），傅济、叶生宽因习教发配。傅济先发配黑龙江，后改发湖北，叶生宽发配山西崞县。此案内，王宁侥幸漏网。

在叶生宽、傅济发配期间，王宁在赵城县继续进行传教活动。他向僧人普锐借得《药王经》（《救苦忠孝药王宝卷》）、《九莲经》（《皇极金丹九莲正信皈真还乡宝卷》）二部，"一并习诵"。嘉庆十九年（1814）十二月传徒宋长荣. 从此"开法"，陆续传授李克明等六人。"宋长荣转传其子……并王佐、李长芳……韩鉴等十人"（注：韩鉴即曹顺之师，下节详述）。从嘉庆十九年末到嘉庆二十一年末，王宁共传徒一百一十五名。开始王宁等人"亦止图修善行好，偶为村人祈祷疾病，亦无教名"②。

嘉庆二十年（1815）二月，从配所崞县释放回籍之叶生宽"因贫困难度，起意传习坐功运气，惑众敛钱. ……往投王宁。见王宁传有徒众，耸令立教做会，收敛布施。"王宁以徒弟不多，难以做会，回绝了叶生宽。遂送叶生宽二千文钱，叶生宽由晋省往投直隶钜鹿傅济之子傅邦疑，在他家染房做工. 嘉庆二十一年（1818）二月，叶生宽再次回到晋省赵城县，鼓动王宁倡教做会，他以《龙华经》中有"一字为宗、六字普度"的说法，在经内摘取平、照、京、天、喜、动六字，令王宁先取平字，其余五字分给李世洪等五"各在无生老母神前拜祝焚化，谎称上达天庭记号，死后免见阎王，不入畜道"。叶生宽见众人信服，遂令王宁设教做会。他"附会《龙华经)内有'无生老母立先天、收源结果凭查号'之语，倡立先天教，又名收源教。尊王宁为当家，每年四季之首做会敛钱分用"③。嘉庆二十一年（1816）二月，先天教倡立了。先天一词来自道教传说："伏羲之《易》小成，为先天：神农之《易》中成，为中天；黄帝之《易》大成，为后天"④，在八卦教中，历来设有先天、中天、后天牌位。刘佐臣物故后，教中一直尊其为先天老爷，可见先天教的倡立是受了道教和八卦教的影响。至于收源教教名在明代末叶就已出现，八卦教创立之初也曾叫

---

① 《朱批奏折》嘉庆二十一年十一月二十七日山西巡抚衡龄奏折。
② 同上。
③ 同上。
④ 杨慎：《丹铅总录》卷十六。

过收元教即收源教。

叶生宽、王宁倡立先天教，从传承关系上讲当然来自八卦教的离卦教，但又受到了其他教门的影响。例如《龙华经》就不是八卦教的传教经书，而是圆顿教的经书。所以说先天教只是离卦教的一个旁枝。

先天教倡教不过四、五个月，就被廪生卫君选告发，为当局破获。叶生宽、王宁以倡立先天教、敛钱惑众、设坛献神罪，"依传习邪教惑众者为首绞立决例，绞立决。"孟见顺在监病故。侯冈玉和王宁之徒李克明等九人"改发回城给大小伯克并力能管束之回子为奴。"此案中之韩鉴等二十三人因习教后"均各改悔不习，并未与各犯往还"，因而从轻发落，"应照违制律，各杖一百，再枷号两个月，满日折责四十板"①。

嘉庆二十一年（1816）的先天教案就此结束。

二　曹顺与赵城县先天教起义

在清统治者的眼中，山西省是其治理的最理想的省份："自我世祖章皇帝定鼎以来，山西一省厥称顺民，从无小有变动之忧。"② 但残酷的阶级压迫和民族压迫，却使纯厚的人民忍无可忍，终于在先天教倡立的二十年后，酿成了有清一朝晋省的最大事变。

嘉庆二十一年（1816）末，先天教一案审理完毕，当局以为从此便可高枕无忧。但不料先天教却在地下潜行默运，滋生发展。嘉庆二十二年（1817）春，王宁之徒韩鉴"犯案问罪、随即改悔"，为当局枷号两个月，板责四十，释放回家。几年内，他并未习教，但终因贫困难度，"习起教来"③。韩鉴是赵城县耿峪村人，平素与同村人曹顺交好。道光二年（1822），年仅十九岁的曹顺拜韩鉴为师，加入了先天教。韩鉴教他闭目运气，并念诵"观音老母造法船，造在婆婆海岸边。……"等十六句咒语。让他时常默念，同时供奉无生老母画像。曹顺"平时学习阴阳并会医病，

---

① 《朱批奏折》嘉庆二十一年十一月二十七日山西巡抚衡龄奏折。

② 《军机处录副奏折》，道光十五年（日、月不清）张相奏折。

③ 《军机处录副奏折》，道光十五年闰六月四日曹顺供词。

兼学拳棒"①。赵城县城内有僧人道洪，素行医德，两人常一道行医．曹顺曾"见他庙中存有《九莲经卷》，向其借看，"而沉溺其中。②

道光五年（1825），曾于嘉庆二十一年先天教案内返回原籍的傅济之子傅邦疑，受赵城县人原傅济之徒吉洪便之请，到晋省传教。"吉洪便与韩鉴、韩奎、宋银奎四人均拜傅邦疑为师。并询知韩鉴先于道光二年收曹顺为徒。"傅邦疑在传教之际，"望空烧香供茶，师徒一同跪地磕头、设誓。口称：俺今替祖亲传密密还乡道，俺传正法正道。要传邪法，哄了群黎，自身化为脓血。徒弟接应：情愿向善，若敢不遵，泄漏真传，不过百日，化为脓血。"设誓完毕，遂令群徒闭目盘膝而坐，用手抹脸，以鼻吸气，由口中出，名为采清换浊。又授以"耳不听非声、目不观非色、鼻不闻恶味、口不出恶言四语。平日敬奉无生老母、先天老爷，求免灾难、轮回"。在教内，徒弟称师傅为当家，师付称徒弟为善人。③

道光十一年（1831）二月间，傅邦疑至平定州传徒杨潭等十八人，是年十一月再次至赵城县耿峪村。"曹顺、韩绍祖即韩毛狗、韩枝、韩七郎、狄先道、靳恒汰、张汶斌、韩兴基等八人拜傅邦疑为师"。这样，曹顺在教内先后曾拜韩鉴、博邦疑两人为师。但"教内均不知由离卦教改立根由"。④ 从本文上述内容可归结曹顺习教传承关系如下：

从嘉庆十一年（1806）起，傅邦疑每年按四季派令门徒去晋省向韩鉴、曹顺等人收取"上供钱文"，以饱囊驮。道光十四年（1834），傅邦

---

① 《军机处录副奏折》，道光十五年闰六月四日曹顺供词。
② 同上。
③ 《朱批奏折》，道光十五年十二月四日山西巡抚申启贤奏折。
④ 同上。

疑"因所收银钱无多，冀广传渔利……，随捏称下元劫数，荒欠瘟疫"，耸动视听。他编造歌词云"不知道光定佛位，爱求圣帝看祖言"，"处处利名散瘟病，四下动头闹省城。"① 这些歌词，特别是"四下动头闹省城"等语，在后来的确启迪了曹顺等人攻打赵城县等州县之举。

道光十四年（1834）九月，韩鉴因年老力衰，无力经营教业，遂把教权交给曹顺掌管。曹顺掌管赵城先天教以后，使这个只知传教渔利的教门发生了质的转变，他引导教徒走上了反清起事的道路。

自从曹顺掌教以后，因傅邦疑在自己的传教范围内不断敛钱，减少了自家财路，遂断绝了与傅邦疑的来往，"自立教门"。他粗晓医道，"治病见效"，又"素习阴阳业"，"兼习拳棒"，"村人被其愚弄，皆信服。该犯复捏称伊系释迦佛转世，知人前生。从此信服者益众"②。其间韩鉴令其弟韩奇、其子韩修娃、韩毛狗等"均拜曹顺为师"。"旋有张汶赋等并县役赵法玉、狄思亮，马夫杨潮法均先后拜曹顺为师。内先已拜从傅邦疑等学习先天教之人，因见曹顺传法新奇，亦投入教内"③。

曹顺是粗通文墨的人，为了诱人入教，巩固教权，他捏称教中之人"各有来历"，他"知人前生"。这些人分别是海瑞、魏延、杨四郎、徐庶、杨业、哪吒、孙猴儿等等的"转世"。其实曹顺不过从戏文中道听途说的一些"英雄人物"，但徒众闻之欣喜，"彼此附会，迷罔日深"④。

道光十五年（1835）正月，曹顺修房取土，偶获铜印一颗，大喜过望。据曹顺被捕后供词说："因想铜印非常人之物，小人既能得授，将来自当大贵. 又因徒众渐多，遂起意造反。"⑤ 曹顺起义当然有着深刻的经济、政治背景，但一颗铜印的挖掘，竟成了这次事件的导因，说明迷信和宗教意识在一块贫困、愚昧的土地上也会产生巨大的刺激或启迪功能。同时也说明，尽管封建统治是何等酷烈，它对底层群众的思想控制又是十分脆弱。特别在明、清两朝更是如此。

---

① 《朱批奏折》，道光十五年十二月四日山西巡抚申启贤奏折。
② 《军机处录副奏折》，遭光十五年四月三日山西巡抚鄂顺安奏折。
③ 《军机处录副奏折》，道光十五年六月四日山西巡抚鄂顺安奏折。
④ 同上。
⑤ 《军机处录副奏折》，道光十五年闰六月四日曹顺供词。

　　道光十五年（1835）二月十六日，曹顺等人开始了起义的策划工作。他先与韩鉴等耿峪村附近的头目，继与城内僧人道洪、衙役赵玉法、耿思亮、驿站马头杨潮法等人相商："俟煽惑人众，陆续敛钱，打造军器。定期八月十五日遣人分往平阳府、霍州、洪洞县、赵城四处，同时起事"①。

　　三月初二日，起事计划为乡约张进武探得，进城首告。张进武先与赵城县书吏董良史相商，不料董良史也是先天教教徒，"恐被供出，阻止未报"②。三月初三日，赵城县知县杨延亮已访闻先天教"谋逆"消息，命令衙役郭二魁等差拿。作为县役的先天教徒赵法玉、耿思亮闻得此举，由耿思亮赶往耿峪村送信，"嘱令赶早起事"③。曹顺急忙招集韩鉴与众门徒计议。据道光十五年（1835）六月曹顺供词记载：

　　　　小的齐集韩鉴们相商。韩鉴说人少没有兵器，难敌官兵，小的说若被县官拿住，都没性命，不如先行动手。杨潮法说，赵城地当大道，若把来往文报截阻，各处不得信息，救兵一时不能前来，可以裹胁多人，守险抗拒。小的就定于三月初四日夜起手。④

　　曹顺命门徒苗三娃等书写传单，盖上铜印印章，分往各村通知教徒，并知会僧人道洪在城内接应。又命韩奇等人在村内搜取各家刀棍、农具，"将弯的改直、圆的出尖，像是矛枪的样子，连夜打造。初四日，韩奇们纠得徒众，并逼胁村人共二百多人……叫他们头上扎挽绸布做记号。红色为大，蓝色为中，其余都挽青结"⑤。曹顺恐众人畏惧枪炮，声称他有法术，能避火器，不怕枪打，以壮门徒胆气。他封韩奇、张汶斌为领兵元帅，李吉星、苗三娃为军师。命韩奇、张汶斌、苗三娃分头领人进城，在道洪庙内取齐，然后攻打县衙。占领赵城后，再分头攻取霍州、洪洞县城池。之后再攻平阳府。同时，他派令杨潮法抢劫驿站马号中的马匹，分发

---

① 《军机处录副奏折》，道光十五年六月四日山西巡抚鄂顺安奏折。
② 同上。
③ 《军机处录副奏折》，道光十五年闰六月四日曹顺供词。
④ 同上。
⑤ 同上。

给众人骑乘。①

三月初四日三更，韩奇带领六七十人由赵城西面城墙坍缺之处爬越进城，在道洪庙内汇齐。四更时开启北门，放入其余人众。韩奇、张汶斌携同道洪与众教徒进攻县衙，赵法玉、狄思亮在衙内接应，"举火引路"。是时知县杨延亮及母、妻、四子二女尚在梦乡，猝不及防，遂为韩奇、郭世杰等人全行杀毙。幕友杨成鼎、并家丁、婢女等五人亦同时被杀。② 当时杨延亮家丁焦福"惊闻大堂喧闹，起身出看，有匪徒多人，放火烧毁监狱，大堂，延烧官署，不知本县存亡，该家丁从署内跳出，来州禀报"③。

先天教徒占领赵城县后，分兵两路，于初五日向霍州城和洪洞县进发。沿途掳掠裹胁各有三、四百人，迫至城下，该城、县施放枪炮，击毙数人。贼众始知能避火器之言系属妄诞，均各退避④。

关于围攻霍州和洪洞县义军人数，各类奏折说法不一。据山西巡抚鄂顺安三月初八日奏折称："是日（注：三月初五日）接据灵石县知县祥玉禀报，该县与霍州毗连，速探得霍州城垣约有匪徒二千人围住，现在严密防堵等情"⑤。

三月十一日鄂顺安奏折称："据洪洞县知县俞佐发称，初五日午刻有贼匪四、五百人行至县城，势欲攻打。经该文武各官督率兵役，施放鸟艳。匪徒退避. 夜间复至，又经放枪击退。"⑥

初五晚间，杨法潮和韩五达先后从霍州和洪洞县回到赵城县狄峪村，向曹顺报告"霍州、洪洞的人马都被城上官兵放枪打败。……大众纷纷逃散"⑦。曹顺听闻，放弃对逃散的众教徒的组织领导，只顾自己逃命。他"想起七、八年前韩鉴说过，此教是山东传到直隶，直隶传到山西。山东府里有一教首姓刘，所以往找"⑧。曹顺和李吉兴逃往山东避难，路遇张汶

---

① 《军机处录副奏折》，道光十五年闰六月四日曹顺供词。
② 《军机处录副奏折》，道光十五年六月十一日江南道监察御史蔡子璧奏折。
③ 《军机处录副奏折》，道光十五年三月八日山西巡抚鄂顺安奏折。
④ 《军机处录副奏折》，道光十五年六月四日山西巡抚鄂顺安奏折。
⑤ 《军机处录副奏折》，道光十五年三月八日山西巡抚鄂顺安奏折。
⑥ 《军机处录副奏折》，道光十五年三月十一日山西巡抚鄂顺安奏折。
⑦ 《军机处录副奏折》，道光十五年闰六月四日曹顺供词。
⑧ 同上。

斌。三人同行至山东曹州府观城县．三月二十二日躲避在观城县外荒僻的破庙之中，为巡查的营弁拿获。① 解省审讯，至五月解赴晋省。

先天教起义极大地震惊了山西当局。三月六日消息传至省城，巡抚鄂顺安"不胜骇"，立即布署省城满汉官兵八百名，汾州、盂寿等地营兵五百五十名。又命大同总兵带兵三千，"驰往合剿"。清兵末到，先天教起义成员或已逃散，或已避入山中。由于无人领导，迅速彻底失败。起义消息传至北京，清廷命陕西、直隶、河南、山东诸邻省"严加堵截"，其实赵城先天教起义，不过是数十名骨干成员。率数百名乌合之众，事前既无准备，事后又缺乏良好组织，使用"军械"多为农具、棍棒，而策划者一闻败绩，即行逃窜。但封建统治者却如临大敌，集晋省数千精兵，并以邻省重兵把守关隘。有清一朝至道光时，的确是衰败之至了。但是这个衰败的王朝，对失败了的人民却无所不用其极，暴露了凶残的本性。道光皇帝亲下谕旨：将杀死县官杨延亮的教徒'摘心至祭"。而此案办理，亦骇人听闻，据山西当局"汇开清单"记载：

> 寸磔人犯一名：曹顺。凌迟摘心人犯四名。韩奇、郭世杰等。凌迟人犯二十名：张汶斌、苗赞庭等。斩决枭示人犯七十七名；韩枝、韩修娃等。应拟斩决留质人犯一名：狄耿儿。②

道光十五年（1835），山西省赵城县及省城太原府被淹没在奴隶们的血泊中。中世纪最后一场阶级较量，仍然以农民阶级的失败而告结束。但是有着近两千年历史的民间宗教，从未因杀戮而绝迹。贫穷、落后、愚昧、黑暗，恰恰是其滋生的沃土。在中国的历史走向近代以前，类似先天教的教派不下数百种，它们活动在除西藏以外的广大地区，几乎是无处不有、无时不在。就先天教而言，道光十五年（1835）的"痛加惩处"也没有将它根除。八年以后的道光二十三年（1843）二月，当局再次发现它

---

① 《军机处录副奏折》，道光十五年四月二十日山东巡抚钟祥奏折。
② 《军机处录副奏折》，道光十五年（日、月不清，作者不清）。

在霍州、平阳一带的活动。① 这个事实告诉人们：只要土壤尚存，野草就会滋生下去的。

（原载《清史研究通讯》1988 年第 1 期）

---

① 《军机处录副奏折》，道光二十三年九月二十四日山西巡抚梁萼涵奏折。

注：本文使用的档案资料全部为《中国第一历史档案馆》收藏。

"癸酉之变"重考

乾隆中叶到嘉庆末叶，是清代历史的转折期，它结束了这个王朝近一个世纪的表面繁荣，从此封建专制统治如江河日下，再也没有回转的机运。造成这种局面的根本原因是封建社会本身无法克服的矛盾，而主要表现形式是吏治的腐败。乾、嘉两朝，吏治之风两大变："乾隆一朝，贪污之风遍天下。"① 嘉庆一朝则"告讦挟制之风，效尤日炽"，导致"大官以宽容为美，小官以蒙蔽为能"，或尸禄保位，或怠惰因循。② 而整个地主官僚阶层则"无事不与民为仇"③。

在这样的时代，本来在底层潜行默运的民间宗教和结社运动，全面向农民革命运动转化，其势如地下烈火，喷涌而出。乾隆三十九年山东的清水教起义、嘉庆元年川陕楚等五省白莲教起义、嘉庆十八年八卦教直鲁豫起义接踵而至。这是一个农民革命际会风云的时代，四次大规模农民革命代表了农民运动的主流和方向，构成了动乱时代的主要内容。而"癸酉之变"则是农民运动发展的高潮，它直接对皇权的象征——紫禁城发动了进攻，对清帝国最高权力中枢造成了极大的震惊，它的影响长久地在历史中引起回响。

1813 年（嘉庆十八年，癸酉），川陕楚白莲教起义失败已近十年，朝野一片升平景象。是年秋，嘉庆皇帝仍行秋狝礼，到塞外木兰围场，阴历九月初，皇帝车驾正在回京途中，一场撼人心魄的事变已经临近。

九月三日，远在千里之外的河南滑县，县令强克捷侦知八卦教教首李文成预谋起事，遂将他与另一首领牛亮臣逮捕严讯。九月七日，数千名教

---

① （清）昭梿：《啸亭杂录》卷十。
② 《朱批奏折》，嘉庆十八年十月初一日百龄奏折。
③ 《军机处录副奏折》，原任湖南长沙府善化县典史候选经历邹润吾上皇帝书。

徒在于克敬、冯克善率领下，突袭县城，戕官劫狱，救出李文成、牛亮臣。数日间，河南浚县、山东曹县。单县、金乡、城武、定陶、鱼台，直隶长垣等地八卦教徒云集响应，华北大平原上反声四起。当局惊慌失措，却不料九月十四京畿大兴、通县，直隶固安、新城、雄县一带数股教徒在总教首林清策划下潜入京城。十五日午时，由太监导路，从东华门、西华门持刀闯入紫禁城。顿时，京师震恐，人心摇动。嘉庆皇帝途中闻变，颁示《罪己诏》，承认自己为政不佳，以致酿成汉唐宋元未有之事。史称这次八卦教徒攻入紫禁城事件为"癸酉之变"。

"癸酉之变"对清政权的确是一场"奇灾异变"，然而，"祸起一时，积变有日"，事物发展自有其原委。

清礼亲王昭梿在其著《啸亭杂录》中对八卦教有一段描述：

> ……其教以道祖为重，又有天魔女诸名位。以持斋修善为名，而暗蓄逆志，谋为不轨。……而蔓延至楚、豫、秦、蜀诸省，遂有嘉庆元年丙辰楚北揭竿之乱，兵兴九载，然后扑灭。其传习京畿者，久而益炽，又变为八卦、荣华、红阳、白阳诸名。[1] 这段议论大而化之，谬讹百出，不足为信史。关于八卦教源流，拙文《八卦教世袭传教家族的兴衰》已作考证，本文不多赘言。[2]

清代康熙初年，山东单县人刘佐臣创立八卦教。在此后近一个世纪较为平静的历史环境中，这个教门日益走上封建化的进程，被几个逐渐形成的世袭传教家族所把持，发展成为内部等级森严，为少数地主家族服务的宗教，从乾隆三十七年至嘉庆末叶，八卦教世袭传教家族在清政权铁血政策的打击下，大多"零落断绝"，纷纷走上末路，无可挽回地衰落了。这些家族的败亡，使统一了一个世纪的八卦教走向分裂。到嘉庆年间，华北大平原上八卦教各支各派，星罗棋布，互不统属，形成了群龙无首，各自传教的局面。

---

① （清）昭梿：《啸亭杂录·癸酉之变》。
② 参见拙作《八卦教世袭传教家族的兴衰》，载《清史研究集》第四辑。

嘉庆一朝，有清政权进一步衰落，社会政治经济状况进一步恶化，一切恶劣的形势都迫使小农、小手工业者、小市民以及形形色色被抛到苦难深渊的底层群众为寻求生路，起而抗争。这时八卦教内部酝酿一场新的爆发。但是由于教内反清力量的分散，亟需一种力量把它们重新统一起来，以适应人民群众变革现实的普遍要求。由于清政权的外部压力和八卦教固有的凝聚力，在嘉庆中期以后这种在反清基础上的重新统一的条件已经初步具备。显然世袭传教家族已不具这种重新统一的能力。历史的责任落到了名不见经传的林清、李文成头上，正是在这种历史条件下，林清登上了历史的舞台。

一　林清的崛起

嘉庆初中叶，京畿大兴县、通州一带活跃着多种民间宗教，其中就有八卦的坎卦支派，正是以坎卦教教徒为核心，林清才得以在嘉庆十八年策划攻打紫禁城的行动。

早在乾隆初中叶，直隶就是坎卦教的活动中心。刘佐臣曾孙、教主刘省过曾封直隶容城县人张柏为坎卦长。① 至少在乾隆三十四年，大兴县已经有了坎卦教教徒。据教徒王士俊供词记载：

> 我系大兴县人，……在海子高庄地方居住，现当海户。乾隆三十四年间有容城县的张柏传教与屈得兴，屈得兴又传给了我。他教我运气养身。曾说过他们的教主是刘省过。②

可见，大兴县坎卦教是刘省过、张柏的嫡传正宗。屈得兴死于乾隆三十七年，王士俊于乾隆五十一年获罪发遣。直至嘉庆年间，当局才再次发现大兴县的坎卦教。

从嘉庆年间的档案分析，大兴县的坎卦教是青云店人顾文亮发展起来

---

① 《军机处录副奏折》，乾隆四十年五月二十四日大学士舒赫德奏折。
② 《军机处录副奏折》，乾隆五十一年八月九日绵恩奏折。

的。至顾文亮师承，则史料阙如。林清曾供称，其师父是顾文亮。但大量史料证明，他不过是顾氏的三传弟子。据嘉庆十九年三月的一份奏折记载："获犯"杨十"今年六十三岁，……四十岁上拜青云店顾文亮为师，教念真空家乡，无生父母八字。该犯转传与宋家庄之宋金会、宋金耀。……后来宋金耀又传与林清做徒弟"①。这段奏折不仅指出林清的师系，而且说明乾隆末年顾文亮在大兴县就进行过传教活动。为了确证林清师承，我们再引一段林清外甥董帼太供词：

> 这杨十是中臧村人，他与青云店顾文亮系亲戚，他入理是顾文亮传的，顾文亮又传给郭潮俊，郭潮俊转传给宋进耀时是杨十引进的。宋进耀又传给我舅舅林清。②

此处宋进耀即宋金耀，与林清同是大兴县宋家庄人。通过上述说明，可知林清渊源：

刘省过→张柏→屈得兴……顾文亮 ⟨杨　十 / 郭潮俊⟩ →宋金耀→林清

顾文亮死于嘉庆十二年六月，宋进耀、宋进会等人推举郭潮俊"掌坎卦教"嘉庆十三年，这支教派出现危机。据董帼太供称：

> 同会的陈茂林被陈茂功在保定府告发牵连，杖责所有的坎卦头目。宋进耀、宋进会、刘呈祥俱已充徒。郭潮俊亦不能办事，说我甥甥（指林清）命大，让他做了教首③

林清于嘉清十四年初做了京南坎卦教卦长，后来"宋进会同他手下都

---

① 《军机处录副奏折》，嘉庆十九年三月十六日刘钚之奏折。
② 《军机处录副奏折》，嘉庆十九年四月二日董帼太供词。
③ 《军机处录副奏折》，嘉庆十八年十月十六日董帼太供词。

与林清磕头，就都归了林清"①。从此林清就以一个民间宗教家的身份活跃在大兴县一带。

林清是何许人？

昭梿在《啸亭杂录·癸酉之变》中说：

> 有林清者，本籍浙江人，久居京师，住京南宋家庄。幼为王提督柄弄童，随王入于苗疆久，颇解武伎，遂为彼所推，尊为法祖。②

这段记述除林清祖籍及现居地外，皆为谬词。嘉庆十八年十月十六日董帼太有一份数千言供词，详细地记录了其舅林清"行状"：

> 我外祖林先是绍兴人，移住大兴县黄村地方，在黄村巡检司衙门当书吏，又充南路厅稿工。我舅舅林清于十七、八岁时曾在京中西单牌楼南首路西九如堂药铺内学徒。三年学会手艺，并略懂医病就出了九如堂，到三里河不记店名药铺内做伙计……。因他常在外嫖娼，身生疮毒，被药铺逐出。他就雇给顺城门外街道上打更。其时我外祖已死，黄村衙门书吏缺底，顶与别人，每年给我外祖母京钱五十千。后来那顶缺的不肯给钱，……我舅舅就接充了。有一年因浑河办工，私折夫价，被本官查出革退，就在黄村将所折夫价做本钱，同他大姐夫崔老伙开茶馆。约有半年，他终日赌钱，亏输折本，崔老不依，将他撵了。他就偷扒边墙，出口到热河，投在汪巴大人处管布达拉石作工程。得了些钱，回到黄村每日吃喝嫖赌，把钱花完了，就上苏州找着他三姐夫施姓，替他转荐到四府粮道衙门当长随。后因本官丁忧，他跟了丹阳县知县。又因知县解铜去了，他到江宁一路替人医病，赚得钱文，随手花费。后来不能存活，雇给粮船上拉纤，回到通州。③ 林清回到北京时，衣衫褴褛。已形同乞丐。

---

①　《军机处录副奏折》，嘉庆十八年十月十六日郭潮俊供词。

②　（清）昭梿：《啸亭杂录·癸酉之变》。

③　《军机处录副奏折》，嘉庆十八年十月十六日董帼太供词。

　　这以后，他又在京城养鹌鹑，开鸟雀铺，但终因好吃懒做"把本钱花完"，险些被人送官。嘉庆十一年五月，在走投无路的情况下，加入了以郭潮俊为首的荣华会坎卦教，开始了以传教敛钱为职业的宗教家的生涯。林清充当过自由职业者、衙役、监工，做过小买卖，干过体力活，是个市民兼无赖的多重身份的人。他游手好闲、吃喝嫖赌，却见多识广，为人慷慨、宽宏。在以小农、小手工业者为基本群众的民间教门中，不久便显示其见识与才能，成为众望所归的组织者和领导者。当然，林清并非天然的农民领袖，"初入教也，意图敛钱无大志"①。但对金钱的追求，却导致教门的扩大。他改变了以往教门的保守势态，不仅在农村，而且从城市招收各色人等入教。他的徒弟有农民、小手工业者、包衣、小市民、小商贩，也有地主、商人、衙役、官吏、太监，甚至清政权的四品武官。其势力范围包括京畿、直隶五县及北京内城。他依仗实力，雄心勃勃地统了这一范围内的白阳教、红阳教，并逐渐把这些教门拉上反清的轨道。

　　早在乾隆中叶，直隶固安、雄县、新城等地就活动着一支白阳教派。到嘉庆年间，固安县人张添升已经掌握三县一百多名教徒。林清依仗着实力，派人邀请张添升到大兴县宋家庄"讲论教中道理"。据张添升供词交待，"因为林清会讲，我说他不过，就把这四股一百多人全交他管了"②。嘉庆中叶，通县活动着一支红阳教派，他依据"三教总该归一"的理论，派令门徒刘第五、祝现等人强邀红阳教首李老碪头入会，使这支红阳教派隶属于八卦教的统辖之下。③ 李老的弟子刘兴礼、再传弟子李潮佐在京东民间宗教内颇有实力，并与部分在教太监关系密切，这部分人也随之"归了"林清。

　　林清的核心力量在大兴县宋家庄和桑堡村。宋家庄是林清起家的基地，有信徒一百多人。桑堡村在宋家庄左近，属正兰旗豫亲王庄园。村民多是有清入关时从东北带来的世代包衣。在林清掌教后，即收包衣陈爽、陈文魁、祝现、祝林、祝真、祝玉及刘第五等人入会。这些人都是日后攻

---

① （清）兰簃外史：《靖逆记》卷一。
② 《军机处录副奏折》，嘉庆十八年十一月初一日张添升供词。
③ 《军机处录副奏折》，嘉庆十八年九月二十八日李老供词。

打紫禁城的骨干成员。

最令朝野惊异的是四品官曹纶也参加了八卦教。嘉庆皇帝亦感不解："现任独石口都司曹纶，为林清盟弟，共图谋逆。朕廷讯，曹纶直认不讳，此又奇中之奇。"① 曹家世代为官，"曾祖曹金铎系骁骑校，伯祖曹瑛曾任工部侍郎补放山西大同镇总兵，祖曹城原任南顺府知府，父曹廷奎任贵州安顺府同知"②。生活在世家望族的曹纶为何要参与"谋逆"？林清在江苏时，便与曹纶相识。嘉庆六年曹纶升治仪正，"十年放公中佐领，十六年升独石口都司"。嘉庆十二年，他贫困已极，"衣服褴褛不能出门当差"，林清当即帮助京钱及衣物。嘉庆十三年，扈从皇帝热河行围，时"积年欠帐五、六千金之多，日夜追逼，非当无以当差，并无以存活。"林清又送马一匹，骡一头，京钱五十千，以解燃眉之急。十二年春曹纶、林清等四人结拜兄弟，十六年正月曹纶拜林清为师入八卦教，其子曹幅昌后亦随同入教。③ 曹纶后来供称，他之所以参与"谋逆"，"实在穷极无奈，贪图富贵。料得林清事成后，自然给我一、二品官做。……并非真心奉。"④

使清廷震惊的是太监多人参与"谋逆"。清嘉庆年间，太监加入民间宗教者分两个系统，一个是红阳教，一个是八卦教。

宫内太监与红阳教关系可以追溯到明代万历年间。万历年间，红阳教创教人飘高进京，即投靠腐败的宦官集团。其经卷记载："混元教祖兴隆，天下春雷响动。御马监陈公、内经厂石公、盔甲厂张公三位护法。"⑤ 至清代，朝廷以酷法对待干政之太监，但信仰红阳教的风习却相延不断。据通县人、太监杨进忠供词云：

> 我本姓赵，……二十五岁时充当太监，在果房当差。嘉庆十四年上因盟弟林四给我治好了病，林四本是龙华会中人，引我拜李潮佐为师，习红阳教。我一家人……都入教的。我又引果房太监赵密、陈

---

① 《朱批奏折》，嘉庆十八年十月对两广总督蒋攸铦奏折朱批。
② 《军机处录副奏折》，嘉庆十八年十一月九日曹纶供词。
③ 《军机处录副奏折》，嘉庆十八年十一月五日曹纶供词。
④ 《军机处录副奏折》，嘉庆十八年十一月六日曹纶供词。
⑤ （清）黄育楩：《又续破邪详辩》。

太，张幅贵与现已身故之张来喜一同习教。我每年四月初一到马驹桥张大家作会。……本年六月间，有李潮佐的师付刘姓与林四到我家内……商量要起事，我在里头熟，到九月十五日要我带领教中人进西华门内起事，若闹成了就升我为总管，可以发财。①

杨进忠等人所入红阳教，本与林清八卦教并无干系。但林清统一了大兴、通县的红阳教后，使总教头李老归依门下。供词中所云刘姓即李老门徒刘兴礼，与李潮佐等人受林清之命，策动教内太监，为起事之内应。

与此前后，林清又命陈爽等人召收宫中太监加入八卦教。据太监刘得财供词记载：

我是宛平县人，住桑垡村。……我于嘉庆十一年由仪亲王府挑进，在吉华门当差。十七年二月，我遇见同村人陈爽，他说能知刮风下雨，从他学好可得好处。陈爽就教我八个字，是真空家乡、无生父母。……他还教我念忏条……，我收了徒弟刘金、王福禄、张太，高广幅四人。……八月二十四日，……到彰仪门大街店里见林清、陈文魁们。林清说他们九月十五日要起事动手，叫我引路进内，如能成事，封我个总管。②

上述两份供词并没有包括所有参加红阳教和八卦教的太监。杨进忠除供有赵密等四名太监拜其为师外，尚有坤宁宫首领太监刘十、外殿当差太监张进禄、佛堂太监刘双喜、黄兴、孟双喜。"各该太监止于入会，并无匪为之事"③。参加八卦教的太监亦不止五人，还有阎进喜、余吉庆等，亦无与闻攻打紫禁城的事变。

为什么会有如此众多的太监"背忘恩，大逆谋反"？一是，清初有鉴于明末宦官参政为害之烈，"乃立铁牌于交泰殿，以示内官，不许干予政

① 《军机处录副奏折》，嘉庆十八年九月二十二日杨进忠供词。
② 《军机处录副奏折》，嘉庆十八年九月刘得财供词。
③ 《军机处录副奏折》，嘉庆十八年九月二十二日英和奏折。

事"。乾隆皇帝"待之尤严，稍有不法，必加箠楚"，甚至"立置磔刑"。因此"刑余之辈……乃至萌叛逆之心至此"①。其二，太监在政治上失势，反导致经济上的贫困，特别是底层太监，大多来自直隶、山东农村，家境贫寒，多自幼被宫刑。入宫后，又处于等级严酷的环境中，倍受侮辱与困顿。一旦有人接济，便易以身相许。据阎进喜供称："每月初一日我即到刘得财房中取钱使用。刘得财给过顾进禄、余吉庆们钱我是知道的"②。而刘得财告诉他们"这是他师父林清给的"③。其三，京畿、直隶，历来是民间宗教滋蔓繁衍地带，有深厚的历史传统。大凡入教者，多系祖辈相袭，举家信仰，因而沉溺其中，势不可拔。一旦在教，为形势左右，虽为皇室仆役，身不由己，因而走上反抗道路。

　　林清以高超的组织才能和慷慨大方的性格赢得了各阶层的信仰，使他在京畿、直隶一带八卦教内站稳了脚跟，并为他进一步统一整个八卦教奠定了基础。

二　林清与八卦教的统一

　　林清掌握了八卦教坎卦教教权，并统一了京畿及直隶数县的白阳教和红阳教以后，着手进行与河南、山东等地八卦教其他教派的联络工作。早在嘉庆十三年五月，林清认识了河南滑县人牛亮臣。那年初夏，宛平县人陈茂功控告其兄陈茂林"传习邪教"。坎卦教头目宋进会、宋进耀、刘呈祥、林清四人受到牵连，被保定府当局"传案讯供"。时河南滑县当司库的牛亮臣因欠账赔累，"窃当库贮赃衣六十件，畏罪逃至保定"，"在马老太店内照应门面"④。林清彼时亦住在该店内，因此与牛亮臣相识。此案内宋进会、刘呈祥、宋进耀三人问拟发配，林清由马老太"具结保出"。嘉庆十三年八月，林清携牛亮臣回到大兴县宋家庄。不久牛亮臣就拜林清为师加入坎卦教。据牛亮臣供词记载：

---

① （清）昭梿：《啸亭杂录·不用内监》。
② 《军机处录副奏折》，嘉庆十八年十月十二日阎进喜供词。
③ 《军机处录副奏折》，嘉庆十八年十月十二日余吉庆供词。
④ 《军机处录副奏折》，嘉庆十八年十二月二十六日牛亮臣供词。

九月十二日，他上了香，我就跟着他跪下发了誓。他起来用手点我眉心说："性在这里。"并传我真空家乡、无生父母八字，归了他的坎卦。①

林清告诫牛亮臣，这教"每日朝拜太阳，念诵经语，可免刀兵水火之厄。如遇荒乱时候，并可乘机图谋大事"②。可见在嘉庆十三年时，林清就产生了反清思想。牛亮臣由林清介绍在京南一带教书糊口，于嘉庆十五年二月回到滑县。林清结识牛亮臣的意义十分重大，一年后他通过牛亮臣结识了河南震卦头目李文成、离卦头目冯克善。把统一八卦教的事业推向了河南。

嘉庆十六年二月林清到河南滑县道口镇会见牛亮臣。李文成同牛亮臣、于克敬、冯学礼"去访林清"，"见面后因林清理深，就都归了林清。林清说他自己是天盘，李文成是人盘，冯克善是地盘"③。

据董帼太供词记载，林清仅在嘉庆十六年就曾三次去滑县：

十六年二月，我舅舅带了支进财，并已故的孙九往滑县找着牛亮臣。就认得了牛亮臣的联襟冯克善并冯克善的表兄李文成，到四月间方回……。五月间又带支进财步行往滑县传教收徒，七月间骑了一个驴子回来。……九月间又骑了驴子带同李得、支进财往滑县一次。……并说李文成是震卦，冯克善是离卦。他同冯克善离坎交宫。他该做圣人，冯克善该做天师，同帮李文成做人皇。他们三人结了兄弟，相好的很。④

林清在嘉庆十六年三次赴豫，推动了河南滑县一带八卦教的发展，也扩大了自己的实力，提高了他在八卦教中的地位。

---

① 《军机处录副奏折》，嘉庆十八年十二月二十六日牛亮臣供词。
② 《军机处录副奏折》，嘉庆十九年正月牛亮臣供词。
③ 《军机处录副奏折》，嘉庆十八年十二月二十六日牛亮臣供词。
④ 《军机处录副奏折》，嘉庆十八年十月十六日董帼太供词。

　　河南震卦教是乾隆中叶由震卦长王中及震卦掌爻侯景太从山东传入的，虽然经过乾隆三十七年和五十三年两次镇压，并没有因之而消声匿迹，到嘉庆中叶又如火如荼地发展起来。嘉庆十一年河南安阳人梁健忠传九宫道（八卦教异名同教），他传滑县人刘宗林为徒。"刘宗林亦收刘帼明、郭明儒为徒，刘帼明又收李文成为徒。"① 梁健忠掌教时无大志，一味敛钱肥己。"李文成从前也敬奉他。自与林清结识后，因林清常说梁健忠所传道不真，李文成曾从众人到梁健忠家讲论道理，争做卦主。梁健忠因势不敌，始将家存教内经卷、底薄交给李文成掌管，后来李文成就敛取众人银钱送给林清使用"②。

　　林清是八卦教统一的真正组织者，只有林清到滑县以后，李文成才成为河南震卦教的领袖。这一点从梁健忠供词也可以看出分晓：

　　　　我徒弟刘宗顺、徒孙刘帼明、李文成们都归于林清的教，所得入教的钱文、粮食都送给林清收用。我起先不归林清，做了黄布旗，令徒弟们门口都插黄布旗……，与林清作对。后来我徒弟都归顺了林清，我势孤，也只好归顺了。……林清封我为离宫伯③。

　　林清与梁健忠的对立以及李文成的夺权，不应看成是一般教门的争权夺利。而是使八卦教重新走向统一的重大步骤。这一步骤使河南震卦教从传教敛钱的八卦教的传统旧宗旨中蝉蜕出来，与它发生了质的区别。李文成掌卦以后，答应入教送钱文、粮食者，俟起事后"给与地亩官职。每钱百文许地一顷，粮食数石许给官职。填注号簿，并开写合同纸片，交与本人作据"④。梁健忠行教时，人数本不甚多，自从林清、李文成采取革命措施以后，"是以相从者众"⑤。林清的河南之行，的确使震卦教面目一新，势力大振。

---

①　《军机处录副奏折》，嘉庆十八年十二月二十四日梁健忠供词。
②　《朱批奏折》，嘉庆十八年（月、日不清）那彦成奏折。
③　《军机处录副奏折》嘉庆十八年十二月二十四日梁健忠供词。
④　《军机处录副奏折》，嘉庆十八年十二月十二日托津奏折。
⑤　同上。

在重新统一的八卦教中，林清地位高于李文成。据董帼太供词记载："那震卦教内的李文成叫林清做当家的，林清比他大，他还向林清磕头的。"① 震卦重要头目秦学曾也讲："他们指林清是圣人"，"每年敛有银钱交李文成收取，或者李文成之义子刘成章或宋元成或着我陆续送交林清家，也有林清自来取走的"②。

自从林清到河南后，河南、直隶、山东的八卦教支派广泛加强了联系。嘉庆十六年十月，离卦教头目冯克善和他的师父王祥"到宋家庄林清家传授拳法。并传林清的头目祝现、陈爽们与冯克善见面"③。嘉庆十七年牛亮臣与李文成、于克敬前往宋家庄拜会林清，"于克敬有《三佛应劫书》一本献与林清，林清看了书上有十八子明道的话，就说现在应姓李的应世，李文成应做人王。那时已经商量要谋反的话"④。《三佛应劫书》又名《三教应劫总观通书》，"以燃灯佛、释迦佛、未来佛为三劫"，"其书内有天盘三副，过去系燃灯佛掌教，每年六个月，每日六个时；现在是释迦佛掌教，每年十二个月，每日十二个时；将来系未来佛掌教，未来佛即弥勒佛，每年十八个月，每日十八个时"⑤。这部书与《定劫宝卷》、《未劫宝卷》、《弥勒古佛救劫篇》等等大同小异，都是一些关于人类遭劫，而于劫灾之后世界更新的宗教预言。这些书长期流传在底层社会，成为民众利用宗教反抗当局的启蒙书本。

嘉庆十七、十八两年，河南八卦教头目于克敬、宋元成、刘成章、冯克善，直隶杨遇山、山东宋跃滩等人频繁往来于直、鲁、豫及大兴县宋家庄之间策划密谋。嘉庆十八年七月，李文成派义子刘成章请林清赴豫进行起事前的最后会商。决定于九月十五在北京、河南、山东、直隶同时起手。据牛亮臣供词记载：

> 七月间，林清又来道口，传给李文成、于克敬们明号、暗号。明

---

① 《军机处录副奏折》，嘉庆十八年九月十九日董帼太供词。

② 《军机处录副奏折》，嘉庆十八年十一月秦学曾供词。

③ 《军机处录副奏折》嘉庆十八年十二月二十六日牛亮臣供词。

④ 同上。

⑤ 《清代档案史料丛编》第三辑第28页。

号是奉天开道，暗号是得胜二字。李文成传给我，并传给八宫王、六十四宫伯，俱定于九月十五日造反，直奔京城。饶阳县有刘道瀍接应，彰得府有赵得一接应。山东一带有徐安帼、宋跃瀍接应。大事商量定妥，林清就回家了。①

嘉庆十八年八月十六日林清从河南回到京南宋家庄，开始了积极的准备。

三 "癸酉之变"前夕的京畿地区

河南、山东、直隶南部属于李文成统辖的八卦及各支派行动计划已定，但林清在北京的行动计划却发生了变动。林清原计划不是攻打紫禁城，而是到燕郊（通县以东）阻击嘉庆皇帝从塞外回京的车驾。据教徒屈四供称：

> 本年八月十四日刘第五引我到宋家庄见刘四即刘呈祥。他们二人向我传林清的话说，宋家庄、桑岱两处现有一百四五十人，你们那里要挑上三五十人，凑合一百多人，齐上燕郊。②

林清认为"燕郊在通州东边，皇上从围上回来，是必由之路"③。但阻击皇帝车驾需要庞大的兵力，林清手下仅有数百教徒，无法实施此项计划，遂决定直接攻打紫禁城。林清在八月份与李文成约定于九月十五日午时两军在彰仪门会合，同占北京。

为了准备起事，林清做了三方面的工作。

一是积极发展教徒。林清命手下众头目向群众散布"此时是改换天盘的时候，未来佛要掌教，我们该时兴了"。"闹动了京城，想皇上就要回关

---

① 《军机处录副奏折》，嘉庆十八年十二月十二日牛亮臣供词。
② 《军机处录副奏折》，嘉庆十八年十月二十二日屈四供词。
③ 《军机处录副奏折》，嘉庆十八年十一月九日屈四供词。

东去了"①。"现在白莲教要改天换地","过了十五日，后悔也迟了"②。以大劫已到，不入教者必遭劫难来威胁群众入教。同时则向入教群众许愿，凡参加起事者既可封官又可得地。清档案多处记载：林清答应以某处若干地亩予赏门徒。《清逆记》也有"凡输百钱者，得地一顷。愚民惑之，远近踵至"的记载，起事前夕，宋家庄一带盛传"若要白面贱，除非林清坐了殿"③的预言。在教徒中，林清则用"同心合我，永不分离，四季平安"的口号，使大家紧密的团结起来。④

其二，打造刀枪器械，准备武装斗争。他一方面在京零星购买大刀，一方面令人分头打造。据固安县教徒李亮供称："李得曾叫人在雄县白沟河打过刀六、七把，……在新城县新利庄打过刀三把，……在新城县高客庄打过刀五把。李得自己在马庄行炉上打过刀三把"。打得之刀"送交林清散给会中人使用"⑤。林清家藏刀甚多，有专管兵器之人。在起事前夕，林清派人将刀送至紫禁城。据雄县教徒韩二秃子供称：

> 九月十九上，林清叫我挑上一担柿子，嘱付送到东华门，有个太监老刘爷，叫我交给他，我挑到外东华门，见常往林清家去的刘太监……。那太监就叫我挑了进去，引进了内东华门，就有几个太监都来，将柿子同柿子下的一包刀留下。⑥

九月十三日，林清已会集一百四十名教徒。每十人一小队，分派小头目一人。分头攻打东、西华门。"东边派陈爽为号，刘呈祥押后，进东华门；西边派陈文魁为头，刘承泰押后，进西华门。东边系太监刘得财、刘金引路；西边系太监张太、高广幅引路。还有太监张福禄，阎进喜中间接应"⑦。这次攻打紫禁城的教徒主要来自三个方面：大兴县宋家庄、桑垡村

---

① 《军机处录副奏折》，嘉庆十八年十一月九日屈四供词。
② 《军机处录副奏折》，嘉庆十八年十一月十六日王有太供词。
③ 《军机处录副奏折》，嘉庆十八年十月二十一日陈绍荣供词。
④ 《军机处录副奏折》，嘉庆十八年九月十六日穆克登额奏折。
⑤ 《军机处录副奏折》，嘉庆十八年（日、月不清）内务府员外郎延隆秉奏折。
⑥ 《军机处录副奏折》，嘉庆二十年六月韩二秃子供词。
⑦ 《军机处录副奏折》，嘉庆十八年九月林清供词。

的坎卦教徒；通县马驹桥、羊修店、董村等地的红阳教徒；直隶固安、雄县、新城的白阳教徒。

"癸酉之变"前夕，林清如此明目张胆地活动，有清最高当局竟一无所闻，令嘉庆皇帝不胜惊骇。但在底层的地方小官吏却发现了情况，然而腐败的制度、重叠的机构使下情难以上达，因而贻误了大事。

一是卢沟桥司管河巡检陈绍荣发现上禀的。据后来陈绍荣讲：

> 九月初十间，赴东南乡一带巡查，见该地不种麦子。传询乡民，俱云害怕，不敢种麦。再加诘问，辄纷纷躲避，我见他们神色慌张，心生疑虑。十二日回署后，即票传各村庄地保。……差役回来密禀，风闻宋家庄谣言："若要白面贱，除非林清坐了殿"之语，我不胜惊骇。……我一面严讯地保宋进荣，……始据供吐林清聚众。诘以所聚何人？犹复含糊支饰。我又用刑吓，据供陈老等七、八人。……随连夜备具印文，……于四更骑马入城，十五日卯末辰初赶抵宛平县署，告之情形，恳其选派壮役十六名跟同往捕。①

但是陈绍荣如意算盘落空。宛平县知县向府尹禀报，府尹回信，命"断不可拿"。其时，已过十五日午时，八卦教徒已攻入紫禁城。

二是豫亲王府已故四品典仪魁山之子祝海庆发现的"逆情"。

祝海庆是八卦教头目，包衣祝现的族侄。祝家入关后即族居大兴县桑堡村。嘉庆十八年九月八日，祝海庆为故父到桑堡村上坟，住在祝现家中。"傍晚祝嵩山将我叫去，悄悄向我说：祝现与祝林、祝真、祝玉及陈文魁、陈爽们素日学习邪教，现在夜聚晓散，恐怕闹出事。与我商量，要在本管佐领上告。……我于次日回京……就寻找本佐领善贵。善贵说，这事没凭据，又说恐怕是我挟仇报复"②。直至九月十五日才得将呈子交善贵，善贵转交参领伊精阿。与此同时，善贵又带祝海庆见平西王。"是日平西王在寓庙书屋念观音、楞严等经。……回亲王爷，王爷说恐怕不真，

---

① 《军机处录副奏折》，嘉庆十八年十月二十一日陈绍荣供词。
② 《军机处录副奏折》，嘉庆十九年三月十四日祝海庆供词。

俟结到了再办罢"①。此时，京中已经人心大乱，"听见紫禁城里闹事了"②。

三是固安县辛家村村民呈首二事。据嘉庆十八年十月三十日费锡章奏折记载：

> 有内务府黄旗安岱管领下岁贡生福保呈称：九月十五日逆匪起事以前，有夥匪多名居本县辛家村等处，逆情久露。村差刘海同村民七十余人来县呈首，经刑书陈姓、代书魏四阻止，典吏详作不知，村民居住多日，闻变散回。县官规避藏匿，刘海无从指拿。③

被告发固安县辛家庄之八卦教头目李得是固安、雄县、新县一带起事的主要组织者，后死于攻打紫禁城的事变中。

"月晕而风、础润而雨"。林清等人在京南谋划多年，露迹甚多。地方官吏不止一次地发现其"谋逆实迹"，但终未能下情上达。事发后两广总督上奏嘉庆皇帝，道出了弊端：

> 近日州县之敢于贪酷者少，而萎靡不振、畏难苟安者甚多。……甚或以阘冗者为安详，勤干者为多事，黑白莫分，是非倒置。……不知阘冗之养痈贻患与贪酷之激变良民其害相等。④

嘉庆皇帝也认为，这次"非常大变""总由因循而成"，他希望"力除此弊，必期振作"⑤。

正是这种"畏难苟安"、"委靡不振"的官场作风，使八卦教徒顺利地攻进了紫禁城。

---

① 《军机处录副奏折》，嘉庆十九年三月十四日祝海庆供词。
② 《军机处录副奏折》，嘉庆十九年三月十三日拜绷阿供词。
③ 《军机处录副奏折》，嘉庆十八年十月三十日费锡章奏折。
④ 《朱批奏折》，嘉庆十八年十月十六日两广总督蒋攸铦奏折及嘉庆皇帝朱批。
⑤ 同上。

四　从清代档案看"癸酉之变"

嘉庆十八年九月十五日是清代历史值得记载的一天。是日午时,八卦教徒从东华门、西华门杀入紫禁城,震撼了整个北京、整个中国。

攻打东华门的大约有三十多人,由陈爽带队。陈爽在紫禁城内受伤被捕,留有一供词:

> 本年九月初十日,林清派我进京起事。约定十五日陆续进南西门,进前门到东华门外南池子酒铺会齐,午刻进去,分为两拨。我带龚怒、祝显、李龙、王昇有三十多人进东华门。陈文魁带同刘进亭、贺八、计进玉等四十余人进西华门。……至响午时,我同龚怒等数人携刀先后进东华门。有内监刘得财、刘金领我进去,奔苍震门。往北遇见两人,我砍了一刀就见一人躺下,有官人赶上将我打伤拿获。至我带进东华门的虽有三十余人,因官人查拿关门,我们只进去五、六个。①

据八卦教徒李凤仪目击记载:众教徒于午时,正欲抢入东华门,仅"陈爽、王世有、龚怒、祝真四人抢进门去,门已关闭。"② 昭梿在《啸亭杂录》中写道:"十五日午,太监刘得财引祝现等由东华门入,会有卖煤者与之争道,贼脱衣露刀,为司阍官兵觉察,骤掩其扉,贼喧然出刃,阑入者陈爽等十数人。"③ 这段记载出入太大。一,祝现是日并未前往东华门,而是按约定计划在彰仪门等候河南李文成的部队。后李文成人马不至,祝现逃匿,不知所终。二、闯入东华门者仅五人。

九月十五日午时在东华门内当班者是署护军统领杨澍增,其"一闻贼匪突入,率同护军将东华门立时关闭,只阑入贼匪五人。"事变后,他获

---

① 《军机处录副奏折》,嘉庆十八年九月称九日陈爽供词。
② 《军机处录副奏折》,嘉庆十八年十月二十二日李凤仪供词。
③ (清)昭梿:《啸亭杂录·癸酉之变》。

罪发配，嘉庆十九年对他重理，记录了东华门之变的详情：

> 杨澍增于九月十五日轮置景运门该班，是日早晨进内。于午时刻有进内回事之镶白旗护军校图敏，杨澍增随令其前赴各堆拨，查取报单。忽见图敏慌张跑回，声言东华门兵丁喊称：有贼入内。杨澍增即同图敏各持腰刀跑出向南夹道传喊：快关东华门！并传集各堆拨。该班官兵见有一贼持刀自南夹道来，奔至北夹道角门，杨澍增当同图敏喊截。随有东华门追捕之兵赶来用刀连砍……。适闻苍震门太监喊说：内里有贼。杨澍增即带兵赶赴门口，太监说不可擅入，内里之贼我们自行捉拿，令在外边守护，忽又传报东华门有贼，其时兵丁已传集百十余人。杨澍增即分派一半人守住苍震门，自带一半人至东华门围捉。见门已关闭，有贼五人持械乱跑，随督兵将攒射、矛扎、刀剁，立时歼毙。①

这段记述是有关东华门之变的最珍贵资料。但仍然有两点没有交待清楚。一，进入"大内"即进入苍震门的教徒有几人，是谁？二，进入东华门的教徒到底有几人？

据引路太监刘得财后来供词记载：

> 十五日早起，我出东华门遇见陈爽们，说带了三四十人来。我同他们在酒铺坐着，到午时同着他们进内。我同刘金引路，从苍震门进去，只进了龚怒、刘进玉二人，就被打倒拿住。②

据现有资料可知，进入东华门的教徒五人：陈爽、龚怒、王世有、祝真、刘进玉。继而跟随太监刘得财、刘金沿南北夹道进入苍震门者仅龚怒、刘进玉两人。一进苍震门，就是所谓"大内"，是朝臣亦不得擅入的禁地。龚怒、刘进玉闯进苍震门后，忽被太监包围，带路的刘得财见势不

---

① 《朱批奏折》，嘉庆十九年四月二十日松筠奏折。
② 《军机处录副奏折》，嘉庆十八年九月刘得财供词。

妙，逃至内右门躲避，后亦"假意持棍打贼"。龚怒、刘进玉持刀连伤数太监，终因寡不敌众，被打倒抓获。

此时，皇二子绵宁（后来的道光皇帝）及皇三子绵恺正在距苍震门百米之遥的读书房内读书，恰遇此变。嘉庆十八年九月十六日两皇子给其父奏折详细记录了当时的情况：

> 本月十五日午刻，子臣等在书房闻得各处太监叫喊关门。子臣等即由日精门探问。将至近光门，总管常永贵等绑获贼人二名到来。常永贵搜得二贼身边各刀一把，白布二块。匆忙之际，所拿贼之太监等有几人被伤，事后查明常永贵自应奏闻。于时将近未刻，子臣等以为无事，而子臣四弟已下书房。子臣绵宁、绵恺即商同至储秀宫给子臣皇母请安。子臣等将欲去时，宝兴方散值，未出东华门，见有我兵向贼拦杀，即跑入乾清门给子臣等通信。子臣等速至储秀宫请安。①

在教徒杀入东华门时，西华门四十余众在陈文魁等人带领下全数持刀杀入紫禁城，成为大闹皇宫的主力。红阳教徒李兰等供词记录了当日详情：

> 我父亲（李潮佐）听从刘兴礼入红阳教已多年了。……本年九月十四日，我父亲到小沙子口赵家，与太监赵密、杨进忠及林四、赵大、赵增商量，要助教首林清进西华门闹事，叫我跟着一齐动手，杨进忠、赵密在内接应，……我父亲将十二日买下的柿子，做两筐装好，筐底藏刀十三把，……十五日……我就挑筐到西华门外，离门约一箭多远，后边的人大伙将我一拥跌倒，柿抛散满地，大家乘势取刀，一齐拥进西华门里去了。②
>
> ……进了西华门，我们造反的人就把门关了。我就将白布缠了头，栓了腰，跟着董博望，同着众人一拥进北边一个门，见门板上钉

---

① 《朱批奏折》，嘉庆十八年九月十六日绵宁、绵恺奏折。
② 《军机处录副奏折》，嘉庆十八年十月初三日李兰供词。

着皮子，还有几个裁缝。他们杀了几个人，……又出了这个门往东走，过了桥，往北去。又看见朝西的一个门。已关闭。又往北去见了一个大门（注：隆宗门），我们的人用两根杉槁撞门，撞不开．后来官兵隔着门射出箭来，大家都望北跑。出了甬子，见官兵从北来，弓箭刀枪抵敌不住，又带来往南走，到西华门上了马道。①

隆宗门是八卦教徒攻打的重点，打开隆宗门，就直通"金銮殿"。而"坐金銮殿"又是他们的最高目标。守卫东华门的杨澍增似乎预见到这一点，在歼灭了攻入东华门的教徒后，"又传西华门复有多贼抢入。杨澍增即带人赶进景运门，将门紧闭。跑至隆宗门，闭门严堵"②。隆宗门外排有箭垛，为缺少武器的教徒们雪中送炭。据刘进亭供："走至隆宗门外，我们十几个人抢了门上许多弓箭，魏宗礼、魏大宾均射了人。"③隆宗门攻打不开，又有一些教徒攀登上了隆宗门外较矮的御膳房，又从御膳房爬上了西大墙。若顺墙北去就可到达皇后居所储秀宫。对爱新觉罗王朝来说，这的确是一个危急而又难堪的时刻，它迫使未来的道光皇帝亲自上阵，与一群衣衫褴褛的造反者决一死战。据皇二子绵宁等奏折记载：

> 子臣等速至储秀宫请安。是时闻有贼人越墙从内右门西边入者，子臣绵宁，实出无奈，大胆差人至所内取进撒袋鸟枪、腰刀（朱批：垂泪览之，可嘉之处，笔不能宣）。惟时外边官兵尚未赶进，常永贵等督率太监，多持棍棒在遵义门外巡防，各房各墙亦派太监瞭望。不料五、六贼人在养心门对面南墙外膳房上，从西大墙头向北窜。子臣绵宁手足失措，甚恐贼人北去。常永贵云，若不用鸟枪拦打房上地下之人，无所施力。子臣绵宁大胆（朱批：遇此事有何大胆），在于宫中放枪，不敢逃责。即在养心门外西边用枪将西大墙上一贼打坠，次又有两三贼仍在墙上，并有一贼手执白旗。子臣深恐贼人北去，复进

---

① 《军机处录副奏折》，嘉庆十八年十一月二十三日田起禄供词。
② 《朱批奏折》嘉庆十九年四月二十二日松筠奏折。
③ 《军机处录副奏折》，嘉庆十八年九月十九日刘进亭供词，

养心殿院内隔墙见执白旗之贼，似有指挥，子臣复将执白旗之贼打坠，余贼方不敢上墙。①

　　与此同时，皇二子绵宁又命总管太监常永贵传令"着调各营步兵及火器营兵，各带枪枝、弓箭、腰刀"进宫，赴各处搜捕，②贝勒绵志率官兵、传卫、谙达等十余人第一批赶到隆宗家门附近，绵志亲手用刀砍死一人，用枪击毙三人。少顷，成亲王永瑆、仪亲王永璇、贝子奕绍及内务府大臣苏楞额等率官兵五六十人赶入紫禁城，对起义的教徒剿捕赶杀。本来就缺少严密组织的教徒们，抵敌不住火器精良的清军的攻击，节节后退，从隆宗门撤往西华门。据史料记载，当时义军战斗十分顽强："现贼匪同官兵攻拿紧急，势已穷蹙，均聚集在西华门内舍命抵御。"③"贼众被杀带伤者颇众，各处苏拉、兵丁被伤及死者，亦复不少。"④少数教徒沿西华门马道登上城墙，手摇"奉天开道"、"大明天顺"的白色旗帜，向外高喊，希望河南同教前来接应。此时，李文成的部队被清军阻隔在河南滑县一带，当然不可能北上增援。

　　九月十五日酉时，紫禁城内外布满清军。护军统领玉麟"密派东西南北四营参游，各举兵二百名前赴神武门、东华门、西华门、东长安门、西长安门分头把守防范。一方面传知八旗步营官员各在本营地方防守巡察，并传行九门城门门领等督率兵丁各于本门留心稽查，早闭晚启。……一面带同翼尉步军校护军兵丁进内，会同王大臣、官员等及各营官兵拿贼匪。"⑤不仅如此，原准备前往河南镇压李文成起义的健锐营马队五百名、火器营五百名士兵也被及时调进城内，对付手持简陋武器的四十几名八卦教、红阳教教徒。

　　在力量极其悬殊的情况下，起义的教徒纷纷藏匿，一些人奔向午门城楼，多数人躲进假山。也有极个别的教徒趁暮色降临，爬下城墙，游过桶

---

① 《朱批奏折》，嘉庆十八年九月十六日子臣绵宁、绵恺奏折。
② 《朱批奏折》，嘉庆十八年九月十五日玉麟奏折。
③ 同上。
④ 《军机处录副奏折》，嘉庆十八年九月十六日穆克登额奏折。
⑤ 《朱批奏折》，嘉庆十八年九月十五日玉麟奏折。

子河，沿外西华门、顺城门、彰义门逃回家中。①

是夜，紫禁城内梆声不断，月光下刀剑出鞘，寒光照影，有清诸王大臣、满廷文武皆巡查于皇宫内外，不敢稍寐。十五日被杀、被获的教徒"在各处者二、三十人"②。

十六日清晨，紫禁城内又开始了全面搜捕。在东华门内、右翼门外各拿获一人，在午门天花板上拿获四名，当场杀死三名，礼亲王昭梿、公庆祥、公福克津继又呈报拿获教徒二十四名，其名单如下：

> 张金立　金老虎　李金　套儿　王二　晚长　李二（俱固安人）刘启文（新庄人）　李进才（新庄人）　王恒　赵二　承儿　韩春（俱荣城人）李太（十六屯人）　李八　王五　宋文德　孙七（俱黄村人）　李国春（格家庄人）　杨秀（雄县人）　郭怀（代城人）李贵（良乡人）　苏瑶金（四义庄人）　王四（白河沟人）。③

据九月十七日仪亲王永璇奏折记载：

> 呈递草单三纸内歼毙及活拿只三十一人。……十六日巳时以后续拿有活贼二十六名，杀贼四名，又继杀十名，活贼一名，一共四十一名。连前奏三十一名，共七十二名。④

这份奏折数目极不可靠。因为进入东华门、西华门全部教徒不过五十名左右，而奏折却声称歼毙、捕获达七十二名，足见不少人在慌报求功。

九月十七日，紫禁城已趋平静，起义彻底失败。未刻，贝子奕绍到步军统领衙会见托津、英和等人，"告之所获活贼陈爽供出有太监与伊等同伙，是其引进禁门等语，……嗣经内务府大臣穆克登额等遵阿哥谕，将月华门等处太监张太、王福禄、刘金、刘得财、严瘸子（注：严进喜）五名

---

① 《军机处录副奏折》，嘉庆十八年十一月二十三日田起禄供词。
② 《军机处录副奏折》，嘉庆十八年九月十六日穆克登额奏折。
③ 《军机处录副奏折》，嘉庆十八年八月十七日仪亲王永璇等奏折。
④ 同上。

解送刑部，并称尚有太监高广福一名在外未回。"并搜出太监所据刀二把、斧一把，刀上分别写有刘金、高广幅姓名。① 严讯诸太监，严进喜（阎进喜）除供出刘得财数人外，又供出大批参加教门者：

> 毓庆宫的王进得、西边宫门的王平、坤宁宫的周进喜、景仁宫的彭秃子、大殿的康景玉、天雄殿的孔景得、御花园的张正庭、三阿哥所的彭老二、自鸣钟处谢贵，并上年因赌发遣的顾进禄都是在教的。②

这些太监当即被拿，送交刑部。事过不久，总管太监常永贵又查有形迹可疑的孙进禄、张进保，"一并拿获"。又将在圆明园西南门开茶馆及包子铺的太监董安太、张广玉"缉拿归审"。十七日申刻，总管常永贵又搜出高广幅"结义小摺二个"，内有太监王忠顺、王进忠、辛迎春、孙洪亮、郑山诸人名单，亦"捆拿交出"，送交慎刑司审讯。后又因太监杨进喜曾借钱与张太，"常永贵看其形迹可疑，即将杨进喜一并拿获。"此外，还有太监史官，姚成、周进喜随嘉庆皇帝到木兰围猎，"俟到京后再行捆拿。"一时间，人心慌慌，大拿太监。③

由于教徒与在教太监多人被拿，教首林清身份早就暴露。十六日酉时，清当局派无顶戴大头目张吉率众差役，会同地方官吏前往黄村宋家庄。十七日清晨迅速将林清、董帼太拿获。林清姐姐董林氏命二十余教徒持刀追赶，未果而回。林清被捕后"其悖逆情事与夫挺身居首，直认不辞。及诘其党伙尚有多少，现在何处，又复支离，不肯吐实。"④ 后经刑讯，林清将在教主要头目名单、籍贯一一吐供，留下供词三份，于九月二十一日被凌迟处死。

林清死后，李文成领导的八卦教起义如火如荼地在直、鲁、豫各地展开。同年十一月十八日李文成所率部分义军被围于河南司寨，寨破，举火自焚、壮烈牺牲。牛亮臣等人在同年十二月十日滑县破城之役中被俘，于

---

① 《军机处录副奏折》，嘉庆十八年九月十八日托津、英和奏折。
② 《军机处录副奏折》，嘉庆十八年九月十七日阎进喜供词。
③ 《军机处录副奏折》，嘉庆十八年九月十九日穆克登额等奏折。
④ 《朱批奏折》，嘉庆十八年九月十八日托津等奏折。

翌年正月与冯克善同时被凌迟处死于北京。

"癸酉之变"后，清政权对京南等地的八卦教教徒连续数年追捕剿杀，至嘉庆二十二年十一月二十六日止，凌迟、斩首、绞决及缘坐犯共达七百零七名，多少个村庄被淹没在血泊中。①

"癸酉之变"给中国末代封建王朝敲响了又一阵晚钟，紫禁城在如血的夕阳中已经失去了往日的威严。

"癸酉之变"给后人以巨大的启迪，留下的是一串串关于宗教、民变与革命的思考。

（原载《世界宗教研究》1988 年第 2 期）

---

① 《军机处录副奏折》，嘉庆二十二年十一月二十六日托津等奏折。

民间宗教基本教义的道德内涵剖析①

中国的民间宗教在封建社会延绵流传了近两千年之久。到了明、清时代，这种宗教运动更加蓬勃兴盛，表现出了一些与其他时代不同的特点。为数众多的教门的教义被刊印成类似佛经的"宝卷"，在底层广为流传，对民间宗教运动起了推波助澜的作用。本文仅就民间宗教的基本教义的道德内涵作一剖析。

一　关于创世论的平等观

流传于明、清时代民间宗教的创世论，可以用"真空家乡，无生老母"所谓八字真言加以概括。

"真空"与"无生"观念来自佛教。其意本指宇宙的一切——日月星辰、天地云霓、万物万类，包括人类都是因缘所生，虚幻不实的。而其变化生灭也无非是尘世众生的虚幻妄想。在佛教看来，既然人们所依托的物质世界是虚假的，那么人生也就毫无真实和价值可言。人生真缔在于悟出宇宙乃至自身的本来面目，归于涅槃。

最早把佛教的空无观念引入民间宗教，是创成于明正德年间的罗教。罗教有《苦功悟道卷》等五部经典。其中《巍巍不动泰山根深结果宝卷》说：

> 未曾初分天地……又无男女，又无僧俗，无佛无人……天地日月、森罗万象、五谷日用、春秋四季……都是虚空变化。

---

① 本文使用的档案史料为中国第一档案馆收藏。

本来面目就是真无极……①

这里所谓的真无极即"真空","无生"的同义语，它包含了佛教空无观念的某些内容，但又不完全是佛教的本意。因为罗教还受到了当时社会的主导思想——宋明理学的影响。宋代思想家周敦颐、程颢等人以儒学为本，融和了佛教的空无观念和道教无极而太极阴阳交感、函万物为一的内容，构筑了客观唯心主义本体论的思想体系。进而把所谓理等同于太极。结果"天理"变成了横亘今古、贯通三界、造化万物的本源。罗教教义明显地受到这种思想的影响，在罗教的经典中天堂地狱乃至人们崇拜的诸佛诸祖无一不是从无极而太极中幻化出来的。

在罗教的经典中，"真空"、"家乡"、"无生老母"等用语已经出现，但还没有形成"真空家乡，无生老母"所谓八字真言的完整体系。这种创世论在罗教那里仅初具雏形。它的最终形成是在明末清初，是其他民间教派对罗教教义改造的结果。这一改造使所谓八字真言突出了对中国老百姓更具有诱惑力的佛教净土宗色彩。在教义中"真空家乡"即彼岸，"无生老母"成了彼岸世界最高主宰。这种改造的结果使部分民间教门更适应了现实发展的需要。

民间宗教的创世论大致可分为三部分内容，即三个阶段：

第一阶段：世界和人类的创成。

第二阶段：人类流落尘世。

第三阶段，无生老母派出使者"下凡"，收度人类。

下面我们对此加以介绍。

明末《古佛天真考证龙华宝经》说：

无始以来，无天地、无日月、无人物……。

古佛出现安天地，无生老母立先天……。

无生母，产阴阳，婴儿姹女。取乳名，叫伏羲，女娲真身。②

---

① ［日］泽田瑞穗：《增补宝卷的研究》。

② （清）黄育楩：《破邪详辩》卷一。

在这里，古佛和老母从虚空中幻化出天地和"人根老祖"——伏羲、女娲。从此人类繁衍，"又生出，九十六亿。皇胎儿、皇胎女，无数福星"。为了使"皇胎儿女"有所依托，又构筑了"黄金为地，金绳界道，楼台殿阁，件件不同"的富丽堂皇的彼岸世界。①

在虚构的理想世界里，人们既然是一母所生，人与人的关系是单一的，因而维护和调整这种关系的道德规范也就被极端地简单化了，即九十六亿"皇胎儿女"对老母以孝，老母对"皇胎"们以慈，"皇胎儿女"之间则不分彼此，相待以诚以爱。

第二阶段：本来在天空中"乐乐洒洒"的"皇胎儿女"们——人类，不知何时何故犯了罪愆，被老母贬下天宫，"去住东土"，"尽迷在，红尘景界"。② 一同经受了生老病死苦的人生历程。而且一落尘世，立刻分化：

上乘官员典史，中乘一切富豪，下乘受穷贱的。③

不仅如此，人类还不断地遭受"劫灾"的磨难：

地火水风一起动，折磨大地苦众生。④

人间遭水火大灾，洪水处处长流，流如浪滚……⑤

五、六月间，恶蛇满地；八、九月间，恶人死尽，尸堆满地……⑥

人类陷于恐怖的震慑之中。

第三阶段："仁慈"的老母看到人类命运多蹇，于心不忍。命令使者"下凡"，"发灵符，救度人民"⑦。

在一般的民间宗教教义之中都宣传无生老母在青阳、红阳、白阳三个时期，分别派燃灯佛、释迦佛、弥勒佛下凡。在青阳和红阳两际分别度人两亿。在红阳劫尽、白阳当兴的时代，人类遭受了空前的"劫难"，"法力无边"的弥勒佛救人类于复元，收度"残灵"九十二亿，回到天宫，与无生老母同庆龙华三会。在"无生灭"、"无贫富"、"无凡圣"、"无八

---

①　（清）黄育楩：《破邪详辩》卷一。

②　同上。

③　《军机处录副奏折》，乾隆十八年八月初四山西巡抚胡宝瑔奏折附《立天卷》。

④　（清）黄育楩：《破邪详辩》卷一。

⑤　《军机处录副奏折》，经卷抄件，年代不详。

⑥　《佛说大圣末劫真经》。

⑦　（清）黄育楩：《破邪详辩》卷一。

难"、"无成败"、"无明暗"的真空家乡，①"相伴无生"、"永不下世"②。

以上就是民间宗教创世观包含的全部内容。在这种宗教中，人类经历了天堂—尘世—天堂的过程。人类的命运也随之转折，经历了暂时的平等幸福—苦难—永恒的平等幸福的三部曲。

本文不准备分析这种幻想历程的全部含义，仅想就其中包含的宗教平等内容谈几点看法。

首先，民间宗教所构筑的平等世界和理想之神是依据于现实世界的，但又是对现实世界歪曲的反映。它所描绘的美妙的一切恰恰产生在极不平等和充满苦难的明代中末叶。那是个草木为枯、易子而食的时代，人间的苦难与对这种苦难的叹息和抗议以宗教的形式抒发出来。所谓"劳苦倦极，未尝不呼天也；疾痛惨怛，未尝不呼父母也。"③民间宗教在那种社会条件下创造出"无生老母"的形象和平等的彼岸世界，当然不是一种历史的偶然。这位虚幻的人格神既不像释迦那样庄严肃穆。也不像三清那样冷漠高远。它向尘世流露出慈母般的"爱抚"，比"大慈大悲"的观音更世俗化，更带有人情味。还有那位以"拯救"人类为己任的弥勒佛，也以包容一切苦难的笑意向人间展示了"神"的胸怀。至于它们"住持"的彼岸的殿堂，那种充满乐融融的爱和平等的气氛更与现实惨淡阴冷的气氛恰成鲜明的对照。不难想象，这种教义对底层群众具有何等的诱惑力。

然而，尽管民间宗教为群众提供了迷人的彼岸和心目中的理想之神，其实也不过是一种宗教信仰的补充物或替代物。明代中末叶，儒学继续沿着宗教化的轨道发展，"天理"成为窒息人们灵魂的索链，紧扣着社会的各个环节，佛教已经贵族化，成为社会上层和知识界谈禅清议的工具；道教则更为荒唐，竟以房中术和成仙方直登庙堂，甘心变成皇帝和贵族弄于股掌间的玩物。正统宗教远离了群众，群众也逐渐疏远了它们，这正是正统宗教衰落的根本原因之一。信仰无真空，在这种状况下，在民间形形色色的预言家打起宗教的旗帜，不断汲取正统宗教以及汉唐宋元时代民间宗

---

① 《明宗孝义达本宝卷》。
② （清）黄育楩：《破邪详辩》卷一。
③ 司马迁：《史记·屈原贾生列传》。

教遗留下来的各种思想资料，在尽力迎合不同信仰者需要的前提下，大胆发挥，驰骋想象，形成了驳杂而光怪陆离的教义特色，并使民间宗教在信仰主义的世界占了一席之地，甚至在许多地区取代了正统宗教的地位。民间宗教再次兴起了，它们倡导着彼岸平等，倡导着无生老母的仁慈，然而在它们产生的同时，新的不平等的人神关系也就随之而来，因为民间宗教毕竟是以一种信仰取代人们对固有神灵的信仰。芸芸众生并没有从偶象面前站立起来，求得自由，仅仅是换了一位求拜对象，一位更符合底层群众心理，更能慰贴深受痛创的心灵的求拜对象。

诚然，无生老母并不是正统宗教的神仙佛祖，它披的是民间服饰。但它同样是宗教偶像，是耸入云端的虚无飘渺的幻影，布施着从彼岸发来的空洞慈悲。由它导航的"法船"只能抵达彼岸的海市蜃楼，但在现实世界却无法给人们指出出路。至于宗教倡导的彼岸平等是不能和封建社会农民阶教中的先进分子追求的经济平等和政治平等相提并论的，也与当时个别知识分子倡导的乌托邦有所不同。民间宗教倡导的平等观和农民阶级追求的现实平等之间隔着一道宗教的壕沟，这是由于宗教与现实斗争追求的目标根本不同所致。所以尽管民间宗教包含着底层群众追求平等的良好愿望，但这种愿望一旦被宗教所利用，就被固定在神的庙堂的铁门槛之内，成为凝固、僵死的东西，被融化在"无生无灭"、"无来无去"的无差别境界中了。

其二，任何宗教家都面临着一种考验，即如何把他们宣扬的美妙动听的教义与丑恶的现实调和起来。民间宗教也不例外。

一方面，民间宗教家造出了带有母性慈悲的神灵和理想的彼岸，人类在那里过着无忧无虑的生活；可是另一方面，据称是一母所生的人类，在尘世却分化成了阴阳两界、高车驷马、钟鸣鼎食的皇亲贵戚，峨冠博带、呼仆使奴的士绅官吏和胼手胝足、土里求食的农民，以及操持各类"贱业"的劳动者。这种巨大的破绽怎样缝合，才能使人疑窦释然？

事实告诉我们，既然是宗教，它就不会作出合乎理性的推导；既然是宗教，就只能用幻想作为这个大厦的基础，而且要求信仰者绝对盲从。民间宗教家告诫门徒说，在天宫中人类的平等幸福是老母的仁慈所赐。但是由于"皇胎儿女"本性各异，"修持功夫"不同，造成了善与恶的不同，因此在尘世间命运升沉，迥然有别。所谓：

> 善是善，恶是恶，针上对针……
> 贫和富，善和恶，各怨各人……①

在他们看来，高车驷马、呼仆使奴，是修来的福田，终生劳苦、为人使役是造恶的罪业。人生祸福，善恶由之。当然事情并未到此为止，宗教家继续告诫信仰者：尘世虽苦，不过是暂短的一瞬，世人虽恶，但还可以修行，以求善果。因为无生老母派使者"下凡"之时，还要"考道德，封贤挂号；考皇胎，九品三乘"②。届时善恶分明，结局不同，"有号的，才得出世；无号的，赶出云城"③。可见"考道德"成为人们能否往登彼岸的关键。民间宗教是如此重视道德说教，把它看成是决定人们尘世福运和来世升沉的标准。那么什么是民间宗教的道德规范呢？纵观大量的宝卷，以及散见于各类史料中的谶语箴言，它的内容十分驳杂。其中有少数反映了底层群众反抗封建压迫，争取现实平等的要求，以及在男女关系上突破封建礼教束缚的内容。但绝大多数的教义都是以封建地主阶级之恶为恶，以封建地主阶级之善为善的道德说教，它构成了教义的主体。其中鼓吹忠君之道、孝悌之礼，以及惩淫戒欲，纯清妇德的内容，连篇累牍，比比皆是。这些内容明确地反映了民间教门上层宗教领袖的思想倾向。不管这些造经人的主观意图如何，其客观效果是告诉人们，要想获得今世福运和来世进入天堂的门票，首先要做一个符合封建道德的"好人"。

以信仰无生老母最烈的八卦教为例。

八卦教的教义中有这样一段：

> 仁者不杀谓之良，良善慈悲为仁常。
> 义者不盗谓之温，温柔正道为义常。

---

① 《泰山东岳十王宝卷》。
② （清）黄育楩：《破邪详辩》卷一。
③ 同上。

> 礼者不淫谓之恭，恭敬不偏为礼常。
>
> 智者不毁谓之俭，俭者从宽为智常。
>
> 信者不欺谓之让，让心不失为信常。①

在这里，仁义礼智信，杀盗淫毁欺成为该教的五行五戒，而温良恭俭让则是门徒处理教内外人与人关系的道德准绳。

该教在清乾隆中叶以前，公然把孔丘与弥勒佛混而为一，孔夫子成了该教"收无结果"的祖师。该教宣称要"传一部中正儒理方可收元"②。即用儒家思想教化"群愚"，作为沟通尘世与彼岸的思想桥梁。

以佛、道相混为特点的红阳教，也在附会理性。其经典《飘高临凡经》明确地说：

> 无极祖下界临凡显神通，转化二十四孝，七十二贤，以孝义劝化众生。

在江浙一带广为传播的长生教在宣传纲常伦理方面比上述教门更系统化，更全面。该教明确地把封建道德修养作为成仙得道的条件：

> 不孝有三，无后为大，先修人道，后修仙道，先有忠孝，后有修行……
>
> 蓄发修身，作凡圣两备，奉君养亲，得忠孝双全……③

以上史实不过是民间宗教宝卷宣扬封建道德的少许几例。但它们已经可以说明民间宗教的造经人不过是把天堂的平等幸福作为一种诱饵。他们有意或无意地用维护封建宗法制度的封建道德作为达到宗教平等境界的标准，以承认现实的不平等作为实现虚幻平等的先决条件。在这里，民间宗

---

① 《军机处录副奏折》，乾隆五十三年六月十七日直隶按察使富尼善奏折（片一，歌词二本）。

② 同上。

③ （清）陈众喜：《众喜粗言宝卷》。

教同样和统治阶级的道德谐调一致，成为维护封建现行秩序的工具。

正因为"真空家乡，无生老母"所谓八字真言的背后还包含着，夹杂着如此之多的内容，所以在相当长的时期里并没有引起当局的注目，相反在达官显贵中也颇有信奉者。明代末叶，民间宗教一个大教门——西大乘教是崇信无生老母的。该教传教中心，北京西郊的保明皇姑寺是明孝宗所建，"乃皇亲内宦供给布施"之地，明世宗因为崇信道教，屡诏拆毁，但皇姑寺却受庇于两宫，以至"世宗英断尚不能铲除"[1]。此后，香火不绝，明末的皇族以及达官显宦的眷属多往朝拜。甚至该教经卷《销释显性宝卷》万历十二年版本也是由定西侯蒋建元，永康侯徐文炜等人"共同发心重刊印行"的。[2] 又如河北沧州的无生庙碑记竟系清顺治时代户部尚书戴明说所作。

显然，至少在明末清初，民间宗教信奉的无生老母及其倡导的彼岸平等的美妙神话，曾经为不平等的现实世界作过辩护。这的确是对宗教倡导的平等观的一种嘲讽。

其三，为了进一步探讨上述宗教平等内容的实质，我们有必要考察一下明清时代民间宗教组织内部的实际情况，看看这些教门是否把宗教倡导的平等教义放到现实社会中加以实施。

事实告诉我们，在这一时代凡属比较成熟的大教门无一不是实行封建家长制统治。这些教门的组织内部尊卑有序，教职繁多，责守分明，构成了形形色色的等级。不同的等级代表着不同的权限和利益，少数宗教领袖及其家族处于等级制度的顶端，成为教内的特权阶层。

一般来说，民间教门的创始人多为穷苦出身。但在创教之后被逐渐庞大的宗教势力所拥戴，或于当世，或于后世，纷纷被供奉为佛祖。诸如：罗教等教派奉罗梦鸿为罗祖，红阳教奉高阳为飘高老祖，闻香教奉王森为石佛祖，西大乘教奉吕牛为吕菩萨，老官斋教奉姚文宇为无极圣祖，八卦教奉刘佐臣为圣帝老爷……

在这种造神运动中，一批凡夫俗子利用群众的愚昧，登上了神仙佛祖

---

① （明）沈德符：《野获编》，卷二十七。
② ［日］泽田瑞穗：《增补宝卷的研究》。

的宝座。他们的子孙则因袭血缘关系成为"圣裔",世代接续教权,成为本教门的当然领袖,受到信仰者的顶礼膜拜。他们在各自教门控制了种种偶像,把诸如无生老母等神灵作为手中的工具,声称自己就是老母派下尘间的使者,成为无生老母或其他神灵的代言人,执掌着人们往登彼岸的命运,并在一定程度上执掌着人们在现实世界的命运,甚至门徒的生杀予夺之权。宗教组织在创教初期较为平等的关系发生变化,逐渐为封建宗法制所代替,与此相适应封建道德也就成为信条,写进了各种宝卷和唱本。

以闻香教为例:

明万历年间蓟州人王森曾是个皮匠,后声称得"妖狐异香"遂创教,自号"闻香教主"。不过数十年间,宗教势力迅速发展,波及十几个省份。"立大小传头,会首名色……其徒见者,俱称朝贡。"① 在王森死后的两个多世纪里,王森后裔一直把持教权,"王姓传教之人俱称为青山主人,入教者皆称之为爷,写信竟尊为朝上……磕头礼拜,居然有主臣之分"②。

其实明清时代出现的数十个大的教门大都如此。有些教门虽然没有像闻香教王姓那样有政治野心,称王称主,但宗教内部的等级森严,对教主的崇拜迷信较闻香教更有过之。

与宗教组织内部森严的等级制度相适应的是宗教的繁文缛节,在这种礼仪中我们也可以看出这些教门中人与人之间是怎样一种关系。

清末一贯道入教仪式是这样的:

凡入教者先给诸天神圣像依次叩头,接着给总教首、总教首之妻、道长、点传师、引保师、前人……一系列有教职者叩头礼拜。最后对孔丘、孟轲像行大礼,并口念誓词:"今天愿求孔孟圣道理性真传,得道之后,诚心保守,实心忏悔修炼。如有虚心假意,退缩不前,欺师灭祖,藐视前人……天遭五雷轰身……"③

从诸种史料来看,"尊师崇祖"为各类教门第一要旨。它贯穿到一切宗教活动之中。其意在于"正名份",强调教内等级制度的威严和教主至

① (明)黄尊素:《说略》。
② 《军机处录副奏折》,嘉庆二十年十二月十四日那彦成奏折。
③ 《一贯道礼节簿》(手抄本)。

高无上的地位。使入教者慑于宗教和这种制度的威力，折服驯顺，不敢有丝毫非份之想，以便维护教内家长制的统治。

从上述史料可以看出，有的研究者对民间宗教的描写过于理想化了，在他们的笔下，民间宗教似乎是追求经济平等和社会平等的社团，这种宗教组织似乎在把彼岸的平等搬到地下来加以实施。其实任何宗教本身都不具备这种功能，这是宗教本质所决定的。只要剥开民间宗教那层炫人眼目的纱幕，同样要暴露出形形色色的不平等和丑恶的东西。中国的民间宗教组织不是世外桃园，而是封建社会的有机组成部分，而民间宗教内部实行的家长制不过是封建宗法制度的一种表现形式。封建地主经济是这种家长制的经济基础，而发端于两汉，成型于两宋的封建家族制度则是其社会基础。对于民间宗教而言，总的来看宗教教义与道德宣传不过是支撑这种家长制的拐棍而已，它们的最终目的并未超出维护少数特权家族利益这个范畴。

当我们回过头来再把民间宗教宣传的彼岸平等与现实等级森严的宗教家长制两相对照，我们就会发现这种宗教宣传是何等的苍白无力。"平等"是个美丽的字眼，但它在宗教世界却失去了本来面目，走向了自己的反面，导致寄托着善良的底层群众良好愿望的平等内容服务于不平等的现实社会，给不平等的世界添加上了新的不平等的内容。

如果说民间宗教创世论中包含的平等内容还起过什么积极作用的话，那是在特定的历史条件下，在民间宗教运动向农民革命运动转化的过程中，农民阶级用现实主义的力量赋予了它新的生命。在"八字真言"产生了一个多世纪的清代中叶，在华北地区天理教酝酿和发动起义的时期，底层群众曾狂热地呼喊过这个口号，它包含的彼岸平等的思想在某些程度上启迪了不甘现世苦难的人们，起到了联系散漫的农民群众的精神纽带的作用。正如恩格斯所说的那样："对于完全受宗教影响的群众的感情说来，要掀起巨大的风暴，就必须让群众的切身利益披上宗教的外衣出现。"[1] 一方面，导致民间宗教运动向农民革命转化的关键是社会危机的到来，是农民阶级追求现世平等和现世利益的革命意识的朦胧觉醒，是底层群众变革

---

[1] 《马克思恩格斯选集》第4卷，人民出版社1972年版，第251页。

现实的意向占了教门的主导，是他们冲破宗教束缚和封建道德束缚的结果，另一方面，作为刚刚面向现实斗争的群众是不可能一下子抛开世代信奉的旧宗教和旧意识的。革命的领袖人物为了保持群众对自己的拥护，也还必须部分地借助于宗教的力量。显然如果在斗争中完全抛弃宗教，就会失去权威，失去群众。这就是类似"八字真言"这种教义在革命进程中依然存在并继续起作用的原因之一。但是既然是革命，它就不能原封不动地借用那套宗教说词，就必须对旧有信仰实行改造。而革命实践本身就是对宗教的最好改造，是把彼岸的报偿变成现实的报偿，把彼岸的平等放到现实中加以实施。这的确是制造天堂平等，以诱惑"群愚"的宗教家始料不及的。在这个意义上讲，阶级斗争的火焰是宗教平等观的还原剂，它部分地剔除了这个口号的宗教杂质，还原了它所包含的平等的最初含义，使群众对彼岸的幻想变成了对现实利益的追求。

然而农民革命并不是自觉的革命，农民领袖也不可能是彻底的无神论者，他们的经济地位决定着这个阶级对神权的两面性态度，这就导致了对宗教意识改造的不彻底性。甚至在最激烈的阶级搏斗中，宗教的幽灵也还在时隐时现。由于篇幅所限，姑举一例：

1813 年天理教徒以果敢和冒险精神攻进紫禁城。但由于人数过少（仅七十余人），不久便深陷重围。在极危险的时刻，深受宗教意识毒害的战士还在那里不停地诵念"真空家乡，无生老母"八字真言，以为念此就会得到老母救助，飞出宫墙。

显然宗教既能麻醉人民，也能唤起人民的狂热，产生一种愚蠢的主观战斗精神，不难想象，以这种精神指导瞬夕万变的客观现实，会是一种怎样的结局。

二　关于"无为"教义

明清时代的民间教门中有不少人倡导所谓无为教法，其中以罗教和黄天教倡导最力。罗教又名无为教，创始人罗梦鸿被门徒尊称无为祖、无为居士，而死后其墓碑则刻有"无为境"三字。黄天教徒也称本教门是无为教，创始人李宾则被尊称无为教主。这两大教门都把无为教法作为教义的重要内容。在它们的影响下，数百年间华北、江南各类教门教派自称无为教者所在多有，"自称无为主者，不计其数"①。

"无为"观念最早出自《老子》，该书讲到无为的有多处，诸如："圣人处无为之事"，"上德无为而无不为"，"我无为而民自化"等等。其意是讲"圣人"处世之道在于顺乎自然，省欲去奢，返璞归真。而执政者最好的治国之法是采取无为而治，使老百姓绝圣弃智，归于古道，这样天下就会免去纷争，太平无事了。

《老子》中"无为"一词后来被佛教借用，指涅槃，无为一词成为无上正觉正道的代称。而道教也把尚清净无为作为修身养性、保精固丹的修炼方法之一。

明正德年间罗教创成以后，无为观念被引入经卷，罗教五部经典中的一部篇名即《叹世无为卷》。

《叹世无为卷》中说：

> 无为法门在玄中，扫出万典觅无生。
> 一法包含无量法，一门劈破万般门。②

在罗教中，信徒们最终追求的是"无生"境界。罗祖弟子大宁在《明宗孝义达本宝卷》中对此作了解释：

> 世尊曰：无生者乃诸佛之本源也，万物之根基也，人人之家乡也，乃无极之法体也，谓天下之主宰也。故曰法中王。

所谓无生，在这里是指宇宙万物的根本，世间的一切都是从无生境界幻化而出，因而成为罗教教徒信仰的最高目标。而无为法则是教徒们借以达到无生境界的修养方法。

同一时代产生的黄天教也讲无为。黄天教明显地受到道教的影响，它

---

① （清）黄育楩：《续刻破邪详辩》一卷。
② ［日］泽田瑞穗：《增补宝卷的研究》。

追求的目标是：

> 天无圆缺人无老，人无生死月常明。
> 无饥无寒无寒暑，无染无污自清凉。
> 寿活八万一千岁，十八童颜不老年。①

黄天教的目标显然是成仙羽化，而根本途径是炼就"金丹九转"，所谓"取真阳"、"采五方"，使各种"精气"混而为一，经过"修炼"，直到"坎离交妒"、"水火均平"，于是就能"金丹就，功圆满，体坐莲心"②，成仙得道了。而"炼就金丹"的根本是"守住真性"，因此清静无为，摈除万虑就成了修行的首要条件。

罗教也罢，黄天教也罢，它们所讲的无为与佛教所讲的无为——熄灭了生死轮回达到的最高思想境界，并不完全是一回事。

因为罗教和黄天教倡导无为教法，引诱群众，因此特别憎恶世间的"愚迷浊子"。把这些人的本性概括为一个贪字。认为由于贪的本性，致使他们"口贪美味，杀害生灵，饮酒无足无民，贪爱淫邪，恶口伤人"，成为恶德的化身。③ 因而"造业如山，深如大海"，必陷入地狱之苦。

不仅如此，对于修行而不得其法的人也加以指斥，说他们行的是"只求假相的有为之法"④。

黄天教摈弃的"有为法"是指修行的人"念经垒忏，修寺建塔。只求富贵"⑤。罗教则认为"有为法虽学，无上之者。"说行"有为法"的人，"尘情不尽，心缘来了"，既使修行，也不过"如作茧自缚"⑥。

什么是这两大教门追求的无为法呢？其实不过是要求信仰者消除"悭贪心、淫邪心、嗔恨心、懈怠心、散乱心、愚痴心……杀害心、妄想心、

---

① 《普明如来无为了义宝卷》。
② 同上。
③ 同上。
④ 《明宗孝义达本宝卷》。
⑤ 《普明如来无为了义宝卷》。
⑥ 《明宗孝义达本宝卷》。

胜负心、恐怖心，计较心……"一句话，既绝弃人间一切情欲，一切思虑，乃至现实生活中的一切正常需求。认为只有这样才是无为法，才能达到无生或成仙境界。

这两个教门关于无为的说教对明嘉靖以后出现的众多教门，乃至清代的一些教门教派都有较大影响。为什么无为观念会在民间得到广泛信仰？这种信仰产生的社会条件是什么？它起到什么样的社会作用？民间宗教家倡导它的目的何在？

首先，我们看看这种观念在民间宗教中产生和流传的时代背景。

明代中末叶，地主阶级在经济领域的贪婪和社会道德的腐败堕落都是空前的。它给底层劳动群众带来了深重的灾难，大批人沦为流民，社会动荡不安。在这种历史条件下，最高统治者一方面荒淫纵欲，一方面为满足自己的贪鄙心，纷纷求助于宗教。世宗崇道，希翼长生；神宗佞佛，妄想作祖。因而导致皇亲贵戚，纷起效尤。其风染及后宫，上至太后，下至阉竖。每遇灾愆，竞相于京城乃至皇宫摆道场、作佛事，甚至信仰民间偶像，宗教迷信空气弥漫。在底层，由于流民的大批产生，为数相当多的人混迹于佛、道及各类民间教门。当时京都和通州大邑，各类宗教的信仰者动辄"聚集数以万计……游食之徒，街填巷溢"[1]。作为"异端邪派"的民间宗教打着佛、道或三教合一的旗号，蜂拥而起。各类说教亦假借正统宗教名色，混淆视听。无为观念就是在这种情况下得以倡行的。

当时，一方面地主阶级的道德沦丧染及社会各个阶层，使整个社会风气趋向堕落；另一方面，心怀不满的底层群众为生存不断起而抗争。所有这些，在某些民间宗教家的眼中统统被看成是"贪尘妄想"，"五欲未绝"，因而导致天下熙熙皆为利来，恶德恶行弥漫乾坤的局面，于是倡导起以无为救世的丹方。

无为观念之所以倡行，在于它对各阶级、阶层的人们都具有角度不同的吸引力。生于忧患，终于贫困的广大劳动者，以及由于大地主倾轧而失去恒产恒业的中小地主和各类城市市民、手工业者，他们面对各种不合理、不平等的社会现象无法解释，很容易把命运的悲惨看成是人世纠纷的结果，

---

① 《明神宗实录》卷八十四，第2页。

是人的贪鄙、嗔恨、淫邪等一切恶念恶行的牺牲品。或者是自身的恶德造成了罪行。因此在受到打击之后，很容易走上与世无争的清净修炼之途，而苦修苦行的无为法也恰恰符合日益贫困的群众的物质条件，同时又能满足人们追求来世福运的虚幻妄想。而对于饱食甘肥，荒淫纵欲的富者，这种说教又是一付清凉的麻醉剂。它告诫这些人，人间的纵欲享乐不过是昙花一现，稍纵即逝，要永葆福运，还要清心寡欲，扫尘去垢，往登彼岸。

有些倡导无为的宗教家并没有赤裸裸地宣扬仁义礼智信这些封建道德，似乎以超然物外的态度看待人世间的一切纷争和道德沦丧。他们希图用割断一切人间欲念作为解决人类恶德的唯一方法，作为沟通各个阶级之间无法逾越的壕沟的桥梁。在他们的眼中人世间的一切既然已属虚幻，人与人之间的交相争斗当然也就毫无是非可言。他们告诫人世：

> 吾劝你，世上人，休生奸计。
> 你害他，他害你，冤冤相报。①
> ……
> 迷众生，贪尘世，邪淫妄语。
> 拱高心，争人我，舍死忘生。
> 有得恨，无得笑，两头白面。
> 丧真灵，一点光，堕在尘中。②
> ……

在这里，地主阶级的造孽作恶与劳动者为起码生存条件而进行的斗争，被同样目为无事自扰，两大阶级中发生对抗的人们，同样是丧失了"真性"的迷路人，需要他们点化，去恶就替，返本还源，同归无极大道：

> 普劝合会善人，天下男女，休犯竞争，早奔路途，生死有应。③

---

① 《销释明证地狱血盆宝卷》。
② 《普明如来无为了义宝卷》。
③ 《销释明证地狱血盆宝卷》。

　　在这些宗教家的眼中，无为所表现的最高德性是："德本无争，德本无执，德本无妄"，否则由妄念引起贪心，而"贪则致祸，祸则堕劫"，①不但不能得到善果，还要轮回地狱。这种把压迫者和被压迫者放在同一道德天秤上加以衡量的作法，表面看来是公平的，但本质上还是要把有"不逞之心"的群众纳入净心修炼、与世无争的境地，导入"纯净"灵魂的忏悔之门，熄灭人们的不平，消除人们的抗争，把他们改造成逆来顺受、甘受屈辱的现行秩序的顺民。结果还是有利于最高统治者企望的那种"六合清宁，七政顺序"，"皇图永固，帝道遐昌"的局面。这种说教还是迂回曲折地为封建统治效了力。可见虽然倡导无为，毕竟还是有所为的。

　　其次，如果我们说民间宗教家有意识地用无为教义为封建统治服务，那也未必尽然，倡导宗教的人开始是否就具有明确的政治目的，也要具体加以分析。但是世界上既无一种脱离尘世的宗教，也没有不依靠物质生活的宗教家。就民间宗教而言，尽管多数宗教家信仰十分"高远"，而目的却十分浅近，那就是通过各种手段追求物质利益。这就导致他们"高远"的教义变成了伪善的说教。

　　明代末叶著名僧人云栖袾宏是正统佛教的卫道者，他曾极力排斥攻击罗教。在这种攻击中也还有歪打正着的议论。他说：

　　　　彼（指罗教创始人）所云无为者，不过将万行门悉皆废置……。彼口谈清虚，而心图养利，名无为而实有为耳。②

　　史实证明他的攻击是有道理的，据历史档案记载，罗教创始人罗梦鸿曾在北直隶密云司马台一带开堂讲经，"远来馈送颇多，因以而致富"。不仅如此，他还把财产与教权传之子孙。在华北地区罗姓后裔一直充任无为教教首，教权递传近三百年之久。直到清嘉庆二十年，才被清政权彻底查问。

　　高唱无为调的黄天教也不例外。

－－－－－－－－－－

① 《太上老子清净科仪》。
② （明）云栖袾宏：《正讹集》。

　　明嘉靖年间，直隶万全县人李宾创立黄天教。其后教权由李宾妻、李宾的两个女儿，以及李宾胞兄的子孙世代接续。李宾死后，其徒在万全县营造碧天寺。该寺有五进大殿，"基址颇大"，寺内李宾及其妻墓上修有十三层高塔。该寺成为黄天教徒崇拜的中心。黄天教经卷内指斥修庙建塔是有为之法，意甚鄙弃。但对照其言与行，相去甚远。不仅如此，李氏家族还十分好财，"庙里一年四时八节作会"，直至清乾隆年间"奉其教者，犹千里拜佛，多金舍寺"①。李宾胞兄的四世孙李蔚是清康熙年间的贡生，同时又是黄天"邪教"的会首，其家之富；自不待言。

　　综观明清时代有关民间宗教的大量史料，几乎没有一个教门教派不以传教为敛钱手段的。宗教领袖们或是借神的名义赤裸裸地向信仰者要钱要物，或是以隐蔽的形式盘剥门徒。这类内容在各宝卷中也多所记载。以西大乘教的《泰山东岳十王宝卷》为例：

> 造经的，功德大，无边力意，（注：原文如此）
> 施财的，雕刻板，利益无穷.
> 造佛的，自己财，诸佛供养，
> 又增福，又延寿，福禄无穷。
> ……
> 斋僧的，无量福，永劫不坏，
> 舍油的，再为人，眼目常明。
> 喜舍铜，铸成馨，佛前上供，
> 再转来，生中国，耳目不聋。
> ……
> 舍僧鞋，和僧袜，无量功德，
> 再为人，得高迁，步步高升。
> 舍僧帽，共堂中，无漏因果，
> 舍旗旛，到转来，天下扬名。
> 舍鲜桃，共鲜花，佛前上供，

---

① 《军机处录副奏折》，乾隆二十八年三月二十九日直隶总督方观承奏折。

面目清，有禄位，自在纵横。

……

或请僧，或请道，讽经诵咒，

现增福，到未来，家道兴隆。

甚至还诱骗信徒按时进贡，以此"买"来今世福禄双全，来世往登彼岸的功德；

众善人等，聚少成多，一年两季，进贡钱粮，仗祖大力，申文答表，答天谢地……

功完果满，竟赴莲池……①

这真是和那一时代封建王朝以捐纳选授官职的手段如出一辙。不过捐纳选官确有实惠，而宗教诱人钱财，只回报几句空话，再给一张据说能通往"天国"的合同。

在这里进贡的多少成为区分善与恶的标准，无力"布施"的穷人和"多金舍寺"的富者，被金钱分割成阴阳两界：

往上观，尽都是，诸佛诸祖，

往下观，才观透，地府幽明。

诸佛祖，在灵山，洒洒乐乐，

地狱里，鬼打鬼，乱乱哄哄。

……

善者金桥，恶者奈河。

……

善者天堂，洒洒乐乐，口念弥陀；

作恶人，受折磨，过奈河，怨得那个？②

劳动者不仅在物质生活中苦难重重，而且在精神上倍受折磨摧残。为了

---

① 《泰山东岳十王宝卷》。
② 同上。

摆脱下"地狱"的命运，往往有破家以贡奉教主者，造成了许多教徒"既不惜破家荡产以供之，又将妻领子以归之"[①] 的状况。有人把民间宗教中的这种现象说成是宗教组织实行经济平等的结果，实在是南其辕而北其辙。

众多史料告诉我们，凡属大教门的教首或宗教领神，几乎无不是地方豪富或地主的，而由于传教涉及的庙产，财产纷争导致争夺教权或另立教门、教派的现象也所在多有。使人们认识到、教权的继承关系归根到底还是财产的分配与再分配问题。可见高唱无为，以净心修炼耸动"群愚"的教首们，往往比痴迷于宗教信条的信徒们对权力、财产更执着、更世俗。这其实是一切披着宗教外衣的剥削阶级集团的本质，一种十分伪善的本质。

三　几点结论

我们分析的上述的教义，虽然不能概括民间宗教教义的全部内容，但它们确实有代表性。从对它们所包含的道德问题的剖析中，人们不难得出下述结论：

（一）在封建社会中，地主阶级的道德是占统治地位的道德，它必然要渗透到社会的各个角落，在道德领域内起着支配作用。民间宗教组织作为社会的有机组成部分，它逃避不了现实对它的制约。特别在中国封建社会的后期，地主阶级的统治机构发展的异常完备，从政权到意识形态领域对社会控制的森严、慎密，世界各国罕与其匹。从这个意义上讲，封建道德在民间宗教内占主导地位，封建道德说教充斥在各类宝卷之中，并不令人奇怪。不仅如此，随着民间教门的逐渐封建化，家长制统治日益巩固，上层宗教领袖经济地位的变化，封建道德也不能不在这些组织中占据统治地位。这种现象不过是封建社会经济、政治状况在道德领域的必然反映。但是正如宗法制度在不同的社会阶层和社会集团中具有不尽相同的表现形式，因而借以维系宗法关系的封建道德在不同的社会阶层、社会集团中也会表现出某些特殊性。就民间宗教而言，它是扎根于底层，以宗教信仰维系人们的社会组织。它有着自身的兴衰史。在它的初起期、成熟期、衰落期，

---

① （清）道光《钜野县志》卷十七。

不但在组织形态上并不完全一样，在道德内容上也会发生变化。在它刚刚产生的时候，还未形成森严的等级，家长制统治也并不完备。因此教义中也就反映出一些群众追求平等的内容。在它的成熟期，神权、族权、特权牢固地结合在一起，封建道德也就占据了支配地位。即便如此，封建道德的表现形式也与最高统治集团的要求不完全一致，它更带有狭隘的社会集团性质。在民间教门中，忠首先是忠于教主、当家。从本质上讲，尊师崇祖与忠君并无二致。但是高度集权的明、清时代，统治者要把子民们置于绝对的统治之下，人民只能忠君。因此尽管民间宗教中也实行的是宗法制度，也提倡封建道德，却往往成为与当局相对立的政治势力而遭受镇压。其次，封建道德固然是民间教门内部维系人们相互关系的准绳，处于支配地位。但经济地位，社会地位低下的底层教徒也往往看重以义相交，彼此救助。这就是创业论中所包含的平等内容始终有市场的原因之一。当然，这种道德观念毕竟处于次要地位，甚至远远不如天地会、三点会、哥老会等民间结社组织表现的充分（造成这种区别的主要原因还在于民间结社与民间宗教的基本成员构成不同，社会经济需求不同）。总的看来，民间宗教宣扬的道德观念既带有封建社会的普遍性，又具有一定社会集团的特殊性。但无论是普遍性还是特殊性。从本质上都没有超出封建道德的范畴。

（二）宗教与道德都属于上层建筑范畴，对地主阶级来说，它们是巩固现行秩序的两个互为补充的工具。但是宗教与道德的结合是有一定的历史过程的。在春秋时代，孔子就讲过为政以德，把道德作为维护统治阶级利益的工具，用以调节剥削阶级和被剥削阶级间相互的关系。但孔子并不是宗教家，他被奉为教主是后来的事。历史告诉我们，宗教与道德的结合是随着儒、释、道三家日益融合而逐渐发展起来的。到了两宋以后，特别是明清时代已经密不可分，成为统治者得心应手的两套工具。释、道两家为了发展，不得不求助儒家的社会伦理道德，而儒学的社会伦理道德要更适应封建社会中晚期封建政治的需要，就必然要求助于宗教。正是在这样的历史条件下封建道德与正统宗教互为助力，并驾齐驱。显然，在封建社会日益衰落的情况下，仅靠一般的道德说教，仅靠社会舆论形成的力量，已经不足以维护封建宗法关系。还要依靠强制性和欺骗性手段，以强化它的社会作用。前者表现为法律与道德的结合，后者表现为宗教与道德的结合，明清时代的大量史料证明，民间教门明显地受到三教合一思潮的影响，把封建伦理道德神圣化是众多教门教义的一大特点。其中三一教、长生教、八卦教、一贯道等教门表现的格外突出。对许多教门来说，封建道德充实了宗教教义的内容，而宗教教义则在组织内部强化了封建道德的力量。数以百计的宝卷和形形色色的劝善书本证实了这一点。

（三）通过对民间宗教两个教义的分析，我们还明显地感到宗教道德和人们的社会实践的巨大冲突。无论上层宗教统治集团，还是底层教徒都是如此。造成冲突的原因只有一个，但本质却并不相同。宗教家们总是在告诫门徒，要看破红尘，要清心寡欲，要实行五戒十报。他们希望门徒们最好是不食人间烟火，但他们自己却置土地，购精舍，拥妻买妾，坐享人间福乐。甚至僭号称王，大封后妃。征诸史料，这类例子不胜枚举。作为为底层教徒，在漫长的岁月里确实往往笃信这些宗教道德说教。可是世世代代依然故我，命运如初。在社会危机到来的时刻，在饥寒交迫的威胁下，现实教育了人民，人民则用暴力革命冲破了种种戒条的束缚。用新的道德标准取代了旧传统的说教。造成宗教道德和人们社会实践的冲突的原因是什么呢？普列汉诺夫曾经说过：

人类道德的发展一步一步跟随着经济上的需要；它确切地适应着社会的实际需要。在这种意义之下，可以也应当说，利益是道德的基础。[①] 利益不仅是道德的基础，也是宗教的基础。宗教是用来骗人的东西，但宗教家并不想用它来欺骗自己；道德是约束人们越轨行为的东西，但道德家却不想用它来约束自己。一旦对现实利益的追求受到宗教道德的阻碍，这些人就会毫不客气地踢开它，另来一套。作为劳动者来说，他们可能世世代代受到宗教的愚弄，受到封建道德的束缚，但是冷酷的现实毕竟会使他们觉醒。对现世利益的追求，对生存权力的渴望，必然会引起宗教道德与他们实践的冲突。上述宗教道德和人们社会实践的冲突，不仅暴露了宗教（其中包括民间宗教）的虚伪性，也必然导致宗教与封建道德的消亡。

（原载《宗教·道德·文化》，宁夏人民出版社 1988 年版）

---

① 《普列汉诺夫哲学著作选集》第 2 卷，生活·读书·新知三联书店 1961 年版，第 48 页。

白莲教辨证

20 世纪 30 年代以来，中外学者关于白莲教已有多篇论著，研究相当深入。但失误亦有，举其大者，是部分学者仍然不甚了解白莲教为何种信仰，甚至把南宋以来，特别是明、清时代多种民间宗教皆统称为白莲教，造成了一种混乱。本文力图厘清、正讹。不通处，企望识者正之。

一　白莲教是弥陀净土宗与天台宗混合的世俗化教派

南宋绍兴三年（1133），江苏吴郡沙门茅子元创白莲教，初期白莲教仅为一净业团社，时号为白莲菜，以食斋为宗旨之一。较早对子元行迹作出记载的是《释门正统》：

> 所谓白莲教者，绍兴初吴郡延祥院沙门茅子元曾学于北禅梵法主会下，依仿天台出《圆融四土图》、《晨朝礼忏文》。偈歌四句，念佛五声，劝诸男女同修净业，称白莲导师。其徒号白莲菜人，亦曰茹茅阇黎菜。有论于有司者，加以事魔之罪，蒙流江州。后有小茅阇黎复收余党，但其见解不及子元，又白衣辗转传授，不无谬讹，唯谨护生一戒耳。①

其后，南宋天台僧人志磐依《释门正统》，增加内容，污蔑之辞从此出：

> 吴郡延祥院僧茅子元者，……自称白莲导师，坐受众拜。谨葱

---

① （宋）宗鉴：《释门正统》卷四《斥伪志》，转引白杨讷编《元代白莲教资料汇编》。

乳、不杀、不饮酒，号白莲菜。受其邪教者谓之传道，与之通淫者谓之佛法。相见傲僧慢人，无所不至。愚夫愚妇转相诳诱，聚落田里，皆乐其妄。有论于有司者，正以事魔之罪，流于江州。然其余党效习，至今为盛。①

此段史料是目白莲为"邪教"的最早纪录之一。然护持子元者亦实繁有徒。元代僧人普度编《庐山莲宗宝鉴》，一反志磐立场，赞茅子元为"慈照宗主"，以子元为莲宗法统继承人，弘扬其事业。据《庐山莲宗宝鉴》记载：茅子元十九岁落法为僧，习止观禅法。一日坐定中，闻鸦声而悟道，并自颂云："二十余年纸上寻，寻来寻去转沉吟，忽然闻得慈鸦叫，始信从前错用心。"于是发利他之心，慕远公庐山结莲社遗风，"劝人皈依三宝，受持五戒，一不杀，二不盗，三不淫，四不妄，五不酒，念阿弥陀佛五声，以证五戒，普结净缘，欲令今世人净五根，得五力，出五浊也。乃撮集《大藏》要言，编成《白莲晨朝忏仪》，代为法戒众生礼佛忏悔，祈生安养。后往淀山湖，创立白莲忏堂，同修净业。述《圆融四土三观选佛图》，开示莲宗眼目"②。据《宝鉴》记载：子元四十六岁"临障江州"，乾道二年（1166），蒙皇帝"诏至德寿殿，演说净土法门，特赐劝修净业白莲尊师慈照宗主"。子元"尝发誓言，愿大地人普觉妙道，每以四字定名之宗"③。后来的白莲教徒法号均以普、觉、妙、道四字派定，即依于此。

　　上述三种史料，为白莲教创始期最主要的记录。抛开对茅子元的毁誉之辞，综合白莲教初期特点有两条：一，吸收了莲宗即弥陀净土宗和天台宗两宗的佛教教义和修持内容。茅子元自称白莲导师，其徒则称白莲菜人，建白莲忏堂，祈祷时，念阿弥陀佛，祈佛忏悔，祈生安养极乐国，即西方极乐世界。无疑继承了弥陀净土宗的基本信仰。而茅子元"曾学于北禅梵法主会下""依仿天台出《圆融四土图》、《晨朝礼忏文》"的事实，说明其创教初期，从组织的师徒授受关系到教义，又都明显地受到天台宗

---

① （宋）志磐：《佛祖统纪》卷四十八，《续藏经》第四套第一辑。

② （元）曾度：《庐山莲宗宝鉴》卷四《慈照宗主》。中国社会科学院世界宗教研究所图书馆藏，又载《大正藏》卷四十七《诸宗部》四。

③ 同上。

影响。其二，白莲教虽然是台、净两者结合的产物，但"男女同修净业"，特别到了元代，该教把家庭生聚与信仰相结合，建立多所白莲忏堂。这类忏堂及周围田土成为血缘关系相传的世产，而白莲信徒娶妻生子，家居火宅，被称为白莲道人。这是白莲教迥异于佛教之处。白莲教的出现适应了佛教大发展的要求，但它又走过了头，成为一种潮流的先导，破坏了信仰主义世界固有的格局，形成了一种不自觉的宗教改革运动，从而被正统佛教视为异端。这种宗教改革又融汇了其他异端思想，就不能不在特殊的社会环境中转化成政治运动，乃至改朝换代的工具。

中国的净土宗分为两类：弥勒净土、弥陀净土。这两类净土思想都在东汉末年由安世高传入中国。弥陀净土的主要经典《无量寿经》亦由安世高译出。其后曹魏时期康僧铠译《无量寿经》、后秦鸠摩罗什译《无量寿经》、南朝宋之畺良耶舍译《观无量寿佛经》影响最大，后世并称弥陀净土三经。最初译出的《无量寿经》反映了那一时代的特点：缺乏刻意艰深的佛教理论和精义微言，而以超拔彼岸、往生西方佛国为宗旨。弥陀净土又叫安养国、无量寿国、安乐国、庄严佛国。弥陀佛又叫无量寿佛。《无量寿经》云："奉事亿如来，飞化遍诸刹，恭敬欢喜去，还到安养国。"[①]而无量寿佛、无量寿国之义也来自此经："彼国佛土，寿量几何？佛言，其佛寿命四十二劫。"[②]佛教所言一劫，"其年无数"。可知如能超拔入于此佛国，寿数当无量。而据云其国"无有三涂苦难之名，但有自然快乐之音，是故其名曰安乐。"[③]此经译出后，凡信仰弥陀者都以追求"安养极乐国"或安乐国为终极目的。在有些史料中安养国被讹传为"安阳国"，"国号安阳"。这种西方佛国被描绘成光芒照耀、微妙庄严，无有极限的伟大世界，而无量寿佛则被说成光被四维、亿化万物的光辉形象，即人间君主与之相比，不过如乞丐一样。无量寿佛即阿弥陀佛被赋予了十三种佛的称号。[④]这样一种世界，这样一种佛祖对各阶层人群的吸引力自然是极大的。

---

① （三国）康僧铠译：《无量寿经》卷下。中国社会科学院世界宗教研究所图书馆藏。
② 同上。
③ （三国）康僧铠译：《无量寿经》卷上。
④ 马西沙、韩秉方：《中国民间宗教史》第四章第一节，上海人民出版社1992年版。

一种巨大的精神力量，一定会产生相应的物质力量，弥陀净土团社的形成，是这种信仰力量的外在表现形式。它产于东晋初年，名僧慧远（334—416）隐迹庐山，"率众行道"，于庐山精舍无量寿佛前与刘遗民、雷次宗等"建斋设誓，共期西方"，与誓者一百二十三人。① 持戒、讲经、习禅是这个净业团社的基本活动。是时，诗人谢灵运为慧远于东林寺凿池以种白莲，故后世弥陀净土宗亦称白莲宗，简称莲宗。

慧远故后六十载，另一位弥陀净土的弘扬者昙鸾出世，其影响主要在北方。他对弥陀净土信仰的最大贡献在于简化修行方法，弃观经一观乃至十六观，不强调观想念佛，而主张口称念佛。他留世的主要著作有《往生论注》、《略论安乐净土义》等，他的"十念相续"，"迭相开晓，为称阿弥陀佛名号，愿生安乐"② 的主张，是使净土信仰从般若学及坐禅观想独立出来的重大步骤，无疑推动了这一信仰的世俗化、普及化。中国弥陀净土宗信仰者，皆以慧远为开山祖；日本净土宗之创立者源空则以菩提留支为开山祖，以其为昙鸾启蒙之师故。但我国研究者多认为慧远、昙鸾为净土宗形成奠定了宗教理论基础，而认为此宗真正开创者为隋、唐之际的道绰和唐代的善导。

道绰（562—645），山西汶水人。他对弥陀净土经典"甄简权实"，"布以成化"，并身体力行"专志念佛，日以七万遍。为度劝并、汾人念佛，或以豆记，所度者及万斛"③。以至信仰者人各持念珠，同念佛号，"声彻林谷"。他的主要著述为《安乐集》两卷，内中指陈众生往生西方净土，才是信仰者唯一出路。《续高僧传》说净土宗"西行广流，斯其人矣。"但又指出仅仅提倡口称念佛形成了"口传慑论，唯心不念，缘境又乖，用此招生，恐难继想"④。显然单纯口称念佛与传统的观想念佛多有不同，因而产生了一些惰夫。但正是这一点使一般信仰者风行景从，"赴者弥山"，净土宗形成的群众基础已经奠定。此后经过善导（613—681）三十余年的讲学净土法门，追随者已风靡中土，成为信仰风习，此宗遂定型

① 《高僧传》卷六《慧远传》。
② （北魏）昙鸾：《略论安乐净土义》，《大正藏》卷四十七，《诸宗部》四。
③ 《续高僧传》卷二十四《道绰传》。
④ 同上。

于中土。汤用彤先生讲"有唐一代，净土之教深入民间，且染及士大夫阶层，……净土之发达以至几独占中华之释氏信仰者……"①。诚如斯言。

弥陀净土思想流布与净业团社的发展相辅相成。慧远以后结社之风逐渐成风。② 特别在宋代，净业团社竞相在全国范围内建立，而以江浙地区为甚。莲宗七祖省常于宋淳化间在杭州"慕庐山之风，谋结莲社"，后改名为易行社，"士夫予会者皆称净行社弟子"。公卿士大夫"予此社者一百二十三人"③。是时天台宗信仰者亦多为净土信仰者，台宗大师知礼于每岁二月望日"建念佛施戒会，动逾万人"。史料讲他建念佛施戒会二十余所。④ 其弟子纷起效尤。知礼弟子本如与"郡守章郇公结白莲社"，"四季开会念佛凡三十年"。宋仁宗"钦其道，赐名白莲寺"⑤。结社之风由名僧倡导，达官显贵推波助澜，帝王钦许，愈演愈烈，而结社之风渐自下移，遍及社会各阶层。载诸各类史料，不胜枚举。少者十八人，多则逾万，遍及大江南北，乃至边陲山僻。⑥ 正是在这种社会风习的影响下，南宋初年在杭州出现了孔清觉的白云宗，而江苏吴郡出现了茅子元的白莲菜。北宋初年省常的莲社，其后本如的白莲社，此皆南宋茅子元白莲菜的先导，而非子元首称白莲之名。由此可知白莲菜（即后称的白莲教）是陀净土宗思想信仰和结社组织的一种自然而然的发展，并非一种突然产生的"邪教"。

白莲教的产生不仅是弥陀净土宗的一种结果，而且是天台宗和弥陀净土宗结合的产物。

宗鉴《释门正统》卷四《斥伪志》指出；茅子元"曾学于北禅梵法主会下，依仿天台出《圆融四土图》、《晨朝礼忏文》"。这是正确的判断。下面依佛典逐次分析。所谓"四土"即四种果报土。台宗大师智颛（538—597）依据判教的理论和人利钝的不同，指陈了四种净土国的层次：

---

① 汤用彤：《汉魏两晋南北朝佛教史》第十九章。
② 马西沙、韩秉方：《中国民间宗教史》第四章第三节，上海人民出版社1992年版。
③ （宋）志磐：《佛祖统纪》卷二十九，《续藏经》第四套第一辑。
④ （宋）志磐：《佛祖统纪》卷二十八。
⑤ 《续新高僧传》卷四十一，《本如传》。
⑥ 马西沙、韩秉方：《中国民间宗教史》第四章第三节。

佛国差别之相，无量无边，今略为四，一，染净国，凡圣共居；二，有余国，方便人居；三，果报国，纯法自居：四，常寂光，妙觉所居。①

他又解释：染净国又叫凡圣同居国。凡人有善恶两种，圣人有实圣与权圣两类。四种人同居故云秽土，如根性或忏悔，同登净土，凡圣皆依正果。有余国又叫有余土，是二乘三种菩萨"证方便之所居也"。第三种果报国又叫果报土，"亦名实报无障碍土"。第四，常光寂国亦叫常光寂土。居此土者即佛之法身。②

茅子元依据智颛的理论，制作了四土图，基本表达了台宗四土理论的内核，特别是智颛的意图，茅子元制此图的目的有二：一是他认为到了宋代一些僧人的传法已失伦次，致使："四土混乱无伦，智转行融，致使利钝不分，因果俱失，只言净土，不知净土之高低；只说唯心，不知心之深浅。故见诸家相毁"，"自破宗风"。他要制图加以匡正。第二，是使不能自悟四土理论的一般民众能通过图的明确表达方式"削去迷情，顿明心地"③。四土图今载于大正藏四十七卷中《庐山莲宗宝鉴》中，我在《中国民间宗教史》第四章有详细分析，此不赘述。从现代人眼光看，茅子元实在是一个聪明的僧侣，为了净土业的发展，适应了下层民众的文化层次、心理特征的需要，不仅继承了台宗、净土宗的精神内核，而且以简明的图说达到一目了然的效果，因此"愚夫愚妇""皆乐其妄"。白莲菜日渐扩大了信仰主义的领域。

在修行仪式上，茅子元也是既有继承又有创新。志磐指斥："《晨朝忏》者，则撮略慈云七忏，别为一本，不识依何行法。"④ 也说明了茅子元与天台宗忏法的确有同有异。

忏仪最早出现在南北朝，它适应了佛教在中土兴隆后道场法会的实际

---

① （宋）志磐：《维摩经疏示四种佛国》，载《乐邦文类》卷四。

② 同上。

③ （元）普度：《庐山莲宗宝鉴》卷二《慈照宗主圆融四土选佛图序》，载《大正藏》卷四十七。

④ （宋）志磐：《佛祖统纪》卷四十八。

需要，本质上属于宗教实践活动。相传最早的忏经是《慈悲道场忏法》，又名《慈悲梁皇宝忏》。陈、隋间台宗大师智颛制《方等三昧行法》、《法华三昧忏仪》，开台宗忏法先河。宋代台宗大师慈云遵式完成了《金光明忏法》，又撰《往生净土决疑行愿二门》等，通计七忏，成为宋代忏法总其成的大师。其影响了茅子元当无疑义。[①]《晨朝礼忏文》的确撮略了慈云的《礼忏门》与《十念门》的内容，为了适应"在家菩萨"奉佛持戒及宗教活动的特点，又作了更改和简略。但大致内容与慈云忏仪相同。[②]

但为什么宗鉴，特别是志磐会对茅子元进行不遗余力的攻击呢？一是，茅子元的宣教理论已与天台宗祖师宣教有所不同。二是，在组织上茅子元竟敢自成体系，"自称白莲导师"，"相见傲僧慢人"。特别是所收徒众皆为聚落田里的"下等人"，而且男女同习修炼。这种作法激怒了正统佛徒，故攻击他"僭同于佛"。第三，台宗内部的宗派情绪及固执、褊狭作风的影响。台宗山家派、山外派为一念心的真伪问题，长期对峙，排斥异己。志磐以山家派流裔自居，行文行事皆褊狭自持，对台宗内部尚且如此，对自成一统的茅子元，当然要以异端、"邪教"相对待。其实茅子元创白莲菜的时代，尚不完全具备"邪教"特点和组织体系，仅为一异端的净业结社组织。只是到了元代，才形成分化，一部分白莲道人发展了茅子元宗教理论中异端成分，并把组织体系完全独立化，逐渐形成了白莲教。

二　元末农民起义应称为香会起义

中国的净土信仰除弥陀信仰外，尚有弥勒净土信仰。弥勒观念在东汉末年安世高译《大乘方等要慧经》中首次传入中土。此后又有大量有关经卷纷纷译出。其中以竺法护所译《佛说弥勒下生经》和沮渠京译《观弥勒上生兜率天经》等最为重要。至隋、唐时代译经加上伪经，不下三十余部。[③]

弥勒净土信仰分两个层次的内容：一是，弥勒由凡人而修行成菩萨

---

① 马西沙、韩秉方：《中国民间宗教史》第四章第三节，有详细分析对照研究。

② 同上。

③ 汤用彤《汉魏两晋南北朝佛教史》第十九章。杨曾文：《弥勒信仰的传入及其在民间的流行》，载《中原文物》1985 年特刊。

果，"上至兜率陀天"，以应佛的预言。二是，弥勒菩萨从兜率天宫下生阎浮提世，于龙华树下得成佛果，三行法会，救度世人。其中又以弥勒下生观念最为流行。据鸠摩罗什所译《佛说弥勒下生成佛经》记载：弥勒菩萨在兜率天内院修行四千年，即人间的五十六亿七百万年后，下生至阎浮提的翅头末城。这块土地"土地丰熟，人民炽盛，街巷成行"，"四时顺节，人身之中，无有百八之患"，"人心均平，皆同一意，相见欢悦，善言相问，言辞一类，无有差别"①。这块土地虽然丰美，人心均平，却不是佛国净土。此地众生享受着五乐欲，因此不免生死沉沦大患和"三恶道苦"，"妻子财产，所不能救，世间无常，命难久保"②。弥勒下生此土后，于龙华树下修行，得成佛果，向众生宣讲释迦四缔十二因缘，以解脱"众苦之本"。计三行法会：

> 初会说法，九十六亿人得阿罗汉；第二大会说法，九十四亿人得阿罗汉；第三大会说法，九十二亿人得阿罗汉。
>
> 尔时弥勒佛诸弟子普皆端正，威仪具足，厌生老病死，多闻广学，守护法藏，得离诸欲，如鸟出壳……弥勒佛住世六万岁，怜悯众生，令得法眼，灭度之后，法住世亦六万岁。③

这就是后世广为流传的"龙华三会"的基本内容。弥勒净土信仰与弥陀净土信仰虽都为净土信仰，但内容多有不同。前者崇信弥勒佛，后者崇信弥陀佛、观世音、大势至。前者主要是一种救世思想即弥勒要下到凡间，三行法会，解除人间苦难，把人们带回兜率天宫即佛教教义中六欲天中第四天界。而弥陀信仰没有救世内容，只有修行而得佛果，超拔西天极乐世界。显而易见，弥勒信仰对下层民众具有更大的诱惑力和鼓动力量。《弥勒下生经》中描写的彼岸的炽热、平等、丰饶的世界，也更现实，它无形中与大乱不已的南北朝的黑暗世界形成了强烈对照，因此启迪了不甘现实

---

①　（前秦）鸠摩罗什译：《佛说弥勒下生成佛经义疏》，唐佚名撰疏。藏于北京图书馆。

②　同上。

③　同上。

苦难的人群为追求无有差别的佛国净土，起而抗争，某些人则利用弥勒下生为鼓惑，自称弥勒下生，从而形成了反抗现行秩序的巨大号召力量。千载而下，成为下层社会对抗专制主义的强大的思想巨流。

较早的以弥勒信仰为号召的农民造反行动是北魏延昌四年（515）佛教异端大乘教起义。冀州沙门法庆率渤海李归伯家族及民众，击杀阜城县令，袭破勃海郡，所在屠灭寺院，杀戮僧尼，焚烧经像，提出"新佛出世，除去旧魔"的口号。后为元遥率军所灭。① 唐长孺先生说："大乘暴动的口号是'新佛出世，除去旧魔'。毫无疑问，所谓新佛，就是从兜率天宫下降的弥勒。"② 法庆起事不过十载，比魏正光五年（524），今山西临汾一带，少数民族又"以妖妄惑众，假称帝号，服素服，持白伞白幡"，进行暴动。这无疑是又一次以弥勒为号召的造反行动。③ 此后这类起义或暴动在历史上延绵不绝，下迄于近代。隋唐时代弥勒信仰对社会亦造成了巨大的震动，隋大业六年（610）有数十人"皆素冠练衣，焚香持花，自称弥勒佛"，突入建国门。为齐王率兵击斩之。④ 不过三年，沙门向海明"于扶风自称弥勒佛出世"，率众数万起义。⑤ 而唐代亦有以弥勒佛下生惑世者多起。特别是贝州人王怀古于开元元年起事，他对部众说"释迦牟尼末，更有新佛出，李家欲末，刘家欲生。今冬当有黑雪下贝州，合出银城"⑥。明显地把应动观念和朝代更迭融合在一起，虽然充斥着宿命论思想，但本质已经是一种现实的政治观念。因此引起了唐玄宗的注意。于开元元年（713）十一月下诏："释氏汲引，本归正法，仁王获持，先去邪道。失其宗旨，乃般若之罪人。……比者白衣长发，假托弥勒下生，因为妖讹，广集徒侣，称解禅观，妄说灾祥，别作小经，诈云佛说，或许云弟子，号为和尚，眩惑闾阎，触类实繁，蠹政为甚"。下诏严禁。⑦ 但这类诏令无济于事，此诏百年后仍发生过"青城山妖人作弥勒会"的事件。而三

① 《魏书》卷十九《元遥传》。
② 唐长孺：《北朝的弥勒信仰及其衰落》，载《魏晋南北朝史论拾遗》。
③ 马西沙、韩秉方：《中国民间宗教史》第二章《弥勒救世思想的历史渊流》。
④ 《隋书》卷三《炀帝纪》。
⑤ 《隋书》卷二十三《五行志》下。
⑥ 《册府元龟》卷九百二十二。
⑦ 《册府元龟》卷一百五十九《帝王部·革弊》。

百三十年后还是在王怀古事件的发生地贝州，又出现了以"释迦佛衰谢，弥勒佛当持世"为号召的王则起义。这次起义有着深厚的历史传统："贝、冀俗尚妖幻，相与习为《五龙》、《滴泪》等经及诸图谶书……。"① 此中《滴泪》经疑为摩尼教所习《佛说啼泪》，摩尼教和弥勒教信仰在贝州、冀州似有最初之融合。

贝州、冀州的底层弥勒信仰在宋代，特别是元末农民起义中，再次表现了它对时代深具影响力。一种传统的学术观点认为；元末农民起义是白莲教起义。不错，元末有一大批白莲教徒参加了起义，甚至成为骨干成员，但是白莲教并不是起义的主力和倡导者。白莲教的弥陀信仰在这次起义中几乎没有任何影响力，这次起义的首倡民间教派是香会即弥勒教会和摩尼教的混合教派。所以我们把元代末年起义称为香会或香军起义更符合于历史真实。

香会之名最早见于《宋会要辑稿》。载于大观二年（1108）信阳君言：

> 契勘夜聚晓散，传习妖教及集经社、香会之人，若与男女杂处，自合依条断遣外，若偶有妇女杂处者，即未有专法。乞委监司，每季一行州县，觉察禁止，仍下有司立法施行。②

信阳地区与陈州（今淮阳）毗邻，不过二百里。陈州是五代、北宋摩尼教活动中心。五代梁贞明六年（920）陈州摩尼教"聚众反"，立母乙为天子。"陈州里俗人，喜习左道，依浮屠氏之教，自立一宗，号曰上乘，不食荤茹，诱化庸民，揉杂淫秽，宵聚昼散"③。所谓"揉杂淫秽"即《宋会要辑稿》所云"男女杂处"。"集经社"、"香会"亦应是流传已久的摩尼教的异名。五代，宋代摩尼教不仅烧香亦有习诵经文习俗：

---

① 《宋史纪事本末》卷三十二《贝州卒乱》。
② 《宋会要辑稿》刑法二，禁约。
③ 《旧五代史》卷十。

　　一明教之人，所念经文及绘画佛像，号恩经、证明经、太子下生经、父母经、图经、文缘经、七时偈、日光偈、月光偈、平文策、证明赞、广大忏妙佛帧、先意佛帧、夷数佛帧善恶帧、太子帧、四天王帧。已上等经佛号，即于道、释经藏，并无明文该载……。委是狂妄之人，伪造言辞，诳愚惑众，上僭天王、太子之号。①

　　又《释门正统》列载摩尼教"不根经文"："佛佛吐恋师、佛说啼泪、大小明王出世经、开天括地变文、齐天论、五来子曲之类。"② 可见集经、念经、做会是摩尼教即明教的重要特点。摩尼教另一特点是：

　　平居暇日，公为结集，曰烧香、曰燃灯、曰设斋、曰诵经，千百为群，倏聚忽散。③ 摩尼教是宋代首屈一指的反传统民间宗教，影响大于弥勒教及后起之白云宗、白莲教。显而易见"曰烧香、曰燃灯、曰设斋、曰讲经"即是信阳一带当局发现的"集经会"、"香会"，即摩尼教。然而这种集经会、香会已不是纯粹的摩尼教了，它受到这一地区弥勒信仰的巨大影响。

　　香会之名在元代再现于史料，据《湛然居士集》载：

　　夫杨朱、墨翟、田骈、许行之术，孔氏之邪也；西域九十六种、此方毗卢、糠瓢、白莲、香会之徒，释氏之邪也；全真、大道、混元、太一、三张左道之术，老氏之邪也。④

其中香会、白莲在元末农民起义中发挥过重大影响，确应列入"邪教"之列。但元初中叶，多数白莲教团依忏堂而存在，念经忏，安份守法，是合

---

① 《宋会要辑稿》刑法二，禁约。
② （宋）宗鉴：《释门正统》，转引《佛祖统纪》卷三十九。
③ 《宋会要辑稿》刑法二，禁约。
④ （元）耶律楚材：《湛然居士集》卷八。

法教派，与元末情况不同。① 而香会则发生了与弥勒信仰的融合。这两者的融汇，在元末表现出了巨大的力量：

> 五月（元顺帝至正十一年，1352），颍川、颍上红军起，号为香军，盖以烧香礼弥勒得名也。其始出赵州滦城县韩学究家，已而河、淮、襄、陕之民翕然从之，故荆、汉、许、汝、山东、丰、沛及两淮红军皆起应之。②

由于烧香礼弥勒佛故号"香军"，其初则为香会无疑。由香会而改香军之名。摩尼教与弥勒教相融汇在宋代即又出现，王则以弥勒下世相号召，而所念之经却是《五龙》、《滴泪》。弥勒信仰与摩尼教相混，既有漫长历史过程，也有其融汇之路线。从唐中叶到元末，弥勒教重要活动地域在贝州（今清河、临清、武城、津夏一带）、冀州（滦城、赵县、石家庄一带）。两个地区相距不过二百里左右。在五百年间，成为弥勒信仰传播的中枢。而北方摩尼教及其异名之香会则以陈州（今淮阳）、信阳（今之信阳）为活动中心。在元代中叶，曾经祖居于赵州滦城的韩山童祖父"以白莲会烧香惑众，谪徙广平永年县"③，永年县即今邯郸地区永年县。韩氏祖孙三代在今河北南部及今河南、安徽传教。弥勒信仰中心南移，传徒颍州人刘福通。④ 颍州即今安徽阜阳、颍上、阜南、太和一带。与摩尼教活动的中心陈州、蔡州、信阳相距都不过二百里左右。两大民间信仰在今之安徽西部、河南东南部不可避免地发生了融汇合流。

　　现在有一个需要解决的问题是，某些史料讲韩山童家族"以白莲教烧香惑人，"⑤ 不少中外学者亦认为韩山童是白莲教领袖。这种说法很难成立。本文第一节探讨了白莲教有几个特点：一、白莲教秉承弥陀净土宗信仰，信仰的是安养极乐国即佛教西方净土，崇拜阿弥陀佛、观世音、大势

---

① 杨讷：《元代白莲教》，载《元史论丛》第二辑。
② （元）权衡：《庚申外史》卷上。
③ 《元史》卷四十二《顺帝纪》五。
④ 同上。
⑤ 同上。

至。二、茅子元及后继者以《无量寿经》为宗旨，口称念佛，并继承了天台宗四土信仰，继承了智𫖮、慈云遵式的忏法。三、白莲教徒都有道号，依普、觉、妙、道四字为号。元末有一批白莲教徒参加起义，大都冠之以"普"字。这一点中、日学者都有专文论述。用这三个特点，反观韩山童、韩林儿、刘福通等领袖人物：一、他们都不信仰弥陀净土宗，而是"烧香崇弥勒佛"，明显地信仰弥勒净土演化的弥勒下生观念。二、不知所念何种经典。三、没有白莲教徒必有的道号。由此可知，所谓"白莲教"在韩山童那里是根本不存在的。相反，他们的宗教组织是香会，即摩尼教与弥勒教混合的民间宗教，却有凿实的依据。一、所谓红巾军即香军由香会改称，是由宗教组织向军事组织转化过程中的演变。二、他们的口号是："明王出世，弥勒下生"。这个口号恰恰反映了两种信仰内含。明王出世是摩尼教信仰。摩尼教有《大小明王出世经》。韩林儿在其父死后，被拥立为小明王就是明证。为何称小明王而不称明王，或大明王？因为韩山童应是大明王。"弥勒下生"，或"烧香礼弥勒佛"都是弥勒教信仰，其意自见。无论明王出世也罢，弥勒下生也罢，都是一种救世思想，而这种思想恰恰是中世纪中国最主要的底层社会的反传统思想。反观二千多年的中国封建史，以阿弥陀佛为号召的起义有几次呢？寥寥无几。因为它不具备救世思想，只具备彼岸回归的宗教观。弥勒信仰则二者兼备。

元末农民起义初起时有两大支，除韩林儿、刘福通一支外，尚有江西行省袁州（今湖南宜春）著名"妖僧"彭莹玉。彭莹玉当然不是"白莲道人"，他崇奉的也是弥勒佛：

先是浏阳有彭和尚，能为偈颂，劝人念弥勒佛号，遇夜燃火炬名香，念偈礼拜，愚民信之，其徒遂众。[1]

这位元末农民起义另一发其端者，倡导的还是"香会"，以其教燃火炬名香，礼弥勒佛故。

凡此种种皆可证明，元末农民起义在酝酿及开始阶段几乎与白莲教会

① （元）叶子奇：《草木子》卷三。

没有多少关系，而是南北两方信仰明王和弥勒下生（其中特别是弥勒信仰）的"香会"倡导发动的。只是到了起义如火如荼发展阶段，在江南才有大批白莲教徒蜂拥而入，特别是加入了徐寿辉的天完红巾军。而天完红巾军并未因大批白莲教徒成为骨干而改变了信仰弥勒的初衷：

> 先是浏阳有彭和尚，劝人念弥勒佛号，遇夜燃香灯，偈颂拜礼，其徒从之日众，未有所附。一日，寿辉浴盐塘水中，身上毫光发，观者惊诧。而邹普胜复倡妖言，谓弥勒佛下生，当为世主，以寿辉宜应之，乃与从共拥寿辉为主，举兵，以红巾为号。[1]

邹普胜应是白莲教徒，从其道号可知。但他并未倡弥陀信仰，而倡导的是弥勒下生观念。可见即使有大批白莲教徒加入农民军，他们喊的也是弥勒下生的口号。

综观元末农民起义，一些现代研究者称之为白莲教起义并不合适，而应称之为香会起义，则更接近于历史的真实。

目睹当时情状的朱元璋在讨张士诚檄文中曾经指出：造反的百姓是误中"妖术"，"酷信弥勒之真有，冀其治世，以苏困苦，聚为烧香之党……"[2]。这段史料，又一次给我的观点提供了证明。

三　明清时代民间宗教不应统称为白莲教

中外学术界关于中国民间宗教研究的另一流行观点，是将明清时代民间宗教统称为白莲教，这种观点离历史真实更远。有些学者都喜欢引证这样一条史料：

> ……近日妖僧流道聚众谈经，醵钱轮会，一名涅槃教，一名红封教，一名老子教，又有罗祖教、南无教、净空教、悟明教、大成无为

---

[1]　明万历：《湖广总志》卷八九，载《元代农民战争史料汇编》中编第一分册，杨讷等编。
[2]　李守孔：《明代白莲教考略》，载《明代宗教》（台湾学生书局1968年版）。

教，皆讳白莲之名，实演白莲之教。①

所谓"皆讳白莲之名，实演白莲之教"，完全是不了解社会现实的笼统认识。终有明一朝，没有任何一个当政者或学者对当时的民间宗教有一个具体、细微的了解，更谈不上追根溯源、条分缕析。造成这种状况主要是由于历史条件的限制，但如果当代研究仍然循着同一思路，也必然导致同样错误的结论。

由于篇幅所限，本文仅从两个方面对这个问题进行简要说明。

元代末年的香会为主要领导的农民起义失败，弥勒信仰、明教、白莲教遭禁。但农民起义在朱元璋、朱棣两朝仍此起彼伏，波及半个中国。其间多为红巾余党，以崇信弥勒下生者居多。如洪武三十年（1397）陕西田九成、王金刚奴、高兴福起义。田九成称汉明皇帝、王金刚奴称天王、高兴福称弥勒佛。起义坚持了十几年之久。另一规模较大起义事件是唐赛儿起事，唐赛儿自称佛母，据山东东部数郡县，所行多神异之事。这两次事件皆与白莲教不相干涉。明初亦有白莲教徒率众起事者，如成都眉县人彭普贵"以妖言惑众，相煽而起"。彭普贵虽为白莲教徒，但以"妖言惑众"，似仍为元末明教、弥勒信仰之绪余，不能目为白莲教起义。值得注意的是，明中叶仍有"白莲教"活动，但这些"白莲教"并不信仰弥陀净土思想，大都以弥勒下生为号召，这种"白莲教"仅有白莲教之名，而无白莲教之实了。本质是弥勒教的信仰了。如明正德、嘉靖间发生的著名的李福达"白莲教案"：

> 李福达山西崞县人，其先世以幻术从刘千斤、石和尚作乱成化间，及刘、石败亡去，福达其孙也。正德中，复以其术走延绥，秘一室从卧，令其徒鼓吻惊俗，谓弥勒佛空降，当主世界。②

其他有关史料皆若此。这种"白莲教"不但与宋茅子元所倡白莲教迥然不

---

① 《明神宗实录》卷五三二，万历四十三年六月。
② 《罪惟录》卷三十一《叛逆传》。

同，与元代普度的白莲教也没有任何内在联系了。明代诸多所谓"白莲教"大抵应作如是观。

明成化、正德年间，以罗教（本名无为教）的问世为转机，民间宗教世界又发生了一次深刻的变革。罗教创始人罗梦鸿在直隶密云卫雾灵山苦悟十三载，集经五部：《苦功晤道卷》、《叹世无为卷》等，计六册，号为五部六册。这支教派对禅宗思想大胆发挥，驰骋想象，以大刀阔斧的气势，提出自己对宇宙、万物、人生的看法，提出解决生与死、善与恶、有与无、邪与正、虚与实、源与流、功利与幻灭、天堂与地狱等等一系列宗教命题，创造了驳杂而又独具特色的思想体系。它的教义既不同于向往西方极乐世界的白莲教，也不同于单纯倡弥勒下生的弥勒教。它否定了以往的一切修持方法，追求的是"无为法"。所谓无为法义缔无他，即向自家心头参道。罗教五部经典不厌其烦地讲"心明法中王"，"心即是佛"，"佛在灵山莫远求，灵山只在汝心头"。它认为"要得心空苦便无"，"但有思量，便有生死"。[①] 这种宗教思想对生活在苦难中的芸芸众生真是一大棒喝。因此它对明、清时代的民间宗教的影响是十分巨大的。而罗教的支派或流裔遍布神州底层社会。罗教主要支派有无为教、大乘教、江南斋教、运河罗教支派（后演化成青帮）、青莲教等等，它对产生于近代中国的先天教、一贯道亦有重大影响。[②] 这些教派有的是罗教的正宗流脉，有些是罗教与道教内丹派、或弥勒信仰、白莲教信仰、摩尼教信仰融汇合流的产物。这种发展造成了一种蔚为壮观、流脉纷呈、复杂多变的民间宗教信仰世界，这种信仰世界绝不是"白莲教"所能包容得了的。

不仅如此，明清时代多类民间教派还受到道教内丹道的启迪与滋养，众多的教派都以内丹道作为修持的根本，这种特点更与白莲教迥异。

明嘉靖问世的黄天教、万历间问世的弘阳教、龙天教、长生教、圆顿教，清初问世的一炷香教、八卦教，清中末叶问世的青莲教、金丹教、真空教、一贯道、先天道等等，无不以修炼内丹为宗旨。这些教派中不少教

---

① （明）罗梦鸿：《正信除疑无修证自在宝卷》第二十一品。

② 《中国民间宗教史》第六章《罗教与青帮》，第七章《江南斋教的传播与演变》，第十章《从闻香教到清茶门教》第十二章《龙天教与家谱宝卷》，第十八章《一贯道的源流与变迁》等。

派把修炼内丹与三世应劫及无生老母信仰融为一体，形成了一套迥异正统宗教的教义体系，这套教义体系当然与弥勒救世思想的历史传统一脉相承，与白莲教的弥陀净土教义却不相干涉。有些学者把无生老母观念、三世应劫观念算到白莲教的体系，无疑是一种误解。

明清时代还有一类民间宗教，这类宗教的创教人都是有名的学问家，如明嘉靖在福建中部问世的三一教，创教人林兆恩兼通儒、释、道三家思想，一生洋洋洒洒撰写了百万字的《林子三教正宗统论》，后来成为教徒的经书。至今三一教还在闽中流传，而东南亚各国亦多三一教堂。

清代中叶，在四川成都，著名学者刘沅创立了刘门教，又称槐轩道。此教清末信徒遍巴蜀，人称刘沅为"川西夫子"。与刘门教几乎同时问世的还有山东肥城的黄崖教，由著名学者张积中所倡立。

以上三教既不同于弥勒教、白莲教、摩尼教，也不同于明中叶以后一系列的新型教派。它们都是由知识分子的学术团社转化而成的民间教派，由于受到宋、明理学，特别是王阳明心学的影响，这类学术团社把设帐讲学、宗教修炼、慈善事业、斋醮作会融为一体，而参加团社的成员也由知识分子逐渐扩展到其他社会阶层，最终发展演变成宗教实体。对这样的民间宗教实体，研究者更无法把它们目为所谓的白莲教。

第二，由于缺乏对明清民间宗教具体的了解和全盘的把握，有些学者把一些由民间宗教发动的农民起义，也一言以蔽之为白莲教起义。如把明末徐鸿儒起义、清中叶川陕楚等五省农民起义和清嘉庆十八年的八卦教起义都称作所谓的白莲教起义。这种论断都过于笼统而缺乏历史依据，或是对封建时代旧说的一种因袭。

明末天启二年（1622），山东省西南部爆发了徐鸿儒领导的闻香教起义。闻香教并非白莲教，虽然岳和声的《餐微子集》和黄尊素《说略》都记录了王森创白莲教的说法，但从闻香教的历史传承到宗教教义都很少受到白莲教的影响。闻香教其实是罗教与弥勒信仰两者融合的产物。据清代档案记载："罗祖分传五支，一支在石佛口王姓。"[1] 这里的石佛口王姓即指王森。据《中国民间宗教史》考证，罗教创始人罗梦鸿死后，其女罗

---

① （清）那彦成：《那彦文公奏议》卷四十。

佛广入盘山修行。佛广与罗祖四传弟子孙真人所生之女嫁与"王善人"，这位王善人即当时在盘山修行之王森。故史料云，佛广与其婿王善人另派流传大乘教。考之滦县志，王森之妻确为孙氏，而王森开派教名即大乘教。① 由此可知，所谓闻香教的确是罗教的一个支派。现存的《皇极金丹九莲正信皈真还乡宝卷》亦可证明这一点。② 但闻香教在其发展过程中还受到弥勒救世思想的影响，史料记载：王森之子王好贤"僭称弥勒佛主之尊号，造乾坤黑暗之妖言"③。而闻香教在清代的异名同教清茶门教，更以弥勒信仰相鼓动，造编《三教应劫总观统书》，鼓吹弥勒佛治世思想。有人根据这个教派信奉弥勒观念，因而将其目为白莲教一脉，无疑是搞错了渊源关系。事实是明、清时代一些冠以白莲教名色的教派多信仰弥勒救世思想，这些"白莲教"，已完全不具备宋、元时代白莲教的基本特征。由此证明，王森弟子徐鸿儒领导的闻香教（大成教）起义也不能被称之为白莲教起义。

曾经导致清政权由盛至衰转折的川、陕、楚等五省农民大起义，长期以来被一些学者称为白莲教起义，这也是一种误解。这次起义的骨干成员是混元和收元教徒。而这支混元教、收元教的远渊是明末王森所创之闻香教。清代康熙中叶一支闻香教传入山西，山西则有张进斗为其支脉。王森后裔所造《立天卷》四卷亦成为张进斗传教的主要依据。张进斗所行教派名称是无为教，被人称为"白莲教"，张进斗传徒冯进京、周隆庭、李彦稳、田金台。又分化为混元教及收元教。这两支教派辗转向直隶南部、河南北部发展，在乾隆中叶向河南南部及安徽西部发展，最终在乾隆末叶沿不同的传承路线，分别进入湖北。成为嘉庆元年（1796）农民起义的主要宗教组织。对此种传承，《中国民间宗教史》有专章详论，④ 此不赘述。因此，这次起义应称之为混元教和收元教起义。

---

① 《中国民间宗教史》第十章《从闻香教到清茶门教》第一节、第六节。

② 《史料旬刊》第十五期彰宝折。

③ （明）岳和声：《餐微子集》卷四。

④ 《中国民间宗教史》第二十一章《收元教、混元教的传承与演变》（说明：《中国民间宗教史》，第二十一章〈收元教、混元教的传承与演变〉为马西沙撰写，第二十章〈寥帝聘与真空教〉为韩秉方撰写，《中国民间宗教史》序言将此两章作者颠倒，特予更正）。

　　从以上分析，可以证明某些中外学者把明、清时代民间宗教统称为白莲教，是违背历史真实的，是不妥的。

　　当然，做为一个曾经深刻影响时代的民间宗教，白莲教在明、清时代仍然留下了某些历史痕迹。在黄天教中，创教祖师李宾，其道号普明，继承教业者则是普光、普净、普照、晋慧等人。这种以普为号，明显地带着白莲教的影响。同样，在圆顿教中，也有"男普女妙"的记载。在流传于江南七、八个省份的斋教中，有一个异名同教——一字教，教徒皆以普字为教名。这些标志，无疑保留着白莲教的某些特点。但是，人们再也找不到一支真正以弥陀西方净土为信仰，以家庭寺院为组织，以普、觉、妙、道为道号的白莲教了。宋、元时代的白莲教，在漫长的历史演变中，已经融进了波澜壮阔的民间宗教运动的大潮之中，已不具备主宰的地位了。

（原载《世界宗教研究》1993 年第 1 期）

宝卷与道教的炼养思想

作为本土文化的道教，精深博大，容纳百川。它的最根本特点是把深奥的哲理与炼养的实践活动融为一体，形成一种有体有用、在世出世之学。

道教具有强大的生命力，既在于其深奥的教理，还在于它和民间文化息息相关，几千年受其滋养，又反过来深深影响各种民间文化，包括民间宗教。明、清时代，各种民间教派几乎没有一支不受到道教的启迪和助力，特别是受到内丹道炼养思想的影响。作为民间宗教教义的"宝卷"，包含着丰富而庞杂的炼养思想，成为道教影响下层民众的中介物之一。

一　关于"宝卷"

中国传统宗教的经典浩如烟海，除佛经、道藏外，还有数量种类繁多的"宝卷"。据统计，现存的"宝卷"不下千余种，而内容相近的不同版本又多出此数。其中包括了相当种类的劝善书，但作为民间宗教教义的宝卷亦有两三百种。合而辑之，或可成为一部"宝卷集成"。

宝卷之始，主要是由唐、五代变文以及讲经文孕育产生的一种传播宗教思想的艺术形式。它多由韵文、散文相间组成，有些卷子可讲可唱，引人视听。据我们掌握的史料来看，最初的宝卷是佛教向世人说法的通俗经文或带有浓厚宗教色彩的世俗故事的蓝本。僧侣借这类宝卷，宣扬因果轮回，以弘扬佛法。元版《佛说杨氏鬼绣红罗化仙哥宝卷》及郑振铎藏书《目莲宝卷》的发现是个证明，宝卷形成过程中，还受到道教的影响，南宋理宗为指陈善恶之报，"扶助正道，启发良心"，广泛推广劝善书《太上感应篇》，为以后《阴骘文》、《功过格》的大力普及及宝卷类劝善书的兴起，开了先河。

　　至少到了明初，宝卷已开始为民间宗教利用，作为教义的载体形式。现存大陆学者路工先生处的古本卷子《佛说皇极结果宝卷》，刻于明宣德五年（1430）孟春吉日。这部宝卷比无为教主罗梦鸿的《苦功悟道卷》等5部宝卷早80年刊行问世。笔者翻阅郑振铎先生藏书，于明版的《正信除疑无修证自在宝卷》、《巍巍不动太山深根结果宝卷》中，发现"圆觉宝卷作证"、"金刚宝卷作证"、"弥陀宝卷作证"、"圆觉宝卷云"、"圆通宝卷云"等内容，这有力地说明在罗氏五部宝卷问世的正德四年（1509）以前曾有一批宝卷问世。其中《佛说圆觉宝卷》、《销释圆通宝卷》都属于民间宗教的经典。

　　明代中末叶，是民间宗教兴起的时期，也是宝卷大量撰写刊行的时期。作为弥陀净土宗和天台宗影响下产生的白莲教，已不占据统治地位。而禅宗和道教内丹派影响的新型民间宗教大批涌现，成为那一时代民间宗教的特点。仅据明末清初刊行的《古佛天真考证龙华宝经》记载，就出现了老子教、涅槃教、无为教、黄天教、弘阳教等18支大的教派。这还远未能概括那个时期民间教派之盛。据《明实录》等资料记录，当时的状况是"有一教名，便有一教主"，"此在天下处处盛行，而畿辅为甚"①，"甚至皇都重地，辄敢团坐谈经，十百成群，环视聚听"②，"游食僧道十百成群，名为炼魔，踪迹诡秘，莫可究诘。……白莲、红封等教名各立新奇名色，妖言惑众，实繁有徒。"③而几乎所有有实力的民间教派都以宝卷为名，撰写刊刻自己的经书。清代黄育楩说："每立一会，必刊一经。"④其实每立一会，便会刊印多种经卷。少则数部，多则数十部。现在能见到的明刊本民间宗教宝卷不下百部，多为大字折装本，印制精美，"经皮卷套，锦缎装饰"，与正统佛经无异。⑤

　　明中末叶，民间宗教诸教派能刊刻印行大量精美的宝卷，与其庞大的

---

①　《明神宗实录》，卷五三三，万历四十三年六月。

②　《明神宗实录》，卷五九四，万历四十八年五月。

③　《明神宗实录》，卷五八〇，万历四十七年三月。

④　（清）黄育楩：《破邪详辩》，卷一。

⑤　（清）黄育楩：《破邪详辩·序》。

实力分不开。如东大乘教，教主王森有信仰者二百万众，十数处庄园，多处设有讲经房。而且通过贿赂的办法与王皇后之父王伟结为同宗，依为靠山。弘阳教则投靠宦官，经卷多出自皇家内经厂，由信教太监监制而成。当时刻印宝卷最有名的京城党家庵书铺亦有极具势力者为其奥援。无怪乎明代宝卷刊印之精美，数量之庞大。举明、清数百年间，曾经专营宝卷刊刻的书行、书铺不下 130 余家。有些宝卷一刻再刻，如无为教的 5 部宝卷，据我们粗略统计，不同版本不下 20 种。仅万历四十六年（1618）无为教徒在南京的刻板即达 966 块。因信仰者夤缘有关人氏，希图将经混入大藏，为当局发现，"令掌印僧官当堂查毁"并发布《毁无为教告示》，这是当局查禁宝卷较早的记录①。

　　清代，专制统治更加酷烈，在当局眼中，宝卷成为"妖书"、"邪说"的同义语。清顺治二年（1645），当局在陕西发现《皇极金丹九莲正信皈真还乡宝卷》。清雍正间更发现大批宝卷流传。从此，就把搜缴宝卷作为镇压民间宗教的重要手段。每次破获"邪教"，都把收缴的宝卷送往军机处，或呈御览后，加以禁毁，"以涤邪业"。直到今天我们还能从浩如烟海的清代档案堆中发现少许历劫未毁的宝卷。即便在清代高压统治之下，历朝仍有书局私刻宝卷。明代有名的党家庵书铺至少到清乾隆五十五年（1790）仍在私刻印卖宝卷。② 江南苏州则有 6 家书铺从康熙四十一年（1702）起到乾隆三十三年（1768）为当局查获止，刻卖宝卷达 66 年之久③。而嘉庆年间，江西、湖北大乘教徒亦私刻无为教 5 部经及《龙牌宝卷》、《天缘结经录》等多部。④ 私刻私卖宝卷的现象贯穿着整个清代的历史。道光年以后，内忧外患加剧，当局已无暇顾及如火如荼的民间宗教活动，宝卷刊印流传更如野火春风，一发不可收拾。以至直隶官僚黄育楩竟专门著书，以攻宝卷为己任。清亡前后，各类功善书局如雨后春笋，遍及大江南北，宝卷的刊行或重印，又出现了一个高潮。

---

① 《南宫署牍》，卷四。
② 《军机处录副奏折》，嘉庆二十一年七月山东巡抚陈预奏折。
③ 《军机处录副奏折》，乾隆三十九年八月二十日江苏巡抚萨载奏折。
④ 《军机处录副奏折》，嘉庆十九年五月二十二日太保大学士董浩奏折。

二　宝卷包含的道教炼养思想

宝卷包容的思想极为庞杂，兼杂儒、释、道等传统文化，又有历代积淀的各类民间宗教的思想资料，乃至民间神话、风俗、礼仪、道德规范等内容。就道教而言，影响也是多方面的。道教的哲学、炼养、斋醮、神话传说都深深渗透到多种宝卷之中，其中道教的内丹术及斋醮仪范对宝卷的影响最大。

明初《佛说皇极结果宝卷》是现存最早的民间宗教经卷，现在尚难判定是哪门教派或教门。这部宝卷的特点是佛、道兼容，外佛而内道，又夹杂着三教应劫救世思想。但观其内核则是追求修炼成真，以求出世之良方。所谓"收圆圣金丹，离天初下凡，有缘同归去，无分混人间"。经卷中暗示了修炼艰难和修成的结果：修行者十步之法，要过步步关口，"有七山关，天元祖，地花母提调；六合神，三十六位守把。逢阳月一五，阴月三七开关。各所真兑，方许过关。到此地终躲的三灾八难"。此经讲究天地人合参，所谓"人修天地天养人，凡圣相接人不明，天地原是人根本，人禀天地要出身，修行内里藏时度，圣摄凡提炼两轮。十步修行不知道，胡修千年只是空"。这部经的发现，告诉我们这样一个事实，至少在明代初叶，内丹道已开始影响着民间宗教的教义。《佛说皇极结果宝卷》内容多晦涩难解，名词术语与道教颇有不同，但修炼内容明显受着内丹道的启示。

《佛说皇极结果宝卷》问世后120年，北直隶有一黄天道问世。颜元在《四存编》中说："自万历末年添出个黄天道，如今大行，京师府县，乃至穷乡山僻都有"。颜元记载有误，黄天道并非万历末年问世，它是由明嘉靖间直隶怀安县人李宾创立于桑干河一带。李宾，道号普明，人称普祖，或普明虎眼禅师。据日藏本《虎眼禅师遗留唱经》载：

普祖乃北鄙农人，参师访友，明修暗炼，悟道成真，性入紫府。.蒙玉清敕赐，号曰普明虎眼禅师，设立黄天圣道，顿起渡世婆心，燃慧灯于二十四处，驾宝筏于膳地宣云，遗留了义宝卷，清净真经。①

颜元在解释黄天道教义时，颇为不解。他说该教"以仙家吐纳采炼之术，却又说受胎为目莲僧，口中念佛。"② 这正点出黄天道看似崇佛，实则修道的特点。创始人李宾年轻时代曾充任守备军人，后弃军学道，数十年间走访明师于山西、直隶北部。嘉靖三十二年（1553）在顺圣川得遇"明人"，说破玄关卯酉之功。嘉靖三十七年（1558）吐经《普明如来无为了义宝卷》。晚年依于万全卫碧天寺，修道传徒。所谓"怀胎九载，锻炼真心，三关九窍，一气相同，躲离尘世，逍遥自在行"，正是李宾夫妇在碧天寺修道时的写照。李宾死后，其妻女及李氏家族相继传道。李氏家族败亡后，信仰者继续传教，直至 20 世纪中期止，传播整整四个世纪。

黄天道根本宗旨是要给人类指明长生久视之途，一种天无圆缺、人无生死、无饥无寒、无染无污、来去纵横如意，"寿活八万一千岁，十八童颜不老年"的境界。而达到这境界的唯一办法即修炼内丹。

黄天道流传有"九经八书"，现存中国、日本、俄罗斯通计六部，内含忏仪经文一部。除忏仪一部外，五部宝卷都以修炼内丹为宗旨，创教经典《普明如来无为了义宝卷》开宗明义，告诫信徒：

> 修行人，要知你，生来死去，依时取，合四相，昼夜功行，运周天，转真经，无有障碍，功圆满，心花放，朗耀无穷。坎离交，性命合，同为一体，古天真，本无二，一性圆明。③

这种"性命兼修"、"昼夜功行"的目的是为了结丹："三心聚，五气朝，辉天现地。采诸精，合一粒，昼夜长明。""性命合，同一粒，黄婆守定。结金丹，九转后，自有神通"④。在黄天道看来，兼修性命是逆生命之旅行进的一个过程，是对衰老、死亡的一种抗争，是对生命本源——天真

---

① 〔日〕洋田瑞穗：《增补宝卷的研究》，国书刊行会 1975 年版，第 349 页。
② （清）颜元：《四存编·存人编》，卷二。
③ 《普明如来无为了义宝卷》，第一分。此经藏俄罗斯彼得格勒东方研究所。
④ 《普明如来无为了义宝卷》，第一分，第二分。此经藏俄罗斯彼得格勒东方研究所。

之性的不懈追求，这种追求的结果是结金丹。他们认为一旦金丹炼就，就打破凡与圣、生与死的界限，所谓"还丹一粒，神鬼难知，超凡入圣机，包裹天地"，"牟尼宝辊上昆仑"，"赴蟠桃承续长生"。

要想走上长生之路，首要条件是排欲去私，长保心身清净。《普静如来钥匙宝卷》告诫修行人要保持 12 个时辰的常清净。它说：灵台无物谓之清，一念不起谓之净。神是气之宅，心是神之舍。意念专一则神专一，神若专一则体内原气聚集。机至，则由静至动，神如风转。通三关九窍，发生一种与天地同运的功效。人是宇宙的一个缩小，宇宙是人的放大，两者本为一体，因此取天地精气，以补内用，是修行的有机部分。甚至认为人体这只鼎炉要以日月星三光之精气为药物："采取日精月华，天地真宝"，"昼夜家，采取它，诸般精气。原不离，日月光，诸佛之根"①，"采先天混源一气，炼三光玄妙消息"②。清初问世的《太阳开天立极亿化诸神宝卷》把上述内容更加夸张，认为"太阳乃天之阳魂，太阴乃地之阴魂也。天地为鸡卵，乾坤日月乃玄黄天道"。太阳、太阴"乃为灵父圣母，产群星如蛾布子"。"人自生之前，原来佛性，始乃太阳真火。"因此凡夫俗子欲成大道，需要"投圣接引太阳光中，才得长生"。黄天教内由是奉普明为太阳，其妻普光为太阴，普明夫妇死后葬地立塔 13 层，号日月塔或明光塔。随着日久年深，一种修炼的内容，逐渐演化成修炼兼崇拜教主的仪式。据颜元讲，从明代起黄天道就"唤日光叫爷爷，月亮叫奶奶"，"每日三次参拜"③。到清中叶，直隶总督史贻直的奏折中汇载，黄天道"以每日三次朝日叩头，名三时香；又越五日，将行道之事默祷大地、谓之五后愿"④。其实，这类修行内容在道教中亦可找出根据。早期道教使主张服气、宝精，炼养精气神。由服气，逐渐导引出服太阳、太阴、中和之气，以增寿考。故《太平经》云："元气有三名，太阳、太阴、中和，形体有三名：天、地、人。"三气凝而形成三光，"凡物与三光相通，并力同心，共照明天地"。从哲学上讲，这是道教早期的天人合一思想；从内修

---

① 《普明如来无为了义宝卷》，第十九分。
② 《普明如来无为了义宝卷》，第十八分。
③ （清）颜元：《四存编·存人编》，卷二。
④ 《军机处录副奏折》，乾隆八年四月初九日署直隶总督史贻直奏折。

上讲，则开了吸日精月华、天地三宝之先声。此后，《黄庭经》则有了在修炼时存思日月、服气引导的系统理论。唐代司马承帧《服气精义论》就以存思日月，存思脏腑，引导、运气，以治疗各类疾病。到了宋元时代，净明道、崇拜日月之风日盛，甚至认为太上受制于日月之君，传忠孝之道。道经中出现《高上月宫太阴元君孝道仙王灵宝净明黄素书》等经文，这类经文很可能是黄天道《太阴生光了义宝卷》等教义思想的直接来源之一。道教由于天人合一的哲学思想，究天地万物生成之理，比附人体的各种生命现象，必然导致其对天地日月崇拜并成为炼养思想的有机组成部分。黄天道亦不出此规矩。当然，崇拜天地日月是许多宗教的共通内容，如在中国流行了近千年的摩尼教，崇拜日月，崇尚光明，对中国本土的民间宗教亦产生过影响，但摩尼教毕竟缺乏深奥的炼养内容，这是其难于中土扎根的关键因素之一。与黄天教可能有直接授受关系的还有一种叫玄鼓教的教派。这个教派子时朝北，午时朝南，卯时朝西，酉时朝东，四时朝拜烧香。这种教派存于明中叶，无为教五部六册经卷中曾斥为邪说。

黄天教问世后，不仅在京畿、直隶、山西一带教势颇盛，而且传至江、浙一带，改名长生教，长生教创始人汪长生，被教内奉为黄天教十祖。据《三祖行脚因由宝卷》记载，汪长生曾"往龙虎山与天师会道"，"天师以显法十二部，付与长生"。这段记载是否可靠，尚需佐证。从清代档案的记录，我们可以得知长生教的某些特征：

> 子孙教，又名长生道。男曰斋公，女曰斋娘。尊弥勒佛为师，倡言入道之人身后俱归西天，以今世功德之浅深，定来生功名富贵之大小……又令人闭目瞑心，号为清净。更有诡称身到西天目睹佛菩萨及种种奇异佳境，即为来生享受之地也。①

长生教与黄天道大同小异，外崇佛而内修道。教徒平时诵念《普静如来检教宝卷》、《佛说利生了义宝卷》。清乾隆中叶有信徒无云子撰《皇极开玄出谷西林宝卷》，经内有"广载万众，名是长生大道"，"传教你，皇

---

① 《朱批奏折》，乾隆十三年三月初八日浙江巡抚顾琮奏折。

天道，仁义礼智；还教你，正身心，孝悌忠信"等内容，通篇以修炼内丹为宗旨，追求长生境界，明显是黄天道修炼宗旨的继承与延续。

黄天道影响当然不止长生教。江南斋教系统诸教派，从传承上讲是无为教即罗祖教一系，从大乘教或圆顿教在创立和传播过程中一改无为教传统宗旨，从禅宗转向内丹道，这其中明显带有黄天道的影响。东大乘教即著名的闻香教的传教经书中已有《元亨利贞钥匙经》，似为《普静如来钥匙宝卷》的翻版。而《皇极金丹九莲正信皈真还乡宝卷》和《佛说都斗立天后会收圆宝卷》乃至《大成经》等都明显地摆脱了无为教《苦功悟道卷》等经卷的影响，从一种单纯精神上的体悟走上了带有宗教实践的性命之学。如果说东大乘教的《皇极经》还带有禅净与内丹道相兼的特点，带有转型时期的种种痕迹，那么圆顿教的《古佛天真考证龙华宝经》则纯粹是一部内丹书了。《龙华经》第一品讲得分明：其传教目的在于"找化天人，总收九十六亿皇胎子女，归家认祖，达本还源，永续长生"。因此"二十四品，品品谈玄说妙，分分兴圣合真"。《龙华经》玄妙在哪里，就在于"先天真气凝结，结成仙外一粒，点化群盲"，这是对内丹道最概括的提示。《龙华经》有所谓"出细功夫"，据云是无生老母传的"真言口决"："芦伯点杖，钥匙开通，这分点杖、自海底点上昆仑，共记三十二处，三关九窍，各有步位，这便是后天出细功夫。"所谓先天功夫和后天出细功夫，反映了无为教系统由禅入道的演化过程。这种演化过程，只有分析不同时期、不同宝卷的具体内容才能有一个明确的了解。《龙华经》还有所谓十步功：一步：恰定玉诀，开闭存守。二步：先天一气，气透中官。三步：卷起竹帘，回光返照。四步：西牛望月，海底捞明。五步：泥牛翻海，直上昆仑。六步：圆明殿内，性命交官。七步：响亮一声，开关展窍。八步：都斗宫中，显现缘神。九步：空王殿里，转天法轮。十步：放去收来，亲到家乡。这十步功是《龙华经》作者对内丹功具体过程和自我体验的描写，并未超出内丹道逆炼归元的窠臼。其哲学本体论在说法上虽与道家不同，但无非是把回归家乡这个带有净土宗的内容替代了道家无极本原。这种作法，并非圆顿教一家如此，在民间世界自有其吸引力，圆顿教产生于明末，兴盛于清代，创于北直隶，兴于江南乃至西北诸省，流布颇广。晚消之先天道、一贯道都是大乘教、圆顿教一脉流出，但从两教的修持，明显带有黄天道的影子。

斋教系统分布在江南乃至台湾，被分成先天派、龙华派、金幢派。金幢派由王森东大乘教直接分出，龙华派是由斋教姚文宇一脉分出，先天教则是大乘圆顿教遗脉。总的体系不脱罗祖无为教，但在数百年的传承过程中，演化成不同系统的宗教。但演变再大，亦有一致之处，即都以道家炼养为修持的核心内容。如金幢教有经卷十几种，如《悬华宝忏》、《多罗经》等。故此《台湾佛教篇》作者云"综合佛道儒三教之思想，对于神仙道炼精、气、神特为提倡"① 是有见地的。

明代是民间宗教教理系统创造成熟的时代，诸大宗教几乎都创于京畿所在的北直隶及山东、河南。清代踵明代遗风，虽于专制政体的压迫之下，更呈秘密状态，但信仰内容变化不大。清代华北地区有最大的两个教系：八卦教、一贯道。

八卦教依据八卦九宫的理论，形成相对严密的组织体系，这种体系于清初康熙年间就由创教人刘佐臣创立，其活动多于农村、市镇。刘氏的创教经书有《五圣传道》即《五女传道宝卷》、《禀圣如来书》、《锦囊神仙论》、《八卦图》等。其中《五圣传道》影响最大。从现存中、日两国不同版本的《五圣传道》可知，这是一部修炼内丹、追求长生不死的经书。经书中将观音、普贤、白衣、鱼篮、文殊五位菩萨幻化成农村织布的妇女，并借用织布的道理，说出一番道教内丹派的玄妙道理来。其中一个说："道也者不可须臾离也，可离非道也。道不远人，人自远矣。盖大道现在目前，何须外求，只知率性而已。"怎样才能修身呢？《五圣传道》云：

> 修身如同去纺棉，莫把功夫当等闲。未纺先寻清净地，要把六门紧闭关。纺车放在方寸地，巍巍不动把脚盘。知止而后方能定，定而后静而后安。

---

① 《中国佛教史论集（八）·台湾佛教篇》的附录《台湾的斋教由来》，台北，大乘出版社1977年版。

当修行人完全入静后，静中生动。体内一股气流如同"拨动风车法轮转"一样"靠尾闾，透三关，透了云门天外天"，"当顶一线透三关"。达到小周天修炼步骤。内丹家十分讲究火候即修炼的动静与进退抽添动夫。刘佐臣认为，这也和纺线添棉是一样的道理。纺纱要掌握纱的粗细、快慢，使纱线均匀，"接接续续不减断"。修炼内丹也是一个过程。要使体内阴阳合和、水火既济、动静得宜，达到炼精化气、炼气化神的步骤，使精、气、神结成"丹芽"。这种结果也像纺纱"结了蟠龙穗"一样，都是半成品。纱要纺成线，织成布，而丹芽则要温养于丹田，元神默运，谨为护持。心火之急缓，运乎自然，以至大约纯乾，阴精退尽。此时如同线已纺成布机停，而处无为之境，达到炼神还虚，"透出元神"，"透出昆仑"。这就是《五圣传道》所云"等纺到心化现，功也圆来果也圆"。此景即道家所云"三花聚顶"，"五气朝元"。

刘佐臣在《五圣传道》中还用织布的机子、弹花的弓子、轧花的天平架、拐磨的磨盘的运动比喻人体原气的运动与变化，以及结丹的过程，认为"天动地静周流转，配合人身都一般"，修炼内丹是天造地设的大道，求得了大道山就求得了长生。

八卦教内丹理论在华北地区影响的深巨很难估量。两百多年间，信奉者多不胜计，教派传承之细之广、教名变幻之多之杂，非一言两语可以说清。但尤一教派不修内丹之术。多少代的教徒，都是每日三次朝拜太阳，口诵八字真言，运气作功。八卦教的修行，已超出个人修炼的意义，成为团结信仰者的黏合剂，一个群体在生死路上的共同追求。内丹术成为现实与理想、此岸与彼岸之间的一座桥梁，一种终生意义上的追求，一种祖祖辈辈不懈的努力目标，而类似八卦教的其他民间教派，在长城内外，大江南北，比比皆是；反映这类宗教教义的宝卷，几乎经经皆讲修真养性，卷卷都是谈玄说妙，正是这些宗教及其宣讲的教义内涵，构成了民众的主要信仰，形成了一种渗透到底层世界的宗教文化现象，这种现象持续至今，不仅在中国历史上，乃至世界历史上亦不多见，值得研究者深入探讨。

当然，道教对民间宗教的影响还不止炼养一途。道教的斋醮忏仪亦对这类宗教有启迪之功。例如，对黄天教、弘阳教、江南斋教诸教的忏仪都是如此。

弘阳教，又称混元门，由直隶广平府人氏韩太湖创于明万历中叶。该教现存经卷及经目40余种，居明清诸大民间宗教之首。其中忏仪类居多，与《道藏》威仪类经忏两相对照，则知其多取自道教。如果说黄天道主要接受内丹道的理论与实践，弘阳教则多受符箓派影响，由于晚庸、两宋。内丹道亦影响及符箓派，由此产生神霄、清微两大新教，形成了"以道为体、以法为用"，或"内炼成丹，外用成法"的特点。①弘阳教大体不出此窠臼，黄天教忏仪《普静如来钥匙宝忏》亦循此路。

弘阳教历明清两朝，始终保持着自身的特点。教徒多活动在农村、集镇，被老百姓称为弘阳道人或红阳道人。他们部分人生活在道观，而其宗教活动则是"筑坛"、"设道场"，为人斋醮，祈福驱祸。据清档案记录："京东一带，向有红阳教为人治病，及民间丧葬，念经发送"。大凡"偶有丧葬之家，无力延请僧道"者大都延请弘阳道人，以其收资较少的缘故。清当局亦认为该教"打醮觅食，经卷虽多，尚无悖逆语句"②。

与弘阳教相类的教派还有一炷香教，虽无成套经卷，但多有口口相授的类似道情的歌词。教徒多云游四方，"说唱好话"。或于农闲之时，带着干粮及道场乐器，集于一村。这类道场仪式简单，没有正规道场的森严肃穆的气氛。所歌唱内容多为《父母恩理应赞念》之类世俗化味道极浓的歌词，在木鱼、鼓板的击打声中，和而歌之，气氛轻松和谐。这类道场，带有抒发宗教感情，调节紧张生活，以及会同教友的目的。至今，此教仍在河北、山东流行，为百姓喜闻乐道。

三　宝卷炼养思想与道教之异同

首先，民间宗教中出现炼养思想，是内丹道成为道教主流以后的事，道教炼养思想萌于先秦，成形于南北朝，唐末五代两宋内丹道大兴，体系完备，炉火纯青。唐末五代的汉钟离、吕纯阳承前代丹法，开南北两宗，著书立说；张伯端《悟真集》、石杏林《还源篇》、薛道光《复命篇》、陈

---

① 《冲虚通妙侍宸王先生家话》，第2页；《道法会元》，卷七，《玄珠歌注》。
② 《军机处录副奏折》，嘉庆二十四年六月二十四日山东按察使温承惠奏折。

泥丸《翠虚篇》；全真七子大量著述，张三丰《玄谭集》乃至明中叶尹真人弟子所为之《性命圭旨》等等，数百年间造成中国丹道思想的鼎盛。没有道教内丹炼养术大兴，就没有民间宗教诸新型教派出现的历史机运。宋元时代白莲教、白云宗、摩尼教是那一时期民间宗教的主体，其后衰落的因素固多，重要的因素是以内丹道炼养思想为主体的新型民间教派大量出现，取而代之的结果，也是广大民众在信仰主义领域择优汰劣的必然趋势。

新型民间教派及大量宝卷的出现，与正统道教修行特点也不无关系。历代高道，大都特立独行，专意修持。在授受关系上，单传密投，或依教派辈分，传于嫡派或可靠弟子。而活动场合则多依寺庙宫观，与尘世隔绝，可谓越凡脱俗。最初的民间宗教的创教者则一反此道，他们依托的是广大下层社会，面向的是求生惧死的千万民众，处处皆可参师访友，撰写经卷。宗教的炼养功夫，既服务于个人及教徒修行的需要，也是一种扩大教势，巩固教团，甚至传播教义的载体形式。在一些教派中，设有本教的印经厂、讲经房。对经卷的理解，往往决定了信徒在教中的地位。在明中末叶，聚坐谈经，成为一种风习。"四方各有教首，谬称佛祖，罗致门徒。甚至皇都重地，辄敢团坐谈经，十百成群，环视聚听"①。而得有余钱，或修观以传道，或立祠以安身，以至"迩来淫祠日盛。细衣黄冠，所在如蚁"，官方不得不下令严禁："今后敢有私创禅林道院，即行拆毁，仍惩首事之人，僧道无度牒者，系发原籍还俗"②。正是在这样的历史条件下，引起僧、道之士或假称僧道者，遂自造经书、自创教门、自称祖师，自传道术，形成于有别正统佛、道的形形色色的宗教，以及上有教主及其家族，下有村村镇镇相网络、层层教团相依持的相对稳定的宗教组织。由此发展，则出现了千里呼吸相通，八方共为一域的大教派，无怪乎明清时代正统佛教衰落，民间宗教兴起，这种兴起自有其合理的意义。随之，宝卷的风行，则在下层社会形成一种特殊的宗教文化氛围。在这种氛围中，道教的生命力又以一种新的形式弘扬发达起来了。

---

① 《明神宗实录》，卷五九四，万历四十八年五月。
② 《明光宗实录》，卷三，泰昌元年八月。

其次，宝卷的炼养思想庞杂、丰富，既有合于道教炼养真精神者，也因鱼龙混杂，导致怪弊丛生的现象。张伯端曾讲："老氏以修炼为真，若得其枢要，则立跻圣位，如其末明本性，则犹滞于幻形"①。而丘处机则认为，修行者心地不纯，魔即随身，并点出"十魔君"之患。部分民间宗教"宝卷"的修炼内容，恰患此症，甚至非以为魔，反以为正，如影响颇大的圆顿教经典《古佛天真考证龙华宝经》第八品即描写了得道者在元神出窍时所遇见的种种幻象，如见到"天宫幻境，四面街道，金绳界记，玻璃河中有金银、琉璃，楼台殿阁，珊瑚阶砌，无边圣景"，又如见到了无生母、古世尊、释迦佛、弥勒佛，在蟠桃会上证金身等等，都属于丘处机在《大丹直指》中所讲的富贵魔、圣贤魔之列。更有甚者，少数修炼者走火入魔，竟产生勃勃野心，以为世界受制于他的想象，他代表着天意，在幻想中成为世界的主宰。如果再将这类幻想付诸实际，则很容易走上"称王称帝"的草头王的道路。明、清乃至近现代，多出此辈，结局也多很悲惨。

道教以为，修行者只有不认外境，方可进道。当然，如张伯端、丘处机也主张"调神出壳"、"乘风履云"、"永却长生不死"。不过，他们和许多高道的"炼神还虚"无怪异之说，而是"合三才异宝而为自然道也"。这正是道家与某些民间宗教家在炼养上的根本不同之处。一个把落脚点放在贵清虚无为的自然之道上，一个则充满世俗欲望和追求。后者之所以如此，亦是社会使然。应当指出，相当多的民间宗教家亦有高尚的追求，而正统道士中亦有败类，不可一概而论。

其三，在哲学观念上，宝卷与道教分殊异同，亦不可概论。道教合哲学、炼养于一炉，逆则归元，既体现出了人本身逆死求生的过程，其哲学的依据亦不出老子从人道向常道的复归。体现了人类、社会、自然的和谐，体现了从本体走向多元，再由多元归于本体的过程，部分民间宗教家及其撰写的宝卷，即循此思路。

但还有一部分民间宗教，有一种自成体系的天道观，这种天道观又与内丹炼养之术汇于一体，则演化成一种极有吸引力的社会政治观点、一种

---

① （宋）张伯端：《悟真篇序》。

反传统的思潮，这就是"三教应劫"思想。三教应劫思想渊源于《弥勒下生经》等佛教经典，时在两晋、南北朝时期。后则有佛道交相影响，由民间宗教混而成之。但就现在资料来看，到了明代这种天道观才和民间宗教的炼养思想发生融合。

相对系统的三教应劫思想，较早见于黄天道诸经内。《普明如来无为了义宝卷》三十五品云：

> 三世古佛，立于三教法门，三世同体，万类一真，九转一性，乃为三周说法人间，譬喻过、现、未来，三极同生。

同经三十三分云：

> 三元了义，无极圣祖，一佛分于三教。三教者乃三佛之体，过去燃灯，混元初祖，安天治世，立下三元。
>
> 九十六刻内按九十六亿人缘。过去佛度了二亿，此是道尼；现在佛度了二亿，乃是僧尼；释子后留九十二亿，后极古佛本是圣人转化，全真大道乃在家菩萨，悟道成真。

到了《普静如来钥匙宝卷》中，这种思想又有了更明确表述：

> 无极化燃灯，九劫立世，三叶莲，四字经，丈二金身。太极化释迦佛，一十八劫立世，五叶金莲，六字经，丈六金身。皇极化弥勒佛，八十一劫，九叶莲，十字经，丈八金身。
>
> 燃灯佛，掌教是青阳宝会；释迦佛，掌红阳，发现乾坤；弥勒佛，掌白阳，安天立地。三极佛，化三世，佛法而僧。三世佛，掌乾坤，轮流转换。

最后体系的建立则是"三佛"之上，无生老母，或无生父母的出现。在这种体系中，人类是由无生父母或无生老母所创，"无生母"，创造了天地阴阳，孕育了"婴儿姹女"，繁衍了九十六亿"皇胎儿女"——人类。

人类最初生活在富丽堂皇的彼岸世界，但因为罪愆，被老母打发到东土尘世，尽皆迷失了本性，且遭受了无尽的劫难。无生老母于是不忍，令使者下凡，"发灵符，救度人民"。她分别在青阳劫、红阳劫、白阳劫派燃灯佛、释迦佛、弥勒佛下凡。在青阳、红阳期，各救度两亿。在红阳劫尽，白阳当兴之时，人类蒙受空前苦难，法力无边的弥勒佛下凡，救人类于覆灭，收度"残灵"九十二亿，重回彼岸。

人类怎样才能回归呢？要成为有缘人。而有缘人则要通过修炼内丹之术，把握"真道玄机"，这时只有名师指点，加入教门，才能"显真机，明大意"，被授予"诀点"。经过日夜精进，本性渐显，迷而复明，回归到天真之性，得了圆明之体，重新认识了"古家乡"和回归之路。这就是《皇极金丹九莲正信皈真还乡宝卷》所讲的："若有缘，遇亲传，金丹大道，点玄关，明开闭，养气存神。久久的，加精进，观空静坐，功夫到，心悟明，见性明心。神为性，气为命，本原无二；从无始，至如今，一气串通。"最后炼到"真空出窍"，凡圣相接，打破生死，反本还源，回归家乡，恢复了下世临凡前的天真之性、本来面貌。三教应劫救世思想，就是如此与民间宗教修炼内丹之术接合起来了。这种教义成为黄天教、闻香教、八卦教、一贯道等多类教门的基本教理，对下层受苦受难者无疑颇具吸引力，成为部分民间宗教反传统思想的核心内容，也是与道教天人合一思想最具分歧之处。

（原载《世界宗教研究》1994 年第 3 期）

台湾斋教：金幢教渊源史实辨证

一　引言

　　在明、清时代台湾的各种民间宗教中，关于金幢教渊源问题，颇引起现代学者的注目和争议。争议的范畴涉及：金幢教初创传承、谁为金幢教创始人或初祖、金幢教的创教经书是什么？无疑，要研究该教就不能回避上述关键问题。引起争议的原因很复杂，而解决上述的争议的难度也很大。

　　首先，金幢教产生在明末北直隶（今河北省一带），兴起于福建和台湾。要解决金幢教的渊源，不能不对明末北直隶凡涉及金幢教的其他教派，要有一个清晰的了解，特别是具体教派的渊源流脉应有扎实的考订。几年前，这尚是难题，近几年经过中外学者的努力，难题得到了突破。不解于此，仅用二三百年后刊出的教内经典相取舍，就很难得出令人信服的结论。其次，在研究中应当使用教内经典和诸类相关的资料。但由于金幢教教内诸类资料在许多关键问题上矛盾互见，传说、臆撰、历史事实相掺杂，这就要求考订经典的问世年代、来源，即证明其可靠程度。否则为了证明自己的论点，弃取无个标准，最后很可能导致进退失据，写得越多矛盾越多，难以自圆其说。其三，作为学者，只能抱定严正的学术态度，即一切为了求实。如果有他种非学术因素掺入，很可能导致先有结论，再找论据加以说明的路数。这种做法，当然要影响结论的客观性。

　　现代人涉及金幢教，始于 20 世纪初日人发行的《临时台湾旧惯调查会第一部调查第三回报告书》（后于 1911 年 8 月以《台湾私法》第二卷出版）。1919 年日本人丸井圭治郎的《台湾宗教调查报告书》第一卷，则是参考了《台湾私法》第二卷的内容。此后则有日本人增田福太郎的《台湾的宗教》第三节〈斋教と其の祭神〉（1939 年 2 月）和林学周《台湾宗教沿革志》中编（斋教）（1950 年 12 月）皆参考了增田一书相关内容①。此后则有李添春修撰《台湾省通志稿》、《人民志宗教篇》（1956 年 6月）。1960 年 6 月庭嘉撰〈台湾的斋教（斋堂）由来〉一文，刊于《法海》第五卷第二期。后收入《中国佛教史论集》（八）《台湾佛教篇》中。以上诸调查报告、著作、专文都是根据斋教（包括金幢教）教内经典、相关的资料或教徒传说撰写而成的。认为金幢教创始人为王佐塘。

　　1982 年日本学者铃木中正编《千年王国的民众运动的研究》出版（浅井纪先生为此书主笔之一）。对王佐塘为金幢教创始之说置疑。此后，大陆学者连立昌先生著《福建秘密社会》，在第四章白莲教第三节之〈金堂教〉中认为"王佐塘是王森的族兄弟，《古佛宗派》却把他和王森混淆起来了。"② 1990 年 9 月日本学者浅井纪先生《明清时代民间宗教结社的研究》出版。该书第二篇第六章注解一四，指出王森与王佐塘行迹多一致处，王佐塘可能即是王森③。1992 年秋，加拿大出版的《中国宗教期刊》载有德国学者苏为德先生（Hubert Seiwert）的《中国东南部的民间宗教教派》一文（Popular Religions Sect in South – East China），文章分析了王佐塘金幢教与罗祖教、东大乘教的关系，认为王佐塘与王森行迹多一致之处，其可能为王森家族成员。该文引证清雍正朱批谕旨中一条史料，即东大乘教分支衣法教首董二亮极可能是金幢教二祖董应亮④。上述不同国度的研究者从不同角度对传统的观念置疑或提出不同看法。无疑对深入探讨金幢教大裨益。

　　1992 年 12 月，我和韩秉方先生合著的《中国民间宗教史》出版。其中第十章（从闻香教到清茶门教）附录一〈福建、台湾的金幢教〉，对金

---

① 王见川：《台湾斋教研究之一——金幢教三论》，载《台北文献》直字第 106 期，1993 年版，第 97—98 页。

② 连立昌：《福建秘密社会》，第四章（三）〈金堂教〉，福建人民出版社 1989 年版，第 54—61 页。

③ ［日］浅井纪：《明清时代民间宗教结社的研究》，研文出版社 1990 年版，第 374—375 页。

④ ［德］苏为德（Hubert Seiwert）：（Popular Religions Sect in South – East China），载 *Journal of Chinese Religions*，F1992. pp. 33 – 60.

幢教进行了研究,指出历史上并无王佐塘其人,金幢教创始人即明末著名民间宗教家王森①。此后,台湾学者王见川先生著长文《台湾斋教研究之一——金幢教三论》发表,对拙著〈福建、台湾的金幢教〉一节进行驳证。细读了他的大作,我更坚定了原来的观点。王见川先生的论证方法我固不敢苟同,他提出的一些资料却于我有用,这些资料进一步证实了我的观点,即历史上并无王佐塘其人,金幢教始祖确凿无疑即王森。

二　王佐塘并非金幢教创始人考析

王见川先生〈台湾斋教研究之一——金幢教三论〉长两万余字,分三论:一、金幢教名及其由来。二、王佐塘其人。三、金幢教经卷文献与教阶。第一论、金幢教名及其由来,主要证明王佐塘所创之教名为金幢教,"金堂教、金童教、金憧教等名称应是讹言或改名"②。此论兼驳了连立昌先生的"金堂教"说。第二论是本文的重点,一万余字,多为我的观点而发。因此论文字过长,驳论过程又颇复杂,为免断章取义,我仅引征王见川先生最后得出的结论。至于他对我驳证的反驳,则在行文中进行。

王见川先生对王佐塘的行迹如此定论:

> 全幢教祖王佐塘,嘉靖十七年(1538)十二月初八,降生于北直隶通州方仁县。其人又称王佐塘,号太虚,又号光明,教众尊称先天祖或太虚空老爷。家里资产甚丰,早年颇好道,娶妻郑氏。父母双亡后,云游四处,曾至真定府、滦州一带参访明师。中年后回北京,遇西域太元真人,得授真传与宝经十二部,从此心地开悟,创立金幢教,教化大众。据《古佛宗派》记载,万历十一年(1583),王佐塘在京师举挂皇极旗,鸣锣引众,劝人皈依,遭巡街御史拿住,解送刑部。拘留数载后经张天师作证,得释。曾收有弟子常少松、董应亮,

---

① 马西沙、韩秉方:《中国民间宗教史》第十章〈从闻香教到清茶门教〉附录(一),〈福建、台湾的金幢教〉,上海人民出版社1992年版,第634—641页。

② 王见川:《台湾斋教研究之一——金幢教三论》,载《台北文献》直字第106期,1993年版,第94页。

万历二十六年（1598）开设玄堂。……王佐塘在万历二十六年开玄堂后，一直留在北京。只在万历四十三年派董应亮至江南等地开荒办道，万历四十五年召其回京。四十六年将心印传与董应亮，隔二年，泰昌元年皈天，寿八十三岁①。

上述内容为王见川先生总结王佐塘之行迹。但既为创教人，还需有创教经书。在其文第三论〈金幢教经卷文献与教阶〉内，王见川指出"金幢教文献及官方调查报告，都显示：王佐塘曾著宝经十二部。"他对十二部经之内容不敢肯定，"不过，相传为王佐塘所著的十二部经典名称，倒是可以查出。"《慈悲悬华宝忏注解》卷上序中记著：

太虚老祖时有西域太元真人，得法于无上祖师。游至京都，与老祖机缘契合。直指人心，见性成佛，授无上正真之道。开波罗蜜多之门，本乎金幢。其教徒兹始矣。遂付真经一函。曰持世经，曰大乘心地观经，曰庵遮提了义经，曰辨意子所问经，曰佛说五王经，曰贤者五福德经，曰妙法莲花经，曰佛说贤首经，曰白衣金幢缘起经，曰佛说魔逆经，曰梦感佛说希有经。计十二经，同为一函，流传于世，教化大行②。

王见川先生引证此段内容后，认为"王佐塘著有的十二部经，已大致清楚。"③ 即上引文中的十二部（实为十一部）。

我引证了王先生所述王佐塘之经历、之祖师、之经卷，一个完整的宗教发展史的轮廓被描绘出来。但是，从创教人之经历、之传承，所著之经卷都是虚假的，它足以证明王佐塘并非金幢教之创始人。我的驳论有如下几个部分：

（一）创教经书之辨

任何一门新创之宗教的根本标志，是有没有自己的创教思想或创教经

---

① 王见川：《台湾斋教研究之一——金幢教三论》，载《台北文献》直字第 106 期，1993 年版，第 111—113 页。

② 同上书，第 122—123 页。

③ 同上。

书，至于教团、教主尚是次要之问题。

王见川先生引征《慈悲悬华宝忏注解》中十二部经，无论是太元真人授予王佐塘，抑或如他所云"王佐塘所著十二部经"，总之被认为是创教之经书，"流传于世，教化大行"。但是凡稍涉佛教研究的人，从这十二部经的名目上亦可知其为正统佛教之经典，且在中土流行已非一日。下面逐一简单介绍：

（1）《持世经》，又名《佛说法印品经》四卷。后秦鸠摩罗什译。依持世菩萨之请，问大乘之法门。

（2）《大乘心地观经》，又简称《心地观经》或繁称《大乘本生心地观经》。

（3）《辨意子所问经》，一卷。元人魏法扬译。佛应长者之子所问。答生天乃至佛会各五事。又叫《辨意长者子所问经》。

（4）《佛说五王经》，一卷。又叫《五王经》，佛对五王说世间八苦，及五王世家事。

（5）《贤者五德福经》，高丽藏作《佛说贤者五德福经》一卷。西晋白法祖译，说贤者得五种之德福。

（6）《妙法莲华经》，有七卷或八卷两种，后秦鸠摩罗什译。为最著名的佛经之一种。

（7）《佛说贤首经》，又名《贤首经》一卷。乞伏秦圣坚译。贤首即比丘之尊称，意为贤者、尊者。

（8）《白衣金幢缘起经》，三卷。又叫《白衣金幢二婆罗门缘起经》。宋代施护译。佛对二婆罗门语出家证果事。注：幢与童通。

（9）《佛说魔逆经》，一卷。简称《魔逆经》，西晋竺法护译。文殊谈法事，魔来乱法，文殊伏魔。

（10）《梦感佛说希有经》，二卷。又叫《梦感佛说功德经》。大明仁孝皇后梦感佛说第一希有大功德经。疑伪[1]。

此外，尚有一部《庵遮提了义经》不知出处。我怀疑它也是佛经，望识者正之。

---

[1]　以上诸经说明皆参见丁福葆编撰:《中国佛教大辞典》，1984 年中国文物出版社出版。

　　所谓十二部经，实则十一部，除一部待考外，皆为佛经。而王见川先生认为"王佐塘著有十二部经，已大致清楚"。请问上述哪一部是王佐塘所著？哪一部算作是金幢教的创教经书？据我所知，明代末年产生于北直隶，乃至华北地区民间教派几乎都有教主亲撰的教义，这些教义皆冠以宝卷名目。如无为教有五部六册宝卷，黄天教有九经八书，弘阳教宝卷则多达数十部，东大乘教则有《皇极金丹九莲正信皈真还乡宝卷》、《元亨利贞钥匙宝卷》等等，斋教龙华派则有《三祖行脚因由宝卷》等。有些经卷虽不冠以宝卷名目，但撰经形式多为文、散文相间组成，而十言文的长短句居多，构成了一种撰经写卷的新型载体形式。清黄育楩讲："每立一会，必刊一经，"[1]的确是实际情况。当然，每立一会，常刻经多部，如上面列举的诸类宗教都属这种情况。其实，以我所见，金幢教即创自明末万历间的北直隶，它自有"宝卷"为自己的创教经书，这些宝卷在金幢教内流传已非一日，如《皇极金丹九莲正信皈真还乡宝卷》，即九莲经四卷，李添春所记为《佛说皇极金丹九莲证性皈真宝卷》[2]。这部宝卷为王森及其弟子撰写刊刻。《中国民间宗教史》已作考证[3]。但是为避开王森与王佐塘之瓜葛，就不能不离开合乎历史逻辑的思路，把佛经作为创教经书，并认为它们是王佐塘所著，从而导致进退失据，前后矛盾的结果。

（二）王佐塘籍贯之辨

　　金幢教内关于王佐塘籍贯的传说大致有如下几种：直隶石佛口、北直隶通州方仁县、北直隶通州永平府东胜卫、北直隶真定府无极县、直隶省通州方仁县九家圣池庄……[4]，王见川先生根据《慈悲悬华宝忏注解》和《立本祖祠帖谱》，认为王佐塘"降生于北直隶通州方仁县"[5]。笔者查遍了历代各种地图集和历史地理字典，不仅直隶地域没有一个"方仁县"，

①　（清）黄育楩：《破邪详辩》卷一。
②　王见川：《台湾斋教研究之一——金幢教三论》，《台北文献》直字106期，1993年版，第101页。
③　马西沙、韩秉方：《中国民间宗教史》，第610—626页。
④　王见川：《台湾斋教研究之一——金幢教三论》，载《台北文献》直字106期，1993年版，第107—108页。
⑤　同上书，第111页。

整个中国从古至今亦无此种县名。倒是石佛口、东胜街皆为实地。石佛口在古之滦州，今之滦县，地处河北省东北部，山海关以南。东胜卫则在滦县比邻的卢龙县境内。东大乘教主王森于滦州石佛口，而滦县、卢龙县皆为传教中心，亦是王氏族人二三百年住居之所和传教要域。清嘉庆二十年（1815），当局兴大案，对王氏一族"剿灭"，除斩绞凌迟之外，生活于滦县石佛口、卢龙安家楼的王森后裔全数迁往云南、贵州安插。由是可知石佛口、东胜卫与王森及其家族是何等密切的关系。为避王森与王佐塘之瓜葛，王见川先生再次离开合乎历史逻辑的思路，竟把一个子虚乌有的通州方仁县做为王佐塘的降生之地，不能不引起人们思考：王佐塘其人是否真是个历史人物？

（三）王佐塘年龄之辨

王见川先生综合诸种调查报告和教内文献，认为王佐塘生于明嘉靖十七年（1538），泰昌元年（1620）"皈天"，寿八十三岁[1]。

关于王佐塘的生年，教内文献大概有三种记载：1. 嘉靖甲子（嘉靖四十三年）。2. 甲子年。3. 嘉靖十七年。卒年有如下几种：1. 泰昌元年（1620）2. 崇祯二年（1629）。3. 崇祯庚午（即崇祯三年，1630 年)[2]。

为什么教内文献会有如此大的分歧？要找出问题的关键所在，或可迎刃而解。王森东大乘教经典《皇极金丹九莲正信皈真还乡宝卷》第二十三品〈谨领圣意云童回宫品〉有一重要偈言。这个偈言是暗示王森行迹的。它被原封不动地记录在多数教内文献上。据《三极根源行脚事迹集》记载：

> 甲子临凡九转，壬子定派分宗，己未逢拙遇难，庚午入圣归宫[3]。

这段偈言也被作为王佐塘生平行迹的暗示。之所以出现如此大的分歧，我认为皆在于对"甲子临凡九转"和"庚午入圣归宫"的理解上。甲子年，

---

① 王见川：《台湾斋教研究之一——金幢教三论》，载《台北文献》直字 106 期，1993 年版，第 111—113、107—108 页。

② 同上。

③ 《三极根源行脚事迹集》。

此处即嘉靖四十三年，但"临凡九转"并非出生之意，《皇极金丹九莲正信皈真还乡宝卷》此偈原意是指王森离开"老母"去开荒拓教，救度"凡世"的有缘人。根据《餐微子集》中〈王森旧招节略〉，万历四十二年王森七十九岁，生年当在嘉靖十五年（1526）[1]。其二十八岁时离开蓟州原籍到滦州石佛口传教，此即《皇极金丹九莲正信皈真还乡宝卷》所述"弥陀下生"之年。但是有些教内文献和诸如《台湾省通志稿》等著述，都把"甲子临凡九转"误作生于甲子年即嘉靖四十三年，也就造成了很大的误解。误解更大的是"庚午入圣皈宫"或"庚午入圣归宫"。几乎所有的教内文献、经典、调查报告，乃至王见川先生本人，都把"庚午"当作年号。凡治史者都知道，中国历史上天干地支六十甲子不仅是记录年代的办法，也是记录具体日期的办法。如果不解于此，就会寻找庚午之年，即崇祯庚午（崇祯三年，1630），《蔡公出世》、《树德堂堂谱》等即犯了这个错误。上面那首偈言第三句"己未风波遭难"，无论用在王森，还是王佐塘，都暗示了卒年（万历四十七年，己未，1619）。庚午只是说在己未这一年的具体日期，即具体死的那一天。我查《中西历表》，万历四十七年，公元1619年（己未）的六个庚午日分别为：

> 二月庚午即二月十六日，西历3月31日。
>
> 四月庚午即四月十七日，西历5月30日。
>
> 六月庚午即六月十九日，西历7月29日。
>
> 八月庚午即八月二十日，西历9月27日。
>
> 十月庚午即十月二十一日，西历11月26日。
>
> 十二月庚午即十二月二十一日，西历1620年1月25日。

这六个庚午日中的一个，是王森在监狱中具体的死期。到底是哪一个"庚午""入圣归宫"？据《餐微子集》记载，万历四十七年四月内，前抚院

---

　　① ［日］浅井纪：《明清民间宗教结社的研究》，我们的《中国民间宗教史》第十章关于王森生年有误。大陆学者李济贤先生〈明代京畿地区白莲教初探〉关于王森生年亦误。非嘉靖二十一年，应为嘉靖十五年。李济贤文载《明史研究论丛》第二辑，江苏人民出版社1983年版，第189页。

刘副都御史密授署滦州事永平府薛同知，勒令王森自缢身死①。由上表可知王森具体死日是己未四月十七日，西历 1619 年 5 月 30 日②。将《餐微子集》与《皇极金丹九莲正信皈真还乡宝卷》二十三品偈言相印证，一一吻合。而此后多年，金幢教多数教内文献皆记录这首偈言，作为王佐塘行迹暗示。这至少说明两个问题：

1. 如果有王佐塘其人的话，其卒年卒月卒日是己未年（万历四十七年，1619）四月十七日，与王森同。既不是泰昌元年，更不是崇祯三年。
2. 把王森的卒年卒月卒日加在了"王佐塘"的身上，再次将两人行迹混为一谈。

还有一个问题没有解决，即王森与"王佐塘"生年不同。据日本学者浅井纪先生考证，王森生于嘉靖十五年（1536），万历四十二年入狱时招供，时年七十九③。王森死于万历四十七年（1619）四月，寿八十三岁或八十四岁。我在《中国民间宗教史》误记寿七十九，原因在误把王森招供之年算在万历四十七年。正确结论当以浅井纪先生考证为准。再考金幢教内文献《台南慎德斋堂金幢派之流源》记载王佐塘生于嘉靖十七（1538），卒于泰昌元年（1620），寿八十三岁④。其外尚有八十一岁、八十六岁、六十七岁、六十六岁之说。六十六、六十七岁之说皆认为生于嘉靖四十三年（甲子）卒于崇祯三年（庚午）或崇祯二年。此说前已根据"偈言"驳证其误。王见川先生取《台南慎德斋堂金幢教之流源》说，亦认为王佐塘生于嘉靖十七年，卒于泰昌元年，寿八十三岁⑤。照此结论，"王佐塘"与王森寿数相当，或王森较"王佐塘"长一岁。两者生年相差两年，卒年相差一年。我们从"王佐塘"年龄问题上，再次看到了王森的影子。

---

①　（明）岳和声：《餐微子集》卷四〈获解妖首到京疏〉。

②　我在撰写：《中国民间宗教史》关于〈福建、台湾的金幢教〉时，对四句"偈言"引了前三句，而没引"庚午入圣回宫"。其实原稿即对六个庚午日做了上述说明，并非怕对文章不利而断章取义，或不懂"庚午入圣归宫"。后江灿腾、王见川先生评《中国民间宗教史》，认为我并未引此句，"而此句是此一偈语意指王森形迹大要的有力反证。"其实第四句是王森行迹的有力证据。

③　浅井纪：《明清时代民间宗教结社的研究》，第 189 页。

④　王见川：《台湾斋教研究之一——金幢教三论》，载《台北文献》直字 106 期，1993 年版，第 107、113、123 页。

⑤　同上。

（四）王佐塘师承之辨

王见川先生对王佐塘师承的结论来自《慈悲悬华宝忏注解》卷上序的内容（见前面引征）。即：无上祖师→西域太元真人→王佐塘。关于王佐塘的师父西域太元真人、师公无上祖师的生平，王见川先生告诉我们"仅存画像，尚无其他资料，可资说明"①。

读罢《慈悲悬华宝忏注解》卷上序那段文字和王见川先生的总括，我同样很难信服这种关于王佐塘师承的"新说"。众所周知，一个新教派的出现，创教经书之外，最重要的是祖师传承。现在这样一个祖师师承新说的提出，唯一的资料仅是《慈悲悬华宝忏注解》卷上序的一段文字。没有任何其他史料为之佐证。对这种孤证的新说，谁能冒然接受呢？王见川先生大概也看到这种状况，提出"仅存画像"。画像的存在并不能说明任何问题，更不能做为佐证。在宗教信仰领域子虚乌有的祖师画像何止万千，它的作用仅在于信徒的崇拜祈祷。就本教研究而言，画像的存在并不能为"无上祖师"和"西域太元真人"存在的根据。此其一。第二，综合《慈悲悬华宝忏注解》卷上序的整体内容，我们退一步说，即使有一个"无上祖师"和"西域太元真人"，他们传给王佐塘的是什么教呢？——正统佛教。所谓"直指人心，见性成佛"的无上正真之道和十二部正统佛经，当然不是我们见到的历史上秘密流传的金幢教了。金幢教是民间宗教，属于著名的斋教的范畴。今天我们参与讨论的也不是正统佛教课题。当然，明、清时代有多种民间教派，为了取得合法传教权力，希望依托正统佛教、道教。但依托归依托，没有任何教门会因此放弃自己的传教经书，更改祖师传承，真正地皈依佛、道两教。但《慈悲悬华宝忏注解》却与众不同，创教经书几乎全部照搬佛经。我想这绝不是整个金幢教（包括福建金幢教）的观点，无法令人首肯。第三，关于教派渊源、祖师传承，金幢教内文献和各种调查报告，多方涉及了罗祖、佛广、孙祖师、王森、董应亮诸人行迹。尽管这些资料"矛盾互见"、"错误百出"，但它们大量出现在

①　王见川：《台湾斋教研究之一——金幢教三论》，载《台北文献》直字106期，1993年版，第107、113、123页。

教内, 流传年代久远, 绝非偶然现象。它们不仅受到明代末叶罗教、黄天道、东大乘数、圆顿教等教经书的影响, 还包括了大量经书没有记载的口头流传的内容。这些内容杂芜、混乱, 但也隐显着十分珍贵的早期历史事实。完全可以用明中末叶已经考订清楚了的史实, 为之对照, 进行分析, 得出历史的本貌, 然而王见川先生用"考证"的办法, 把这些流传久远的资料和经书全部剔除, 替而代之的是一个孤证的新传承和十二部正统佛经。他结论的错误不是显而易见的吗?

三 "王佐塘"即东大乘教创始人王森

上节全面否定了王见川先生的结论, 证明了他的结论错误的所在。本节, 我们要回到被王先生否定的史料上来, 分析那些"矛盾相见"、"错误百出"的诸种资料, 并把它们与明代、清代官书、档案、方志与那一时代诸教经书 (经过扎实考订、研究的经书) 联系起来, 进行考证分析, 并作出进一步的判断。

(一) 关于王森的行迹史实

我和王见川先生的根本分歧之点是: 我认为王佐塘即历史有名的民间宗教家王森, 金幢教是东大乘教的后遗流脉。王见川先生断然否定此说, 并提出自己关于王佐塘的祖师传承、经书和行迹。前已对王说进行了驳证。为了进一步证实我的观点, 首先考订王森创教传承、创教经书和行迹。然后再将金幢教内经典、文献, 学者调查中关于王佐塘行迹加以对照研究。

(1) 王森籍贯、生卒年

明万历四十二年 (1614), 王森为当局逮捕, 当年供词云:

> 一问得, 王森年七十九岁, 直隶永平府滦州民。状招, 森本姓石, 原籍顺天府蓟州人。父名石奉, 所生三子, 石自良、石自然、石自秀。后石自然改名王森①。

---

① 《擒妖始末》附〈妖首王好贤父王森旧招节略〉。关于王森第二次入狱时间, 《中国民间宗教史》误为万历四十六年, 王见川先生已经指出, 以浅井纪先生考订之万历四十二年为准。

王森死于万历四十七年旧历四月十七日。前节已经详细考订：王森寿八十三岁或八十四岁，生于明嘉靖十五年（1536）。王森原籍顺天府蓟州人，后为直隶永平府滦州人，住居滦州石佛口。关于石佛口之史实极多，此不赘言。

（2）王森学教、传教之经历

再据《妖首王好贤父王森旧招节略》载，王森：

> 向得妖术致富，后来滦州，住居石佛庄。不合妄称有先天信香，遂创立左道，自起白莲教为大乘教，又弘通教即洪封教各名色，煽惑民人，远播州县①。

王森在来到滦州石佛庄以前，在老家蓟州从事皮匠生理。"王森原名石自然，蓟州皮工也"②。可证。蓟州西北一百余里有重镇密云卫，即著名罗祖创立罗教之地。罗祖死后，其女儿佛广到蓟州境内盘山修行，住居无为庵，此庵是"孙善人修的庙"③。

罗祖，名罗梦鸿，创经《苦功悟道卷》等五部共六册。其教名无为教。罗祖于嘉靖六年死后，该教形成"经非一卷，教非一名"的状况。主要有两支：无为教和大乘教。王森传习的是什么教呢？清档案记载："罗祖分传五支，一支在石佛口王姓。"④ 此处石佛口王姓当然指的是王森。但王森所习的罗教是大乘教，而且王森是大乘教的开创者之一。对此，《中国民间宗教史》第十章第一节已作详细考证。为使此文连贯，再作简单介绍，并增添新史料，进一步说明这个结论的正确性。

清档案记载："前明人罗孟鸿以清净无为创教，劝人修证来世，称为罗祖。罗孟鸿之子名佛广及其婿王善人另派流传，又谓之大乘教。"⑤ "罗

---

① 《擒妖始末》附〈妖首王好贤父王森旧招节略〉。关于王森第二次入狱时间，《中国民间宗教史》误为万历四十六年，王见川先生已经指出，以浅井纪先生考订之万历四十二年为准。

② （明）黄尊素：《说略》，转引自谢国祯编：《明代农民起义史料选编》，第149页。

③ 《军机处录副奏折》嘉庆二十一年二月十九日直隶总督那彦成奏折。整段史料不再赘引，参见《中国民间宗教史》第251页。

④ 《那文毅公奏议》卷四十。清档案亦载：嘉庆二十一年三月二十一日那彦成奏折。

⑤ 《史料旬刊》年十五期彰宝奏折。

孟鸿之子佛广",有误,应为孟鸿之女佛广。因为罗氏之子名佛正;另外"佛广与其婿另派流传,又谓之大乘教",对"婿"的理解应为"女婿",否则就应改作为"其夫",或与其"夫婿"等词。所以此段史料的内容是,罗祖的女儿佛广和她的女婿王善人,另派流传大乘教。从时间上讲与王森年龄相合①。而从明中叶诸类史料,习大乘而成为有名教主者,一为王森东大乘教,一为吕妞之西大乘教。此处王善人非王森莫属。

在这种传承关系中,还有一人需要介绍,即孙真人。我在《中国民间宗教史》中考证认为"佛广很可能嫁与孙真人即孙善人。而二人之女又嫁与王森。王森之妻为孙氏,史料有载。见民国《滦县志》卷二〈地理·立墓〉"②。对此,王先生以孙真空(即孙真人)"活动于山东旧儿峪"置疑。最近我和韩秉方先生在北京图书馆善本部发现万历甲申(万历十二年,1584)仲秋刊行的《销释真空扫心宝卷》上下全套,有了新的发现。此卷下册云:

> 孙祖生方,三十有年,遗教一部,无人刊通,又孤舟宋祖,亲悟双林,向未印造。兹者昆岗大师,于甲申年得悟丛林,上下二卷。缘而一祖门头,幸有刘、马之众,发心请会,众涓(捐)已私,三部六册,总得从新,真空上下,通为一序。……时万历甲申仲秋刊行。③

以此卷与日本学者泽田瑞穗先生介绍的《佛说三皇初分天地叹世宝卷》相对照阅读④,可证孙祖师即孙真空,为罗梦鸿四传弟子,无为教异姓第五代教主,和著名的南无教创始人⑤。这位山东的孙真人,与活动在直隶的佛广有什么关系呢?关系非常密切。《销释真空扫心宝卷》对此作了详细

---

① 马西沙、韩秉方:《中国民间宗教史》,第552—556页。
② 同上书,第554页。
③ 明万历甲申刊行:《销释真空扫心宝卷》下册。此卷二册,皆为大字折装本。藏于北京图书馆善本部。
④ [日]泽田瑞穗:《增补宝卷的左究》,第330—332页。
⑤ 《销释真空扫心宝卷》上册云:"想当初,孙祖留,南无正教","想当初,五祖师,还有路径,南无教传我,万载留名"。可供王见川先生参考。

介绍。此经下册云，孙真空离开家乡到"金凌（陵）宝郡"遇见了"老贫婆"，"子母三人"：

> 真空得，在境中，离了本地，
> 普天下，闲游荡，认（任）意纵横。
> 刹耶间？就来到，金凌（陵）宝郡，
> 猛抬头，正观见，子母三人。……
> 一个儿，一个女，一般行动，
> 前后随，串街道，来往跟寻。
> 子问母，母问子，儿女齐叫，
> 再无有，一个人，前来问因。

此母子女三人，扮作穷人，沿街叫化，并声言："哪一个，舍残生，斋我一饱，我与他，龙华会，一处相逢。大地人，眼盲目，谁人凭（认）我，怎得知，我就是，贴骨尊亲。"孙真空一听此言，便问根源。老贫婆说："我子母三人，打个莲花落，说我起发根脚。"原来此即"老母"，"昼夜常转三藏法，行行字字定不差"，"书上写著亲娘母，又写山古世尊"。但是"母在西方儿在东，儿女贪住好光阴"。此次老母出山，即是为寻找一个东土的贫和尚，这贫和尚"就是我的亲生子"，虽然此人"昼夜殷勤下苦功"，"不著老母亲身度，修到何时得明心"，"我在灵山坐不住，才做乞儿叫化门，领定金童和玉女，东来西去把你寻。……若问老搜（叟）名何姓，我是灵山老母亲"。"老母说罢，真空倒身下拜"。成了老母的亲传弟子①。

此母子三人即罗梦鸿寡妻及子佛正、女佛广。佐证是《苦功悟道补注开心法要》中的〈祖师行脚十字恩情妙颂〉。罗祖死后：

> 有三口，现住世，佛正佛广，
> 老祖母，掌庵居，照旧传灯。

---

① 明万历甲申刊行：《销释真空扫心宝卷》下册。

> 立一枝，微妙法，圆顿正数，
>
> 开五部，大乘经，普度众生①。

这就是《销释真空扫心宝卷》，所云"子母三人"，"子母问，母问子，儿女齐叫"，"领定金童和玉女"。显然，在罗祖死后，其妻带领佛正、佛广到金陵阐教，遇见了孙真空。此后孙真空随此子母三人，来到直隶，即活动在密云、蓟州盘山一带，与佛广结亲。所以才有老母听云："他就是我亲生子。"所谓子婿是也。而是时，王森正在蓟州当皮匠，而佛广在盘山修行，有孙善人即孙真空为之修了无为庵。王森皈依孙真人与佛广，故有"佛广与其婿王善人另派流传，又谓之大乘教"。佛广与孙真人之女嫁与王森，故史料佐证，王森之妻果姓孙氏②。

此段层层考证，关系甚大，它有助我们拨开历史迷雾，解释王森与王佐塘之疑团，还历史一个本来面目。在此可归纳一下王森传承关系：

<pre>
                    佛正
罗梦鸿→罗梦鸿妻→佛广   →王森
                    孙真人
</pre>

（3）王森行迹

王森年轻时代在祖籍顺天府蓟州从事皮匠生计。受业于孙真人、佛广。习罗祖教。嘉靖四十三年（甲子），二十八岁时离开蓟州，"开荒拓教"。此即《皇极金丹九莲正信皈真还乡宝卷》所云"甲子临凡九转"③。后来到滦州石佛口，"妄称有先天信香"，创大乘教，又弘通教即洪封教，又称闻香教。我在《中国民间宗教史》考证闻香教来历，指出所谓"先天信香"即老母所赐。此处老母暗示佛广④。王森"自称闻香教主"，"立大小传头会首名色。此牵彼引，云合响应，顶礼皈依，蔓延遍于京东、京

---

① （明）王源静：《苦功悟道补注开心法要·祖师行脚十字恩情妙颂》。
② （民）《滦县志》卷二〈地理·立墓〉。
③ 《皇极金丹九莲正信皈真还乡宝卷》第二十三品。
④ 马西沙、韩秉方：《中国民间宗教史》，第553—554页。

西、山东、河南、山陕、四川六省，不下二百万人。森移住滦州石佛庄，其徒见者俱称朝贡，各积香钱，络绎解送。……撮合俚言谎说，刊作经文，分授徒众"①。万历二十三年（1595），"使访知，檄滦州下森于狱抵绞。永平府詹推官，覆改徒罪。森既出，思得有力者以自庇。遂入京师，投永年伯族，又结奄宦王德祥"②。《明史》〈外戚恩泽侯表〉云："永年伯王伟，端皇后父，万历五年封。王栋，万历中袭，三十四年七月丁亥卒。王明辅，万历三十五年五月卒未袭。"③ 永年伯王伟死于万历中，王森出狱交结的大概即是王伟。后王伟竟入王氏族谱，成为王森"长兄"。王伟女即孝端皇后："神宗孝端皇后王氏，余姚人，生京师。万历六年册立为皇后。……四十八年四月崩谥孝端。……合葬定陵，主附庙"。浙江余姚王姓，与直隶蓟州王森家族当然没有任何血缘关系。但王伟竟入王森族谱，一为光大本族，二则依为神话。

万历四十年（壬子），东大乘教即闻香教分裂。是年"迁安县团山建塔，以森术能动众，举森募化，森以金钱托其弟子李国用、李应夏，而国用乾没之，不为森所容。国用遂畔森与应夏创立别教，自称太极古佛"④。是年因国用之叛，王森整顿教内组织，此即《皇极金丹九莲正信皈真还乡宝卷》所云："壬子定派分宗"。壬子年即万历四十年（1612）。由于王森与李国用二派"相仇杀，尽发露其过恶，府县拟李国用、李应夏、王森及森弟子杜福等罪，此四十二年事也"⑤。万历四十二年（1614），王森被逮入狱，招供。万历四十七年旧历四月十七日，王森于狱中被迫自杀。此即上述经卷之"己未风波遭难，庚午入圣归宫。"⑥ 万历四十七年，己未年。四月十七日即是年庚午日。

（4）王森创教传教之经书

佛广与王森另派流传，创大乘教。王森的创教经书一部分得自于祖师

---

① （明）黄尊素：《说略》，谢国祯：《明代农民起义史料选编》，福建人民出版社1981年版，第149—150页。

② 同上。

③ 转引自李济贤：《白莲教主王森王好贤不是农民起义领袖》，载《文史》十三辑。

④ 《明史》卷一百十四〈后妃二〉。

⑤ （明）黄尊素：《说略》，谢国祯编《明代农民起义史料选编》，第150页。

⑥ 同上。

传承，一部分为个人编撰创造。故黄尊素说他"撮合俚言谎说，刊作经文"。《中国民间宗教史》考证，大乘教有如下经典：

明代刊出者：

《皇极金丹九莲正信皈真还乡宝卷》（一部二本）
《销释木人开山宝卷》二本①
《观世音菩萨普度授记皈家宝卷》二本
《销释收圆行觉宝卷》
《销释显性宝卷》

年代待考者：

《九莲如意皇极宝卷真经》两本
《元亨利贞钥匙经》一部

此外明确为清代编撰的宝卷有：

《佛说都斗立天后会收圆宝卷》又称《元亨利贞立天后会经》

分元亨利贞四本。
《三教应劫总观通书》②
关于王森大乘教到底有多少部经卷，大乘圆顿教经卷《古佛考证天真龙华宝经》第十品《东西取经品》云：

　　祖说原因，真经出在雷音寺内，有龙殊菩萨，收入龙宫镇海。

---

① 《皇极金丹九莲正信皈真还乡宝卷》二十三品。《中国民间宗教史》考证为王森及其弟子所为。大陆学者谢忠岳认为是"天真古佛"即王森弟子所为。"天真古佛"是王森同时代的人。参见其文：〈大乘天真圆顿教考略〉，载《世界宗教研究》1993年第2期。

② 关于《销释木人开山宝卷》，清档案载："于石佛口空庙内检得《销释木人开山宝卷》一部，内有无影山石佛王祖及三木留经字样。"三木即森。此经应为王森所撰。

有石佛域老法王亲下龙宫，取在石佛域，金口传留在世，密演真机。……祖在生时，域中亲留真经一千二百部[1]。

《木人开山宝卷》亦云："有法王石佛下生投东，落在无影山前石佛域中，隐名埋姓，暗钓贤良，能使木人开山显教。留下千二百部圣灵宝经……。"[2] 日本学者浅井纪认为这是夸大之词，暗含留经十二部的事实[3]。我完全同意这个观点。其佐证是，大乘教及大乘圆顿教发展到江西时即有此十二部经。据清档案记载：

从前有素习大乘教之直隶故民罗维行，诡称官给《护道榜文》，……四傳至江西故民何弱。何弱到黔……又收龙里县袁志礼为徒，给经十二本，内一本亦载《榜文》[4]。

王见川先生在其已刊稿〈台湾斋教研究之二〉中说："虽然王森的闻香教在档案中被称为大乘教，但其教派中并无《护道榜文》。反倒是姚文宇的大乘教拥有《护道磅文》。"[5] 因此，王先生认为"这个大乘教应是与姚文宇的大乘教关系密切。王见川先生这个结论又过于武断了。尽管王先生没有十分关注档案资料，但如果他仔细看看《中国民间宗教史》也不会发生如此重大的错误。其实《护道榜文》一直在王森家族中流传，并作为传教手段。请王见川先生参见《中国民间宗教史》第十四章889—890页内容[6]。可证从罗维行到何若（何弱）所传大乘教即王森大乘教。王森留经十二部，何若亦传经十二本，金幢教传说王佐塘有创教经书十二部，这难道是历史的巧合？当然不是。之所以如此，皆在于同源而异派也。无论是何若的大乘教（先天教、一贯道前身），还是"王佐塘"的金幢教，其

---

①　马西沙、韩秉方：《中国民间宗教史》，第610—618页。
②　《古佛天真考证龙华宝经》第十三品。日本学者泽田瑞穗考证此经为"明末大乘圆顿教的经典，清顺治十一年（1654）刊刻。"
③　［日］浅井纪：《明清时代民间宗教结社的研究》，第117页。
④　同上书，第374—375页。
⑤　《军机处录副奏折》，嘉庆二十五年六月二十二日云贵总督伯麟奏折。
⑥　王见川〈台湾斋教研究之二〉刊于《台北文献》，征得他同意，特引已刊稿。

渊源皆在于王森东大乘教，故都有传经十二部之说。

（二）王佐塘与王森行迹之对照

（1）生卒年、籍贯

前面已考订，王森"原籍顺天府蓟州人"，"后来滦州，住居石佛庄。"生于嘉靖十五年（1536），卒于万历四十七年（1619），寿八十三或八十四。

关于王佐塘籍贯，前面已考证王见川之直隶通州方仁县为子虚乌有。多数教内文献或调查报告认为在直隶永平府石佛口或直隶通州东胜卫，东胜卫在滦州之卢龙县，与石佛口比邻。故可知，"王佐塘"籍贯在滦州石佛口。显而易见，金幢教教徒并不知"王祖"之原籍，只知其为永平府石佛口人，故以此为原籍。

关于王佐塘生卒年，金幢教多数文献皆引证《皇极金丹九莲正信皈真还乡宝卷》二十三品偈言："甲子临凡九转，壬子定派分宗，己未风波遭难，庚午入圣归宫"。并认为是王佐塘一生行迹，可知"王佐塘"亦卒于万历四十七年（己未）四月十七（庚午），与王森卒年卒月卒日，完全一致。这当然不是巧合。王见川先生抛此偈不用，认为卒年不是万历四十七年，而是第二年的泰昌元年；认为生年为嘉靖十七年，寿八十三。我用浅井纪先生考证，王森生于嘉靖十五年，寿八十三或八十四。两人寿数相当，这再次证明两人行迹相合。

（2）创教经书

前面已考证王森留经十二部。金幢教教内传说王佐塘有经"十二经，同为一函"，王见川亦说"王佐塘著有十二部经，已大致清楚。"我前已指出王先生所云十二部皆佛经的事实。《慈悲悬华宝忏注解》所云十二部经虽然是以佛经冒充金幢教经典，但并不是说《蔡公出世》和前人的调查也是错误。传说或记载王佐塘创教十二经是有历史依据的。即历史真实人物王森的确留经十二部。在《木人开山宝卷》、《古佛天真考证龙华宝经》都云千二百卷。即隐含十二部之事实。前已考证。这个事实，再次在王佐塘的传说或记载中反映出来了。事实上，王森大乘教中有几部经一直在金幢教中流传。《台湾佛教篇》记录了十五种，其中有《九莲经》即《皇极金丹九莲正信皈真还乡宝卷》四卷。《元亨利贞钥匙经》六卷。这些都是王森东大乘教经典。而《皇极金丹九莲正信皈真还乡宝卷》是东大乘教最重要经典。金幢教不仅奉为经典，而且将经内王森行迹之偈言，转录多种教内文献上，作为王佐塘行迹。可知金幢教是何等重视《九莲经》了。今天我们很难确指王森留经十二部的全部名目，金幢教也很难确指王佐塘十二部经的名目。在这种情况下，才发生教徒将十二部佛经充作王佐塘创教经典的。史实告诉我们：《皇极金丹九莲正信皈真还乡宝卷》和《元亨利贞钥匙经》不仅是东大乘教经典，也是金幢教经典。原因很简单，金幢教是东大乘教的一支，其教义经典自然有继承性。

（3）祖师传承

关于"王佐塘"的祖师传承，在前面已指出王见川先生新说的错误。现在我们再回到被王先生认为是"错误百出"的历史资料上来，看看其中有没有部分历史的真实。关于王佐塘与佛广、孙祖师的记载，金幢教教内文献调查报告，学者研究多有揭载。这些资料的确是"矛盾互见"，但它不是被杜撰出来的，而是在传说中错误与正确史料掺杂的结果。下面引证几段资料，逐加分析：

据《三极根源行脚事迹集》记载：

> 罗祖之贤妹，名机留女，本原菩萨果位，下凡度众。时逢闻知，无极圣祖亲临下凡，集众徒，参求道意，了脱生无正路。向后机留女灭后，会下趋赴参求先天祖道旨，到此派下门人数万。

此处"机留女"，金幢教调查报告认为是佛广，即罗祖之女。嘉庭《台湾的斋教由来》指出"其教当时人称为罗祖教，传其女时称为罗佛广教，其后又称机留女教"。[①]"金幢教，开祖王佐塘，道号太虚，又号普明，明嘉靖四十三年十二月初八，生于直隶永平府顺圣县石佛口，皈依

---

① 山西圆顿教徒任进德于嘉庆十四年（1809）与同教"同往石佛口，见过王如青（王森后裔），并送给银二十两。王如青送给《护道榜文》一本而回。"此《护道榜文》"明季流传，至乾隆年间刊刻，是以有大清国福斋天字样"。

龙华派。该派开祖罗因灭度后，其子佛正，其女佛广（又称机留女）继父志掌教，在直隶管湾县，教始改龙华。佐塘初意娶机留女为室，被其拒绝，故娶机留女之弟子郑氏为室。同时离开罗师父，往管廪州从孙祖师。"①

《三极根源行脚事迹集》中的"无极圣祖"即指王佐塘，他向机留女即佛广"参求道意，了脱生死正路"，与王森求道于盘山，与佛广另派流传，谓之大乘教的史实相合。《台湾斋教的由来》指出，罗祖死后，其子佛正、其女佛广（又称机留女）"继父志掌教"，"教始敢龙华"。而王佐塘"皈依龙华派"。所谓"皈依龙华"即皈依佛正、佛广之龙华派。据云，王佐塘想娶佛广为妻不遂，遂娶佛广弟子郑氏为妻。此后"往管廪州从孙祖师"，"孙祖师亦龙华佛教"②。我们抛开"矛盾互见"、"错误百出"的资料，上述内容无可回避之处是：王佐塘曾皈依过佛正、佛广、孙祖师。而这三人都是"龙华派"之祖师，亦是王佐塘从教祖师。我们再次回顾王森师承是：

<pre>
              佛正
罗梦鸿→罗梦鸿妻→佛广　→王森
              孙祖师
</pre>

王佐塘师承与王森师承几乎一致！尽管还有一些枝节问题，如王森是佛广与孙真人之女婿，其妻姓孙。而传说中的王佐塘娶的是佛广弟子郑氏。但这并不是否定王佐塘师承的关键，对此中不一致之处，可存疑。王见川先生抛开所有这些教内文献、调查报告关于王佐塘与孙真人、佛广关系的资料，以《悬华宝忏》为资料，另辟一说，不能不导致荒谬的结论。关于《慈悲悬华宝忏》，金幢教内早有歧义。据《台湾的斋教由来》记载：

另有翁文峰者，系蔡文举之徒，富文学，将开祖王佐塘著悬华宝

① 《中国佛教史论集》（八），《台湾佛教篇》附：〈台湾的斋教由来〉。第364、367—368页。
② 同上。

忏三部擅改五部，被师责骂。董祖应亮在世中，得其许准与师分开，别立教派。

这位"富文学"的翁文峰擅篡改经书，另立门派，可谓金幢教中的离异者。《慈悲悬华宝忏注解》序中出现王佐塘师承于无上祖师、西域太元真人之说，无疑也是典型的杜撰。

（4）王佐塘与王森行迹之对照

关于王森与万历孝端皇后及其父王伟之关系，前已以《明史》及岳和声《餐微子集》等资料考证。此即王伟入王森族谱，成为王森长兄，王皇后成为王森侄女的神话的历史依据。

无独有偶，王佐塘也有一个皇后侄女。据《三极根源行脚事迹集》记载：

> 王太虚……有一侄女，名青鸾，明朝万历皇上选入宫内为正宫娘娘。

对此种传说，《慈悲悬华宝忏注解》序也不讳言："先天太虚老祖……万历明君称为岳叔千秋。[①]"而各类调查报告亦多记载此事。

这里，再一次把王森行迹加在王佐塘身上。王见川先生认为金幢教的这种记载是"仿自王森或其派下相传之经卷、传说"，"不足为怪"。问题是，为什么王佐塘如此多之行迹都"仿自"王森？下面再举两例，加以对照。

例一：

王森于万历二十三年七月因"左道乱正"罪为当局逮捕，判拟绞罪。王森以贿赂减刑，出狱后结交权势，"妄认王皇亲为家"[②]。

王佐塘也同样在万历间被当局逮捕。关于王佐塘何时入狱，史料不

---

① 王见川：《台湾斋教研究之一——金幢教三论》，载《台北文献》直字第 106 期，1993 年版，第 109 页。

② （明）岳和声：《餐微子集》附〈附妖首王好贤父王森旧招节略〉。

一。据王见川先生以《古佛宗派》为资料，记载：

> 万历十一年（1583），王佐塘在京师举挂皇极旗，鸣锣引众，劝人皈依。遭巡街高御史，解送刑部，拘留数载后经张天师作证，得释①。

虽然两人被逮捕的年代不一，被释放的原因不一，但都因传播民间宗教而入狱，王佐塘由于天师作证而出狱，又是一个神话。显然，王森、王佐塘在入狱一点上行迹又相雷同。

例二：

万历四十年（1612），迁安县团山建塔，"以森术能动众，举森募化，森以金钱托其弟子李国用、李应夏，而国用乾没之，不为森所容，国用遂畔森，与应夏创立别派，自称太极古佛"②。

在金幢教内记录着同样一个行迹：

> 另《蔡公出世》和《树德堂堂谱》中又曾言蔡文举曾受太虚空老爷护法朱国用之骗，失去钱粮之事③。

万历四十年（壬子）李国用对王森的背叛，是东大乘教内发生的最大的历史事件。它导致是年王森重新整顿教派，即"壬子分宗定派"。逾两年，又导致王森入狱。李国用背叛王森是因为国用对王森募化的金钱"乾没之"。这件事自然成为教内传播久远的大事。到了金幢教这里，口头传说发生一点变化，成了王佐塘护法朱国用骗了蔡文举，使蔡文举"失去钱粮"。我们不难看出王森行迹在转传的过程中发生的偏差，但传说中毕竟保存了部分事实。即李国用吞没了教内的钱财，导致过教内分裂。

上面我以大量的史实，从人物籍贯、生卒年岁、祖师传承、创教经书、

---

① 王见川：《台湾斋教研究之一——金幢教三论》，载《台北文献》直字第106期，1993年版，第111页。

② （明）黄尊素：《说略》，谢国桢《明代农民起义史料选编》，第150页。

③ 王见川：《台湾斋教研究之一——金幢教三论》，载《台北文献》直字第106期，1993年版，第125页。

个人行迹、对照分析王森与王佐塘生平。就我而言，不能不得如下结论：历史上并无金幢教创始人王佐塘其人，王佐塘即明代东大乘教创始人王森。

"王佐塘"其人的出现，有其历史背景。明万历四十七年，王森被迫自杀。三年以后的天启二年，以王森弟子徐鸿儒为首的东大乘教发动了大规模的起事，成为明末历史上的大事件。此时，王森的信仰者们受着巨大的压迫，不仅要改换教名，而且不能不隐晦教主之名，甚或改换教主之名。对宗教徒此种作法，今人应报同情之理解。这就是金幢教和王佐塘之名出现的时代背景。但是作为研究者而言，以求历史真实为第一目的，不能受他种因素的影响。且学者之结论，亦不会影响信仰者之情绪。即如百年来佛教研究推翻了多少佛教传说，推翻归推翻，信仰自归信仰。盖领域不同耳。

附录：笔者认为金幢教初祖王佐塘虽属子虚，但二祖董应亮却是真实历史人物，下录清雍正《朱批谕旨》一段史料，或可为我正文做又一佐证：

雍正十年十一月二十九日，直隶总督李卫奏：臣自到任后，即将沿河一带并各地方盗匪奸宄屡次留心密访，除现在已经分别惩创未敢逐件琐屑渎陈外，查直属有大成衣法等教名目，愚民信徒入伙者甚多。臣访知数处为首之人开名饬令地方官密访确实，并令选择诚谨之人，佯投入内，探其作为，今据深州知州徐绶等员回禀前来，照依指示办理之法，查得大成教首系旗人王姓武举，果住滦州石佛口。名下有次掌教二人，一系周世荣住饶阳县曲吕村，今因瘫痪，有伊弟广东丁忧通判周世臣代主其事；一系王瑛，住深州贡家台。凡教内有能宣经讲道者即为小教首，分住各处招引众人。如深州之郑自昌，衡水县杨林全、侯燕平。河南地方之靳清宇，皆其领头门徒。其衣法教之老教首乃已故旗人董一亮。今有伊女代掌住居易州，而饶阳县武举王作梅为之管事。次教首则饶阳之孙连若等尚有数处，相从之人亦众。以上二教始于顺治年间，大都以轮回生死诱人修来世善果为名，吃斋念经，男女混杂，每月朔望各在本家献茶上供，出钱十文或数百文，积至六月初六日俱至次教首家念佛设供，名为晾经。将所积之钱交割，谓之上钱粮，次教首转送老教首处谓之解钱粮，或一二年一次各有数百金不等。其所诵之经有老九莲、续九莲等名色，与臣所闻大概无异。并抄得经咒数册俱系鄙俚之词。此等虽属哄诱愚民钱财，尚无谋为不轨情状。

孔、老的社会关怀

　　春秋末期，一个稳定了数百年的社会失序。一批不世出的哲人于当世或于其后，各阐其道，意图重新整合失序的社会，从不同角度探索人类的出路或个体生命的价值。从某种意义上讲，诸子之学都是牧民哲学，即为生民导其前路，为民族寻一炬光明。其中最可探讨的即儒、道两家。这两个最具生命力的文化体系，构成了中华民族赖以生存、发展的文化基础。

一

　　孔子的终极关怀在于人生、社会的完美、和谐。这种社会即非人治社会，也非法治社会，而是一种德治社会。道之以德，齐之以礼。并非以任何个人的好恶作为社会秩序的标准，也不以法律作为人行动的准绳。道德作为规范，礼仪匡正行动。

　　孔子仰慕大同社会，但一生却为了恢复小康世而奔走。他说："大道之行也，与三代之英，丘未之逮也，而有志焉。"大道之行的时代，权位并非禅让于至亲，而是公选有德有才、诚信无欺、和睦宽厚者。家庭固为本位，但推亲情于他人，厚养无救助者，以终天年。财货公有，并不私藏于府库。而用事者不惧劳苦，不事欺诈。如此谋略之术不兴，盗贼不作，人民平安，是谓大同时代。孔子所谓大同时代即唐尧虞舜的时代。孔子不仰慕小康时代，但仰慕小康时代的英雄。大同消隐，天下为家，权力禅让于至亲，货力自为，各顾其家。制度化了的时代，出现了制度化了的道德规范：礼义以为纪，以正君臣，以笃父子，以睦兄弟，以和夫妻，以设制度。私有制度出现了。私既是人情之由，又是造乱之防，由是小康时代出现了禹、汤、文、武、成王、周公，用礼义以治世。孔子赞大同而否定小康，但又赞扬小康时代的英雄。因为此六君子，皆谨于礼而彰显其义；考察风俗，彰显过失；行仁讲让，示民以一定之规。他赞美六君子，即在其以道德治理社会而为常法。而他仰慕大同，亦在于道德成为大同时代的社会基础。孔子有理想，更讲现实。他知道理想的追求，存在于实际的努力，依存于现实的可能。除礼运篇中的记载，他很少涉及大同思想。因为他生活在大道既隐、各为其私的时代，而且是礼崩乐坏的东周败亡之机。大同之世不可望，小康之世亦不保。为了寻求治世良方，他到杞，到宋，寻求夏、商两代的典章制度。他得出结论：殷代继承了夏礼，所损益可想而知；周代继承殷礼，所损益可想而知；继承周代的礼仪制度，百代而下只会有益无损。他鉴于夏、商两代的经验教训，指出了自己的社会理想："郁郁乎文哉！吾从周。"孔子从周，是一种理想和现实之间的最佳选择。救世不能凭空想，要面向实际，"率由旧章"，"祖述尧舜"，但要"宪章文武"，有一个示民有常的规范，这就是周礼。孔子一生实质是导民以小康之路。大同世，幻想而已。小康世，是一个不平等的有序社会。抛开哲学，进入实际的历史层面，就会发现孔子所从之周代，是一个等级森严，因而礼仪亦森严而丰沛，以礼代法的时代。

无论仰慕大同，还是走向现实，我们抛开孔子面临的具体社会的等级状况，来一个抽象的继承，就不能不佩服他的远见卓识和仁人之心——完美和谐的人类社会，最终应以美好的道德规范加以维系的。

回过头来，再看老子。老子同样具有悲天悯人的情怀。他的追求不分阶段，一以贯之于一个"道"字上。这个道在人类社会的体现，即以德治理的社会。老子追求的不是以制度化了的道德治理社会的理想，而以风尚、习俗维系的社会。一种不知美而为美，不知善而为善，不知孝慈忠信之概念，而纯然为之，六亲和之的社会。他猛烈抨击制度化了的道德的虚伪："大道废，有仁义；智慧出，有大伪；六亲不和，有孝慈；国家昏乱，有贞臣。""故失道而后德，失德而后仁，失仁而后义，失义而后礼。夫礼者，忠信之薄而乱之首。"他认为制度化了的道德浮华刻薄，他取淳厚、朴实的风尚维系的社会理想。老子在处理社会关系时，冷峻而守中，以守中达自然之境，以守中设计和谐无为的人类社会。他讲："天地不仁，以万物为刍狗；圣人不仁，以百姓为刍狗"。"多言数穷，不如守中。"中即自然，是万物生发，而不受他种因素干扰的原初状态，即自然和谐状态。把守中思想应用到人类社会，则演化成一种无偏无私、无亲无疏的社会公正原则。对在上位者还是在下位者都是一种标准。针对在下位者，他讲：要不尚贤，使民不争；不贵难得之货，使民不盗；不见可欲，使民心不乱；常使民无知无欲，使夫智者不敢为。他抑制在下位者的欲望，故有些后人说他"愚民"。其实老子更愚圣愚君，乃至警告在上位者："绝圣弃智，绝仁弃义。""圣人去甚、去奢、去泰。""以道佐人主者，不以兵强天下，其事好还。""果而勿矜，果而勿伐，果而勿骄，果而不得已，果而勿强。物壮则老，是谓不道，不道早已。""甚爱必大费，多藏必厚亡。"千古而下，强梁多不得其死，厚藏导亡者比比皆是。

守中是道法自然的一种体现："知常曰明，不知常妄作，凶。知常，容，容乃公，公乃王，王乃天，天乃道，道乃久；没身不殆。"由是可知，守中或曰得一，或曰常道，是宽容、公正、无私的道的体现。应用到社会领域，守中则是恒久的唯一标准，而不是双重或多重标准。法之永恒理念，即常道在人间世的具体体现。庶民与王子同罪，即是这一原则的理想化。不过法家一开始就走向异化，而儒家刑不上大夫，礼不下庶民，也不具有这种永恒的理念，属于不平等而和谐有序社会的规范。用道家的标准，儒家伦理无公正可言。由守中而得出人应当是这样的人：无贵无贱，处于贵贱之间；无利无害，处于利害之间；无亲无疏，处于亲疏之间。但理念归于理念，现实归于现实。春秋时代，人怎可能公正、平等？故老子又对在上位者讲"贵以贱为本，高以下为基"。不要以贵轻贱，以高压下，否则会导向毁灭之途。在老子看来，圣人是懂得道的人。道的性质柔和像水，高者下之，低者就之，不到不止，不平不止。水化为天上的甘霖，万物无不受其恩惠，"民莫之令而自均"。道又像母亲，慈祥而公正，对子女无偏无私，人人都会感其德而尊其道，就像万物都会复守其根一样，游子终会厌倦了人生逆旅，思家归母。归根，归母，就是与道同体，这样就可达于永恒。显而易见，老子已经表达了一个人类最恒久而公正的理念：道赋生命自然之体，人与万物同源；道赋生命自然之体，人与人平等。老子总结了自己的社会理想："有余者损之，不足者补之。天之道损有余而补不足；人之道则不然，损不足以奉有余。孰能有余以奉天下？唯有道者。"

这个公正、平等的社会形态的确曾存在于远古时代。但那里，它是以衣不蔽体、食不果腹为其基础的平等、公正；而且是以只知其母、不知其父为其伦理关系的基础。老子追求的当然不是这样的社会。老子提出的是一种永恒的社会公正的原则，一个对当时，乃至对今天都是典型乌托邦的社会形态。今天有人因感于现实而全面否定乌托邦，当然流于浅视或浅薄。从几千年历史长流着眼，人类社会的确在一步步演进着公正、合理、均等的原则。这说明，乌托邦虽有空想成分，但其理性成分即是它实现的依据。由此，我们说老子是中国乌托邦思想的开山祖绝不为过。当然，老子的终极追求，还不仅限于社会本身，他在追求人类、社会、自然的整体和谐统一。一种归于大化、浑然、寂然的状态。

由上述分析可知：孔子的理想，是建筑在一个不平等，但有序而和谐的社会基础之上的；老子的社会理想，则是一个平等的有序和谐社会。这是孔、老在社会观上的根本区别。孔、老在终极关怀上和寻求理想的着眼点上虽然不同，但基本相同的历史传统，又导致两大哲人一系列的共同思路。

孔、老思想依于古老的家耕社会而产生。以血缘关系为纽带的原始部落群，缓慢地演进成国家形态。尊尊、亲亲始终是维系人与人关系的准绳，在它没有被制度化的时代，带有一种原始纯朴的美和和谐，那时仅是一种风尚习俗。老子钟爱的是那种纯然无知的人与人、人与自然的关系。到了夏、商、周，特别是周代，一种风尚习俗，随着经济、政治制度的变化，也逐渐演进成等级和反映名分的行为准则。"礼者，所以定亲疏，决嫌疑，别同异，明是非也。""道德仁义，非礼不成，教训正俗，非礼不备。分争辨讼，非礼不决。君臣上下，父子兄弟，非礼不定。宦学事师，非礼不亲。班朝治军，莅官行法，非礼威严不行。祷祠祭祀，供给鬼神，非礼不诚不庄。""是故，圣人作，为礼以教人。使人有礼，自知别于禽兽。"显而易见周礼的形成，是中国古代社会由荒蛮走向文明的重大标志。是社会复杂化，人与人关系等级化的产物。社会复杂了，等级、亲疏、尊卑代替了原始时代人与人较为单纯、朴实、平等、和谐的关系。原始时代的尊尊、亲亲，从以家族为本位的部落，外延成整个社会的礼法，内核发生了变化。但为了不破坏社会和谐，保证君、父的利益，同时也是为了保证整个社会的存在，维护民族的发展，在漫长的历史积淀中，形成了浩繁丰沛的周礼。由此可知，老子与孔子追求的社会都是以尊尊、亲亲为基础，但尊尊、亲亲的内容、范畴变化扩展了。此其一。老子与孔子追求的社会形态虽然不同，但都致力于稳定和谐的社会。反对失序和混乱，故他们理想中的社会都有内在的秩序。此其二。由老子向往的社会，到孔子仰慕的社会，是社会发展的一种必然，犹如生物，由生及长，由幼而壮的关系。尽管两种社会形态差异甚大，但还是同一个民族发展的不同阶段，故同大于异。此其三。孔子与老子对现实的厌恶是一致的。春秋末期，无论是鸡犬相闻、老死不相往来的远古风尚，抑或周代等级秩序的和谐及庄严肃穆的礼，都已成为过去的事了。他们面临的是弑君三十六、亡国五十二的战乱与失序。悲天悯人的情怀和对理想的执著，都促使他们匡正失序的世界。一个要回归周代的人文制度，并以此为解决社会问题的良方；一个要回归人与人、人与自然的原初状态，恬静乃至虚无的境界。孔、老回归的目标虽然不同，但把理想世界放在过去，却惊人地一致。漫长历史缓慢积淀起来的传统力量和它所具有的内在的美，导致两大哲人同样的思路和同一种向后看的历史观。

　　孔、老的另一个共同点：在追求理想的手段上不喜欢斗争哲学。孔子讲究和，老子讲究守中和损欲。孔子的中庸是一种"未发之中"，或"发而中节"的境界。在调和社会关系上，孔子面临着更为复杂的前提：夏、商、周近两千年的历史演变。《左传》载：天有十日，人有十等，下所以事上，上所以供神也。故王臣公、公臣大夫、大夫臣士、士臣皂、皂臣舆、舆臣隶、隶臣僚、僚臣仆、仆臣台。马有圈，牛有牧，不仅如此，从家庭到家族关系亦复杂化了，社会分工也更为细微，有百工之称以司其业。这样一种关系差别巨大，等级分明，要达到一种有序的和谐，已属不易。一旦这种有序的和谐遭到了破坏，再回复到新的和谐，将人与人的关系调适到最佳状态，在孔子看来，非和不可。以和调适人与人的关系达到和谐有序的境界，也就是仁的最高境界。孔子有一系列调适社会关系的言论，但他认为社会和谐的基础在于个人的修养。所以他主张以德化人，循循善诱，有教无类。在达到理想道德的进程中，要实践和学习、谦虚和礼让、反省和知耻。博学、审问、慎思、明辨、笃行，作为明善之功。从个人道德修养出发，儒家走的是一条修、齐、治、平之路。致太平，即致上下有序、社会和谐稳定。这是孔子的终极追求。

老子也不主张以激烈手段改造社会，他自有另一套路。老子认为常道是最终的追求，达到常道之路是德的净化。在老子看来，人与自然是统一整体。万物于虚无中生成，人欲随之生焉，继之横流，造成了社会的纷争与不公。所以要达到常道之境，其办法是要损、要复、要反，由此而达于守中即常道。对欲望要损之又损，使人少私寡欲；对不可遏制的动乱世界，要让它回归静、虚的状态；复杂多元要回到单纯一元。乃至从有转向于无，归于寂静，此即人道向常道的复归，老子不像孔子那样面向社会生活，从实际的人生中学习、磨练。老子主张通过自我修炼达到道德的完美。在他看来，社会纷争之欲来自于人身。他说："吾所以有大患者，为吾有身。"在今人看来，灵与肉，与生俱来，欲望随之，患亦随之，无法避免。但老子却认为有解决的办法，他说："及吾无身，吾有何患。"怎样才能做到无身无患呢？"夫物芸芸，各复归其根"，"归根曰静，是谓复命"。人类应回到生命的本源，就达到了无身的境界。他认为，欲望的外在表现形式是躁动。所谓"重为轻根，静为躁君"，"轻则失本，躁则失君"。所以道德修养的关键在于却躁去欲，以清静为本。从不欲以静，达到"致虚静，守静笃"。只要静，就可以"载营魄抱一"，"专气自柔"，精神纯然专一，如婴儿之初世。这种由个体之静，达到整个社会乃至宇宙万物皆归于静，就是人道向常道的复归之途，老子思想中已明显地存在精、气、神的炼养思想。而其向常道复归的哲学本体论，成为从道家到道教的最根本思想，两千年间无出其窠臼者。当然，老子的个体修养并非其终极目的，他是由天之人，再由人之天。他说："修之于身，其德乃真；修之于国，其德乃丰；修之于天下，其德乃普"。修德天下，谓之玄德。玄德深远，"与物反矣"，"然后乃至大顺"。所谓人法地、地法天、天法道、道法自然。从出发点到终极目的，都处于一种大化自然的状态中。故回守中，又叫常道。尽管孔子、老子在终极追求上有同有异，但把个人的道德修养做为改造国家、社会的基础，其思路是一致的。

孔、老之学都是有体有用之学。但在体用关系上亦有不同的表现形式和内涵。从整个中国历史而言，孔学的体用更为一致：体即是用，用即是体。孔子以道德为体，亦以道德为用，体用的贴合，圆融无碍。仁是孔子道德的最高标准，但仁又是十分具体的。仁者人也。人的道德最高标准是仁。但道德具体信条则是礼、义、廉、耻、孝、悌、忠、信，汇而合之即是仁。克制自己，恢复周礼即是仁。修身达到周礼的标准，就是仁。人而不仁，其礼何；人而不仁，其乐何。礼、乐的最高标准还是仁，而礼、乐又是仁的具体体现。有人讲和是仁之用，其实和的最高境界是一种太和状态，其在社会领域的表现即太平，还是个仁的体现。可见，"仁"在孔子那里既为体，又为用，体用无所间隔。五四运动以前，几乎无论何种人于何种时代，对孔子认识的歧见再大，也要回归儒家社会的伦理之途上来。陈寅恪先生所云儒家的旧途径，大概即止于此。孔子思想是中华民族最稳定的思想力量，不是三言两语可以推倒，而走出新途径的。稳定中，其势保守，亦是应有之义。原因之一，是其体用的高度一致，经世致用于两千年的帝制时代。

　　回过头来再看老子。

　　老子思想在两千多年间，比孔子思想有着更多样性的发展，后人对它的认识和理解也就更具歧义。老子思想体系中，体用关系较孔学复杂，体的玄远，用的多元，体用的间隔，给后人留下了更多想象的空间和实践活动的范畴。后人对老子思想见仁见智，各取所需，很少有完整的体认。这并非古人见识浅薄，而是不具备全面理解的社会条件。政治家从中看出了君王南面之术，内圣外王之道，把老子之学引向入世之道。法家思想部分源于老子，"法"之哲学意义上的永恒理念，是"常道"的转化形态，其公正原则本应在人世间加以体现。但韩非以下的法家历史走向却不令人满意，因为它和专制体制结合最紧，异化最烈。最后连法制的外壳也放弃了，走向了人治，即帝王专制的工具和玩偶。道家思想是德化天下，走德治的思路，法家没有得到道家的真精神。

　　道教的发生发展是多种因素促成的。但道教的本体论没有脱出老子的设计。古往今来的高道颇能体认老子的某些思路，但老子的真精神全始全终贯穿于道教，亦非易事。老子主张通过内修内炼，使人与自然统一，同归于大化。终极目的，并不仅仅在使个体人类的长生久视。而古往今来的一些道徒虽循"复命曰常"的路数修炼，但多遁入山林，修命自图。损欲的目的在于个体生命的延长或精神解脱，而缺少悲天悯人的情怀。但是既修身于内，又救世于外，既顺物自然而无私，又知天道不言而有信的高尚道徒，亦不绝于史书。全真道初起时，聚集了一批不世出的逸士高人，他们既修身于内，摩顶放踵；又救世于外，保族保种。刻苦自励而风格高致，千古而下，令人仰怀。其教其行与老子之道庶几焉。至于修炼黄白之术，御女以淫阳丹，甚或敛财以至骤富，媚俗以投权贵，则离老子之教更远。晚期三一教主林兆恩曾讲："老子之道大矣，后世之学者众，而未闻得其宗者。"从某种意义上讲，老子之教几成绝学。

二

孔、老之学异同如此，也就自然决定了各自的历史走向和历史命运。

从社会的角度讲，孔学以后成为官学、显学，老学成为私学、或隐或显之学。孔学构建的不平等的有序社会成为十分稳定的社会结构，成为两千年帝制时代的骨架；而孔子仁学内核的尊尊、亲亲，也成为这个时代的核心思想。孟子发展了孔子思想，突出了心学和民本思想，但终极目的仍是为了巩固尊尊、亲亲的思想构架。至于从董仲舒到宋儒的三纲五常，或者张载在西铭中设计的"民胞物与"的社会模式，都是从不同角度对尊尊、亲亲的阐发。统治者正是基本以这种一以贯之的思想实行统治的。儒家学说之所以统治了中国两千年，正是因为这种思想及其设计的社会构架少幻想而面向实际，符合那一时代经济、政治状况，从而也构成了中华文化的主体部分和道德内涵。无论帝王将相、知识分子还是下层民众，总体不出其窠臼。它保证了中华民族的整体性和稳定性。综观世界历史，多少个大帝国和逞一时之勇的民族或衰或亡；中华民族却屡经忧患，屹然独立，老而复壮。造成这种强大生命力的原因是多方面的，但儒学处于主导地位，功自大焉。民族的延续是有巨大代价的，它要以一个稳定的社会结构和一以贯之的思想为基础，就必然导致社会发展虽然有序，却很缓慢。社会的不公正，从制度到思想的专制，导致一代代人的苦难，道德乃至心灵的扭曲，人格的异化等等，都告诉我们，不仅在帝制时代，迄今人类的历史，总是以牺牲多数人的利益维系其发展的。在这种扭曲的发展中，孔学的命运看似辉煌，实亦可悲。孔子《论语》中描绘的那种师生之间轻松、和谐、平等，充满哲理的对话，变成了圣经、圣条，被神化、圣化。一种探讨真理的开放式的心态，变成了古板、封闭、僵化的氛围。千人一面，万人一辞，这就导致了两千年的帝制时代，中国很少出现大开大合，劈开新路，勇往直前的大思想家。偶或有以六经注我者，已属罕见，但还是离不开六经。这是孔学的悲哀，也是孔子的悲哀。历史告诉我们，任何一种成体系的思想与政治制度相结合，如果不以开放、宽容的心态容纳他种成体系或不成体系的思想，哪怕它再具有内在的真理性，也难免走向专制、僵化和教条。至于开放和宽容的心态并非天生自有，而是一种互相制衡的机制中产生的。这已是人所共知的历史常识。

老子之学，在两千年的帝制时代，相对儒学的中心地位，处于边缘。儒学及其相应的人材推荐制式考试制度，与官僚机构，成为那一时代政治的一体两面。儒学构成意识形态的主体，儒家知识分子和官僚阶层处在社会组织的中心位置。老子之学及道教，虽然也曾介入政治生活，但总体而言，远未能与儒家相抗衡。其实质是，老学的社会公正原则及对统治者的批判，很难为当政者所采纳；而被改造了的老学，又与老子原教旨相距甚远；老学的乌托邦性质与现实的经济、政治生活无法贴合；而在操作层面上，更无法切入社会实际。这是其成为隐学的根本症结所在。至于道教，在唐宋时代曾一度恢弘发达。但统治者接受它，更多限于信仰领域。道教走向上层社会，恰恰是在儒家最薄弱的宗教层面切入的。即便如此，两千余年，老学基本处于社会思想的边缘；而道教信仰者则是一批边缘人，故常称为世外之民。老学与道教的这种地位，决定了它的两种出路——走向内核，或步入民间。老子损有余补不足的天道观，部分地反映了"不足者"——民间社会的思想情绪。故道教太平经中有"天地施化得均，尊卑大小皆如一"，"平者，公也"，"天之有道，乐与人共之；地之有德，乐与人同之；中和有财，乐以养人"等思想。均之、平之、正之、共之、同之、如一，无疑是一种恒久的公正原则，为不足者所愿，有余者所憎。这类思想无疑与老子的天道观一脉相承。这些思想再向前迈上一步，则启迪了下层民众"奉天开道"的口号。与佛教的佛法平等、弥勒救世，具有异曲同工的效果，从而翻掀出民间世界强大的反抗现行秩序的思潮。

　　人类是最讲实际的一群，故时代选择了孔子之学，以安世事。没有孔学，社会很可能失序，不平等的有序社会亦不可得；但人类追求公正、合理、正义又是常情，是人类之所以为人类的标志，所以老学虽有乌托邦色彩，却始终有多少人追随其后，为其理想而奋斗。孔、老之学，就是从这样不同的角度，反映了人类的现实与追求，秩序与公正、矛盾与统一，过去与未来。孔、老之学，也就是这样在历史的长河中，恩恩怨怨地、互异又互为补充地走到了现代社会，同样面临着选择与被选择的命运。两大哲人，两大思想体系和共同遭遇，从不同侧面给后人以智慧，以启示，以思考，以抉择。

　　孔子、老子在两千年间，历史命运虽不尽相同，但在当世却命运一致。孔、老在当世就不被人理解。孔子晚年哀叹："甚矣吾衰也，久矣吾不复梦见周公"，"吾道穷矣"。老子则慨叹："俗人昭昭，我独昏昏，俗人察察，我独闷闷"，"我愚人之心也哉，沌沌兮"。作为一代哲人的孔子、老子都深感孤独。这种孤独体现了他们对理想执著的追求和智慧的超越性；一种对完美和谐之境的哲人的偏爱。他们的确是古老荒原上两棵挺拔的文化巨柏。感叹之余，我不得不问一句：

　　我们今天可有这样孤独的哲人?!

　　　　　　　　　　（原载《原道》第 1 辑，中国社会科学出版社 1994 年版）

罗教的演变与青帮的形成[①]

　　青帮是中国近现代社会中最著名的帮会组织。但对这样一个帮会组织的渊源，不仅帮中人说法不一，学术界亦多歧见。从 20 世纪 80 年代初，我即留意于此，通过多年对清代档案的研究，得出如下结论：青帮远渊于罗祖教，其初是以罗祖教为信仰，以运河漕运水手为主干的水手的行帮会社；清咸丰三年（1853），清当局废止河运，实行海运，十几万漕运水手、纤夫失业，流落江湖。其中一部分人，以两淮盐场为衣食之资，集聚苏北，贩运私盐，组成"安清道友"即青帮。青帮的形成是一部纷繁复杂的从宗教到水手行帮会社，再演变成秘密帮会的历史。

一　罗教及其支派

　　关于罗教与青帮前身——水手行帮会社形成的关系，我们在《从罗教到青帮》一文中已做明确阐述。[②] 与这种论点相对立的是李世瑜先生。李先生在《青帮·大地会·白莲教》一文中，"辨析青帮非罗教支派"[③]。在《青帮早期组织考略》再次坚持了青帮与罗教无涉的观点。[④] 我则在 1992 年出版《中国民间宗教史》第六章中，全面考证这两者之间的内在联系。[⑤] 我认为李先生最大失误是所见史料贫乏，而取舍之间又先入为主，遂离历史本貌相去甚远。

---

　　① 　原刊于王见川、蒋竹山：《明清以来民间宗教的探索——纪念戴玄之教授文集》，台北：商鼎文化出版社 1996 年版。

　　② 　马西沙、程歗：《从罗教到青帮》，载《南开史学》，1984 年第 1 期。

　　③ 　李世瑜：《青帮早期组织考略》，见《近代中国帮会内幕》，群众出版社 1992 年版。

　　④ 　同上。

　　⑤ 　马西沙、韩秉方：《中国民间宗教史》，第六章，上海人民出版社 1992 年版。

罗教本名无为教，因创教人姓罗而得名，又称为罗教、罗道教、罗祖教。罗祖本名罗梦鸿或曰罗孟鸿，有的史料则称罗孟洪、罗梦宏。人尊为罗祖，道号罗静，无为居士。罗梦鸿祖居山东莱州府即墨县猪毛城成阳社。生于明正统七年（1442），嘉靖六年（1527）去世，享年八十五岁。罗祖年轻时代，到直隶密云卫当兵。明代军队实行卫所制，"系一郡者设所，连郡者设卫"。士兵来源有从征者、归附者、谪发者三种。从征者，"其军皆世籍"①。罗梦鸿的家族即世代为军。罗教经典包括《苦功悟道卷》等计五部六册，其中《巍巍不动太山深根结果宝卷》记载罗氏家族"祖辈当军"。罗祖到直隶从军后曾在"密云卫，古北口、司马台、雾灵山、江茅峪居住"。明代从景泰至嘉靖间，蒙古族屡次犯边，构成政权的严重威胁，为此军队云集于密云卫一带，密云卫成为北方军事重镇，运送军粮也就成为军事之需。据史料载：罗梦鸿曾允任过运粮军人："正德间，山东即墨县有运粮军人姓罗名静者，早年持斋，一日遇邪师，授以法门口诀，静坐十二年，忽见东方一光，遂以为得道"②。把军粮运至密云卫也应走水道，而军粮之来源则在江南等地，经起点杭州之大运河。一般观点认为南粮北运的终点是北京通州，其实不然。明代为防边患，京师设储粮仓凡四十一处，后"又设北平、密云诸县仓，储粮以资北征"③。密云处于潮河、白河交汇处，运粮至密云卫有通济河，谓之白漕。"白漕者，即通济河。源出塞地，经密云县雾灵山，为潮河川。而富河、曾口河、七渡河、桑干河、三里河俱会于此，名曰白河。南流经通州，会通惠及榆、浑诸河，亦名潞河，三百六十里，至直沽会卫河入海，赖以通漕"④。这段史料十分清楚地描述了流经密云卫的潮河、白河与运河北部终端的通惠河的关系。这个事实进一步告诉我们，至少在明代南漕北运的终点不是北京，而是密云卫（当然到了清代事情已经发生了变化，曾一度繁华的密云卫亦渐衰落），曾经作为漕运人的罗祖亦应是大运河及潮白河上奔波来往的常客。毫无疑问，在罗梦鸿的时代，罗教即与运粮军人结下了不解之缘，为

① 《明史·志六十六兵二·卫所》。
② 密藏：《藏逸经书·五部六册条》。
③ 《明史·志五五·食货三》。
④ 《明史·志六十二·河渠四》。

日后漕运水手帮会的形成奠定了宗教信仰的基础。罗梦鸿后脱离军队，在"距石匣六十五里，距古北口二十五里之司马台堡外建造讲堂，自称罗道，并将眷移居石匣"①。罗梦鸿创教于密云卫，古北口、江茅峪、雾灵山、石匣城、司马台一带都是其传教要地。司马台距军事重地古北口仅 25 里，是守备军人、运粮军人云集之地。罗祖在此开堂讲经，运粮军人、守备军人应是主要听众。甚至驻军高级将领也有信仰罗祖教者。故罗氏逝世后，"总兵官、巡查官、施板九块。请木匠、打龛所、入殓金身。正送葬、家东北、一里之地。建石塔、十三层、晃耀腾腾"②。由此可见，罗梦鸿和罗教在当地军民间的巨大影响，军人的信仰者也不限于普通士兵和下层军官。

明嘉靖六年，罗祖"还源结果"。像许多宗教一样，创教人的离世，造成教派的分裂和发展的多元化。罗教形成"经非一卷，教非一门"③ 的复杂局面。在这种演化中，罗教的影响波及大江南北，长城内外。而随着历史的延续，有些支派还基本保持原貌，有些则面目全非。罗教有如下几大支派。

（一）无为教

无为教是罗教正宗。罗祖以清静无为创教，合佛教的空无观念和道家无为思想为一体，形成无为教的基本思想体系。此派掌门人和教权接续者是罗祖嫡派儿孙辈及七大弟子：罗祖之子罗佛正、女罗佛广，孙罗文举、重孙罗从善。七传至清雍正、乾隆间之罗明忠，皆为无为教主。④ 罗祖无为教派下有七大弟子：李心安，留下《心安语录》；秦洞山，著《无为了义宝卷》；宋孤舟，留下《双林宝卷》；孙真空，撰《真空宝卷》；于昆岗，撰《丛林宝卷》；徐玄空，留下《般若莲花宝卷》；明空，留有《了义》、《保命》、《真空》计六册⑤。无为教主罗氏弟子著作还有僧大宁《明

---

① 《军机处录副奏折》，嘉庆二十一年三月二十一日直隶总督那彦成奏折。

② 《苦功悟道补注注解真经》。

③ 《军机处录副奏折》，嘉庆十九年四月十三日浙江巡抚李奕畴奏折。

④ 《军机处录副奏折》，乾隆三十三年九月二十一日直隶总督杨廷璋奏折。

⑤ ［日］泽田瑞穗：《增补宝卷的研究》，第 330—332 页，国书刊行会 1975 年版。又：《军机处录副奏折》。嘉庆二十一年二月十九日直隶督那彦成奏折。

宗孝义达本宝卷》等，直接继承了罗祖思想①。

（二）东大乘教

明代大乘教分东大乘、西大乘两派。东大乘教即闻香教、弘封教、清茶门教。其创教人是罗祖之女罗佛广及其女婿王森。先是罗佛广与罗祖四传弟子孙真人结亲，生有一女。孙真人与佛广收蓟州王森为徒，又继招为女婿，令其前往直隶滦州石佛门传教，是谓东大乘教。孙真人则为佛广在蓟州盘山修庙，名无为庵。此庵前殿供佛、后殿供罗祖。传有经典《通明宝卷》、《传灯心印宝卷》、《佛说圆觉宝卷》。②王森东大乘教在明末教势极大，教徒在六省之内不下二百余万，交通太监及达官显贵。后举旗造反，遂为当局镇压。该教主要经典有《皇极金丹九莲正信皈真还乡宝卷》、《佛说都斗立天后会收圆宝卷》、《三教应劫总观通书》等。清代东大乘教改名清茶门教，王氏族人四出各省，传教拓荒，终于嘉庆二十、二十一年（1815—1816）为当局全数剿捕，遂元气大丧。东大乘教后遗分支有圆顿教，为直隶人张豪所创。一般认为，张氏及弟子撰《木人开山显教明宗宝卷》（此卷我认为应是王森所撰，故经后有"三木留经"字样，三木者森也）、《古佛天真考证龙华宝经》。圆顿教又称大乘圆顿教，于清初康熙六年（1667）由直隶教徒罗维行传至江西，此派即近代一贯道前身，也是先天教、同善社前身。一贯道、先天教、同善社皆此派同源而异流③。另一派即今福建、台湾仍然存在的金幢教。由王森派下弟子董应亮传播，又由蔡氏传至福建、台湾。④与先天教，龙华教共称斋教。

（三）老官斋教

明代嘉靖间，罗教传入处州。由处州丽水县人殷继南组成统一教团，

① 马西沙、韩秉方：《中国民间宗教史》，第五章，上海人民出版社 1992 年版。
② 马西沙：《金幢教渊源史实辨证》，见江灿腾、王见川：《台湾斋教的历史观察与展望》，台湾，新文丰出版社 1994 年版。又：《军机处录副奏折》，嘉庆二十一年二月十九日直隶总督那彦成奏折。
③ 马西沙、韩秉方：《中国民间宗教史》，第十八章，上海人民出版社 1992 年版。
④ 同上书，第十章（附录一）。

诵念罗祖五部经典，号称"无为正派"，建立初步的教阶制度。殷继能时代，罗教徒皆以"普"字为教名，教势已达两浙十几个州县。万历十一年（1582）殷继能为当局杀害。四十年后（1621），有处州庆元县人、罗教徒姚文宇（道号普善）者，到浙江武义传教，教势大振，再次将各地分散教团统一起来，形成了较为严密的组织机构。姚文宇掌教数十年，教势不仅覆盖两浙，且波及赣、闽.苏、皖诸省。姚氏于清顺治三年（1646）为当地军阀杨鼎臣父子杀害。清代姚氏家族成为世袭传教家族，该教易名为老官斋教，或称罗祖教、无为教、大乘教、三乘教，龙华教、糍粑教、一字教等等，特以老官斋教之名为世所知，当局多称其为斋教、斋匪。① 老官斋教中一门即龙华教，传入台湾。与金幢教、先天教合称斋教，在福建至今尚有大量信仰者，但多自称佛教，加入地方佛教协会。②

（四）漕运水手、纤夫中的罗教

从明代中叶起，部分漕运水手就信仰罗教，多为北直隶密云卫当军者。明末罗教传入杭州，并建有庙宇，遂有大量漕运水手皈依信奉。其后以罗教为信仰纽带，以罗教庵堂为依托，信仰者遍布运河领域，不下四五万众。并形成了派系众多的漕运水手的行帮会社，此即近代青帮的前身。此类水手罗教组织与老官斋教虽然都是罗教分支，但两者间并无组织联系。由于所处条件不同，在漫长的发展过程中形成了各自特点。

本文欲就漕运水手组织的演变，探索青帮前身历史及青帮的形成。

二　罗教在运河的传播及其演变

漕运即漕粮运输，是元、明、清三代重大的经济活动。通过运河运送食粮至京城，始于元代。但元代由于运河不畅，多行海运。③ 江南漕粮通过运河大规模运抵北京始于明永乐年间。据《明史》记载："明成祖肇建

---

① 马西沙：《江南斋教研究》，载《清史研究集》，第七辑，光明日报出版社1990年版。
② 笔者与同仁从1983年至1989年多次赴福建进行宗教现状调查之结果。
③ 《元史·志十六·河渠》。

北京，转漕东南，水陆兼挽，仍元人之旧，参用海运。逮会通河开，海陆并罢。"[1] 明代分军运和民运两种。罗教创始人罗梦鸿即曾充军运士兵。清代基本实行民运。建制亦发生一些变化，分为江苏、浙江、江西、安徽、湖广、河南诸帮。每帮又按该省地区分成若干帮。如江苏就有扬州头帮，淮安头帮，淮安四帮，庐州二、三帮，仪徵帮等四十三帮。与此相类浙江亦有数十帮不等。每分帮由"卫所千总一人或两人领运，武举一人随帮效力"，谓之运弁。[2] 康熙三十五年，改派每船官派运丁一人，由运丁临时雇用水手九人，雇值由官方定价。漕运船数多达一万余艘，可雇用水手达十余万人，而纤夫尚不在此数内。在诸帮中较特殊者为"白粮帮"，因替内务府运粮，供皇族之用，诸船队入京打龙旗，出京打凤旗，平日打杏黄旗，号曰"天庚正贡"。

介绍以上基本情况，有助于进一步了解罗教在漕运水手中的传播及其特点。

杭州是运河起点，水手汇集之处。杭州罗教特兴于明代末年。据清代档案记载：

> 明季时有密云人钱姓、翁姓、松江人潘姓人，流寓杭州，共兴罗教，即于该地各建庵，供奉佛像，吃素念经。于是有钱庵、翁庵、潘庵之名。因该处近逼粮船水次，有水手人等借居其中，以至日久相率皈教。[3]

钱姓、翁姓两人来自罗梦鸿创教的密云卫，倡导的当是罗教正宗无为教，而本人即可能是运粮军人或舵工水手。南来北往的经历，最终使他们"流寓杭州"，建立庵堂，共兴罗教。松江潘姓，也是罗教徒，因与钱、翁二人籍贯不同，所招门徒亦有地域之别。年代既久，遂形成钱庵、翁庵、潘庵为中心的罗教不同派别。据后代青帮秘籍记载：翁、钱、潘号为三

---

① 《明史·志六十一河渠》。
② 《清史稿·食货三》。
③ 崔应阶奏折，见《史料旬刊》，第12期，京华印书局，民国十九年（1930）。

祖，"三祖传道法先天"，"三祖传道杭州域"，"杭州家庙传下来"等等，都说明兴建于明代末年杭州的钱庵、翁庵、潘庵，是后来青帮的发祥之地。①

"三祖"建庙传道以后，香火旺盛，因其靠近运河水次，迅速成为水手聚集之地。至清初年三祖家庙之子庙已多达七十二座。据《雍正朱批谕旨》记载：

> 浙帮水手，皆多信奉罗祖邪敬。浙省北关一带有零星庵堂，住居僧道，老民在内看守。其所供神佛，各像不一，皆系平常庙宇，先有七十二处，今止三十余所。各水手每年攒出银钱，供给赡养，冬日回空时即在此内安歇，不算房钱。饭食供给余剩，即为沿途有事讼费之需。而淮安、天津、通州、京师俱有坐省之人为之料理。各帮水手多系山东、河南无业之辈，数以万计。②

这段奏折告诉我们如下事实：经过百余年在水手中的传播，罗教信仰已基本遍及浙江水手之中了。而水手的构成多为山东、河南无业之民。他们以漕运为衣食之资，以罗教为基本信仰，结成行帮，整个运河都有此教坐省之人。运河的罗教组织，此时带有浓厚的行帮会社性质。再据《江苏海运全案》记载："江南、浙江等处漕运水手俱系山东游民，终年受雇在船，无家可归。"③ 在江苏，另一个漕运大省，在明清之际，罗教同样传播到了水手之中。据清雍正时期的一份奏折记载：苏州巡抚陈时夏在该地区查出阁庵、俞庵、王庵、西来庵等十二座罗教庵堂："以上各庵，房屋不过数间，供三世佛，诵经做会，非僧非道，每与粮船水手同教往来。粮船来南，多以米粮资其食用，或粮船水手有疾病流落者，各庵之人亦资其盘费。查粮船水手多有不法之徒，恃众打架，生事横行。"④ 而这十二座罗教庵堂与浙江翁、钱、潘三庵并无渊源关系，分属大乘教与无为教两个派

---

① （清）王殿甲：《漕运汇刊》内载《进香堂》诸篇。
② 《雍正朱批谕旨》，雍正五年李卫奏折。
③ 《江南海运全案》，卷一，监察御史熊遇泰奏折。
④ 《朱批奏折》，雍正六年正月二十九日苏州巡抚陈时夏奏折。

系，大都建于清初康熙时代。其中无为教"系由淮安钱姓传至凤阳阎姓递
传至苏州，相沿至今"。而大乘教"系北边郎姓派下，传至衡水张姓，从
前张家湾有人乘经堂，分到南边"①。究其大乘教"宗派图说，始于王姓
创教，递相传授"②。所谓王姓者即东大乘教创始人，明末著名民间宗教领
袖王森。根据本文第一章介绍，无论是无为教还是大乘教，都是罗教分
支，都是以罗梦鸿"清净无为创教，劝人修证来世"为宗旨，当局查获之
经卷则系"奉禁罗教所传名为《苦工悟道》、《破邪》、《开心》、《还源》、
《报恩》等项，悉系鄙俚语句……并无狂悖逆词"③。

在乾隆年间继续对浙江水手信仰之罗教的审问中，当局于二十二座庵
堂内搜出《苦功悟道卷》等罗教五部六册及正统佛经，多达一百二十七
卷，而这些庵堂"俱系供奉罗教、罗经之所"④，有的庵堂还存有罗祖画
像。在乾隆三十三年查办罗教在漕运水手活动的过程中，清政权对罗教的
镇压远远比雍正时代残酷。雍正皇帝对罗教的处理原则是"概严不可，宽
亦不可，唯在地方官随事因人分别轻重，首倡生事者不可不惩，无知附和
者量加宽宏"，"惟期化导顽愚，去邪归正，以杜蛊惑人心之渐，岂可株连
无辜也"⑤。雍正时期，由于浙江水手罗教案而牵连到罗梦鸿七世孙无为教
主罗明忠，但当局因其双亲在堂，以"奉留养亲"律例，将其开释。⑥ 而
当时的漕运总督李卫在处理罗教案时，并未将庵堂拆毁，仅是改作公所，
仍允许水手往来居住。乾隆皇帝则不然，下旨对教徒"从重办理"，"所
有庵堂概行拆毁"，以便"尽绝根株"⑦，但乾隆时代的镇压政策绝不可能
使罗教在水手中的传播"尽断根株"，仅是使其更加隐蔽和改变活动方式
而已。

以上我以大量的历史资料证明青帮前史是一部罗教在漕运水手中的发
展史。适足以证明李世瑜先生的观点之误。

---

① 《军机处录副奏折》，乾隆三十三年九月二日江苏巡抚彰宝奏折。
② 同上。
③ 彰宝奏折，见《史料旬刊》，第15期，京华印书局，民国十九年（1930）。
④ 同上。
⑤ 马西沙、韩秉方：《中国民间宗教史》，上海人民出版社1992年版，第260页。
⑥ 同上。
⑦ 永德奏折，见《史料旬刊》，第12期，京华印书局，民国十九年（1930）。

漕运水手皈依罗教除了历史传统之外，还有两个原因：一是出于对宗教本身的需求。漕运水手每年运送漕粮及回空，要进行六千余里的航行，途经钱塘江、太湖、长江、洪泽湖等多处险要之地，风涛起伏，命运无常，艰苦备至。而这些水手多为外省无籍之民，家庭背景和个人苦难遭际都促使他们寻求一种宗教作为精神的慰藉。故不仅在庵堂，而且在漕运船队中都要供奉罗祖像，以备祈祷。二是出于谋生的实际需要。"各帮水手多系山东、河南无业之辈"①，他们"终年受雇在船，无家可归"②。之所以如此，皆在于华北地区地瘠民贫，"岁偶不登，闾阎即无所恃。南走江淮，北走口外"，"滋生无策，动辄流移"③。正是在这样的历史背景下，江浙富庶之区成为山东等省份流民的归依之所，造成了"粮船雇用水手率多无业之民"的历史现象。

运送漕粮是季节性职业。每年漕粮北运及回空费时半年以上。水手在回空后只能四处佣趁，要等第二年才能再次受雇北上。对于这些"无业之民"，"饭铺不敢容留"，食宿生计成了最大问题。而修建于运河水次的罗教庵堂作为下层社会的宗教活动场所，为水手提供了方便：水手可以住宿其中，由"留守之人垫给饭食"，"俟重运将开，水手得有雇价，即计日偿钱"。而守庵之人也可"借沾微利"④。而且庵堂还有庵地、义冢，使无家可归的水手生可托足，死有归宿。由于罗教庵堂有这些作用，他们对庵堂的需求也日益增加，于是共筹资金，最多时分建七十二堂。而各庵相依之水手，无不皈教。由此可见，水手对罗教的需求主要表现在对庵堂的实际需要上。正是这一点，使漕运水手的罗教组织发生了与其他罗教支派的不同演变。这种演变表现在三个方面：

第一，罗教组织成分的逐渐单一化

民间宗教组成成分一般比较复杂，它们的基本成员是农民、小手工业者；但通常亦有市民、商人、衙役、医生、生监，甚至游离于寺观之外的僧、道之徒。对彼岸世界的向往，成为联系各色人群的精神纽带，

---

① 《雍正朱批谕旨》，雍正五年李卫奏折。
② 《江苏海运全案》，卷一。
③ 光绪版《山东通志》卷首，训典二。
④ 崔应阶奏折，见《史料旬刊》，第12期，京华印书局，民国十九年（1930）。

明代末叶，钱、翁、潘姓三人共兴罗教时，信仰者并非单一的漕运水手。在江苏省，清康熙初年北方罗教徒携带经卷到苏州传教时，"各有宗派，开堂施教"，"凡有初来入教者，收银一二两以做投师之仪"①。这时苏州庵堂教徒也绝非单一的水手。但是随着大批漕运水手对庵堂依赖的加深，新建之庵堂多是水手共筹资金兴建的，作为宗教象征的庵堂的功能发生了重大变化，成为漕运水手聚集、食宿之地，产权也掌握在他们手中。到乾隆时代，守庵人也成了水手，"原系驾船出身，年老无依，赴堂入教"，而"所传徒弟及招接入教人等仍系粮船水手，及内河驾船之人"②。在江苏、浙江水次的罗教组织成分的单一化，师徒共同的生计要求、共同的职业，是这个组织从宗教向手工业的行帮会社转化的经济和社会基础，正是同一人群从事同一行业，及这种行业的流动性特点，对共同利益的共同追求，才使这个组织行帮会社色彩逐渐浓于宗教的色彩。

第二，宗教师承关系取代了以血缘为纽带的世袭传教关系

民间宗教因为以小农和小手工业为其社会基础，所以多数教派都形成了血缘关系为纽带，以家族统治为特点的宗教教权世袭制。这种例子不胜枚举。然而脱离了农业经济，流寓于运河的漕运水手情况则不然。这里不存在家族体制，血缘关系在水手中也基本不存在，或不起作用。他们大都是个体流落他乡异地，没有可能建立家庭、娶妻生子，他们共同的家是庵堂或漕船。从史料上分析，不仅创庵的三位祖师——钱、翁、潘三人无子嗣世袭教权的记载，其他七十二座庵堂都无此类记录。掌庵之权只能是异姓相传，师徒相让。在中世纪，任何人也难脱离宗法关系而建立平等关系。只能以一种宗法关系取代另外一种宗法关系。从清雍正时期的史料来看，诸帮之内"各立教门，多收门徒，结为死党"已成风习。③ 水手之间有辈分、师徒等级制约。从清道光年间一份重要史料可以说明在这个以罗教为信仰依托的行帮会社中已经有二十四字辈的传

---

① 彰宝奏折，见《史料旬刊》，京华印书局，民国十九年（1930），第15期。

② 同上。

③ 《朱批奏折》，抄录刑部咨文（大约雍正五年）。

承了：

> 向来粮舡水手奉罗祖为教主，其教始自前明翁姓、钱、潘三人。翁、钱共为老安（庵），潘为新安（庵），均以清净道德，稳诚佛法，能仁智慧，本来自性，元明兴礼，大通文学二十四字作为支派。凡拜师习教，各按字辈流传，仿照释教，授以三皈五戒，并诵习《泰山》、《金刚》等经，以冀各分党羽，彼此照应。①

这份资料虽然晚出于道光年间，但与青帮秘籍记载不谋而合。且道光间师徒辈分大都是"明"字或"兴"字辈，即二十四辈分中的第十七、十八辈了。由是推论，在清初，至少在雍正，凡信仰罗教的漕运水手内部已有辈分相约束。除了辈分师徒间之关系，在漕帮船队内部亦有头目，由辈分大者为之，称为"老管"：

> 查粮舡雇用水手率多无业之民……其头目则称老管，犹乞丐之有丐头也。至者管之称则凡丁舵水手之年长者彼此称呼，均称为某老官，乃指年老之意，非谓头目也。②

老管也非最高头领，其上仍有人受其供奉："南粮帮次，往往帮内有一吃斋之人，皆称为老管。凡本船吃斋之水手、纤夫服其管束。老管均习罗祖教，每年七八月间赴京城彰仪门大街翠花胡同张姓佛堂送行香钱。"③翠花胡同张姓亦是明末清代有名的大乘教世袭传教家族，在这个家族的背后则是罗梦鸿的后裔。在雍正、乾隆间，罗梦鸿七世孙罗明忠充任无为教主。④ 运河漕运水手的罗教行帮会社，至少在乾隆三十三年仍与罗氏家族保持某种关系。在以罗教为信仰的行帮会社中，形成了较为严密的封建宗法关系和严密的组织，这是一种现实的需要，有其几个作用：

---

① 《军机处录副奏折》，道光六年四月十一日两江总督琦善奏折。
② 《军机处录副奏折》，道光五年七月二十四日江苏巡抚陶澍奏折。
③ 《军机处录副奏折》，嘉庆二十一年三月十七日直隶总督那彦成奏折。
④ 马西沙、韩秉方：《中国民间宗教史》，上海人民出版社1992年版，第252—255页。

其一是维系水手间的互助。

江、浙漕运水手率多山东、河南一带无业之人。对于远离家乡、漂泊无定的流浪者来说，没有彼此间的救助，没有较为固定的社会组织，要想生存下去几乎是不可能的。因此"有患相救，有难相死"，是下层民众，特别是流民阶层结社的前提。但在中世纪这类组织内部亦不能实行民主制度，而是另外一种宗法制度，这种宗法制度能保证守其内部规约之人，受到救助或保护。据清档案记载：

> 闻老管所习，每水手所得雇值按名提出若干，收存生息，遇水手患病，或身故买棺，则老管即于此项内酌量资助。其平时未经出钱者既无人为之照管，是以顽蠢之辈利其缓急有恃，乐于从事。①

除了互助作用之外，在对抗当局，争取经济利益时，这种组织特点也发挥了作用。

漕运水手工资是由官方规定的："嘉白等十帮，重运头工银六两五钱，舡工银五两三钱，水手每名四两。"回空时"舵工银一两七钱，水手每名银一两三钱"②。待遇十分菲薄。漕运水手对当局的经济斗争一直没有停止过，特以散漕前道光一朝为烈。

据道光五年（1825）七月一份奏折记载：浙江嘉白帮、杭三帮"在水次时即向旗丁勒加身工及装米钱文"。在漕运途中"每船索钱五十三千零，传发溜子，挨船讹诈，人众势汹，旗丁惧祸不敢不给"。这场索银斗争坚持数月，"以致江淮四等十二帮亦复先后效尤"③。道光六年（1826），江苏十三帮水手"滋事不法"，甚至殴打千总，在水上围住江安粮道舟座，要求增加工资。④ 水手之所以敢如此行动，皆在于形成较严密的行帮会社，这个组织"霸住漕帮，视同己业"。使得当局"莫可奈何"。而其中行动之迅速、严整，极令当局头疼：漕船帮队往往首尾相接，前进时，忽然停

---

① 《军机处录副奏折》，道光五年七月二十四日江苏巡抚陶澍奏折。
② （清）杨锡绂：《漕运则例纂》，卷九，《舵手身工》。
③ 《军机处录副奏折》，道光六年四月二十一日琦善奏折及道光六年六月十四日陈中孚奏折。
④ 同上。

泊靠岸，老管传出一纸，名曰溜子，上写增价若干，以此向运弁、旗丁索添价值。而其他水手、工舵人等则上岸或在船上起哄助威。[①] 而运弁、旗丁身负朝廷重任，为完成南粮北运，"只图无事，即相率苟且一时"。长此以往，运弁、旗丁无法约束水手，而朝廷屡次行杀戮、流放政策，亦无法施刑于整个水手成员，以至清代漕运业被水手行帮把持。

其二是维持水手的内部合作。

漕运水手行帮并非一统的组织，而是帮中有帮，派内有派。

大凡一支船队有船四五十只，内部常分老安（庵）、新安（庵）两派。老安即钱、翁两祖堂派下成员；新安又叫潘安，是潘庵祖堂派下成员。而派系与派系之间，不但没有互助互利精神，排他性极强，甚至为了狭隘小集团的经济利益，仇杀屡起。特别是道光初年，江浙两省部分实行海运，裁汰大批水手，水手面临失业威胁，引起老安、新安两派大规模内斗。特别是道光五年浙江秀水嘉白帮内的特大仇杀案，引起当局震惊。是年，嘉白帮有新造漕船八只，"应归老安水手管驾"，但潘安水手先下手为强，占去四支。老安会首李秀时等率领门下众人在"罗姓像前烧香磕头，出钱买削竹枪"，并赴各船通知，逼勒所有老安水手，"各水手因籍充水手度日，被会首逼迫，各自允从"。从二月初四至初七日上，残酷的殴斗共计杀死潘安水手四十余人，老安水手亦死数人。[②] 对这场内斗，有人认为是一场反清斗争，固然有误。而包世臣《安吴四种》的记载亦属道听途说，所谓杀人数百，游行运河，皆夸大之辞。这种内斗，充分反映了水手帮会浓厚宗法关系的残酷性和狭隘的排他性。

水手行帮会社宗法关系的残酷性还表现在帮派内部上与下的关系上。所谓"师徒如父子，同参如手足"，往往只是表面文章。帮内有所谓"家礼"、"家法"的帮规，实行等级森严的家长式统治，对犯事水手或不服管教者有生杀予夺之权。老堂船是每个分帮船队的中心，设立"神棍"一根，被说成乾隆皇帝"御赐"的。对各类滋事水手"必送老官处治，轻则

① 马西沙、韩秉方：《中国民间宗教史》，上海人民出版社1992年版，第285页。
② 《军机处录副奏折》，道光五年九月二十一日浙江巡抚程含章奏折。

责罚，重则立毙，沉入河中"①，家礼、家法完全替代了法律。这种记录至少从雍正朝就已开始："各帮粮船舵工、水手各立教门，多收门徒，一切任其教主指使，绑缚、烧炙、截耳、割筋，毫无忌惮。"其擅用非刑，"亦因倚恃教门，故敢肆行无忌"②。对这种宗法关系的残酷性要进行具体分析，因为它是特定历史具体环境的产物。漕运是一种大规模的、艰难的、集体性劳动。没有统一的意志和纪律要完成数千里的漕粮运输是不可能的。完不成漕粮运输，就意味着集体失业。另外，在向当局争取经济利益的斗争中，在从事走私、贩私的活动中，依然需要集体行动、严守秘密、统一指挥。然而水手来源构成复杂，既有破产的农民、小手工业者，也有长期流落江湖的流氓、赌棍、盗贼、卜巫卖艺者。要把这样的人群组织起来，按着统一的意志行事，在那样的时代，最有效最直接了当的手段即所谓"家礼"、"家法"，即对肉体和生命有直接威慑力的手段。显而易见，在这类组织中，不但不能产生"朴素的平等思想"，只能产生特权和奴隶意识。而帮内的同参互助互利，也是维系这种关系的另一方面。它和残酷的家礼、家法构成行帮中宗法关系的一体两面。

第三，从宗教信仰到祖师崇拜

民间宗教具备世界各大宗教所具备的共同特征：有自己的宗教组织、经典教义、宗教仪式、教法教规、对创教人及教主的崇拜。教徒大都有热烈的、诚挚的宗教感情，信仰至深。而江浙运河的漕运水手们，他们虽然也信仰罗教，但由于漕运职业的特点及对世俗生计的奔波劳碌的追求，都妨碍了对宗教的笃诚信仰。他们每年都有大半时间漂泊在运河之上，无法从事固定的宗教活动，持守教门的戒律与修持。而各个庵堂的掌庵人，由于是年老退休的漕运水手，文化水平很低，谈不上读经，更难理解、讲解教义，结果庵堂的宗教色彩日渐淡薄。清雍、乾之际，许多庵堂虽然还供奉罗祖像，诵念罗教经典，实行斋戒，但这毕竟是转折时代的历史陈迹。多数掌庵人已"不晓得掌教了"。宗教仪式也流为形式，仅在水手回空之时，"偶一念经礼拜，酬报平安"而已，"别无夜聚晓散及煽惑民人之

---

① 《军机处录副奏折》，道光五年七月十六日程含章奏折。
② 《朱批奏折》，刑部咨文（约雍正五年）。

事"。这时水手中的罗教行帮会社不仅与罗梦鸿创教宗旨大相径庭，而且与同时代其他地区罗教支派也有明显区别，宗教信仰的内核即诚信精神不见了，更多的是对罗祖及翁祖、钱祖、潘祖的祖师崇拜。祖师崇拜是行帮会社的特点。明清时代，由于商业发达，不同行业的行帮会社大量出现，不同的行帮会社供奉不同的祖师，以保佑本行业的兴旺无厄。如山西颜料行于清乾隆六年（1741）立碑文记载："我行先辈，立业都门，崇葛、梅二仙，香火悠长，自明代以至国朝，百有余年。"① 而其他行帮皆有不同崇拜，如玉器行奉邱真人，土木工匠祭鲁班，铜、铁、锡、炭诸行祀老君，纸匠祀蔡伦，刻字工匠祀文昌帝君，丝织业崇拜茧姑，成衣、鼓匠崇拜黄帝，屠夫崇拜张飞、樊哙，与漕运水手同样崇拜罗祖的还有乞丐帮和理发行业。显而易见这些行业对神对人的崇拜都不具备宗教组织对教主的崇拜性质，而是行帮会社特有的祖师崇拜。在这里，漕运水手对罗祖及翁、钱、潘三祖的崇拜是从宗教徒对教主的崇拜演化而来，但这两种崇拜的内在差异性是明显不同的。

从以上三个方面的分析，我们可以看出清雍正、乾隆时代漕运水手的罗教组织，已经不是单纯的宗教组织，它明显地带着行帮会社的特点，它已经突破了宗教的外壳。

三　从漕运水手的行帮会社到安清道友——青帮

道光、咸丰两朝，江浙漕运水手的命运发生了根本性转折。正是这种转折导致安清道友——青帮的最终形成。

据《海运全案》记载：

> 江苏海运始于道光六年，浙江海运始于咸丰三年初，因运河淤阻，追江淮烽燧，遂无岁不海运，运费大减矣。②

---

① 乾隆六年《修建戏台罩棚碑记》，载李华：《明清以来北京工商会馆碑刻选编》，文物出版社1980年版。

② 《海运全案》，卷一，《浙江海运全案重编序》。

海运的实行，历经数百年的河运漕粮的历史骤然终止。十几万漕运水手也骤然失业，再次流落江湖，沦为流民阶层。

清政权实行海运原因有三：其一，运河长年淤阻，无法承担漕运重负。据史料载："伏查浙省漕务，帮疲县累，常年河运竭蹶不遑。本届漕船又因被旱阻浅，全帮出境迟延，岁内势难回空接兑新漕，不得不变通，实行海运。"① 这是咸丰三年（1853）的事。其二，太平天国运动已由广西发展到江苏。咸丰三年底（1853），太平军攻克武昌，次年三月攻克南京，并继续在江浙扩大成果。江、浙地区成为清军与太平军角逐的战场。其三，清政权防范水手闹事，欲全数解散。咸丰二年九月"旗丁水手多已北上"，无法"聚众阻挠"。浙江巡抚黄宗汉上奏皇帝，建议朝廷"乘此旁无窒碍之日，正可将海运筹议试行"②。咸丰三年初，正当浙江船队受阻于北方，运粮商船已取海道北上了。浙江漕运水手全部被遣散。在一个动荡的年代，数以万计的水手、纤夫纷纷走上了不同生涯。或参加了太平军，或投入清军，或继续流浪。其中有一部分潘安骨干成员聚集到苏北两淮盐场，组织了安清道友，开始了贩私盐、行劫掠的生涯。所以安清道友是运河漕运解散、水手整体失业后才出现的组织。

安清道友"号称潘门，亦曰潘家，又别称庆帮，俗讹为青帮"③。安清道友即青帮。青帮秘籍多崇拜潘祖。所谓潘祖即明末松江潘姓，与翁、钱两人共兴罗教者。他在杭州水次兴造一座庵堂，后曰潘庵。潘庵之下又分造若干庵堂，遂在水手中形成潘庵一派，潘庵在道光时代一些史料又叫潘安，后称作潘门、潘家，即与老安相对的新安一派。青帮秘籍有所谓"伸手见三是家礼暗号"，"知此礼，知姓潘的是同支"。因潘庵"属三房"而潘字又是三点水旁，故潘门人相见皆伸三个手指，以证明是同道。秘籍中还有"翁钱二祖我不管，潘祖香堂我来赶"之说。④ 可见老安、新安两派在道光年间仇杀的影响于清末民初年仍深深地留在帮派社会中。《三庵

---

① 《浙江海运全案重编》，卷一。
② 陶成章：《浙案记略》，见《近代史资料丛刊·辛亥革命》（3），上海人民出版社1957年版，第31页。
③ 同上。
④ （清）王殿甲：《漕运汇选》、《顶香炉》诸篇。

全集》亦云："家规本是潘祖留，三帮九代传千秋"，"临济家理潘祖传"，
"进了山门都姓潘"等内容。① 可见"人尤混杂，惯于滋事"的潘安失业
水手在咸丰年间成为安清道友的骨干成员。

关于安清道友名目的来历，众说纷纭，大体有三种说法：（1）欧榘甲
认为这个组织"睹满清之危阽而思安之"，故名安清道友。又讲"统中国
私会无不以灭满兴汉为目的，唯此会最为特别"②。这种说法，望文生义，
以臆想代替了史料。（2）有人认为该组织活动在安徽安庆一带，因此称为
庆帮。这种说法更属牵强。因为安清道友最初活动地点并不在安徽安庆，
而是在苏北一带。（3）还有人根据青帮秘籍有关记载，认为该组织有四十
八字行辈，以"清"为首，故后人称为"清门"。然而，这些来自青帮口
头传说的资料，有许多穿凿附会之辞，不足为信。其实几乎所有青帮中人
对自己帮派名称的来历也是茫然无知的。而有些中外研究青帮的学者没有
搞清其眉目，便乱加引征青帮秘籍的内容，以至谬论流传。

"安清道友"这一名称，最早出现在同治元年（1862）十一月二十九
日礼部给事中卞宝弟奏折：

> 闻江北聚匪甚多，有安清道友名目，多系安东、清河游民，私结
> 党羽，号称师徒。其先数百人，冒充兵勇，在里下河一带把持村市，
> 名曰站码头。藉查街、查河为名骚扰商旅，抢夺民财。近更加以各处
> 土匪附和，窝主容留，结党盈万，散布愈多，并有李世忠营弁庇护，
> 官吏畏势，莫敢奈何。诚恐养痈贻患，与发逆，勾通，乘隙起事……
> 妥协，固不可坐任蔓延，亦未可激令生变……③

此份奏折至关重要。④ 它揭示了漕运水手行帮解散后，安清道友出现

---

① 《三庵全集》，第33—35页。
② 欧榘甲：《新广东》，见《辛亥革命前十年间时论选集》，第1卷，上册，生活·读书·新知
三联书店1960年版，第298页。
③ 《军机处录副奏折》，同治元年十一月二十九日卞宝弟奏折。
④ 为安清道友名目之来历，笔者遍搜各类档案达月余，一日得之，乃卞宝弟片一折，大喜过
望。但其后多人引证，从未注明，赖吾友周育民先生知吾甘苦，特加说明。

的来历、地点与活动方式。据上奏折可知，安清道友是以其活动地理位置命名的，不具有任何政治内容和其他含义。奏折内之清河位于淮河与运河之交，安东则在清河之东，地处淮河北岸（参见《历史地图集》清代）。如果我们分析一下，就不会对这样的命名奇怪了。当年漕帮的命名都是以州、府、县份命名的。诸如嘉白帮、兴武帮、杭三帮、庐州帮等等，都是以嘉兴、杭州、庐州等地命名的。有的则是两个地名合而为一命名的，如长淮帮、凤常帮等等。咸丰三年，漕帮解散，安清道友仍按旧惯，以安东、清河为基地，成立了安清道友。由是可知，青帮成立于安徽安庆的传统说法可以不攻自破。

这段奏折还有几点值得注意：（1）安清道友仍然沿袭了一些水手帮会的作法，"私结党羽，号称师徒"，并依然像过去运漕打龙凤旗那样，以官方自居，欺压商旅。（2）安清道友出现不久，就勾结营弁，受到李世忠的庇护，查街、查河，名曰站码头，是靠敲诈勒索，抢劫民财生活的，他们已经没有正常的经济来源。正是这一点导致了流氓无产者本性的膨胀，驱使他们走上行劫、窝赃的道路。（3）他们的骨干成员开始仅有数百名，大概都是原来潘门的骨干，但为时不久，地方的土匪，加上各类游民不断涌入，队伍成分更加复杂，这些人在一个动荡的时代混杂在一起，开始以简单的求生为目的，而后则干起了桩桩罪恶的勾当。

在安清道友初兴的阶段，李世忠这个人和他的个人势力起了不小的作用。李世忠原名李兆受，亦称李兆寿、李昭寿，河南固始县人。咸丰三年（1853）捻军兴起，张乐行等横行于皖、豫之交，李兆受也于霍邱一带响应，揭竿举事。咸丰五年十月（1855），降于清，是年十一月又叛。咸丰八年（1858）再降于清将胜保，"奏旨改兆受名世忠，赏花翎参战"[1]。从此开始投靠清政权，与太平天国军队对抗，并在淮扬地区拥兵自重，割据一方。当初，胜保招降李兆受时，因其无官饷，准其留下一万八千人马，"号豫胜营，月给饷盐"[2]。从此李世忠便和两淮盐场结下了不解之缘。至同治元年，李世忠在长江北、淮扬地区陆续招收兵马

① （清）王定安：《求阙斋子弟集》，卷十四。
② 同上。

五六万人，所需军费也日益加重，为此更要广开财路，在两淮盐上打主意。据史料载：

> 臣查李世忠投诚之初，胜保奏明准带一万八千个人，实数盖近三万，以降人而仍据其地，仍统其众……近闻陆续招收，且增至五六万之多，据有城池，自为风气，于长、淮、五河等设厘卡数处，于长江河口设厘卡一处，各县亦有卡局，所获颇厚。又广运盐斤，自捆自卖，上侵公家之利，下为商民之害，殊堪隐扰。①

此为曾国藩同治元年八月奏折，数月后便有卞宝弟上奏安清道友折。可见安清道友"站马头"，私查商旅、查街、查河，正是与李世忠四处设卡、盘剥往来商旅的政策相配合的，所以有"李世忠营弁庇护"。安清道友在成立之初能与李世忠割据势力相配合的主要原因还在于要私霸两淮盐场。

从同治初年史料看："李世忠颇骄亢任性，其部下尤恣横无状，捆盐自售，场坝避其凶焰：设卡抽厘，商民视为畏途。……该营饷项穷绌，臣不能按月供支，其捆盐来上游售卖，亦未准免抽江厘，……恐不免激成事端"②。可见盐利已关系到李世忠部队的生死存亡，他不能不下决心垄断两淮部分盐场："世忠于奏定盐厘之外，私盐多卡，其部将杨玉珍率洋枪队突赴西坝，将各栈饷盐、商盐封锢，有运盐出栈者即斩"。李世忠已查封西坝盐达数十万包。以至"淮北盐务疲敝，悉由李世忠把持盘剥所致"。李世忠的所作所为，引起朝廷注意，怕他"坐拥多资，招集亡命，酿成巨患"。但清廷还是对他采取容忍的态度，以至他盘踞两淮地区达七年之久。豫胜军在此地与安清道友及其他盐枭集团勾结，不少人发了大财。两淮盐场实际成了官枭、私枭聚集、追逐之地。

安清道友初创时期活动在苏北一带，有两个原因：一是江苏南部、浙江大部已成为清军与太平军必争之地，漕运水手失业后难以回归，回归后

---

① （清）王定安：《求阙斋子弟集》，卷十四。
② 同上。

亦无职业可寻。二是苏北有中国最大的盐场，产盐量占据全国的半数。此处也是"私盐团聚要区"①，清河、安东处于淮盐外运要道，安清道友选择这里为活动中心，显然是为了争夺两淮盐场这块"肥肉"②。

清代贩卖私盐已成为严重的社会问题。仅两淮盐之私售就有十一种之多，"枭私特其一二"，而官商夹带之私、官盐船户自带私盐、回空粮船夹带私盐都为数不少。③

由水手帮会改头换面的安清道友之所以迅速地转向两淮盐场，除李世忠豫胜军与其表里为奸外，还有着更深刻的历史原因。几乎从清政权实行漕运之日起，漕帮水手就和两淮盐场结下了不解之缘。从顺治年间起，回空粮船就开始了大规模的贩卖私盐的活动。"回空粮船约六七千只，皆出瓜、仪二闸。一帮夹带私盐奚止数十万斤，会而计之，实浸淮商数十万引盐之地，为害甚大"④。这种贩私风习到康熙、雍正两朝并未有所收敛，粮船各帮竟然和"贩私正贩"的"风客"勾结起来。雍正七年（1729）一份材料记载：

> 贩卖私盐之弊在粮船为尤甚，有一种积枭巨棍，名为风客，惯与粮船串通，搭有货物，运至淮扬，托与本地奸徒，令其卖货买盐，予屯水次。待至回空之时，一路装载。其所售之价则风客与丁舵水手三七朋分。粮船贪风客之余利，风客恃粮船为护符。⑤

所以在康熙年间清政府就明令："定例粮船回空之时，漕臣委官将于扬州、仪征搜查私盐。"⑥ 然而，以罗教为信仰，以帮会为组织的漕运水手，已经成为贩私的整体，使当局莫可奈何，以至漕船水手贩卖私盐的活动愈演愈烈，至百余年后的道光时代，已到了"肆行无忌"的状况："陶

---

① 《两淮盐法志》，卷六十。
② 马西沙、韩秉方：《中国民间宗教史》，上海人民出版社1992年版，第296页。
③ （清）包世臣：《安吴四种》，卷三，《中衢一勺》。
④ 《两淮盐法志》，卷五九，顺治十七年三月两淮巡抚御史李赞元疏言。
⑤ （清）杨锡绂：《漕运则例纂》，卷十六，《回空夹带》。
⑥ 同上。

澍奏查缉漕夹私……粮船回空带私为历来之锢弊，并有随帮风客除本分利、坐占淮盐数十万引纲额，勾引枭匪，肆行无忌"①。由于漕运水手与"枭匪""大者沙船载数千石，三两连檣"，"小者猫船，载百石，百十成群，由场河入瓜口，器械林立，辊鲈转运，长江千里，呼吸相通……"他们沿途"贿属巡役，明目张胆，任其往来。资本既多，党羽日众……且闻该犯于大小衙门俱有勾结耳目，凡有举动无不先知"②。这种大规模的贩卖私盐真是骇人听闻，而清政权竟对其无可奈何。

为了适应粮船水手与风客贩私的需要，大概在嘉庆、道光年间，江湖上又出现了一种"青皮"的盐枭集团。据道光十一年五月邓廷桢奏折记载：

> 有一种匪徒盘踞码头，专为粮船通线散销，从中取利：名为青皮。其著名码头如当涂之四合山、铜陵之大通桥、桐城之从阳镇、五倡拐望之华阳镇、无为之土桥最为扼要……其积惯青皮如山东岳泳庭等。③

这个集团成员的构成，除了当地游民之外，还有许多人"本系粮船水手，滋事被逐，在洪湖等处自号青皮"。风客与水手帮会似乎没有固定的组织联系，青皮则不然，他们本是"漕船积惯匪徒"，与粮船有着千丝万缕的联系。甚至"偶值泛丁捕役查拿，本帮运丁、运弁辄向该丁役等饰词容庇，往往已获之犯仍行释放"。"唯是青皮踪迹往来无定"，"有随帮上下为水手售私渔利者"，"有并不随帮上下，而盘踞村镇码头，窥伺粮船到境者。"④ 甚至有些青皮"隐匿船只，假充水手"⑤。由于青皮集团与水手帮会密不可分的关系，水手帮会崇拜罗祖偶像的风习自然也就带进了盐枭集团，两者甚至有了组织上的联系。不仅如此，沿运河的捕快、衙役人等

---

① 《两淮盐法志》，卷四，道光十四年九月陶澍奏折。
② 《两淮盐法志》，卷三，道光十年闰四月。
③ 《两淮盐法志》，卷三，道光十一年五月十二日。
④ 《朱批奏折》，道光十六年十月十日安徽巡抚色卜星额奏折。
⑤ 《清史列传》，卷三八，《乌尔恭额传》。

也与漕船水手、青皮集团互相勾串，加入了帮会：

> 　　老官师傅盘踞之船名为老堂船，藏有经卷、神像、传徒敛钱、挟制旗丁与游帮匪徒表里为奸，实为帮中之害。……沿河集镇捕役，河快素与水手声气相通，其间亦有老安、潘安等敬之人混迹充当，与水手、游匪互相勾结，从中取利，而水手、青皮亦恃为扩符。①

　　上段史料清楚地说明，崇拜岁祖及翁、钱、潘"三祖"的风习及帮会组织，在道光年间已经不再限于漕运水手了，而是扩展到两淮盐场及沿途各个市镇、码头，其成员极其复杂，但都围绕着一个目的——贩卖私盐。这些人以罗祖为共同的崇拜者，组成了一个庞大而严密的贩私集团，为以后风客在两淮地区站稳脚跟打下了基础。

　　为了有比较稳固的活动地点，水手帮会又"多于滨河旷僻处所开设茶酒等铺，约集匪徒，寄有赃物"，内中"财有经堂，供奉神牌，设立老官师傅之位"②。这些处所与乾隆三十三年前存在的罗教俺堂并不是一回事了，与罗教庵堂的功能也迥然有别。这些经堂、酒肆、茶馆就是后来安清道友拜师、窝赃、逃匿人犯的香堂和老窝子的雏形。

　　咸丰三年整个内河漕运解散，数以万计的舵工、水手、纤夫再次和青皮集团结合，在辽阔的淮盐引地，以及运河、长江中下游一带从事贩卖私盐、掠劫的勾当。至同治、光绪间，"青皮党、安清道友者，引类呼朋，恃众把持"，已成"不可解之势"③。

　　从清初至咸丰三年，在两个世纪的漫长历史进程中，漕船水手就是这样紧密地与盐枭集团互相利用，互相合作。贩私盐所获利润成为水手帮会重要的经济来源和把守漕帮的根本原因之一。通过对历史的回顾，人们不难理解，为什么漕帮被解散以后，潘安水手会迅速地聚结，并在两淮盐场立地生根。

---

① 《朱批奏折》，道光十六年十二月十日恩特亨额奏折。
② 《朱批奏折》，道光十六年十二月八日两江总督陶澍奏折。
③ 《沈文肃公政书》，卷七。

安清道友和青皮集团是怎样从事贩卖盐勾当的呢？《安吴四种》有类似的记载：

> 枭徒之首名大仗头，其副名副仗头，下则有秤手、书手总名当青皮，各站码头。私盐过其地则输钱，故曰盐关，为私盐过秤、主交易，故又曰盐行。争夺码头，打仗过于战阵。有乘夜率众贼杀者，名曰放黑刀；遣人探听，名曰把沟。巨枭必防黑刀，是以常聚数百人，筑土开濠，四面设炮位，鸟枪、长矛、大刀、鞭锤之器毕具。……大伙常带五六百人，小亦二三百为辈，皆强狠有技能。①

这就是封建社会后期一个完整的黑社会的写照，特别是在 1840 年以后，大批的生产者离开了土地和原有的行业，时代造就了大批的流浪汉阶层就是这个黑社会的群众基础。

为什么这个集团总要围绕着私盐之利进行角逐？在封建社会，盐铁之利为诸业之首，特别是盐，人人皆需。清政权财源一半来自盐税，而盐税一半又来自淮盐。因此两淮盐场维系着清政权的经济命脉。不仅如此，这个盐场还造就了一大批富甲王侯的盐商大贾，造就了一个东南经济文化中心的扬州。因此只有两淮盐场才能维持一个十几万人的流民阶层，并满足他们发财的欲望。一旦安清道友作为两淮盐利争夺的一分子，势必与清朝政府、两淮盐商发生根本性的矛盾，也要与其他官枭、私枭集团发生矛盾。在你死我活的较量中，一个有着严密组织和悠久历史传统的秘密帮会集团便应运而生了。可以说，安清道友是特定历史条件下的产物，也是一种传统的产物。安清道友是罗教和漕运水手行帮会社的延续和发展，可以说没有罗教及水手的行帮会社，就不可能有后来的安清道友即青帮。但两者又有本质的区别。不仅如此，两者在活动范围和组织成员方面也产生了差异。

安清道友——青帮，在成立之初主要活动在苏北、皖北，其后向苏南、浙江富庶地区发展，与此同时又向广大的华北地区渗透蔓延。这个组

---

① （清）包世臣：《安吴四种》，卷三，《中衢一勺》。

织一旦出现在中国的大地，迅速地吸引了广大的脱离了生产资料的流民阶层，这使它在短短的数十年中膨胀成一个横行近半个中国的巨大帮会势力，足以与另一帮会——哥老会抗衡匹敌。在当局的眼中，青帮——枭匪，红帮——会匪，这是造成社会动乱的两大心腹之患，必彻底剿除而后快。

青帮在队伍不断扩大的过程中，在不同的区域，不同的组织内部，人员的阶层也发生了巨大变化，逐渐在下层群众之中加入了社会中上层人氏，而后，青帮内部的分化，加上外来势力的加入，使这个组织最终掌握在社会中上层人士的手中，青帮作为一个曾经处于被支配地位的集团，逐渐走向社会的统治地位。但是在清代，这种变化并不明显，其活动依然主要在底层社会。

明清时代的收元教、混元教源流

混元教与收元教是明清两代流播广远、影响深巨的民间宗教教派。贯穿清代，现在仍活跃在华北平原的八卦教，曾经导致清政权由盛转衰的川、陕、楚等五省的农民战争，都与混元教或收元教有着直接或间接的渊源关系，因此探讨它们的源流不仅是民间宗教研究的重大课题，也是明、清史研究的重大课题。

一　混元、收元名目的来由

"混元"一词来自道家，而"收元"则是民间宗教的独创及部分教派的通用语。

道经《云笈七签》解释"混元"：

> 混元者，记事于混沌之前，元气之始也。元气未形，寂寥何有，至精感激而真一生焉。元气运行而天地立焉，造化施张，而万物生焉。①

由此看来，道教中之"混元"，乃是天地未立，二仪未分，万物未生前的一种状态。具有至玄至极的内涵，这种状态是天地之母体、万物之本源。大概基于此，宋代真宗因崇道而加老子封号：混元上德皇帝，以尊其位。《宋史》载：真宗大中祥符六年（1013）八月，帝亲谒亳州太清宫，"丙寅，禁太清宫五里内樵采。庚午，加号太上老君混元上德皇帝。置礼

---

① （宋）张君房辑《云笈七签》卷二〈混元混洞开辟劫运部〉。

仪院"①。大中祥符七年（1014）春正月，"戊申，王旦上混元上德皇帝册宝。乙酉，朝谒太清宫"②。太上老君成为宋代最为尊崇的偶像，地位超迈诸教诸祖。到宋徽宗时，佞道之风有加无已。政和七年（1117）诏改老子《道德经》为《太上混元上德皇帝道德真经》。在北宋，道教成为官方宗教，《道德经》成为官方圣经。在这种气氛中，专记太上老君"行迹"的《混元圣记》随之问世。

在北宋崇道的风尚中，道教出现了"混元"一派。北宋亡而金兴。金章宗基于道教为害之烈，对宗教多所控制。昌明元年（1190）十月乙卯"以惑众乱民，禁罢全真及五行毗卢"。明昌二年（1191）冬十月己丑"禁以太一、混元、受箓私建庵室者"。史料首次出现道教混元一派名目。大概是因为太一、混元、受箓诸道派私建庵堂过滥，故明敕禁之。③

混元一派应兴于宋，当无疑义。但该道派何所倡导，史料无载。以我所见，此派即两宋兴起的内丹派最初称谓。

南宋的李简易撰《玉溪子丹经指要》，开卷即有《混元仙派图》。列出人物，多道教内丹派人家：钟离权、吕洞宾、刘海蟾、王重阳、陈抟、张伯端等数十人，分列辈份，指陈流派，皆在混元仙派图示之中。足见"混元"派则金丹、内丹之同派异名。

明王世贞所辑《列仙全传》卷七，谈及内丹大家张伯端：

> 张伯端，天台人。少好学，晚传混元之道而未备，孜孜访问，遍历四方。宋神宗熙宁二年，游蜀，遇刘海蟾授金液还丹火候之诀，乃改名用成，字平叔，号紫阳。……紫阳曰："我是金丹大道，性命兼修，是故聚则成形，散则成气，所至之地，腠神见形，谓之阳神。④

《列仙全传》多夸张神化处，但此中混元之道则明指金丹大道，即金液还丹之术。宋、金时代是内丹道蓬勃兴起，取代外丹术的时代，混元道以修

---

① 《宋史本纪第八·真宗三》。
② 同上。
③ 《金史本记第九·章宗一》。
④ （明）王世贞辑：《列仙全传》卷七。

炼内丹为宗旨，出现在道教诸派行列中，亦是应有之义。

元代初年，混元道与全真、太一等道仍并称于世。当时奉佛甚虔的权臣耶律楚材曾指斥道教之非："全真、大道、混元、太一，三张左道之术，老氏之邪也。"① 全真道由于丘处机的政治活动，曾备受元初统治者青睐，盛极一时。真大道教、太一道等教派亦成为合法教派。唯独混元一派少见经传。混元教派以专修内丹为务，内丹家往往单传秘授，特立独行，没有形成稳固的教团，以致派系鲜为人知。但是，混元道即内丹道传承自存，已为现代研究者逐渐披露。②

从两宋始，修炼内丹风习渐染及民间宗教，并形成多种流派与教系，其中就有混元一门。明代冠以混元名目的宝卷颇多，一类为明万历年间兴起的弘阳教经典，诸如：《混元弘阳叹世真经》、《混元弘阳飘高临凡经》、《混元弘阳大法祖明经》、《混元弘阳苦功悟道经》、《混元弘阳显性结果经》、《混元弘阳明心忏》等等。少数则似与弘阳教无关，诸如《混元布袋真经》，《混元点化经》等。明代末叶弘阳教与混元教多有混同，但仍有一混元教立世。而清代的混元教完全不以弘阳教经典为经典，弘阳教与混元教为两大独立教派。清代顺治三年（1646），清入关不及三年，当局就发现了混元教的活动，据是年六月给事中林起龙奏折载：

> 近日风俗大坏，异端蜂起，有白莲、大成、混元、无为等教，种种名色。以烧香礼忏，煽惑人心，因而或起异谋，或从盗贼，此真奸民主尤者。③

混元一门与当世著名的白莲教、大成教（即闻香教）、无为教（即罗祖教）并称于世，教势发展的盛大，已引起朝廷瞩目。这足以说明，在明代末叶混元教已经活跃在华北地区。

---

① （元）耶律楚材：《湛然居士集》卷八。
② 同仁陈兵先生专攻宋元内丹道，可参见他在《世界宗教研究》发表的专文。
③ 顺治《东华录》顺治三年六月十一日丙戌林起龙奏。

"收元"一词，亦做"收圆"、"收缘"。"元"即人，收元即收人。有些民间教派亦将信徒称做"缘人"、"有缘人"、"皇胎儿女"、"元人"，把度化众生称做"找化缘人"，即寻找度化所谓有缘份的人。"收元"成为明、清部分民间宗教的通用名词。它包含着这样一整套内容：最高神灵无生老母分别派燃灯佛、释迦佛、弥勒佛下到尘世间，普行龙华三会，把所谓九十六亿皇胎儿女度回彼岸，同登天堂，共享无极之乐。

"收元"一词出现得较早。明初宣德五年（1430）刊行问世的《佛说皇极结果宝卷》已经出现了大量关于收圆的内容：

> 得了收圆真祖令，超生了死入天盘。
> 十二宫辰关，万类总收圆。
> 但领收圆的修行，都得赴云程。
> 寻得当来祖，才是后收圆。
> 还有千头并百续，不到此地怎收圆。①

上述"收圆"意义已与明中末叶以后内容相同。经中"云程"是云城之讹，或曰银城，与天盘为同义词，指的是天国。在唐代开元初年贝州王怀古就倡言"释迦牟尼末，更有新佛出"，提出信仰者"合出银城"。这个记载应是收圆观念的最初形态。《佛说皇极结果宝卷》还提出了"收圆祖"的概念，说明在明代初叶社会上已出现了收圆教。而且该卷还记载奢"乘云驾雾走天盘，才显九阙《收圆卷》"②。可见，在《佛说皇极结果宝卷》之前即应有《收圆宝卷》。凡此种种，皆足证收圆观念问世之早，远超出某些研究者的想象。至于怎样才能达到收圆了道？该卷亦指出修行者要过"十二宫辰关"，这里已经包含著修炼内丹的暗示，即只有金丹之术才能引导众生"赴云程"、"入天盘"。

明末清初，《古佛天真考证龙华宝经》问世，再次明确记载"收源教"名目：

---

① 明宣德五年孟春吉日刻行《佛说皇极结果宝卷》。此宝卷藏路工先生处，分上下两卷。
② 同上。

收源教，立法门，度下儿女，

收源祖，领善人，龙华相逢。

在此之前，民间宗教世界已经出现了一批以收圆命名的宝卷：《佛说皇极收圆宝卷》、《销释收圆行觉宝卷》、《古佛天真收圆结果龙华宝忏》等等。而收圆之意与"归家"、"还源"相同，故又有《销释归家报恩宝卷》、《销释悟性还源宝卷》等等。至于宣传收圆观念的宝卷就更多了，诸如《普明如来无为了义宝卷》、《普静如来钥匙宝卷》、《皇极金丹九莲正信皈真还乡宝卷》、《古佛天真考证龙华宝经》等等。

二 八卦教初创时教名为收元教

八卦教是清代一支体系庞大、变化多端的教门。在它两个多世纪的发展过程中，曾经出现过许多教名：五荤道、收元教、清水教、八卦教，九宫教、天理教。还有一些异名同教：空子教、圣贤教、先天教、后天教、明天教、老理教、在理教等等。八卦教每卦都有相对的独立性，因此又出现了离卦教、震卦教、坎卦教、乾卦教等名目。其后又与其他教门发生融合，故还有义和门离卦教、一炷香离卦教、秘密还乡道等教名。清档案有时亦称之为"白莲教"。（参见拙著《清代八卦教》）

八卦教创立之始教名是五荤道，又叫收元教。据乾隆五十一年七月王大臣永琅奏折记载：

山东单县人刘佐臣于康熙初年倡立五荤道收元教，编造《五女传道》等邪书，分入卦收徒敛钱。①

到了刘佐臣儿子刘儒汉掌教的时代教名仍无变化："那教叫收元教，

---

① 《军机处录副奏折》，乾隆五十一年闰七月二十四日永琅奏折。

又叫五荤道。"①

乾隆时代山东官僚潘相著《嶒文书屋集略》内有〈邪教戒〉一文，也记载著刘佐臣创立五荤道、收元教的内容：

> ……国初，乃有单县人刘佐臣者，倡立五荤道收元教，妄造《五女传道》逆书，分八卦，收徒党，传诵"真空家乡，无生父母，现在如来，弥勒我主"四语，曰供清水，以消灾获福诱民，诓民钱。②

其后又有戚学标著《纪妖寇王伦始末》抄袭潘相〈邪教戒〉，但将收元教误作"修元教"。

从康熙四十五年到乾隆元年，刘佐臣、刘儒汉的收元教三次遭受打击，不得不改变教名。到刘佐臣曾孙刘省过掌教时代，教名已改为清水教。

如前面引征潘相《邪教戒》一文史料，可知在刘佐臣创教时，教内已有"供清水"的记载。这正是以后叫"清水教"的由来。关于刘省过掌教时叫清水教的记载很多，清代档案记录著不下四、五折：

> 清水教本由东省传播蔓延，前经缉获之逆犯王中，虽已正法，今豫省审出教首刘姓其人……。③

刘姓教首即刘省过。另有奏折为之佐证：

> 吴克己籍隶河南确山县……于乾隆五十六年间……，入己正法单县人刘省过等清水教。④

在刘省过清水教中，供奉先天、中天、后天牌位，在牌位前"供清水

---

① 《史料旬刊》第三十期硕色奏折二。
② （清）潘相：《嶒文书屋集略·邪教戒》。
③ 《朱批奏折》，乾隆二十七年五月十二日山东巡抚徐续奏折。
④ 《军机处录副奏折》，乾隆四十七年七月二日山东巡抚明兴奏折。

三杯，名清水教"①。即使在乾隆中叶，收元教已改名为清水教时，当局仍有时将其称为收元教。以其教义宗旨在于"收元了道"的缘故。

八卦教之名是在清水教屡遭镇压以后出现的。刘佐臣创教时以"内安九宫，外立八卦"做为本教派的组织体系。"分八卦，收徒党"是其组织特点。清档案乾隆五十八年奏折中已出现了"八卦党"的记载。此后八卦教之名大量出现在各类史料中。而收元教、清水教之名已不再现于诸类记载。

关于从收元教改名为清水教，再易为八卦教、天理教诸名色，拙著《清代八卦教》做了详尽叙述，本文不再赘言。

本文着重讨论的是起于康熙末年山西长治县的收元教团。这个教派以山西为基地，在乾隆初中叶向直隶、河南两省发展，继而扩展至皖、鄂、陕、川诸省。而另一支混元教派，由晋省至直隶、河南，也直接传自张进斗，继而向上述诸省蔓延。收元教兴混元教时而交插传教，遂形成庞大教势，终于在乾、嘉之交，以湖北为中，如火如荼地在底层扩张，继而惨遭当局镇压，以至形势激化，民间宗教与清当局发生对抗，一发而不可收拾。

有的学者将山西两支收元教一并论述，笔者亦有此意，但多年翻阅清代档案，尚未发现两者的内在联系。况山西一支收元教、混元教徒食斋、而山东的收元教即八卦教却荤酒在所不计，两者有着重大差异。因本文主要兴趣不在于此，并不打算做比较研究。

三 山西张进斗与明末清初的闻香教

张进斗又名张冉公，祖籍山西长治县，其父辈就习教业。康熙五十五年（1716）立无为教，②传徒刘新泰、李锡侯、申伦、靳广、焦明山，李彦稳、田金台、周隆庭等多人。教内有"《元亨利贞立天后会经》四本，

---

① （清）潘相：《欎文书屋集略·邪教戒》。
② 《军机处录副奏折》，乾隆二十一年十二月十二日刘统勋奏折，附李老人即李彦稳供词："小的今年七十一岁了，从前随着无为教的张进斗吃斋念经。"

审系张冉公故父流传诵念"。张冉公平日做会，教内置用五佛冠、花氅衣、佛像画图、黄符、印凭、合同等物。据当局云，他善"妖术占验"，"造作妖书妖言"，平日吃斋念经，坐功运气。由此看来张进斗所行之无为教（即以后档案所称收元教或混元教）在山西长治县递传已有多代。

雍正五年（1727），张冉公即张进斗被当局逮捕，以其"造作妖言妖书，煽惑愚民，历有年所"，"将张冉公拟斩立决"①。山西当局对张进斗案办理得十分草率，既没有搞清其来源，又没有查清大批骨干弟子如田金台、李彦稳、周隆庭、冯进京等人。此后这些人继续传教，而这些人的弟子又将此教传入豫、直、皖、鄂、川、陕广大地域，遂造成清中叶最大的民间宗教起事。关于张进斗及其父亲所传之无为教的渊源关系，我在《中国民间宗教史》第二十一章中做了详细考证。为了使读者对这一教派的来龙去脉有一个清晰的了解，本文再做简要分析。

张进斗教团传教最主要经典是《元亨利贞立天后会经》即《佛说都斗立天后会收圆宝卷》（简称《立天卷》）。这部宝卷分四部，其中亨部尚存在大陆中国第一历史档案馆。从此卷分析，经卷作者并不是张进斗父子，而是闻香教教首王氏家族，该卷撰于清康熙二十年以后，此宝卷刊印不过二十年，即由直隶传入山西，成为张进斗父子传教经书。

《立天卷》是闻香教经书的证据有如下几条：

第一，卷中屡次出现"无影山"、"东北艮地"等内容。如："九宫八卦定方向，东北艮地无影山，"②"东北岸，古艮地，无影山前"③，"东北两借为艮地，金船湾在无影山"④。把"东北艮地"的无影山，做为一个神秘的传教圣地。《立天卷》所指之无影山并非玄虚之地，而是实有所指。在滦县石佛口附近有一座围峰山，山上有一座名叫寿峰寺的庙宇。嘉庆二十年（1815）清当局查办王氏家族"邪教"活动时，"访之该处土人，咸称围峰山即呼为无影山，寿峰寺即系王姓昔年所建香火庙"⑤。足见围峰山

① 《刑部档》，雍正六年四月十三日刑部奏。
② 《立天卷》第十一品。
③ 《立天卷》第十二品。
④ 《立天卷》第十三品。
⑤ 《清代档案史料丛编》第三辑，四十五页。

即无影山是闻香教主王森及其后裔的传教中心，而寿峰寺则是该教之祖庙。

"东北艮地"也有特殊含义。"东北艮地"相对"中原汉地"而言，在后天八卦图中，艮地属东北方位。闻香教传教中心是滦县、卢龙县，位于山海关南边六十里至一百里处，在华北平原的东北方位。清初，王氏家族一支由滦县迁至卢龙，另一支仍留在滦县。分处在滦河南北两岸，故有"东北两借为艮地，金船湾在无影山"之说。

第二，《立天卷》中多次出现一个"丁工道人"。"丁工"是拆字法，合成一个"王"字。《立天卷》十二品云："弥勒佛化了一个丁工道人，就去访那仙长，老祖认的他是三阳之主，就传与他番水拨浪之法，加他八牛之力。"《立天卷》以"丁工道人"为弥勒佛、三阳教主，是十分明显地指王氏为弥勒转世。这与其后清茶门教徒供词"未来佛降在石佛口王姓家内"，"未来佛降生青山石佛门"是一致的。

"丁工道人"具体指王氏族中何人已不可知，但其为闻香教新一代宗教领袖则无疑义。"丁工道人"之父在吴三桂引清军入关后，随吴三桂反明，后又赴云南。后三桂反，重新打起复明旗号。经中"番水"即指"三藩"，"八牛"指"朱"字，意指朱明王朝。"丁工道人"曾往南方之"南庵"寻父。康熙十二年至二十年（1673—1681）正是三藩之乱的时代。经卷反映了王氏家族部分首领在明末投清又反清的内容，与历史事实完全吻合（读者可参见《中国民间宗教史》有关闻香教一章，有详细考证）。而《立天卷》宣扬的劫变与改天换地思想亦与当时三藩叛乱的历史背景相合。而反清复明的思想又是后来收元教、混元教倡立牛八，改立乾坤思想的宗教来源。

第三，《立天卷》是清代康熙时代撰写的。前面已指出，"丁工道人"依仗八牛之力、番水之法，暗喻"朱明"王朝与三藩的事实。此外，《立天卷》中还有一些具体年代：

> 辛酉是金鸡，叫化人不识，
> 庚申留宝卷，扬名对天机。
> 下甲子，辛酉年，金鸡大叫，

　　差弥勒，登南岸，骨肉团圆。

　　天地人，共合机，辛酉明道。

　　辛酉鸡门，诸人不通，未来把道明。①

辛酉年即康熙二十年（1681），"丁工道人"于此年，以弥勒佛下世身份，重开教业。并于第二年（庚申）吐卷留经，"扬名对天机"。

经卷又云：

　　末后时年，未来换劫，下元以尽，牛头鼠尾之岁，聊聊通出一字，是钥匙开通，莫要轻泄天机。②

"牛头鼠尾之岁"即甲子，乙丑（康熙二十三、二十四年），是时三藩叛清已失败。故《立天卷》又云：

　　破田年，有孟春，七七之期，

　　天不清，地不明，雾气腾腾。③

"破田年"即指甲子年，田字破即甲字。是年三藩已败，全国反清势力颓败，故经卷讲有七七四十九天劫数，天地昏暗。

《立天卷》刊行年代应在康熙二十四年（乙丑，1685）以后。其原因如下：

第一，《立天卷》中出现最晚之年号为乙丑年（康熙二十四年，1685）。

第二，雍正五年（1727）张进斗案，当局第一次发现《立天卷》，张进斗之《立天卷》得之于其父，其父死于康熙五十五年（1716）。混元教首、张进斗之徒冯进京亦传《立天卷》，据云得之于其祖母。可见在康熙

---

① 《立天卷》第十一品。

② 《立天卷》第十四品。

③ 同上。

年间，《立天卷》已从直隶传至山西。上述史料可证：《立天卷》撰于并传于康熙年间，时在康熙中叶。

由上述考证可知，《立天卷》是闻香教传教经卷。进而推知，张进斗教团是闻香教在山西的分支。①

四　乾隆十八年冯进京混元教案

雍正五年（1727），清当局对张进斗"邪教"案审理得十分草率。但是在 26 年后的乾隆十八年（1753），当局逮张氏弟子冯进京，遂使这支教派的渊源流脉有了进一步的显露。

冯进京系山西长治县人，平时以算卦、剃头为生。三十岁时听说"王黄村有个张进斗，入他的教都称他张公祖。"冯进京去拜见张进斗，张进斗送他偈言四句，冯进京见张氏说得玄妙，遂拜张进斗为师。② 冯进京从此传教，其传教经书有三部：一部是《李都御参岳山救母出苦经》，还有"两宗混无教经卷"，一宗叫《历天卷》（即《立天卷》），一宗叫《劝人宝鉴》。冯进京拜师入教后，守三皈五戒，并得授张进斗偈言六张，从"偈言"内容来看，张进斗自称"收元祖"，居于戊己中央宫之位，其色称黄。而本性入于都斗宫中，则是修练内丹之结果。张氏教冯进京修炼内丹之术，告之如修得成功，可了生死大事，回归古家乡之仙境。

乾隆十年，冯进京传徒直隶沙河人王会，王会则在沙河县、南和县、邢台县及河南省武安县等地传教。传教经书有"《诸葛子奇论扫心宝卷》一本，《劝人宝鉴》一本，《洪阳经》一本，书字七张，《立天卷》二本"。又有教徒王文匡供出王会"藏有《立天卷》四本，上面写'元亨利贞'四字"③。

乾隆十八年七月山西、直隶当局分别查获冯进京、王会教团，审及所传教名时，冯进京供称："小的这教名为混沌教，混者混然元气，沌者沌

---

① 关于张进斗教团与闻香教之关系，我在《中国民间宗教史》第二十一章进行了更详尽的考证，读者可参见该书。

② 《军机处录副奏折》，乾隆十八年八月冯进京供词。

③ 《朱批奏折》，乾隆十八年七月十六日直隶总督方观承奏折。

悟心明。男子学成就是混天佛，女人学成就是沌天母。小的功夫已到，就是混天佛了"。这里所供混沌教即混顿教，即"清净佛门教，又名混元教"①。

五　张仁、胡二引进荣华会与收缘教案

乾隆初年，几乎与冯进京、王会传播着元教的同时，直隶沙河县还传播着一支收缘会。会首胡张氏，人称胡二引进；在河南洧川县、临颖县、鄢陵县等地，洧川人张仁创立荣华会。这两支教派虽分属两省，但互有联系，而且渊源与冯进京、王会混元教团相同，都出自山西张进斗教派，属于张进斗再传弟子。

乾隆二十一年（1756），张仁因传教犯案，为当局拘审，同年冬，胡二引进因营救张仁受牵连入狱，第二年十一月，张仁弟子、续教人王五钧亦犯案被捕。河南、直隶、山西当局遂审讯出这两个教团的来龙去脉：

> 审得已正法张仁系卢应科之徒，卢应科系山西壶关人刘善经之徒，刘善经系长治县周清水之父周隆庭之徒，周隆庭与同县民李彦稳及已故田老人俱系已正法张进斗之徒。其直隶沙河县胡二引进即胡张氏又系田老人之徒，均属一教流传，因而各通声气。张仁又曾拜李彦稳为师。②

张仁何时拜卢应科为师，史料无载，但至少在乾隆十七年（1752）以前。卢应科"先于乾隆十七年犯案，即不持斋做会"，可见在乾隆十七年河南这支教派的教首应是张仁之师卢应科。卢应科出教后，"乾隆十八年间，张仁倡设荣华会，收王五钧、柳兴林、孟友孝、樊绍南、张良玉，并已故陈宗元等为徒。编有《教孝》、《五更》等歌，托言消灾行善，复捏称明年不定日期，有七日七夜天昏地暗，人会之人给药一丸，含于舌下，即不

---

① 《朱批奏折》，乾隆十八年七月十六日方观承奏折，附李麟角供词及八月冯进京供词。
② 《朱批奏折》，乾隆二十三年正月十日河南巡抚胡宝瑔奏折。

为灾，耸人听信。会众按季出钱，俱交崔大钦、陈宗元、任洪道等转付张仁收受。迨至乾隆二十一年张仁犯事，即托王五钧接管会务"①。

张仁何时拜山西长治县人李彦稳即李老人为师，史料亦无载。李彦稳供词中仅云"从前随着无为教的张进斗吃斋念经，周清水的父亲周隆庭、直隶胡文保的母亲胡二引进都是张进斗的徒弟。河南洧川县的张仁也好吃斋念经，原拜小的为师"②。李老人供词中有一段不确，即胡二引进之师并非张进斗，而是张进斗弟子田金台即田老人。有胡二引进供词为证：

> 小的系顺德府沙河县人，年四十九岁，嫁与胡大为妻。乾隆元年正月内，……上京往黄村黄姑寺里进香，见了寺内尼僧兰三，他将小的三人留在庙内，住了一个多月，三人就吃了长斋。……乾隆五年七月内，同小的父亲到潞安府田梁村，见了田老人，教小的坐功，因此回家才起这收缘会。③

田老人即田金台，张进斗徒弟，早在胡二引进拜其为师之前，即是山西收源会"首犯"。乾隆七年（1742），九门提督舒赫德在北京拿获"收源会邪教张士乾等，供出山西平阳府布村田姓老师傅，实是乱俗之民"。山西当局据咨在本省查拿，于是年七月在潞安府长子县田良村地方"拿获田姓名田金台，年六十七岁，搜有经板二块，经文六套，抄白经文一束，又经文六本，偈言一册，书信三纸。……查阅前后经词，俱属鄙俚不堪，尚无悖逆之语。其拿获之田金台即系收源会邪教之同姓无疑"④。

这段奏折，是迄今为止所知山西长治一带收源教最早的史料。胡二引进所倡之直隶沙河县收缘会，当然是山西田金台收源会之流裔，收缘会即收源会，亦与收元会同。

上述史料揭示，直隶收缘会与河南荣华会都是传自山西长治县张进斗的嫡传弟子。联系上节所述冯进京、王会的混元教，这三支教派是同源异

---

① 《朱批奏折》，乾隆二十三年正月十日河南巡抚胡窦腺奏折。
② 《军机处录副奏折》，乾隆二十一年十二月十八日刘统勋奏折，附李彦稳供词。
③ 《军机处录副奏折》，乾隆二十二年（日，月不清）胡二引进供词。
④ 同上。

教。它们的传承应是这样的：

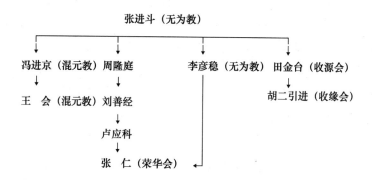

上面的教派图示指示了川、陕、楚五省民间宗教起义诸派的渊源。对其流派传承，我们将在以后几节加以探讨。

张仁对后来川、陕、楚诸教派最大贡献，是编造了那首著名的"十字歌"，又叫"灵文合同"。据洧川县人赵子信供词称：

> （乾隆十八年）四月里，张仁秋审回来，在东关遇见小的，同赵甡央小的们替他写合同，……有两个草稿是张仁写的，一个稿四句是："十门有道一口传，十人共事一子担，十口合同西江月，开弓射箭到长安。"说的是按周、李、胡、张四姓，用黑纸写了一百张。①

为什么张仁要编造这样一个"同合"——"十字歌"呢？胡二引进的义子胡文保曾向收缘教会成员解释：

> 胡文保说周、李、胡、张这是四位佛爷，内中有一个人护法。将来有三心旱地，小的说这三心旱地在那里？他说后来赴龙华会，这合同就有应验。②

---

① 《军机处录副奏折》，乾隆二十二年十二月二十三日河南巡抚胡宝瑔奏折。
② 《军机处录副奏折》，乾隆二十二年胡文保供词。

其实张仁这份合同的周、李、胡、张是指山西、直隶、河南三省这支教派的四个主要头领：周即周隆庭，其死后"佛位"由其子周清水继承，李即李彦稳，周李二人都是张仁之师，属教派之祖。胡指胡二引进，张指张仁。张仁认为这是本派四位活佛。他又在另一诗中将胡二引进比做彩凤，将自己比做卧龙。在四佛之中有大护法，也是张仁自喻。他编造了一个八字真言"八字真言辛金立，天差牛祖落瑶池，庚金一去隐大道，虎奔山林万人迷，庚金回来乙木换，鱼龙变化人不知，戊土善成麒麟子，木虎山前把榜题"①。这八字诗内含张仁生辰八字，是辛丑年、庚寅月、庚辰日、戊寅时生日。总意是佛祖落难，但日后贵不可言。胡二引进母子则推之为"大护法"。

张仁还编造了倡言劫变的《盖世荒》歌词，以耸动视听，鼓动群众对现行秩序产生一种心理上的动摇，对现实世界的恐惧感，确实达到了摇动人心的社会作用。张仁对旧世界、旧秩序有一种天然的、直觉的仇恨，对新世界有一种朦胧的但是一往无前的追求。乾隆二十一（1756）年二月张仁被押赴省城审讯，胡二引进在去省城大路等候见面。张仁对胡二引进说了四句歌词。

> 新天新地新乾坤，新人新书新星辰。
> 新人新象新时辰，新人新世新长人。②

在这次与胡二引进会晤后不久，张仁就被当局以妄造妖书、妖言、谶纬罪斩决于省城。

在张仁的教派中不仅流传着他自造的各类歌诀，还有张仁收藏的《皇极宝卷》、《十佛了道》一本、《灵机显露》一本、《三阳应劫》一本、《十佛临回》一本。又在教徒郝玉凤家中搜出"托名《刘伯温书》一本，与王五钧所藏《三阳应劫》大概相同。③

---

① 《军机处录副奏折》，乾隆二十二年刘洪基供词。
② 《军机处录副奏折》，乾隆二十二年胡二引进供词。
③ 《朱批奏折》，乾隆二十三年正月十日胡宝腺奏折。

六 乾隆中末叶豫、鄂两省收元教传承

乾隆二十一年，二十二年（1756、1757），河南张仁、王五钧荣华会与直隶、北京一带胡二引进收缘会先后为当局破案审拟。张仁、王五钧被杀，"余犯分别发落"。十余年过去了，乾隆三十三年（768）秋，当局再次于河南开封府之祥符、陈留、通许，南阳府之舞阳，许州之许州、偃城，汝宁府之汝阳、西平等州县发现旧有张仁之荣华会"余孽""故智复萌"，传教收徒敛钱。

此案初起于汝阳县，当局发现县民周世禄在家聚众念经。许州知府也同时访得州民徐国泰"形迹可疑"，均经拿获。此案核心人物是许州人徐国泰，"系孙士谦之徒，孙士谦系已正法王五钧之徒，王五钧系已正法张仁之徒，皆系一派流传"①。乾隆二十三年（1758）孙士谦"问拟杖罪"。孙士谦有弟孙士信亦王五钧之徒，与徐国泰"均经漏网"。孙士信踵行教业，在其兄被拿问后不久，即"自号真人"，与任洪钧、徐佩等复教，又被当局拿获。与其兄"枷号游行"，行至泌州地方，先后患病身死。孙士谦在路途中，将抄本经书授与徐国泰收藏。数年过去了，徐佩与徐国泰复兴旧教，"徐国泰遂改倡收元教名色"。徐国泰为了扩大教势，"将收藏经卷捏称张仁、王五钧、孙士谦等俱已转世在京，其书中之言悉皆应验，哄诱乡愚"。于是徐国泰、徐佩分别招谭思远、冯恺、陈中尹等人为徒：

> 于三月二十五日设立神像，烧香传教。凡入教之人，先令叩头设誓，不许背教，传与十字经"南无天元大保阿弥陀佛"，又八字真言"真空家乡，无生父母"，四句歌词："十门有道一口传，十人共事一子担，十口和同西江月，开弓射箭到长安"，隐寓周、李、胡、张四姓，指从前流传邪教之人，本系张仁等前案内旧有之语。诓令朔望念诵，可以求福消灾。凡入教之人，各给徐国泰百十文至一千余文不

---

① 《朱批奏折》，乾隆三十三年九月十七日河南巡抚阿思哈奏折。

等，徐佩亦曾分用。①

乾隆三十二年（1767）徐国泰还搜罗了部分罗祖教徒入教。是年"徐国泰有表弟枣阳民李从呼与钟祥县民罗教为首之叶正远，同至徐国泰家，访问教术，徐国泰将逆词与看，诱令归入其教"。同时派门徒过永城等与李从呼前往湖北与罗祖教徒"盟誓取信，给书传抄"。又招钟祥县人张青顺等、枣阳县人周言等一同入教，"过永城随索取该处罗教手号而归"②。这是史料关于张进斗、张仁一派收元教进入湖北地区传教最早的记录，时在乾隆三十二年（1767）。李从呼则从徐国泰处得到《九莲》即《皇极金丹九莲正信皈真还乡宝卷》、《苦难》、《五女传道》"邪经各一本，咒语单一纸"③。

此案处理颇严酷，徐国泰被当局以"胆将违禁图书，复立教名，惑众敛钱，且敢造作逆词，妄行传布"，照大逆律，凌迟处死。徐佩、过永城等，拟斩立决。其余人众，"或拟绞监候，或流配边远州县，或杖责有差。湖北枣阳县之李从呼等，钟祥县之叶正远等，咨行楚省查拿，照例办理"④。

乾隆三十三年（1768）收元教案，是雍正五年（1727）张进斗案，乾隆二十二年（1757）张仁荣华会案的继续。

从上述几次案件的地理位置，我们看到这样一个事实，即从晋省传播的收元教沿着晋、豫边界，逐渐向豫中、豫南发展，最终在乾隆中叶首次南传至湖北北部，教势日炽，传播越广，教义内容也日益添加了浓重的政治色彩。它说明随着社会危机的日益临近，这支教派正酝酿着一场巨大的爆发，而当局一次比一次的严厉镇压，更加速了两种社会势力的对抗。

乾隆三十三年（1768）豫省一案涉及豫、楚两省近十个州县，其影响当然不会因当局杀戮流徙的政策而断绝。十七年后的乾隆五十年（1785），

---

① 《朱批奏折》，乾隆三十三年十月十三日阿思哈奏折。
② 同上。
③ 《朱批奏折》，乾隆五十年四月十一日湖广总督特成额奏折。
④ 《朱批奏折》，乾隆三十三年十月十三日阿思哈奏折。

当局发现此教在湖北省北部已经扎下根来。而且发展到襄阳这个收元教以后的传教中心。

乾隆五十年（1785）春，当局于枣阳、襄阳两县，发现枣阳县民孙贵远等"复兴收元邪教"，逐拿孙贵远，并续获曹守陇、许成章、杨登榜、周添贵等人，"严行审办"。遂审出此教原委。

缘倡教人孙贵远，住在襄阳、枣阳二县交界处，石匠生理。乾隆三十三年（1768）八月初二日，孙贵远在收元教徒、徐国泰表兄弟李从呼家钻磨，"李从呼言及伊奉收元教，吃斋念经，可以消灾免祸，孙贵远即给钱百文，拜师入教。李从呼口传'南无天元太宝阿弥陀佛'十字，又'十门有道一口传，十人共士一子丹，十口合同西江月，开弓放箭到长安'咒语，令其念诵。并将徐国泰原给《九莲》、《苦难》。《五女传道》邪经各一本、咒语单一纸，给与带回，嘱令劝人入教，可以赚钱"。① 李从呼传孙贵远后不久，便牵连入徐国泰案内，为当局斩决。孙贵远侥幸漏网，随于各处从事"石匠生理"。十几年以后的乾隆四十九年（1784），孙贵远"因病穷苦"，"忆及李从呼从前有传教可以骗钱之语，辄起意复行邪教"。于是年十二月先传王易荣，"又招收萧允题、李尚德、姚应彩为徒，各送钱百文"。王易荣又收彭永升为徒，彭永升则辗转收徒詹正林等十八人。而詹止林亦收严凤廷、严黄氏入教。各传咒语，及十字经，令教徒每日念诵。乾隆五十年（1785）二月初，严黄氏子严大邦外归，知伊母被惑人教，与詹正林吵闹，旋为襄阳县当局访闻查拿。

据孙贵远供称，此教仅传习月余，即有二十余人入教，"此外实无另有伙党通同煽惑情事"，这是假供。孙贵远从事石匠生理，各地揽工，游走四方，多处传徒。此后倡行于襄阳的西天大乘教首宋之清即系孙贵远弟子姚应彩之徒；而倡行于楚、川边界的收元教首王应琥之父王全及另一教首艾秀也是孙贵远之徒。足见孙贵远倡教地区决不局限于襄阳、枣阳两县，而是远播四方，其倡教时间亦不仅"月余"。

据前述，可知张仁、徐国泰，孙贵远诸人收元教支派传承：

---

① 《朱批奏折》，乾隆五十年四月十一日湖广总督特成额奏折。

张仁　→　孙士谦　→　徐国泰　→　李从呼　→　孙贵远
（荣华会）（荣华会）（收元教）（收元教）（收元教）

至于孙贵远徒裔传承关系，涉及内容复杂，当于另节探讨。

七　乾隆四十年代豫、皖混元教传承

乾隆四十年（1775）春，河南当局在归德府鹿邑县发现县民樊明德倡设混元教，"以诵经修善为名，诓骗钱财"。拿获樊明德以下计九十三名，分别在鹿邑、淮宁、西华、上蔡、汝阳等地传教习教。此教亦波及安徽亳州，有亳州丁洪奇、张菊业等人习混元教。乾隆四十七年（1782）秋冬之交，皖省当局再次发现亳州混元教的活动，此案审出田恒业、丁洪度踵行教业之传承，所习经书、歌诀。两案审理虽相隔数年，但都属一脉流传。乾隆四十年混元教案是清代"邪教"要案之一，但审理的当事人不知底里，草率为之，致使此派上承关系中绝，而多数现代研究者亦茫然无知，难于上溯，探明其源。今以乾隆四十年、四十七年两案合并探讨，以便指示其源流。

乾隆四十年（1775）三月，当局拿获樊明德等人，提人犯到案究审。遂审出此案部分情由：

樊明德是鹿邑县农民，兼习医道。乾隆三十九年（1774）正月，因患病有平素好友余成明往探，言及同县人杨集医道高明。樊明德遂求杨集医治。病愈后，杨集传给樊明德《混元点化书》并《大问道经》、《小问道经》各一本，及《请神疏头》一纸，"指为仙人传留"。让他每晚烧香，默通姓名，然后念问道经，"可以获福消灾，死后不落地狱，世世转生好人。其混元点化一书，嘱勿宣露。樊明德收受，习念经疏，遂起意倡立混元教名，诱人学习，图财骗钱"。①

---

① 《军机处录副奏折》，乾隆四十年五月二十八日河南巡抚何煟奏折。

　　乾隆三十九年至四十年初（1775），樊明德先后传授余成明、樊宗年等人入教，又授其兄、侄等家族成员一并入教。众人议定每年清明、五月十五、九月初十、十二月初一等日，到樊明德家念经。旋又招收辛永禄，刘文炳、胡添文、连善礼、秦玉楼、王怀玉等人入教，并嘱令诸人各自收徒。辛永禄收王延亮等十二人，刘文炳收田世敬等五人，胡添文收刘世文等十一人，樊宗年收连可敬等九人，连善礼收桑同成等七人，秦玉楼收侯子钦等三人，王怀玉收王天福、刘松等十五人。其中刘松即日后三阳教教首，川陕楚诸省"邪教之宗"。

　　诸人入教拜师，各致送钱数百文不等。每于期赴会念经，又各给樊明德数十文，以备香资。

　　乾隆三十九年（1774）三月间以务农为生计的安徽亳州人丁洪奇、张菊前往河南鹿邑贩卖草帽，寓居樊明德家。因见樊明德每晚诵经，向其查问。樊明德告诉二人"仙人传下真经，虔心念诵，死后免入地狱，转生好人，并称有人恳其代念，亦可保佑"。是年九月张菊表弟鲁位之母张氏患病，鲁位至樊家请樊明德"代为念诵"，樊氏并给末药调治，张氏病愈。丁洪奇、张菊遂神其说，于十二月十八日各备八折钱三千，投拜樊明德为师，入混元救。樊氏给大小问道经，并请神疏头令其抄录。乾隆四十年（1775）三月始行为人代诵经疏，敛钱惑众。这是混元教初入皖省情状。[1]

　　当局在审办豫、皖混元教案时，发现问道经内有"换乾坤"、"换世界"、"反乱年"、"末劫年"等词句，又发现《混元点化书》中有"末劫，刀兵现"、"子丑寅卯灾多"，以及"龙虎二将中元斗"，三十六将、二十八宿临凡世等语句。当局审讯樊明德其中何所指，樊明德供称"大约预防荒乱，吓人修善之意"，皆系杨集所传。但当时杨集已物故，而樊明德坚供不知其详，至使案情就此为止。[2]

　　此案因樊明德"倡立混元教，煽惑多人，传播大小问道逆词"，被当局以大逆律凌迟处死，家族成员十六岁以上者，皆缘坐斩决。妻与不及年岁之子给付"功臣之家"为奴。辛永禄、胡添文，王延亮等或因传抄"逆

---

①　《朱批奏折》，乾隆四十年五月三十日安徽巡抚裴宗锡奏折。
②　《军机处录副奏折》，乾隆四十年五月二十八日河南巡扶何煟奏折。

词"，或因传徒十人以上皆斩决。樊宗年等因各招徒众，均以左道异端煽惑人民为首律拟绞。其余凡招徒者"俱从重改发黑龙江给与披甲人为奴"。而连可敬、刘松等人仅只入教烧香，并未习念经疏，俱以"左道惑众为从例，发边远充军"。刘松事后发往甘肃省平凉府隆德县充军。此案另一"要犯"刘松之师王怀玉及其子王法僧逃逸，后法僧在江苏为当局捕获，亦发往甘肃隆德充军。

据上述内容可知刘松师承关系：

……杨集→樊明德→玉怀玉→刘松

八　宋之清西天大乘教与刘松、刘之协三阳教

乾隆末年，中国的历史再次出现大动荡的征兆。历经百年的所谓康、乾盛世已经走到尽头，社会的表面升平气象已经掩盖不住底层世界的骚动、突发与震荡，极度贫困的人群与极度腐败的封建地主、官吏的激烈对抗形成一触即发之势。这在收元教、混元教教团内亦有明显的反映。从乾隆二十年（1755）张仁编写"新天新地新乾坤"的歌词，到乾隆四十年（1775）樊明德传播"换乾坤"、"换世界"、"反乱年"、"刀兵现"经卷，反抗当局的意识益加明显。到乾隆末年，终于付诸行动，捏造"牛八"，即朱姓为明朝后裔，倡言反清复明。清统治者则以极端手段，搜捕"白莲邪教"，风声鹤唳，草木皆兵，以至惨刑至死或杀戮流徙者多不胜计，倾家荡产，妻离子散者所在皆有。百姓闻办"白莲教案"而色变，官吏衙役则专恃此事以虐民，川、陕、楚三省于中为烈，终于造成大范围的各阶层群众甘心弃家，铤而走险。一场反抗极端残暴的封建专制统治的农民大起义爆发了。

这场大起义的直接策划者不是刘松、宋之清诸人，但他们是豫、楚、陕、川收元教、混元教的组织者。显然没有数十年间民间宗教的大面积传播，没有秘密而牢固的宗教组织体系，这数省的农民造反行动很可能迅速

流产。因此搞清刘松、刘之协、宋之清诸人在乾隆末年的活动是必要的。①

宋之清，湖北襄阳人。乾隆五十四年（1789）正月，"有居住河南新野县族弟宋文高，系姚应彩之徒，……来至宋之清家，述及索习经咒妄称将来弥勒佛转世掌教，有水火瘟役（疫）诸灾，念经尊奉，方能躲避。宋之清求其传教，出给根基钱文。宋文高先传过愿咒语，并念佛号及合同内载'十门有道一口传'等句隐藏从前传教众姓在内，又给灵文一本，内有'五魔下降'及'八大金刚将'等语句，并给太阳经本。宋文高嘱其每季出给香资，转送姚应彩供佛升丹"②。宋之清即转收宋显功、高成功为徒。

前数节已述及姚应彩。姚氏系收元教首孙贵远之徒。孙贵远又系豫省徐国泰、李从呼收元教流裔。乾隆五十年（1785）湖广当局侦破孙贵远传习收元教，孙贵远被凌迟处死，姚应彩等人"应照违制律杖一百，再加枷号两个月，满日折责发落"，未遭徒刑。事后继续传教。由此可见宋之清先于乾隆五十四年（1789）正月加入收元教，其传承关系如下：

> ……张仁→王五钧→孙士谦→徐国泰→李从呼→孙贵远→姚应彩→宋文高→宋之清

但是在同年二月，又有安徽省太和县人刘之协前往湖北襄阳县"向宋之清声称，老教主系河南鹿邑县刘松，充发甘肃隆德县，其子刘四儿乃弥勒佛转世，将来保辅牛八，诱令宋之清随同往见刘松，并送给银两而回"。③ 宋之清又入刘松混元教。此派传承是：

> ……杨集→樊明德→王怀玉→刘松→刘之协→宋之清

乾隆五十四年（1789）以后，宋之清随收齐林、宋相、李成贵、张添美、薛国玺五人为徒。并令其五人不拘何地，各自收徒，"四季升丹，各

---

① 关于刘松、刘之协、宋之清的活动，学术界已有多篇文章讨论。戴逸先生主编的《简明清史》第二册，专有林铁钧教授著述一节，读者可参阅。

② 《军机处录副奏折》，乾隆五十九年十月十六日湖广总督福宁奏折。

③ 同上。

出银钱，交伊收用"①。其中齐林是湖北襄阳县总差役，转收伍公美、王秉富为徒。伍公美转收樊学鸣为徒。樊学鸣转收萧之周、萧贵等九人为徒。萧之周等又辗转在湖北一带传教收徒，而萧贵则抄得经文，携回陕西安康县辗转收徒。从乾隆五十四年至五十六年（1789—1791）宋之清、齐林等数次赴甘肃隆德县刘松处送银，迨至乾隆五十七年（1792），宋之清因教势日张，欲自行兴教，遂以"刘之协等并无八牛令其见面"为由，自改教名为西天大乘教。②

　　另一教派的刘之协，安徽省太和县人，入教很早，早在乾隆四十年（1775）以前即拜刘松为师。刘松犯案时"未将刘之协供出，因得漏网"③。可见杨集、樊明德混元教亦曾传至安徽太和县一带。乾隆五十三年（1788）三月，刘之协远赴甘肃隆德县看望刘松，两人相商，因混元教破案日久，人多不信，遂"改为三阳教"，并将《混元点化经》改为《三阳了道经》，灵文改为口诀。"刘之协又恐不能动众，复与刘松商量，欲觅一人捏名'牛八'，凑成'朱'字，伪称明朝嫡派，将来必然大贵。又指刘松之子刘四儿为弥勒转世，保辅牛八。入其教者，可免一切水火刀兵灾厄。并推称刘松为老教主，希图哄诱众人。敛得银钱，俱送刘松处收存，凑成总数，再为分用。"④ 此后，刘之协前往湖北襄阳哄诱宋之清入三阳教即原来的混元教。三年后，宋、刘分道扬镳，自立教门。其教辗转传播湖北、陕西、四川等省。

　　与此派传承稍异的是王应琥一脉。王应琥原籍湖北南部的监利县，迁居湖北西北部的房县。其父王全及艾秀，"俱系已正法孙贵远之徒"，习收元教。乾隆五十五年（1790）十一月，王全令王应拜艾秀为师。"艾秀传给王应偈经一本，内载正德四年三月初八日，神传黄龙山黄童二女，收在宝藏库内，但等牛八来掌教，并弥勒佛掌教，七日七夜黑风黑雨等语。习此经咒，尊奉弥勒，即是龙华会上之人，可免三灾八难。"王应从艾秀念习《过愿咒语》、《合同灵文》，又得《太阳经》一本。不久，其父王全物

---

① 《军机处录副奏折》，乾隆五十九年十月十六日湖广总督福宁奏折。
② 同上。
③ 《清中期五省白莲教起义资料》第一册，乾隆五十九年十月六日陕甘总督勒保奏折。
④ 同上。

故，王应琥贫困交加，于乾隆五十七年（1792）三月与艾秀商同兴教敛钱。二人声称"弥勒佛转生河南无影山张家，扶助牛八即朱姓起事，百姓要遭水火风三灾，念经可免。"① 王应琥先后收廖芳、廖勇富、王能、王世发等七人为徒。廖芳抄录经文，又转收唐名科、王义等个人为徒。王义等又辗转收胡胖子等十人为徒。胡胖子则收王世法、王大烈等十人为徒。王大烈等人转收陈光七、陈开榜、余正幅、余正受、萧金太、赖兴宗、刘士组、陈金玉等人为徒。陈金玉是湖北竹溪县人，竹溪县毗邻四川大宁，在大巴山两侧，万山丛集，地僻人稀，百姓生活极端贫困。乾隆五十七年（1792）十一月，入教不久的陈金玉翻越大巴山来到四川大宁，见到谢添绣等人，陈金玉教授灵文经咒，以避劫免灾相耸动。谢添绣遂出根基银三钱，拜陈金五为师，入收元教。据谢添绣事后供称："凡入教之人，先令过愿，传给灵文，后与升丹。所谓过愿，即系赌誓，学习此教，必须上不漏师，下不漏徒，中不漏自身。所谓升丹，系将姓名、籍贯写在黄纸上，向空焚化。亦有称为'打丹'者。"② 谢添绣是四川较早的收元教徒，其后他曾赴湖北竹溪与陈金玉拜见王大烈，及王大烈之师胡胖子，并在王家升丹一次。陈金玉至此告之，弥勒佛已经转世河南张姓家中，欲保护牛八即朱姓起事。入教之人出了根基钱，遇有劫数都可免灾。谢添绣在四川传徒谢添锦、陈秀元、李荣山、童升、邹湧一、萧太和等十五人。

　　与陈金玉等人入川传教的同时，陕西一支收元教徒亦进川。陕西收元教是宋之清、樊学鸣一支之流裔，最早传徒者是湖北襄阳人萧贵。萧贵于乾隆四十一年（1776）到陕西省安康县种地营生。乾隆五十四年（1789）五月，其妻弟樊学鸣到安康县滔河地方看望。是时滔河地区瘟疫流行，樊学鸣起意骗钱，代之烧香拜佛，被地方当局拿获，解回湖北，"递籍管束"。乾隆五十七年（1792）六月，萧贵回至原籍。樊学鸣告之同县人伍公美、宋之清传习西天大乘教，说将来有五魔降下水火诸劫，如尊奉弥勒佛，烧香念经，才可避劫。萧贵央求樊学鸣招引入教，樊学鸣令其发过愿誓，出根基钱一两，带至教徒王元兆家，用黄纸开写姓名，望空拜佛，念

---

① 《军机处录副奏折》，乾隆五十九年十月十六日湖广总督福宁奏折。
② 同上书，乾隆五十九年七月二十八四川总督福康安奏折。

经焚化，"名为打丹"。又给《太阳经》、《灵文合同》各一本。投师入教后，萧贵往见宋之清。宋之清谆嘱萧贵，《太阳经》可随便给人，《灵文合同》必须慎密传授。授徒后根基银则需转送樊学鸣处，再转宋之清"供佛"。萧贵于乾隆五十八年（1793）春回到陕西安康传教。先邀平日好友萧正杰、张大用、薛文斌、刘大进、赵显彰、邱正魁六人入教，以念经避劫为词，让诸人发誓并各打丹一次。又收梁得成、尚贵为徒，尚贵则收冉文酬为徒，而萧正杰、薛文斌等亦辗转收徒石伯高、张正杰、万人杰等多人，仅一年有余，此支西天大乘教即系原来之收元教在陕西传播了一百多名教徒。这是收元教在陕西安康一带较早的教派。后经陕西当局"上紧查拿"，萧贵等多人被捕，分别凌迟、斩、绞、流徙。而其中冉文酬、万人杰等人逃逸，成为日后起义的组织者和骨干分子。① 据清档案载陕西西天大乘教案，可知陕西省收元教传承如下：

……宋之清→樊学鸣→萧贵→尚贵→冉文酬
↓
薛文斌→石伯高→万人杰

乾隆五十九年（1794），楚、豫、川，陕诸省收元教、混元教派活动风起云涌，势不可挡，有清各省当局惊恐万状，四处查拿"白莲教匪"。是年七月，四川大宁县首获谢添绣、萧太和诸教徒，究出楚省陈金玉、胡胖子等教中骨干。陈金玉为教徒抢回，胡胖子为当局拘获。遂审出楚省房县王应琥倡教、传教的来龙去脉。是年七月底，陕西省兴安府地方当局访闻安康县滔河地方萧贵"烧香念经惑众敛钱情事"，分投拿获萧贵、萧正杰、薛文斌等首从"邪教"分子六十七名，究出倡西天大乘教的宋之清及樊学鸣诸人。陕西当局飞咨湖北督抚臣等"密行查拿"。湖北当局飞饬襄阳镇、道、知府严行查拿，先后逮捕了樊学鸣、宋之清及同教齐林等十八名。在陕西，当局严审萧贵《灵文合同》内容。据萧贵供称："合同内所

---

① 《军机处录副奏折》，乾隆五十九年九月十四日、七月二十九日、八月三十日陕西巡抚秦承恩奏折。

称'十门有道一口传'系周姓，'十人共子一只单'系李姓，'十口合同西江月，系胡姓，'开弓射箭到长安'系张姓。皆暗藏传教之人，不能指出名字"。①萧贵当然难以指出"合同"所含传教人真名，即宋之清也不知此口诀是荣华会首张仁所造，本指周隆庭、李彦稳、胡二引进、张仁四位教首。时过境迁，仅四十年，口诀虽然遍传数省底层社会，但所有的信仰者已不知所云而懵懂随之了。这反而增加了"合同"的神圣性，被冠之以"灵文合同"。至乾隆末年，"弥勒佛转世河南张姓，扶佐牛八起事"的谣言蜂起于各个收元教团，不能说与张仁所编口诀无干。对周，李、胡、张四位"祖师"的信仰，亦成为教内共识。

由于湖北襄阳西天大乘教传教中枢遭到当局毁灭性打击，刘松，刘之协三阳教迅速暴露出来。宋之清嫡传弟子宋显功供出"伊拜宋之清为师，递上老教主系名刘松，原籍河南鹿邑县人，于乾隆四十年混元教案内问拟军，充发甘肃隆德县地方"②。乾隆五十九年（1794）九月底，陕甘总督饬令按察使驰赴隆德，拿获刘松。在刘松卧房炕下搜出藏银约二千两。刘松供称"从前未犯案时，原有旧徒安徽太和县原香集人刘之协，又有刘之协徒弟湖北襄阳人宋之清，自五十四年起至五十八年，曾到过隆德六次，起出之银就是刘之协合宋之清向众人敛取打丹银两，陆续送给我们"③。至此当局已清楚"是此案邪教起自刘松，传于刘之协，盛于宋之清，而刘松为此案首犯，似无疑义"④。

乾隆五十九年（1794）九月，安徽扶沟县发生一次劫财案，拿获假冒劫犯刘起荣并起出银两衣物，刘起荣供称在族弟刘知协（即刘之协）处寄有银两。太和县遂拿获刘之协，解赴扶沟县。于解途中，刘之协逃逸，当局在太和县、亳州等地拿获混元教骨干及教徒李伯禄以下多人，审知刘之协与宋之清争夺教权后，欲奉当年混元教案逃逸的刘松之师王怀玉为教首，"迎奉太和，另立教名"。但此事未果，刘起荣因行踪诡秘，为舞阳县衙役拿获，假冒劫犯，牵连至刘之协。

---

① 《军机处录副奏折》，乾隆五十九年十月十二日河南巡抚穆和蔺奏折。
② 《军机处录副奏折》，乾隆五十九年十月二日河南巡抚穆和蔺奏折。
③ 《朱批奏折》，乾隆五十九年九月二十九日陕甘总督勒保奏折。
④ 《军机处录副奏折》，乾隆五十九年十月六日陕甘总督勒保奏折。

　　刘之协逃逸后，经往湖比襄阳组织暴动。襄阳自西天大乘教破案后，宋之清等被凌迟处死，宋显功、高成功，齐林等十九人被斩决示首。另外一百五十一名为从教徒发配黑龙江给索伦达呼尔为奴。诸"要犯"家属各缘坐有差。而湖北的荆州、宜昌、房县、竹山、竹溪一带，四川、陕西各教徒活动要区，有清当局亦四处捕获杀戮信仰者，数省范围内一片腥风血雨，百姓大难临头，官逼民反，一场以混元教、收元教徒为骨干的农民反抗暴政的起义已迫在眉睫。乾隆六十年（1795）二月，宋之清徒弟姚之富、姚文学父子到湖北保康、房县、竹山一带聚集教徒，准备起事。刘之协与齐林之妾王聪儿及姚之富等人商议，"若不造反，也站不住了"，约定于嘉庆元年（1796）三月即辰年、辰月、辰日、辰时四方起事。但是在湖北荆州的枝江、宜都，教徒在准备过程中，为当局察觉，首领张正谟、聂人杰被迫先期于嘉庆元年正月率众起事。荆州首倡，各地响应，数月间湖北长阳、长乐、当阳、保康、竹山等处，反声四起。四月间，襄阳地区教徒在齐林之妾王聪儿及姚之富、樊人杰、张汉潮诸人率领下亦揭竿暴动。湖北教军已势成燎原，从而揭开了著名的川、陕、楚、豫等五省农民大起义的序幕。

　　这场生死搏斗延续了近十年之久，清政权在耗尽元气之后取得了暂时的胜利，但再也无法挽回颓势了。

　　通过本文考证，混元教、收元教源流图示如下：

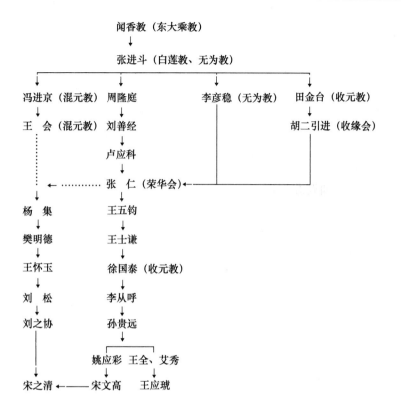

道教与清代八卦教

一　道教与民间宗教概论

中国的道教发展至明清时代日趋民间化和世俗化，从而生成形形色色的民间宗教。而这些民间宗教与土生土长的道教有着密不可分的关系。可以说，中国的许多民间宗教是道教的流衍或异端。

所谓民间宗教，相对正统宗教而言，它不为统治阶层所承认，只能在民间秘密流传，被当局称为"邪教"或"匪类"民间宗教与正统宗教虽然有着本质的区别，但从宗教意义上讲，两者并没有隔着不可逾越的壕沟。世界上影响深远的正统宗教没有一个不是由民间宗教孕育产生的；而后起的一些民间教派，又往往是正统宗教的流衍和异端。这两者在组织、信仰、宗教仪式诸方面有着千丝万缕的联系。

道教在获得正统地位以前，也是一个在底层流传的民间教派，即民间道教。早在战国时代，道教的原始形态便出现了。当时楚人崇巫术，重淫祀，而燕赵齐鲁则盛行着神仙方术。这两者都是汉代民间道教发端的源头。汉末，有大规模组织体系的道教出现了，求道鹤鸣山中的张陵及其家族创五斗米教，无疑受到了盛行南方巫风巫术的影响；而北方张角兄弟所创太平道教又受到神仙方术及流行于世的谶纬经学的启迪。这两派道教是都为统治阶层所不容，遭受镇压。

民间道教从秘密流行到为封建当局公开承认，历经二三百年。其间由于文人的改造润色，它有了一套较为完备的教阶制度与仪式规范，教义的内涵也发生了重要变化，遂为南北朝时代的部分统治者所喜闻乐道，从而跻身于封建统治思想三大支柱的行列。但依然有部分道教流派在民间蔓延，成为社会的动乱因来。当时以所谓教主李弘为旗帜的造反事件不胜枚举，而孙恩、卢循领导的起义也表现出道教某些教派对抗现行秩序的巨大力量。由此可见，在南北朝时代，道教仍然呈现着一种复杂的格局。

唐宋两朝，道教鼎盛一时，真正发挥了作为正统宗教的社会功能。但金元时代，封建社会走向下坡路，道教再次呈现出纷繁复杂的局面。金代，北方大乱，中原文化毁于一旦，儒家思想亦被弃之不顾，部分读书人出入佛老，寻求救世或避世良方。新型的道教教派——全真道应运而生。当时王重阳修道终南山，倡三教合一，主张炼养，成为此派开山祖。数十年间，全真派流传底层，直到 1219 年，其弟子丘处机为元太祖召见，全真道才从民间教派走上正统地位。元代中叶，这支道派在与佛教的争宠中骤然失势，除部分大观外，信仰不称，渐次走向民间，开了黄天教等民间教派之先河。与全真道同时问世的混元道不具备成为正统教派的条件，数百年间在底层发展，到明代演化为红阳教、混元教等教派。

明清时代，社会发生了急剧的转折，封建制度已经无可挽回地没落了。封建制度的衰落不仅表现在政治、经济、思想、文化诸领域，也突出地表现在宗教领域。清初莲宗居士周克复曾生动地描写过那一时代的宗教世界：

> 如近世白莲、无为、圆顿，涅槃、长氏、受持等教，无非窃佛祖经纶绪余，创野狐之祥，播穷奇之恶，诳诸无识，贪财倡乱。始犹附佛而扬典波，继之角佛而标其帜。嗟！嗟！末运法弱魔强，释教至是而坏乱极矣。[①]

"末运法弱魔强"不仅表现了佛教历史命运的衰微，从某种意义上讲，道教更有甚者。佛、道两教衰落了，代之而起的是不可遏止的民间宗教运动的狂潮。明代成化、正德年间，以罗祖教的兴起为转机，至明末仅大的民间教派就出现了数十种之多，罗祖教、黄天教、三一教、红阳教，混元教、闻香教、西大乘教、龙天门教、圆顿教、收元教等等是其中较著者。这些教派脱离了佛、道两教的范围，有各自的势力范圆、教主、经书和教

---

① 《朱批奏折》嘉庆二十三年一月十三日山东巡抚陈预奏折。

法，在宗教领域中形成了一种奇特的历史现象。这一运动在明末农民运动中经历了短暂的沉寂，在清代以更加蓬勃的气势向前发展。从已发掘出的史料来看，整个清代至少出现过二百余种民间宗教和秘密结社。它们活动在除了西藏以外的广大地域，几乎无时不在，无处无之，构成了难以数计的地下秘密宗教王国，形成了对抗封建政权的异己力量，这是对专制统治一种无声的对抗和离异。在清代新崛起的大教门有八卦教、一炷香教、青莲教、金丹教、黄崖教、刘门教、真空教等等。它们的兴起为民间宗教运动的发展起了推波助澜的作用。

道教衰落了，这仅仅是指作为正统宗教的道教的衰落。道教的影响不仅没有消失，反而以新的形式在民间宗教世界重新迸发出来。其中最突出的是道教修炼内丹的理论与实践。两宋以后，道教外丹的理论与实践由于不能适应客观环境的需要，逐渐为历史淘汰，修炼内丹成为教内一时风尚。修炼内丹者无疑在对人身功能的探求有不可磨灭的成就，但内丹者希望通过修炼，打破生与死的界限，寻求永生的门径，却是一种虚妄。而且它的神秘主义色彩，单传独授的组织形式，繁缛礼仪与深不可测的实践都使它无法扩大本教派的影响，并进一步导致各类异端思想和行动的出现。在民间宗教中，修炼内丹成为一种普遍的宗教内容，虽然师徒授受之际往往保留着宗教的某些神秘主义色彩，但道教那套单传秘授的清规戒律却荡然无存了。道教修炼内丹的理论和实践在民间宗教这里被改头换面而且通俗化、普及化了。可以毫不夸张地讲，道教在明清时代对民间宗教的影响是首屈一指的。其中对黄天教、三一教、红阳教、混元教、圆顿教、八卦教、一炷香教、金丹教等教派的影响尤为突出。修炼内丹，成为这些教派宗教活动的重要内容。大批宝卷以讲解这方面内容为宗旨，从明初中叶以迄近代，数百年而不绝。

本文在述及道教与民间宗教关系时，不可能面面俱到，仅择清代八卦教作为典型，说明道教对民间宗教的影响。

二 八卦教的创立与组织

（一）八卦教的创立

八卦教创立于清代康熙初年，创教人是山东省单县人刘佐臣。据清代档案记载："山东单县人刘佐臣于康熙初年倡立五荦道收元教，编造《五女传道》等邪书，分八卦，收徒敛钱。刘佐臣物故后，伊子刘儒汉，伊孙刘恪踵行此教。刘省过系刘恪之子，接充教首"（乾隆五十一年闰七月永琅奏折）。最初的八卦教本名是五荦道或收元教。八卦之名为后出。八卦教是一支体系庞大、变化多端的教门。在它三个多世纪的发展进程中曾出现过许多教名：五荦道、收元教、清水教、八卦教、九宫教、天理教，空子教、圣贤教、先天教、后天教、明天教、老理教、在理教等等。八卦教每卦都有相对的独立性，所以在这个宗教体系中又出现了离卦教、震卦教、坎卦教、乾卦教等教名。由于八卦教的某些支派在后来与其他一些教门发生了融合，所以又出现了义和门离卦教、一炷香离卦教等名目。在有些史料中它又被称作白莲教。它的影响很大，同时代的一贯道、皈一道等教门也曾受其影响。

（二）八卦教的组织——内安九宫，外立八卦

八卦教自倡教之日始，便建立了一套与众不同的组织体系和组织形式：以八卦派分支系。每卦皆设卦长一人，各自收徒。而各卦卦长皆奉山东单县刘佐臣及其后裔为总教首。这种格局相延至清末民国初年。

八卦教宗教组织有两个特点：一是以"内安九宫，外立八卦"的理论为指导，建立了相对严密的组织体系。二是逐渐形成了金字塔形的教阶制度。这两个特点说明，该教已发展为一较成熟之宗教。

八卦教经卷《乾元亨利贞春夏秋冬九经歌》记载了如下几句韵文："引阴阳，各分班，一能生二、二生三。三气之所命乾天，八卦《易》成性刚坚。"在造经人的眼中，八卦是《易经》的产物，是天地阴阳互相交感的结果，因此具有神圣的，万世不能动摇的性质，是天地不易之理。

道教在早期形成过程中，就曾受到《易经》深刻影响。东汉会稽上虞人魏伯阳，综合炼丹术，著《周易参同契》，集内丹外理论大成。他以乾、坤、坎、离诸卦象为代名词，解释以鼎炉炼丹的变化与过程，以明修仙炼丹宗旨。后人解释《周易参同契》时讲：该书大率以乾坤为鼎器，阴阳为提防，水火为化机，五行为辅助，真铅为药祖，互施八卦，驱役四时。所谓互施八卦即指以乾坤为鼎器，坎离为药物，其余诸卦为火候，即调和火

候，烹药为丹无不与八卦有关。在至真道之龙门派中，亦有以人体的某些部位为八卦名词替代：以离卦代表心，坎卦代表肾，兑卦代表肺，震卦代表肝，坤卦代表脾等等。而《全真集玄秘要》则讲：用人的身体表示八卦，则乾为首，坤为腹，离为目，坎为耳，震为足，巽为手，艮为鼻，兑为口。这是形体的八卦。若以性情以言，乾坤身心也；坎离精神也；震兑魂魄也；艮巽意气也。《金丹大成集》则记载：头为乾，足为坤，膀胱为艮，胆为巽，肾为坎，心为离，肝为震，肺为兑。以上资料显示，内外丹道皆借用《易经》卦象建立了修炼理论。

至了明代，八卦之说开始为民间宗教所利用。明中末叶问世的《重皇极金丹九莲正信皈真还乡宝卷》出现了大量关于八卦九宫的记载：

> 三才四相生八卦，五行六爻定九宫。
> 乾天吼叫，巽地鸡传，九宫八卦，万圣朝元。

黄育楩撰《破邪详辩》所载之《九莲正信》卷还说："真精掌领坎卦，真神掌领离卦，真魂掌领兑卦，真阳掌领乾卦，真阴掌领坤卦，真明掌领艮卦，真行掌领巽卦。"这些说法皆为道家内丹派理论的变种。全真道中的龙明即以震卦代表原神，坎卦代表原精之说。可见在明代中叶，民间宗教就把内丹理论引入自己的教义，并加以改造，作为吸引徒众的手段。

不仅如此，在明代有些教派已用八卦说安排内部的组织结构了：

> 内九宫，外八卦，三宗五派。
> 安五盘，立四贵，不差分毫。
> 分九宫，立五卦，船灯接续。
> 立九干，十八枝，将法开通。
> 三回九转，只为后天大事，……极头九干十八枝护
> 教，内安九宫，外立八卦，……排满未来天盘。

《破邪详辩》的作者黄育楩就曾认为，八卦教"聚众之原，因外八卦，则仿照此卷所言"。看来不无道理。显而易见，刘佐臣"分八卦，收徒党"的组

织机构并非自己的独创，同样吸收了明代末叶民间宗教的特殊的思想资料。

清代的民间宗教在上述内容上也继承了明代的传统。清初就已经流传的混元教的《立天卷》对八卦说有了新的发展：

> 太极混元教之图象内有红白二道，分出三才、四相、五行、六爻、七政、八卦、九宫、十干。天地阴阳合成八卦乾坤。乾为天，坤为地，天为父，地为母，坎为水，离为火，坎离交媾，水火均平，而能生万物。
>
> 自从先天一气，三皇治世，安八卦、立五行，造下金木水火土，分出五岳明山四大部洲，七十二国。

这就是清代初流传在民间宗教世界中的一种创世说，在这里阴阳八卦相交组合，不仅构成了民间宗教修炼内丹的理论，而且创造了自然万物，人类社会和国家。民间宗教的创世说并不是一种无目的的空论，而是为本教门的发展服务的，《立天卷》明确地告诫门徒："八卦九宫是方向"，"八方男女奔中央"。把八卦之说作为招徕的手段。

明末清初，民间宗教世界流传的"内安九宫，外立八卦"的理论无疑影响到了刘佐臣，在刘佐臣的传教书中就有一部《八卦图》，这可能是他"分八卦，收徒党"的宗教依据。这部经卷已经失传，但教内后来流传的《八卦教理条》却有与八卦说相关教义：

> 八卦六爻人人有，迷人不省东西走。
> 有人参透内八卦，好遇青松九个九。

显然"参透"八卦成了当时教内修行的内容，而参透八卦恰恰是八卦教修炼内丹的有力佐证。当然八卦说不仅仅指导了教徒们进行气功的训练。而且它促成了八卦教组织机构的创立与巩固。"八卦分，天地开"。在《八卦教理条》中，世界被乾、坤、震、巽、坎、离、艮、兑八卦分成西北，西南、正东、东南、正北、正南、东北、正西八个方位。这八个方位都围绕着中央方位。"八卦即八宫，加以中央为九宫"。从刘佐臣创教起，历来的刘姓教首都居于中央宫的位置。这正是刘姓教首从未领任何一卦的根本原因。《八卦教理条》中说："到中央，戊己土，真人进了神仙府"。五行以土为首，九宫以中央宫为主，其他八宫处于被支配、被统属的地位。正是在"内安九宫，外立八卦"教义的指导下，八卦教发展成为一个有固定教首、组织较其他民间宗教严密的宗教教门。这种组织形式不仅给八卦教的发展奠定了基础，而且给八卦教内世袭传教家族的形成开辟了道路。

八卦教组织的第二个特点，是形成了完整的教阶制度。

清初单县人刘佐臣创立八卦教时"收徒分列乾、坎等八卦，尚有数卦未曾得人"。半个世纪以后，教门迅速发展，教内出现了等级："所收之徒分八卦，每卦以一人为卦长，二人为左干右支，余为散徒。"到了乾隆中叶，该教已历百年，成为华北地区最大的民间教门，从其教者成千累百，教内等级制度已经形成，而且十分严密：刘佐臣子孙居于教首地位，教首之下是八卦的卦长。以震卦为例，王姓为卦长，卦长之下分六爻，每爻设爻长之一人。卦长、爻长分别冠以"真人"名字号。真人又分数等。真人以下是总流水、流水、点火，全仕、传仕、麦仕、秋仕诸等教职。

三 《五圣传道》——一部修炼内丹的传教书

八卦教不属于白莲教，也不属于明末清初任何一支民间教派，不仅在于它与众不同的组织结构，它还具备与白莲教等教派十分不同的教义特色和修持方法。

刘佐臣倡教之初，有哪些传教经书呢？

乾隆三十七年，三月，其曾孙刘省过在被刑之前曾留有供词：

> 伊曾祖刘佐臣所传《五女传道书》、《禀圣如来》、《锦囊神仙论》、《八卦图）及《六甲天元》等抄本旧书，俱传授于山西人韩德荣。韩德荣于乾隆十三年事发，原书俱被起获。伊父犯事之后，又将存本尽行烧毁……

经卷烧毁一事不足为凭。刘省过受审之后数日，山东当局就在坎卦头目孔万林家搜出《五女传道》一本，并其他道教寻常书本。

四十几年后的嘉庆二十二年，清政权再次于新疆、山东、直隶等省拿获八卦教首刘成林等一批"逆犯"，查获大批传道经书，内中包括"《五女传道宝卷》一本，《五圣传道》一本，即《五女传道宝卷》"。

据我所知，现存国内外有关刘佐臣的创教经书，仅余《五圣传道》即《五女传道》一种。我收藏的《五圣传道》为"京都顺天顺义县榆林村存板"，宣统三年新正月无名氏捐大洋印行的。日本学者泽田瑞穗在其著《增补宝卷的研究》中记载了《五老母点化真经》和《五经宗宝卷》，皆为民国六年印本。日人所存两书从内容上看完全是《五圣传道》的翻版。

从上述介绍可知。《五女传道》即《五圣传道》从清康熙初年直到清末民初，一直在底层流传，为时二百五十年之久。清亡前后又在多处大量翻印或重刻，这部经书影响之巨，可见一斑。

《五圣传道》是一部什么样的传教经书呢？其全文不足五千字，比起明末一批洋洋大观宝卷，似乎不足一提。但其影响之大，却是一般宝卷难以企及的。

泽田瑞穗在谈及《五经宗宝卷》及《五老母点化真经》时认为它们是谈论超凡入圣玄理的经书，或究求长生大道的经书。但没有进一步说明"玄理"和"修真"的内容。

以我所见，《五圣传道》是一部修炼内丹、追求长生不死的传教书。所谓修炼内丹与今人所云气功相类。

书中假记一对夫妇，男子名常修，女子为单氏。夫妇二人平日向善，好佛礼忏，家附近有庙，庙内供奉着观音、普贤、白衣、鱼篮、文殊五位菩萨，夫妇常去拜供。一日，常修告别妻子"去访长生大道"。走至一荒山野僻之处，仅有一茅屋光明如昼，常修进去后，见有五位农家妇女在纺纱织布，这五位妇女即观音等五位菩萨幻化而成，因常修"心诚"，欲在此地点化他。按说观音等菩萨是佛门偶像，亦应以佛法"点化"世人，但在刘佐臣所编《五圣传道》中，却通过五位菩萨之口，讲出了一番道教内丹派的玄妙道理来。其中一人对常修云：

道也者，不可须臾离也，可离非道也。道不远人，人自远矣。
盖大道现在目前，何须外求，只知率性而已矣。

书中又有四句与上述意思相同的偈言：

大道分明在一身，迷人不知向外寻。
不遇圣师亲指点，枉费修行一片心。

这段话及四句偈言，是在告诫信仰者，修行的道理既不在乎千经万典之中，也不在名山洞府之内，而在人之一身。道教内丹派历来排斥外丹派，以及一切修庙建塔、念经垒忏等外在内容上。从内丹派集大成者、宋朝人张伯端起，这种思想以迄于今。张伯端在其著《悟真篇》中开宗明义：

人人本有长生药，自是迷途枉自抛。
丹热自然金屋满，何须寻草学烧茅。

在内丹派看来，长生之道无他，即在自家身上修炼内丹。他们认为，世上千条修炼长生之法皆为虚妄，愚人不知自己体内有宝，枉自向外追求，以至枉抛了一片修行之心。刘佐臣手编的《五圣传道》直接继承了这类思想，把修炼内丹作为八卦教修持的最根本追求。

怎样才能修炼内丹呢？刘佐臣在《五圣传道》中，借五位女子纺纱织布等劳作的简单过程，来说明"修道"的具体内容。

首先，修炼要选择清净之地，以便使人入静。他在书中写道：

修行如同去纺绵，莫把工夫当等闲。
未纺先寻清净处，要把六门紧闭关。
纺车放在方守地，巍巍不动把脚盘。
……
知止而后方能定，定而后静而后安。

当修行人完全入静以后，静中有动，体内一股气流如同"拨动风车法轮转"一样，从人体的尾闾穴上升，经夹脊穴、玉枕穴，运至泥丸宫（即人之大脑）。然后再下降至鹊桥、重楼，纳入丹田。这就是《五经传道》所云："靠尾闾，透三关，透出云门天外天"，或"当顶一线透三关"达到气流在周身运转的功效。这种气流运转又分小周天、大周天。上述修行内容，当然不是刘佐臣的创造和发现，而是道教内丹派长期经验和实践积累的结果。

在气流运转的过程中，内丹家十分讲究火候即炼内丹的动静与进退抽添的功夫。刘佐臣认为，这也和纺纱添棉是一样的道理。纺纱要掌握纱的粗细、快慢、使纱线均匀，而且要"接接续续不减断"。修炼内丹，则要使体内之气体阴阴和合，水火既济，动静得宜。以达到炼精化气，炼气化神的步骤，使精、气、神凝结成"丹芽"。这种结果也像纺纱最终"结出蟠龙穗"一样，都是半成品。纱要纺成线、织成布，而"丹芽"则要温养于丹田——道家所云黄庭之处，以形成"圣胎"即金丹。结成"金丹"，并不是道教也不是八卦教追求的最高目标，还要把"圣胎"运上泥丸宫，达到"透出元神"，或"透出昆仑"的目的。在信仰者看来，达到这一步就打破生与死的界限，超凡入圣，羽化登仙了。《五圣传道》中讲："专等纺到人心花现，功也圆来果也圆"，就是这个意思。

刘佐臣还在《五圣传道》中用织布的机子、弹花的弓子、轧花的天平架、拐磨的磨盘的运动来比喻人体原气的运动和变化，以及结丹的过程。认为"天动地静周流转，配合人身都一般"，修炼内丹是天造地设的大道，求得了大道也就求得了长生。

整个清代，几乎八卦教每一教门，每一支教派，皆以修炼内丹为教内核心机密。而修炼之法，五花八门。在王伦清水教中，分文武两门弟子。文弟子练气功，武弟子练拳棒。文弟子中又分大功、中功，小功。据说大功成就者可分十一天不食，而小功者亦可十天不食，仅饮清水而已。

在震卦教中，教徒每日三次朝拜太阳，早晨向东、中午向南、晚上向西，口念"真空家乡，无生父母"八字真言，运气炼功，名曰抱功。教徒们普遍认为，凡修持得道者，普渡慈航，归家认母，达于无生无死、无寒无暑、无痛苦、无悲伤的"真空家乡"。在这个"真空家乡"，人人平等，皆为无生老母之"皇胎儿女",这才是人生的终极归宿。

四 八卦教修炼内丹的风习及其影响

清初,刘佐臣编造《五女传道》,以修炼内丹为宗旨,传教敛钱。到清代乾嘉时代,八卦教修炼内丹已成风习,"坐功运气"成为传教授徒的核心内容之一。这种修炼方法贯穿到八卦教每一个支脉,其影响远达清末民初华北地区底层社会。

乾嘉时代,八卦教已由涓涓细流发展成为汪洋恣肆的宗教信仰的狂潮,从其教者动辄成千累万。上层宗教领袖出于扩大教势的需要,将刘佐臣的修炼思想用各类口诀、歌词加以简化,向底层传播。这样就出现了诸如《乾坎艮震巽离坤兑八卦八书歌》,《乾元亨利贞春夏秋冬九经歌》、《灵山礼采茶歌》,《五更词》,以及各色各样的教内《理条》等等。上述歌词、口诀,在宣扬宗教思想的同时,掺杂着大量修炼内丹的内容,与刘佐臣的《五女传道》即《五圣传道》一脉相承。嘉庆末年刘廷献父子所撰《西皇经》,内涵《五更词》多首,其中一首云:

> 一更里,上蒲团,把六门紧闭关,低头就把五圣现,运周天,展黄芽,三花聚顶、五气朝元。

《五更词》作为杂曲形式,从宋元时代即已出现,黄天教的经书《普明如来元为了义宝卷》亦广泛用此曲描绘夜间修行的内容,八卦教的《五更词》继承了黄天教《五更词》有关修炼宗旨,又加添了本教门特有的崇拜"五圣"的内容。

乾隆五十六年七月,刘照魁供出的《八卦教理条》即《乾坎艮震巽离坤兑八书歌》最具有修炼内丹的特点:

> 八卦六爻人人有,迷人不省东西走。
> 有人参透内八卦,好遇青松九个九。
> 到西北,乾三连,人人有个元妙元。

不打坐，不参禅，只用当人密密言。
包得紧，藏得严，终敢替祖把道传。
……

到西北，坎中满，苦海滚滚都不浅，
扭项回头都是岸，于今修行还不晚。
……

到东北，艮复碗，来来往往常周转。
昼也行，暮也参，真人出去昆仑山。
……

到正东，震仰盂，真人住在双林树，
聚一聚，散一散，真人才得出得去。
……

到东南，巽下断，真人住在昆仑殿，
绕一绕，变一变，疾如风，快如箭。
……

到正南，离中虚，中间现出夜明珠，
策五经，封四书，个个前贤从此出，
除内己，人不知，默默无言会天机。
……

到西南，坤六断，真人住在全州现，
夜来支上八卦炉，要把真性炼一炼。
……

到正西，兑上缺，真人得了真口诀，
套上牛、拉上车，拉在行路去打铁。
……

到中央，戊己土，真人退了神仙府，
一二三，三一五，金木不离水火土，
常存仁义礼智信，才知生老病死苦，
忙里偷闲寻出路，到家先看无生母。①

————————

① 《军机处录副奏折》，乾隆五十六年七月刘照魁供词。

　　这大段充满神秘主义色彩的口诀，使人感到沉闷晦涩，又迷茫难解。然而这个条理，却是八卦教的核心机密，它透露了这个教门修炼内丹的目的和方法。

　　为什么内丹修炼方法遍及乾坎艮震巽离坤兑及中央九宫八卦各支派？成为每个入教者必须进行的修炼内容？在中世纪的底层社会，长期困扰人们的是生与死这个世间的头等大事，如何摆脱死亡的临近和对死亡的恐惧，成为任何宗教首先要回答的问题。在八卦教中的信仰者看来，人生的历程就是生老病死苦五个字，它与生俱来，难以克服。佛教解决这个问题，完全依靠精神的力量，"释氏以空寂为宗，若顿悟圆通，则直超彼岸。"这种精神解脱的方法，更适合于知识阶层。而道教则不完全与佛教相同，"老氏以修炼为真，若得其枢要，则立跻圣位"，道教的内丹术，不仅限于精神解脱，它把改造人体功能的物质因素与宗教信仰结合起来，对解决生老病死苦这个现实的人生问题，功效比佛教来得实际，因此也就赢得底层群众的广泛信仰。道教当然不能解决死的问题，但在其初修阶段，就可以却疾疗病，健身延年，以至"神清气爽，身心和畅，宿疾顿清消，更无梦寐"①。

　　正是由于上述因素，千年以来，它吸引着云云众生，希望通过它达到超生了死的虚幻境界，成为人们的笃诚信仰和追求。在八卦教产生之前的黄天教、圆顿教、三一教、长生教、一炷香教、龙天门教等等，都把道教的内丹理论加以改造，引成己用，致使教势大张。八卦教问世之初，修炼内丹的理论与方法便相伴而生，因此迅速地赢得了华北民众的广泛信仰。

　　在八卦教倡教及传承人看来，人人皆有躲避生死轮回和抗疾防老之道，故云"八卦六爻人人有"，"人人有个元妙元"。因而"参透内八卦"，即修炼内丹，即可以比长生不老的青松健康长寿。但是修炼内丹是个艰难而神秘的过程，需要投名师指点，只有严守教内机密，师父"才敢替祖把道传"。显然这个"道"即修炼内丹之道，是八卦教教义的根本。师父传道于可靠的弟子，弟子更要精进修持，昼夜兼参，而且要做到"生不贪，死不恋"，斩断人世间的恩爱，以及对尘世间各类欲念的追求存想，达到

---

① （宋）白玉蟾：《修仙辩惑论》。

"省悟真情"即修炼性与命的过程。这个过程，各类教门皆谈得极为玄妙，亦无非是炼精化气，炼气化神，炼神还虚诸过程。一旦达到所谓"炼神还虚"，即完全进入了宗教的虚妄境界。但是无论道教还是八卦教，都难以达到修炼内丹这一步，使体内"现出夜明珠"，形成"元妙元"。八卦教把修炼内丹的成功进一步神化，认为一旦丹成，即可将其运上顶门——泥丸宫，八卦教称之为昆仑，人的精神就可以与神仙相会。所谓"真人出去昆仑山"，"默默无言会天机"，"真人进了神仙府"，"到家先见无生母"等等说法，都是对这种迷茫的幻想境界的描述。在八卦教的信仰者看来，丹珠炼成的结局是打破生与死、凡与圣的唯一方法和躲避生老病死苦悲剧性结局的唯一出路。明此，就了解了为什么八卦教如此吸引民众的内在原因了。

当然八卦教倡教人及世袭传教家族与普通信仰者对此的想法还有差异。宗教领袖们希望通过传授内丹法，加强教内信徒对自己的迷信和崇拜。八卦教修炼内丹的理论得道家之绪余，但该教却不崇拜道家祖师。道教内丹源分北、南二宗。北宗以王重阳、丘处机、马端阳诸人为祖师，南宗则以钟离权、吕洞宾、张伯端、白玉蟾等人为祖师。明代以后，道教中衰，修炼内丹的理论和方法广泛流落民间，为民间教派所用。在八卦教中，传授丹法的祖师是"圣帝老爷"刘佐臣。佐臣子孙为了神奇其说，以其祖托名孔子，孔夫子于是成了这个教门传授丹法的开山祖：

> 孔子一点性居中，口传人性实真正。
> 君子要得修性理，执得曲阜问圣公。
> ……
> 孔夫子，下天宫，时时的，传理性。
> 戊己土上把神定，穷理尽性人难晓，
> 密密绵绵性归中，男女都把功来用，
> 度众生，复本还原，全凭着无字真经。
> ……
> 古今圣贤炼成丹，皆因善能养浩然。
> ……

　　内中也有先天气，也能炼成紫金丹。

　　……①

文中居于"戊己土"即中央宫的，当然不是什么孔夫子，而是刘佐臣。所指"无字真经"也不是《论语》，而是《五圣传道》。清档案明确记载："无字真经即系现在查出之《五圣传道》书本"②。可见，世袭传教家族明确是把刘佐臣当孔子加以崇拜的。在底层社会孔夫子已面目全非。

　　明清时代，不止一个教门从孔孟那里寻找"穷理尽性"的理论根据。在那些宗教家的眼中，孔孟等圣贤才是内丹家真正创始人和理论的缔造者。造成这种局面的主要原因，是受了两宋以后理学的影响，理学家从禅、道处讨功夫，儒、道两家紧密结合，无形中启迪了各类民间教派，于是从四书五经中寻章摘句，作为修炼内丹的理论根据，把孔、孟奉为本教门教主，成为一种风习。在八卦教中通过修炼内丹，进一步神化教主刘佐臣的崇拜仪式在各卦内形成了。刘佐臣不但是孔夫子化身，而且成为光被万物的太阳：

　　　　八卦震字邪教，……传愚门弟子歌词，指太阳为圣帝，每日磕头三次，每年上供五次，谓能消灾祈福。③

这些教徒每日对着太阳"两手抱胸，合眼趺坐"，口念真空家乡，无生父母"八字真言"八十一遍，"名曰抱功"。

　　在离卦教中，每逢"传授心法歌诀"，则要弟子"每日按早午晚，朝太阳吸三口气，把唾咽下，工夫闭久，可以给人家治病下针"④。

　　由上可见，到了乾隆中叶，修炼内丹已成为八卦教内的一种风习，这种风习混宗教偶像崇拜、宗教教义的传播以及宗教修炼融为一炉，构成八卦教信仰的核心内容。

① 《军机处录副奏折》，乾隆五十三年七月十七日直隶按察使富尼善奏折，附经卷两本。
② 《军机处录副奏折》，嘉庆二十二年十二月七日山东巡抚陈予奏折。
③ 《军机处录副奏折》，乾隆五十三年八月十六日直隶总督刘峨奏折。
④ 《军机处录副奏折》，嘉庆十八年九月十五日山东巡抚同兴奏折。

这里需要指出的是，历来研究民间宗教的学者，均把"真空家乡、无生父母"八个字仅仅作为一种宗教的信仰加以解释。其实"八字真言"除了信仰内容外，还有修炼气功的内在涵义。为什么震卦教一口气默含"八字真言"八十一遍？这里除了一种信仰上的需要外，还有使修炼者达到入静定息的作用。不停顿地念诵同样的咒语，修炼者便能意念专注，而不致于心猿意马。入静为练功第一步，入静后，静极生动，才能引起其他步骤的功效。

无独有偶，在三一教那里，则要求初学者不断念诵"孔老释迦，三教先生"八个字，使教徒意念专注于背部，达到入静的目的。

八卦教徒崇拜太阳不仅仅出于宗教信仰，也包含修炼气功的目的。在道家内丹派看来，人与宇宙是混而为一的整体。日、月、星为天之"三宝"。精、气、神为人之"三宝"。只有天地人"凑三才"，才能达到丹珠自成的效果。八卦教徒对着太阳合眼趺坐，或向太阳吸气，都为了把所谓太阳的精气吸入腑内，以达到参造化、养原气的功效。这种做法固然有其妄诞不经的一面，但在某种程度上对人们修身炼功，多少起着一定的促进作用。

八卦教这种修炼和宗教崇拜仪式，无疑是受到明嘉靖、万历时代兴起的黄天教的影响。数百年来，它曾使华北平原上成千上万陷入苦难深渊的劳苦群众获得了精神的慰藉、虚幻的希望与宁静。多少人世世代代就是这样每日三次面对太阳顶礼膜拜。这个被人们神化了的星球，每日经天而过，云云众生则在香烟缭绕之中全神贯注，默念咒语，信仰之笃诚，终生不改。这种信仰深刻地影响整个中华民族的心灵，多少世代以来，它的子孙总是把希望寄托在个别杰出人物的身上，把他们作为改变命运的救星，沉溺其中，不能自拔，给中华民族带来深重的灾难。

八卦教的修炼及崇拜仪式不仅对一般民众产生深刻影响，而且染及农民起义的领袖。其中积极与消极的影响参半。

乾隆三十九年山东清水教起义的组织者王伦曾把修炼气功作为组织群众反抗清当局的一种手段：

> 寿张人王伦以拳棒教授兖东诸邑，阴用白莲教诱人炼气，云炼气

可饥半月不死。其法以十日不食为小功，八十一日不食为大功。伦每出，辄弟子数十人从炼气，曰文弟子；拳棒曰武弟子。所过甚张，求无不应。因妄自尊大，有不轨志。①

王伦清水教传自刘省过清水教，当无疑义。他传播的气功得之于刘佐臣之《五圣传道》。王伦教中咒语云：

千手挡、万手遮，青龙白虎来护遮，只得禀圣中老爷得知，急急急，杀杀杀，五圣老母在此。②

这里所云"圣中老爷"即"圣帝老爷"刘佐臣，而"五圣老母"即《五圣传道》中的观音、普贤、白衣、鱼篮、文殊五位菩萨。而另一咒语亦云"真空家乡，儒门弟子"，可见从教义到气功的传播皆与刘佐臣有渊源关系。但刘佐臣之仙丹法并无大功、小功及十日或八十一日不食记载。王伦的气功还别有传承。内丹派南宗祖师之一白玉蟾即云，丹法炼到高沐处，可"百日不食，饮酒不醉"，"身如火热，行步如飞"③。可见王伦大功、小功之说并非杜撰。

王伦传授内丹法多有怪异现象，以至信仰者往往陷入一种超感觉和超自然的幻觉之中。这些人在发功以后便以为"盖世英雄就是咱，青龙白虎、朱雀、元武等神齐集我身。求天天就助，拜地地就灵"。甚至迎着火枪，冲锋陷阵，以为刀枪不入，则完全为迷信说词所愚弄，超出了气功应有的功效，难免大败亏输。后来的义和团运动与清水教起义在许多做法上一脉相承，出现了许多愚蠢鲁莽的行动，在近代科学面前碰得头破血流，给民族带来灾难性的后果。

嘉庆十八年八卦教起义领袖林清、李文成、冯克善也同样受到刘佐臣传授的气功的影响，并用此作为组织群众的手段之一。据曹纶之子曹福昌

① （清）戚学标：《纪妖寇王伦始末》，《鹤泉文钞》卷下。
② 《军机处录副奏折》，乾隆三十九年十二月十九日崔大勇供词。
③ （宋）白玉蟾：《修仙辨惑论》。

供词记载：

> 我给林清磕头认了师父，林清就教给我念真空家乡，无生父母八字，叫我时常念诵。大功八十一遍，中功五十四遍，小功二十七遍，舌钩上膛，一口气念。①

林清传授牛亮臣为徒时，除教其气功口诀外，用手指点其眉间，说"性在这里"。两眉间即内丹家所云上丹田处。

在气功与拳棒的关系上，也有值得研究之处。从清中叶清水教起义到清末义和团运动，许多人都把拳棒与气功结合在一起。

乾隆三十九年，孟二拜清水教头目张百禄为师"学习八卦拳，并授运气口诀"②，张成章亦拜张百禄为师"学拳运气"，在八卦教内，这种拳棒与气功结合的作法相延不断。以至清道光年间尚有记载：

> 张景文教以每日早午晚三时朝太阳叩头吸气，口念真空家乡，无生父母，并耳为东方甲乙木等咒语，并令学习拳棒。……同教中有仅止念咒运气学习拳棒者，有兼用阴阳针为人治病祛邪、乘机诱人入教者。③

上述史料足证，在八卦教中由于修炼内丹之法多年流衍，已分成多种流派。其中一派以静修为务，止于炼精化气、炼气化神、炼神还虚、归根返本的所谓内丹正宗；另外一派或与武术结合，或与医道结合。武术与内丹法结合已成为一种历史趋势，这种趋势是宗教与武术团社结合的必然产物，也是清中叶以后农民运动发展的一种必然结果。

应当指出的是，八卦教仅是多种修炼内丹法教派中的一门。在明清时代，长城内外，大江南北，多数民间教派皆以修炼内丹为宗旨。明代问世

---

① 《军机处录副奏折》，嘉庆十八年十月十七日英和奏折，附供单一。
② 《军机处录副奏折》，乾隆三十九年十月十八日河南巡抚何煟奏折。
③ 《军机处录副奏折》，道光十八年七月六日山东巡抚经额布奏折。

的黄天教、三一教、长生教、圆顿教，清代问世的一炷香教、全丹教、真空教等等无不如此。甚至以做道场为正务的红阳教，到清中叶也有相当多的教徒长于仙功之道。这种宗教与气功、宗教与武术、气功与武术的结合，已在底层社会成为一种信仰与风习。承平时代或修炼以期长生，或习武以防盗贼，一旦时局动荡或则揭竿以抗暴政，或团结以御外侮。这种信仰与风习深深地影响着中华民族的民族性，其内涵是异常复杂、丰富与深邃的，值得治明清史者深入研究。

（原载黎志添主编：《道教与民间宗教研究论集》，学峰文化事业出版社 1999 年版）

历史上的弥勒教与摩尼教的融合①

一　关于弥勒救世思想

佛教分小乘佛教与大乘佛教。两者都传入中土，但终因大乘佛教更具有适应力和吸引力，与修身、齐家、治国、平天下的儒家伦理，即儒家整合社会的观点有某些相通之处，随后逐渐成为中土佛教的主流。大乘佛教的净土观念分两种，一种是弥勒净土观念，一种是弥陀净土观念。弥勒净土观念在魏晋南北朝时期，影响远大于弥陀净土观念。这从那一时代有关弥勒佛造像远盛于弥陀佛造像即可得出这个结论。日本学者佐滕永智在其《北朝造像铭考》中，列举了云冈、龙门、巩县诸石窟和所知传世金、铜佛像，从而得出结论，北魏等朝代弥勒佛造像 150 尊，弥陀造像仅33 尊。②

弥勒净土思想在魏晋南北朝之所以有强大的吸引力，首先在于它所倡导的救世思想及其宣传的彼岸净土——兜率天的美好密切关联。它与苦难和大乱不止的社会现实恰成鲜明对照，进而启迪了某些不甘现实苦难的民众，为在地上建立"人心均平"、"皆同一意"，"人身无有百八之患"，"谷丰食贱"的"佛国净土"起而抗争。由弥勒上生经、弥勒成佛经、弥勒下生经等又引发出大量"伪经"，成为这些反抗者的思想武器。

弥勒净土信仰分两个层次的内容：一是弥勒由凡人而修行成菩萨果，上至兜率天。二是弥勒菩萨从兜率天下生阎浮提世，于龙华树下得成佛

---

① 原载于《宗教研究》2003 年号，中国人民大学出版社 2004 年版。
② 《史学杂志》，1977 年第 86 编第 10 号，转引自唐长孺：《北朝的弥勒信仰及其衰落》，见唐长孺：《魏晋南北朝史论拾遗》，中华书局 1983 年版，第 196—197 页。

果，三行法会，救度世人。其中最主要部分是弥勒下生尘世间人之居所，于龙华树下成佛，救度世人。弥勒菩萨下生之处名"翅头末，长十二由旬，广七旬……福德之人交满其中……丰乐安稳……时世安乐，无有怨贼劫窃之患，城邑聚落无闭门者，亦无衰恼，水火刀兵及诸饥馑毒害，人常慈心，恭敬和顺……"①，"土地丰熟，人民炽盛……四时顺节，人身之中，无有百八之患……人心均平，皆同一意，相见欢悦，善言相向，言辞一类，无有差别"②。这块土地虽然物产丰美，人心均平，但不是佛国净土，人们享受着"五乐欲"。弥勒观此五乐欲"致患甚多，众生沉没，在大生死"，仍不免"三恶道苦"。弥勒观此，决心修道成佛，救度世人出离生死苦海。弥勒修度成佛后，向尘世人指出五欲之害，在龙华树下向众生宣讲释迦四谛十二因缘，以解脱"众苦之本"。共行三次法会：

> 初会说法，九十六亿人得阿罗汉；第二次大会说法，九十四亿人得阿罗汉；第三次说法九十二亿人得阿罗汉。
>
> 尔时弥勒佛诸弟子普皆端正，威仪具足，厌生老病死，多闻广学，守护法藏，行于禅定，得离诸欲，如鸟出壳。……弥勒住世六万岁，怜悯众生，令得法眼，灭度之后，法住世亦六万岁。③

这就是后世广为流传的"龙华三会"的基本内容。弥勒救世思想始流行于动乱的两晋南北朝时期，迎合了中土各阶层人士惧怕"生老病死苦"的心理和生命永驻的理想，于是大行于中土。在南北朝时期，弥勒信仰加快了世俗化与民间化，并与底层民众社会运动发生联系。在这一过程中，关于弥勒信仰的"伪经"大量出现。这些伪经本依印度传经的某一思想，敷衍成篇；或另有意图，"诈云佛说"。如《弥勒成佛伏魔经》这类伪经即依《弥勒下生经》中一段伏魔故事，衍成全经。这类伪经的出现与乱世人心大有关系。世乱则厄运丛生，群魔乱舞，人民希望有弥勒这样的救世

---

① （唐）佚名撰疏：《佛说弥勒下生成佛经义疏》，鸠摩罗什译，国家图书馆古籍部藏。

② 同上。

③ 同上。

主，伏魔以安定世事。此后，沙门中有许多人自称弥勒，蛊惑人民，造反起义，如北魏法庆及隋唐时代多类造反事件，都是如此。

由印度传经到"伪经"，再由最初"伪经"发展成后世民间宗教"三佛应劫"救世思想，经历了漫长的历史过程。所谓"三佛应劫"救世思想，即把人类历史分成三个阶段。青阳劫时代，由燃灯佛掌教。红阳劫（或称红羊劫）时代由释迦佛掌教。这两劫各救度两亿人。白阳劫，乃世界最大灾难来临之时，由弥勒佛下世掌教，救度"残灵"九十二亿，回归天宫。

"三佛应劫"救世思想，在北魏时代弥勒大乘教出现时已见端倪。法庆提出"新佛出世，除去旧魔"。有新佛即有旧佛，旧佛大概即指释迦佛。到了唐玄宗开元初年，弥勒教王怀古已明确提出"释迦牟尼末，更有新佛出"。而北宋王则更明确地提出"释迦佛衰谢，弥勒佛当持世"的思想。三佛应劫说似已成形，但尚缺一燃灯佛。燃灯佛亦称定光佛。佛经《大智度论》卷九载："如燃灯佛生时，一切身边如灯，故名燃灯太子，作佛亦名燃灯，旧名定光佛。"据《太子瑞应本起经》解释：燃灯佛曾点化释迦菩萨得成佛果，故燃灯佛又称过去佛，释迦则称为现在佛。而弥勒为释迦佛弟子，故又称未来佛。此三世佛皆载著于印度佛典。关于燃灯佛即定光佛至少在唐末五代时已成为民间一救世主。据朱辨《曲洧旧闻》卷一记载：

> 五代割据，干戈相侵，不胜其苦。有一僧，虽佯狂而言多奇中。尝谓人曰：汝等切望太平甚切，若要太平，须得定光佛出世始得。

同书卷八记载："吾尝梦梵僧告予曰：世且乱，定光佛再出世。子有难，能日诵千声，可以免矣。吾是以受持……定光佛初出世，今再出世，流虹之瑞，皆在丁亥年，此义一异也。君其识之。"燃灯佛即定光佛在民间的日益神化，为封建社会晚期三佛应劫救世思想的成体系化，奠定了最后的基础。

但是在民间，将人类历史分成青阳、红阳、白阳三期，又是佛、道相交并对民间宗教影响的结果。

《云笈七签》记载："三天者，清微天、禹余天、大赤天是也。……清微天也，其气始青；……禹余天也，其气始黄……大赤天其气玄白。""过去元始天尊……见在太上玉皇天尊……未来金阙玉晨天尊……"故朱熹讲道教三清"盖仿释氏三身而为之尔"是有道理的。《云笈七签》又记载有"日中青帝"、"日中赤帝"、"日中白帝"之说。这显然是青阳期、红阳期、白阳期来源较早的记录。

二　摩尼教传入及其思想

关于摩尼教何时传入中土，众说纷纭。何乔远《闽书》卷七记载："慕阇当唐高宗时行教中国。"清末学者蒋斧则认为隋代开皇四年建立的怀远坊东南隅大云经寺，亦名光明寺是摩尼寺，是时摩尼教已经传入中土。同时代学者罗振玉亦断言摩尼教在"隋文时已入中土，绝非唐代乃入也"①。持唐以前摩尼教入中国的学者尚有张星烺，日本学者重松俊章。

20 世纪 70 年代，澳大利亚华裔学者柳存仁宣讲其论文《唐前火祆教和摩尼教在中国之遗痕》，此文由林悟殊翻译发表在 1981 年的《世界宗教研究》上。柳存仁以史籍与《道藏》资料证明："在五世纪下半叶摩尼教经也已传入中国。"②可谓别开生面，有相当的说服力。其后中国学者林悟殊，著有关摩尼教论文多篇，分析旧有史料，提出新观点，指出"中国内地可能在四世纪初便已感受到摩尼教的信息"③。

柳存仁的贡献还不仅在于把摩尼教传入中土时间提早，还在于提出摩尼教与佛教弥勒信仰有早期之融合。这对我们研究弥勒教、摩尼教及宋元之香会，与元末烧香之党的关系都有启迪之功。

传统的摩尼教传入中土的看法是由法国汉学家沙畹、伯希和及我国著名史学家陈垣提出的。陈垣所持资料为：

---

① 罗振玉：《雪堂校刊群书叙录》，卷下，第 43—45 页。
② 柳存仁：《唐前火祆教和摩尼教在中国之遗痕》，载《世界宗教研究》1981 年第 3 期。
③ 林悟殊：《摩尼教及其东渐》，中华书局 1987 年版，第 60 页。

《佛祖统纪》卷三九：延载元年，波斯国人拂多诞（原注：西海大秦国人）持二宗经伪教来朝。[①]

延载元年即公元 694 年，陈垣指出："拂多诞者非人名，乃教中师僧之一种职名，位在慕阇之次者也"。持此说者，今人尚多，皆以陈垣考据指实了具体年代之故。但反对此说者亦代有新出，台湾年轻学者王见川近著《从摩尼教到明教》，即倾向柳存仁、林悟殊的观点。

摩尼教创始人摩尼曾亲创七部经典：《密迹经》、《大力士经》、《净命宝藏经》、《证明过去经》、《福音》，《撒布拉干》、《指引与规约》。[②]

据史料记载，最早传入中土内地的摩尼教经典是《二宗经》：

延载元年，波斯人拂多诞持《二宗经》伪教来朝。[③]

唐代尚有所谓《化胡经》（非晋代王浮所著本），载有"老子"乘自然光明道气，入于苏邻国中，降诞王室，出为太子，舍家入道，号末摩尼，传播"三际及二宗门，教化天人"等内容。

宋代史料关于摩尼教经的内容杂芜，名目繁多：

一明教之人，所念经文及绘画佛像，号曰讫恩经、证明经、太子下生经、父母经、图经、文缘经、七时偈、日光偈、月光偈、平文策、汉赞策、证明赞、广大忏妙水佛帧、先意佛帧、夷数佛帧、善恶帧、太子帧、四天王帧……[④]

志磐《佛祖统纪》卷三九尚引宗鉴《释门正统》记载的摩尼教"不根经文"：《佛佛吐恋师》、《佛说滴泪》、《大小明王出世经》、《开天括地

---

①　陈垣：《摩尼教入中国考》，载《国学季刊》，1922 年第 6 期，后小有改定，见《陈垣史学论著选》，上海人民出版社 1981 年版，第 135 页。

②　孙培良：《摩尼和摩尼教》，载《西南师范学院学报》，1982 年第 2 期。

③　（宋）志磐：《佛祖统纪》，卷三十九。

④　《宋会要辑稿·刑法二》。

变文》、《齐天论》、《五来子曲》。

摩尼教的基本教义的核心是二宗三际说。现在国家图书馆尚存有一部摩尼教残经。另一部是《摩尼光佛教法仪略》，分藏于伦敦图书馆和巴黎图书馆。

所谓二宗三际说之二宗指明与暗，代表善与恶。三际是时间概念：初际、中际、后际。

据《佛祖统纪》卷四八载：

> 其经名二宗三际。二宗者，明与暗也。三际者，过去、未来、现在也。①

摩尼教原典之三际是初际、中际、后际，但传入中土后，混同于佛教之三世，成为过去、现在、未来三际。

据摩尼教经，光明与黑暗是两个彼此相邻的国度。"未有天地"之时，光明王国占据着东、西、北三个方位，最高神是明父，或称大明尊。此国充满光明，至善至美。黑暗王国占据南方，最高统治者是黑暗魔王，国内居有五类魔。在初际——未有天地之时，光明、黑暗各守其界，虽互相对峙，但相安无事。但此种局面未能持续下去，由于黑暗王国的无穷贪欲，爆发了黑暗王国对光明王国的入侵。光明王国大明尊召唤出善母，善母又召唤出初人，初人再召唤出五明子——气、风、明、水、火，迎战黑暗王国入侵。初人首战失败，五明子为暗魔吞噬。善母向大明尊求救。大明尊派出明友等，救出初人。但五明子仍为恶魔吞噬。大明尊为了收回五明子，不得不创造出今天的世界：日、月、星辰、十天、八地、山岳等。构成这个世界的物质是众暗魔的身体，而管理这个世界的则是光明王国的净风五子：持世明使、十天大王、降魔胜使、催光明使、地藏明使。

在创造大地之后，大明尊又进行了第三次召唤，召出第三使者和惠明使。这两位明使把净风浮获的众魔锁住，加以甄别，把恶的部分扔入海内，变成妖物，由降魔胜使将其杀死；那些分不开的，扔在陆地上，变成

---

① 马西沙、韩秉方：《中国民间宗教史》，上海人民出版社1992年版，第89页。

树木、植物。而雌魔皆纷纷流产，流产物化为五类动物。[①]

黑暗王国之魔王则按明使形象，造出人类元祖——亚当、夏娃，肉体由黑暗物质组成，但里面仍藏有许多光明分子，组成人类的灵魂。摩尼认为人类的身体是小世界，是宇宙、光明、黑暗的缩影。《摩尼教残经》云："如是毒恶贪欲肉身，虽复微小，一一皆放天地世界。"[②]

由于人类是暗魔的子孙，摩尼教吸收了基督教教义，继承人类生而有罪的原罪观。因此拯救人类灵魂成为摩尼教的一种使命。摩尼教教义再杂芜，但最终落脚点还在于拯救人类上。人类之所以可以拯救，因为在人类灵魂中毕竟有光明分子——即有善的内涵。

摩尼本人宣称他是大明尊者派到人间的最后使者，其使命是救度上至明界、下至地狱的一切众生，即要人类劳身救性，修行自己，拯救灵魂。为此，该教制定出严格戒律：

> 四不：不吃荤、不喝酒、不结婚、不积聚财物。
>
> 忏悔十条：虚伪、妄誓、为恶人作证、迫害善人、播弄是非、行邪术、杀生、欺诈、不能信托及做使日月不喜欢之事。
>
> 遵守十戒：不崇拜偶像、不谎语、不贪、不杀、不淫、不盗、不行邪道巫术、不二见（怀疑）、不惰、每日四时（或七时）祈祷。[③]

以上这些规矩传到中土后，部分地得到实行。南宋有些史料记载，摩尼教持戒甚严。而两浙摩尼教"不食肉"、"甘淡薄"、"务节俭"、"有古淳朴之风"[④]。陆游《老学庵笔记》记载："男女无别者为魔，男女授受不亲者为明教。明教遇妇人所作食则不食"。流行闽、浙的摩尼教徒则反对厚葬，主张裸葬。

摩尼教原典认为，教徒只要严守戒律，灵魂就能得救，即经月宫，再浮生到日宫，最后回归到一个全新乐园。不知改悔者则在世界末日与黑暗

①　林悟殊：《摩尼教及其东渐》，中华书局1987年版，第17—19页。

②　同上。

③　同上书，第19页。

④　《陈垣史学论著选》，上海人民出版社1981年版，第135页。

物质同时被埋葬于地狱之中。那时，支撑世界之神将卸任而去，天地随之崩坍，大火爆发，直燃烧至 1468 年。

按照摩尼教的说法，中际是一个漫长的过程。从"暗既侵明"开始，到形成天地，创造人类，一直到世界彻底毁灭为止。然后进入"明既归于大明，暗亦归于积暗"的后际。后际本质是向初际原始状态的复归。只不过到那时黑暗将受到永久的禁锢，光明世界将永恒存在。

摩尼教对中国底层社会的影响，还在于其崇拜光明、崇拜日月及明王出世等救世思想。据《闽书》记载："摩尼佛，名末摩尼光佛……其教曰明，衣尚白，朝拜日，夕拜月。"①"故不事神佛，但拜日月以为真佛。"②崇尚"是法平等，无有高下"，因此"凡初入教而甚贫者"，"众率出财以助，积微以至于小康"③。在元末形成了"明王出世，弥勒下生"这个改天换地、影响了一个时代的思想观念，把摩尼教在中土的宗教影响力和政治影响力推展到了极致。

三 弥勒观念与摩尼教的融合

弥勒观念与摩尼教的融合出现的时代很早。对这种早期融合进行研究的是澳洲华裔教授柳存仁先生，其后则是写过摩尼教专著的林悟殊先生。我在写《中国民间宗教史》时对这种早期的融合失之关注。1993 年我在写《民间宗教志》时对两者融合的早期历史做了重要的补充和修正④，重新研究了南北朝、隋、唐时代融合的历史。这种研究的结果，是把两教早期融合的历史与宋元时代两教融合而成的香会，及其后的"烧香之党"，融合贯通。一种在中国底层社会流行了一千余年的民间宗教救世思想，合乎逻辑地展现在世人的面前，一个历史的谜团也就此真相大白。

据柳存仁先生考证，在南北朝时期摩尼教与弥勒教就有融合或相混合

---

① 《闽书》，卷七，《方域志》。

② （宋）庄季裕：《鸡肋篇》，卷上，转引自《陈垣史学论著选》，上海人民出版社 1981 年版，第 170 页。

③ 同上。

④ 马西沙：《民间宗教志》，上海人民出版社 1998 年版，第 24、54—58 页。

的纪录，甚至在摩尼教原始教义中也卷入了弥勒教的信仰。据林悟殊《摩尼教及其东传》一书：

> 第三，这些起义（指南北朝时期的起义）所打的弥勒旗号与摩尼教有关。柳存仁教授以摩尼教文献残片 M42 的内容来证明弥勒教被卷入到原始摩尼教义中，这块残片记载了一位明使对另一位尊神的讲话："由于你从佛陀得到本领和智慧，女神曾忌妒你，当佛陀涅槃时，他曾命令你：'在这里等待弥勒佛'"。而残片 M801 亦是这样，把弥勒佛和摩尼等同，说他"打开了乐园的大门"。在早期译成的汉文的弥勒经中，我们亦发现了不少和摩尼教经典类似的内容。

以上这些材料说明了弥勒的教义和摩尼的教义是有一定的联系的。这种联系很可能是两教在中亚糅合掺杂的结果。①

林悟殊对柳存仁的观点有进一步阐述：

> 在早期译成的汉文的弥勒经中，我们亦发现了不少和摩尼教经典类似的内容。……弥勒经又把弥勒佛描绘成摩尼教的神那样，充满光明和威力："自紫金色三十二相……光明照耀无所障碍，日月火珠都不复现。"……《摩尼光佛教法仪略》的《形相仪》一章所述摩尼的形象，与弥勒教相差无几……②

如果我们沿着上述思路进一步分析南北朝、隋、唐史料，这一线索将会更加明晰：学界公认的事实是摩尼教尚白色。林悟殊考据："尚白是摩尼教的一个特征"。《摩尼佛教法仪略》言摩尼"串以素帔"，"其居白座"，规定摩尼信徒的前四个等级"并素冠服"，即要穿白衣戴白帽；③ 在高昌发现的摩尼教壁画所绘的摩尼教僧侣亦正是着白色冠服。④ 用这个观

---

① 林悟殊：《摩尼教及其东渐》，中华书局1987年版，第56页。
② 同上。
③ 同上。
④ 同上。

点分析，早在公元 6 世纪初摩尼教就有大规模的造反运动。北魏孝文帝正光五年（524），汾州等地少数民族冯宜都、贺悦回成等人"以妖妄惑众，假称帝号，服素服，持白卒白幡，率诸逆众，于云台郊抗拒王师。……大破之，于陈斩回成，复诱导诸胡，会斩送宜都首"①。

弥勒教与摩尼教融合的事实在隋代有新出。隋大业六年（610）"有盗数十人，皆素冠练衣，焚香持花，自称弥勒佛。入建国门，监门者皆稽首。继而夺卫士仗，将为乱，齐王遇而斩之"②。

而大业九年（613），扶风人向海明"带兵作乱"，"自称弥勒佛出世"，建元"白乌"，亦可证当时的弥勒信仰者崇尚白色。③

从以上弥勒教的一系列活动中，不难发现摩尼教的影响和两教融合的迹象，由于这种信仰造成的一次次社会震荡，在有唐一朝就两次遭禁，特别在唐玄宗开元三年（715），玄宗亲下诏书：

（严禁）比者白衣长发，假托弥勒下生，因为妖讹，广集徒侣，称解禅观，妄说灾祥，别作小经，诈云佛说，或诈云弟子，号为和尚，多不婚娶，眩惑闾阎，触类实繁，蠹政为甚。④

开元二十年（732 年）又禁断摩尼教：

末摩尼本是邪见，妄称佛教，诳惑黎元，宜严加禁断。以其西胡等既是乡法，当身自行，不须科罪者。⑤

这两条史料，可再次证明摩尼教混于佛教的弥勒信仰。第一条史料中的白衣长发，分明指陈了不同汉俗的少数民族形象，"诈云弟子，号为和尚"，"别作小经，诈云佛说"，正是摩尼教"妄称佛教"的具体内容。而

①　《魏书·裴良传》。
②　《隋书》，卷三，《炀帝纪》。
③　《隋书》，卷二十三，《五行》下。
④　《册府元龟》，卷一百五十九，《帝王部·草莽》。
⑤　《通典》，卷四十注。

"诳惑黎元"，"宜加禁断"，说明汉地百姓亦受了摩尼教的影响，和前段史料中"眩惑闾阎"内容一致。因摩尼教是"西胡"即回纥等西部少数民族的信仰，故在此等民族中不加禁断，"当身自行"，并非完全禁绝了摩尼教与唐末不同。

唐亡不过十余载，摩尼教徒于梁贞明六年（920）在陈州举事，"陈、颍、蔡三州，大被其毒。群贼乃立母乙为天子"①。在陈州活动的摩尼教徒的特点依然是混合于佛教，所谓"依浮屠氏之教，自立一宗，号曰上乘"②。与唐代"诈云佛说"、"号为和尚"、"妄称佛教"仍属同一流脉，仍可证摩尼教与弥勒信仰相融合之史实。

两宋是摩尼教全面走向民间社会并极为兴盛的时代。而摩尼教与弥勒教相混合之史实仍不绝于史书。

宋代庆历七年（1047）在贝州发生了与唐代王怀占相类似的王则造反事件。史料记载：

> 则，涿州人，初以岁饥，流至贝州，自卖为人牧羊，后隶宣毅军小校。贝、冀俗尚妖幻，相与习为《五龙》、《滴泪》等经及诸图谶书，言"释迦佛衰谢，弥勒佛当持世"。则与母诀也，尝刺福字于背以为记。妖人因妄传则字隐起，争信事之。州吏张峦卜吉主其谋，党与连德、齐诸州，约以明年正旦，断澶州浮梁，作乱。……则僭称东平王，国曰安阳，年号曰德胜。旗帜号令皆以佛为号。③

王则暴动后，宋王朝命文彦博为河北宣抚使，击败王则军，擒拿王则，斩于京师。

我们在分析王则事件时，可以肯定其为弥勒教无疑。至于其是否受到摩尼教影响，还需要分析。此中史料记载的《滴泪》应是《佛祖统纪》记载的《佛说滴泪》。《佛祖统纪》卷三九记载：

---

① 《旧五代史》，卷十。
② 《旧五代史》，卷十。
③ 《宋史纪事本末》，卷三十三，《贝州卒乱》。

准国朝法令，诸以《二宗经》及非藏经所载不根经文传司惑众者，以左道改罪。……不根经文者谓《佛佛吐恋师》、《佛说滴泪》、《大小明王出世经》、《开天括地变文》、《齐天论》、《五来子曲》之类。其法不茹荤饮酒，昼寝夜兴，以香为信，阴阳交结，称为善友。一旦郡邑有小隙，则凭狠作乱，如方腊、吕昂辈是也。如此魔教，愚民皆乐为之。

统观全文，无论所数经文、所行教法，皆指摩尼教。《佛说滴泪》是摩尼教之经典无疑。与王则事件史料相对照，可知崇信弥勒佛的王则教派亦受到摩尼教之影响。从王则事件中，我们再次看到弥勒教与摩尼教之融合。从宗教史的角度来看，弥勒教、摩尼教实为南北朝、隋唐及北宋时代两大民间教派，且相互交汇融合，形成民间救世思想的主流。

四　从香会到烧香之党

宋代，北方信阳地区已经出现了"集经社"和"香会"的名目。以我所见，集经社和香会都是摩尼教与弥勒信仰混合的宗教集会团体。据《宋会要辑稿·刑法二》记载，大观二年（1108）信阳军（有的史料作信阳君）言：

契勘夜聚晓散，传习妖教及集经社、香会之人，若与男女杂处，自合依条断遣外，若偶有妇女杂处者，即未有专法。乞委监司，每季一行州县，觉察禁止，仍下有司立法施行。

此处集经社或香会即宋时广为流传的摩尼教之异名同教。其理由如下：

第一，陈州（今河南淮阳）为五代、宋代摩尼教活动中心，五代贞明六年（920）陈州母乙率摩尼教徒造反，陈州、颍州、蔡州"大被其毒"，是见声势宏大，影响深巨。

信阳毗邻陈州，相上不过二百里。"陈州里俗之人，喜习左道，依浮屠之教，自立一宗"，与唐代"妄称佛教"的摩尼教仍是一脉相传。而"糅杂淫秽"即《宋会要辑稿》所云"男女杂处"。陈州喜习左道之俗，在信阳，亦如是。

至于摩尼教活动的重要地区蔡州、颍州则与信阳相毗邻。从唐、五代、北宋史来看，这一地区除了混于弥勒信仰的摩尼教外，则无他教活动的记录。这一特点一直延续至元末刘福通传教举事。

第二，五代、宋代之摩尼教皆有习诵经文习俗。部分摩尼教徒的活动具有"夜聚晓散"、"男女杂处"的特点。而集会之时必烧香、燃灯。

> 一明教之人，所念经文及绘画佛像，号曰讫恩经、证明经、太子下生经。父母经、图经、文缘经、七时偈、日光偈、月光偈、平文策、汉赞策、证明赞、广大忏妙水佛帧、先意佛帧、夷数佛帧。善恶帧、太子帧、四天王帧。已上等经佛号，即于道、释经藏，并无明文记载，皆是妄诞妖怪之言。①

> 芘年以来，有所谓白衣道者，聋瞽愚俗，看经念佛，杂混男女，夜聚晓散……②

关于摩尼教诵经习俗，史料尚有多处，不一一列载。

第三，烧香结会为摩尼教另一特点，而结社之名又多变：

> 宣和间温台村民多学妖法，号吃菜事魔。……日近又有奸猾，改易名称，结集社会，或名白衣礼佛会及假天兵号迎神会，千百成群，夜聚晓散，传习妖教。③

> （淳熙）八年正月二十一日臣僚言："愚民吃菜事魔，夜聚晓散，非僧道而辄置庵寮，非亲戚而男女杂处。所在庙宇之盛，辄以社会为名，百十成群……"④

---

① 《宋会要辑稿·刑法二》。
② 同上。
③ 同上。
④ 同上。

此处"结集社会","辄以社会为名",依然继承了北宋时代的"集经社"、"香会"。另一史料把这种组织特点做了集中的说明：

> 浙右所谓道民，实吃菜事魔之流，而窃自托于佛老，以掩物议。……平居暇日，公为结集，曰烧香，曰燃灯，曰设斋，曰诵经，千百成群，倏聚忽散。……自称道民，结集党徒。①

"结社"、"诵经"、"烧香"、"设斋"，是宋代摩尼教的几个特点。而弥勒教与摩尼教的融合趋势，继隋唐时代，无本质之变。吴晗认为隋唐之弥勒教"白衣长发"或"白冠练衣"，"与明教陡之白衣冠同，亦焚香，亦说灾祥，亦有小经，亦集徒侣，与后起之明教盖无不相类"。诚哉斯言。

而香会之"香"除上述史料指证的"烧香"、"燃灯"之意，合于摩尼教追求光明的传统教义，尚有"以香为信"的内容。《佛祖统纪》卷三十九云："其法不茹荤饮酒、昼寝夜兴，以香为信，阴阳交结，称为善友。"可知香会之香尚有第二个内容。需要指出的是，香会之名，出现在北宋，那时的白莲教尚未问世。

元代，弥勒教与摩尼教相融会之"香会"继续发展。元初耶律楚材再次指斥"香会"，以为佛教之"邪"：

> 夫杨朱、墨翟、田骈、许行之术，孔氏之邪也；西域九十六种，此方毗卢、糠、飘、白莲、香会之徒，释氏之邪也；全真、大道、混元、太一、三张左道之术，老氏之邪也。②

耶律楚材将白莲教与香会并列为释教之邪。但是在元代初中叶，多数白莲教团依忏堂而存在，念经垒忏，安分守法，与元末情况不同，与香会亦不同。

元末，农民军兴，香会成为组织纽带，香会之称亦变为香军，宗教组

① 《宋会要辑稿·刑法二》。
② （元）耶律楚材：《湛然居士集》，卷八。

织转化为军事组织，烧香结会，礼弥勒佛，继而韩山童父子被奉为出世之明王，下生之弥勒佛。不甘现世苦难的民众聚拢在这面旗帜之下，揭竿造反；而南方的"妖僧"彭莹玉则倡弥勒下生之说，其徒众终附于徐寿辉，共拥寿辉为"世主"，倡议举事。轰轰烈烈的反元农民大起义由是而成。

"明王出世，弥勒下生"，反映了元末农民起义军的主要信仰。它极大地鼓舞了起义者的斗志，成为元末农民起义的信仰旗帜。

元顺帝至正十一年（1351），元政权因"灾异迭见，黄河变迁"，"遣工部尚书贾鲁，役民夫一十五万、军二万，决河故道，民不聊生"。是年五月，"颍州妖人刘福通为乱，以红巾为号，陷颍州"①。元末农民起义爆发了。

刘福通是韩山童的弟子。关于韩山童，元末或明代史料记载颇多：

> 初，韩山童祖父，以白莲会烧香惑众，谪徙广平永年县。至山童，倡言"天下大乱，弥勒佛下生"，河南及江、淮愚民翕然信之。福通与杜遵道、罗文素、盛文郁、王显忠、韩咬儿复鼓妖言，谓山童实宋徽宗八世孙，当为中国主。福通等杀白马、黑牛，誓告天地，欲同起兵为乱，事觉，县官捕之急，福通遂反。山童就擒，其妻杨氏，其子林儿，逃之武安。②

明人何乔运著《名山藏》载：

> 小明王韩林儿，徐人群盗韩的童子。自其祖父为白莲会惑众，众多从之。元末山童倡言：天下乱，弥勒下生，明王出。③

另外一些史料并未提及韩山童组织"白莲会"，而是提及"烧香结会"：

> 河南韩山童首事作乱，以弥勒佛出世为名，诱集无赖恶少，烧香

---

① 《元史》，卷四十二，《顺帝纪》五。
② 同上。
③ （明）何乔远：《名山藏》，卷四十三。

结会，渐致滋蔓，陷淮西诸郡。继而湖广、江西、荆襄等处，皆沦贼境。①

五月，颖川、颖上红军起，号为香军，盖以烧香礼弥勒佛得此名也。其始出赵州栾城韩学究家，已而河、淮、襄、陕之民翕然从之，故荆、汉、许、汝、山东、丰、沛以及两淮红军皆起应之。颖上者推杜遵道为首，陷朱皋，据仓粟，从者数十万，陷汝宁、光、息、信阳。②

由于烧香礼弥勒佛，故号"香军"，其初则为香会无疑，由香会改名昏军，是揭竿起事后所为。事实是韩山童家族从来不是白莲教徒。白莲教有几个特点：（1）白莲教继承了弥陀净土宗信仰，崇拜阿弥陀佛、观世音等；（2）茅子元以及后继者以《无量寿经》为宗旨，口称念佛，并继承了天台宗四土信仰，及智颚、慈云遵式的忏法；（3）白莲教徒都有道号，依普、觉、妙、道四字为号。元末有一批白莲教徒参加起义，皆冠以"普"字。这一点中、日学者都有专文论述。用这三个特点，反观韩山童、韩林儿、刘福通等领袖人物：（1）他们都不信仰弥陀净土宗，而是"烧香崇弥勒佛"；（2）不知所念何种经典；（3）没有白莲教徒必有的道号。由此可知，所谓"白莲教"在韩山童那里是根本不存在的。③

综合诸类史料，虽存有分歧，但在"烧香结会"、"烧香惑众"这一点上，则无疑义。历史的原貌是：韩山童、刘福通因烧香结会，故为香会，其起事叫"号为香军"，是宗教组织向军事组织合乎历史逻辑的发展。香会，一言以蔽之，是弥勒观念与摩尼教的混合物。吴晗先生在《明教与大明帝国》一文中讲：

以"弥勒降生"与"明王出世"并举，明其即以弥勒当明王。山

---

① （明）陶宗仪：《南村辍耕录》，卷二十九。转引自杨讷等：《元代农民战争史料汇编》，中编第1分册，中华书局1986年版。
② （明）权衡：《庚申外史》，卷上。
③ 马西沙、韩秉方：《中国民间宗教史》，上海人民出版社1992年版，第50—51页，马西沙：《民间宗教志》，第三章，上海人民出版社1998年版。

童唱明王出世之说，事败死，其子继称小明王，则山童生时之必以明王或大明王自称可决也。此为韩氏父子及其徒众胥属明教徒，或至少羼入明教成分之确证。韩氏父子自号大小明王出世，另一系统据蜀之明玉珍初不姓明，以该姓为明以实之。朱元璋承大小明王之后，因亦建国曰大明。至明人修元史以韩氏父子为白莲教世家，而不及其"明王出世"之说。是证以元末明初人之记载，如徐勉《保越录》、权衡《庚申外史》、叶子奇《草木子》，刘辰国《初事迹》诸书，记韩氏父子及其教徒事（包括明太祖在内）均称为红军，为红巾，为红冠，为香军。言其特征，则烧香，诵谒，奉弥勒。无一言其为白莲教者。则知元史所记，盖明初史官之饰词，欲为明太祖讳，为明之国号讳，盖彰彰明甚矣。①

吴晗先生六十余年前已知韩氏父子及朱元璋非白莲教徒而是明教徒，"明其即以弥勒当明王"的历史本质。元史以白莲教之名加于韩氏父子，是"饰词"，"欲为太祖讳"，"为明之国号讳，盖彰彰明甚矣"②。

历史的事实是，早于韩山童、刘福通起事之先，"烧香惑众"的香会就在信阳地区发动了棒胡造反之事。时再至元三年（1337），距宋大观二年（1108），当局初次在信阳发现"香会"已200余年。而"棒胡本陈州人"：

棒胡反于汝宁信阳。棒胡本陈州人，名闾儿，以烧香惑众，妄造妖言作乱，破归德府鹿邑，焚陈州，屯营于杏冈。命河南行省左丞庆童领兵讨之。

二月……乙丑，汝宁献所获棒胡弥勒佛、小旗、伪宣赖并紫金印、量天尺。③

棒胡崇信的是弥勒佛，"妄造妖言"大概也是"弥勒下生"一类，其

---

① 吴晗：《明教与大明帝国》，见吴晗《读史札记》，生活·读书·新知三联书店1956年版，第261页，1979年重印。

② 同上。

③ 《元史》，卷三十九《顺帝纪》。

特点仍是"烧香惑众"，仍是香会。

与棒胡几乎同时举事的是江西行省袁州（今江西宜春）著名的"妖僧"彭莹玉：

> 袁州妖僧彭莹玉，徒弟周子旺，以寅年寅月寅时反。反者背心皆书"佛"字，以为有佛字者刀兵不能伤，人皆惑之，从者五千人。郡兵讨平之，杀其子天生地生、妻佛母，莹玉遂逃匿于淮西民家。……民闻其风，以故争庇之，虽有司严捕，卒不能获。①

彭莹玉当然不是"白莲道人"，仍然崇信弥勒佛。故《草木子》载：

> 先是浏阳有彭和尚，能为偈颂，劝人念弥勒佛号，遇夜燃火炬名香，念偈礼拜，愚民信之，其徒遂众。②

这位元末农民起义发其端者，倡导的还是"香会"，其教"夜燃火炬名香"，以礼弥勒佛故。

凡此皆可证明，元末农民起义在酝酿和开始阶段与白莲教会关联不大，而是倡导弥勒下生的南北两方"香会"发动的。只是到了起义如火如荼的发展阶段，在江南，白莲教会大批成员才蜂拥而入，特别是加入了徐寿辉的天完红巾军。而天完红巾军并未因白莲教徒加入而改变信仰弥勒佛的初衷：

> 先是浏阳有彭和尚，劝人念弥勒佛号，遇夜燃香灯，偈颂拜礼，其徒从者日众，未有所附。一日，寿辉浴盐塘水中，身上毫光起，观者惊诧。而邹普胜复倡妖言，谓弥勒佛下生，当为世主，以寿辉宜应之，乃与众共拥寿辉为主，举兵，以红巾为号。③

---

① （明）权衡：《庚申外史》，卷上。
② （明）叶子奇：《草木子》，卷三。
③ 明万历《湖广总志》，卷九十八，见杨讷等：《元代农民战争史料汇编》，中编第 1 分册，中华书局 1986 年版，第 111 页。

　　邹普胜应是白莲教信徒，从其道号可知。但他并未倡导弥陀信仰，而倡导弥勒下生观念。可见即使后来大批白莲教徒加入红巾军，他们也只能喊"弥勒下生"的口号。其原因很简单，近两千年来，底层社会造反运动几乎很少有倡导弥陀信仰者，既没听说"弥陀出世"，也没听说"弥陀下生"这类口号，因为弥陀佛住持西方，如何下生尘世？与其教义根本不符。而带有摩尼教信仰色彩的"明王出世"则与"弥勒下生"同属救世思想，具有同样强大的吸引力。

　　目睹当时情状的朱元璋对此十分清楚。在讨张士诚的檄文中，他一针见血地指出：造反的百姓是误中妖术，"酷信弥勒之真有，冀其治世，以苏困苦，聚为烧香之党"①。足见在元末，真正吸引民众的宗教力量是弥勒佛信仰，它具有极大的凝聚力和历史传统的力量。而"烧香之党"即"香会"则始终是联络散漫人群的组织机构，南北两方皆如此。

　　本文从摩尼教原始教义即融入弥勒佛观念开始考证，继之隋、唐、五代两教融合之史实，再继之钩沉北宋、元代之香会，而至元末之"香军"、"烧香之党"。凡此皆为论证，当今学界主流看法元末农民起义为白莲教起义是对历史的误判。

---

　　① 《讨张士诚令》龙凤十二年（1366）八月，此檄文原载《国初群雄事略·平吴录》，又见刘海年、杨一凡：《中国珍稀法律典籍集成》乙编第 3 册，科学出版社 1994 年版。

附录一

《讨张士诚令》
龙凤十二年八月（节选）

　　近者有元之末，主居深宫，臣操威福，官以贿成，罪以情免，台宪举亲而复仇，有司差贫而卖富。庙堂不以为患，又添冗官，又改钞法，役四十万人，烟塞黄河，死者枕藉于道，哀苦省闻于天。致使愚民误中妖术，不解偈言妄诞，酷信弥勒之真有，冀其治世，以苏其苦，聚为烧香之党，根据汝、颍，蔓延河、洛。妖言即行，凶谋逆逞，焚荡城郭，杀戮士夫，荼毒生灵，无端万状。元以天下兵马、钱粮而讨之，略无功效，愈见猖獗，然终不能济世安民。是以有志之士，旁观熟虑，或假元氏为名，或托乡军之号，或以孤兵独立，皆欲自为，由是天下土崩瓦解。予本濠梁之民，初列行伍，渐至提兵。灼见妖言终不能成事，又度胡运难与成功，遂领兵渡江，赖天地祖宗之灵，及将帅之力，一鼓而有江左，再鼓而定浙东。

　　（资料来源：《国初群雄事略·平吴录》，见刘海年、杨一凡主编：《中国珍稀法律典籍集成》乙编第 3 册，科学出版社 1994 年版）

附录二

造言好乱第十二

　　呜呼！民有厌居太平好乱者，考之于汉、隋、唐、宋，此等愚民，累代有之。呜呼惜哉！此等愚民，累为造祸之源，一一身死，姓氏俱灭者多矣。愚者终不自知，或数十年、数百年，仍蹈前非。且如元政不纲，天将更其运祚，而愚民好作乱者兴焉。初本数人，其余愚者闻此风而思为之合，共谋倡乱。是等之家，吾亲目睹。当元承平时，田园宅舍，桑枣榆槐，六畜俱备，衣粮不乏。老者，孝子顺孙尊奉于堂，壮者继父交子往之道，睦四邻而和亲亲，余无忧也。虽至贫者，尽其家之所有，贫有贫乐。纵然所供不足，或遇雨水愆期，虫蝗并作，并淫雨潦而不收，饥馑并臻，间有缺食而死者，终非兵刃之死。设使被兵所逼，仓皇投崖，趋火赴渊而殁，观其窘于衣食而死者，岂不优游自尽者乎！视此等富豪，中户、下等贫难，闻作乱翕然而蜂起，其乱雄异其教，造言以倡之。乱已倡行，众已群聚，而乃伪立名目，曰君，曰帅，诸司官并皆放置。凡以在外者，虽是乱雄，用人之际，武必询勇者，谋必询智，贤必遵德，数等既拔，其余泛常，非军即民，须听命而役之。呜呼！当此之际，其为军也，其为民也，何异于居承平时，名色亦然，差役愈甚。且昔朕亲见豪民若干，中民若干，窘民若干，当是时，恬于从乱。一从兵后，弃撇田园宅舍，失敕桑枣榆槐，挈家就军，老幼尽行随军营于野外，少壮不分多少，人各持刃趋凶，父子皆听命矣。与官军拒，朝出则父子兄弟同行，暮归则四丧其三二者有之。所存眷属众多，遇寒，朔风凛凛，密雪霏霏，饮食不节，老幼悲啼，思归故里，不可得而归。不半年，不周岁，男子俱亡者有之，幼儿父母亦丧者有之，如此身家灭者甚多矣。如此好乱者，遭如此苦殃，历代昭然，孰曾警省？秦之陈胜、吴广，汉之黄巾，隋之杨玄感、僧向海明，唐之王仟芝，宋之王则等辈，皆系造言倡乱首者。比天福民，斯等之辈，若烟消火灭矣。何故？盖天之道好还，凡为首倡乱者，致干戈横作，物命损伤者既多，比其事成也，天不与首乱者，殃归首乱，福在殿兴。今江西有等愚民，妻不谏夫，夫不戒前人所失，夫妇愚于家，反教子孙一概念诵

"南无弥勒尊佛"，以为六字，又欲造祸以殃乡里。呜呼！设若鼓倡计行，其良民被胁从而被迋误者，甚不少矣。前者元朝驴儿，差僧一名，诡名彭玉琳，又曰无用。其新淦等县愚民杨文德等相从为之，比及缉捕尽绝，同恶之徒被擒者数百名，所在杀死者又若干，眷属流移他处中途死者又若干。吁！诡名彭玉琳、无用，乃元细作。其新淦等县人民杨文德等轻同恶而相济，累及良民，难于分豁者多矣，置于死地。以此观之，岂不全家诛戮者也。今后良民，凡有六字者，即时烧毁，毋存毋奉，永保己安，良民戒之哉。

（资料来源：《御制大诰》三编，见刘海年、杨一凡主编：《中国珍稀法律典籍集成》乙编第 1 册，科学出版社 1994 年版）

中国民间宗教研究的 40 年

　　1964 年世界宗教研究所成立，迄已 40 年。那时的宗教研究如涓涓之水，历尽曲折。40 年后，宗教所研究的势头虽然尚未如大河波涛，汪洋恣肆，但也是人才辈出，成果斐然。与世界宗教研究所同时进步的是中国的宗教研究领域，大家共同支撑起一片蔚蓝的天空，前程山高水长。

　　40 年前世界宗教所初建时，没有人研究道教与民间宗教，民间宗教研究尚属禁区。只有在研究农民战争时，对民间宗教问题有所涉及。研究民间宗教的一些著作文章大多完成于 1949 年以前，在此我们应当郑重提出。

　　在我国学者中最早研究民间宗教教派的是陈垣先生，1922 年 6 月在《国学季刊》发表了《摩尼教入中国考》，此文后经两次校勘，终成于 1934 年 4 月。即为现在学界常用之校订本。摩尼教虽然是世界大宗教，但入中国后，唐末、五代、宋、元、明都隐入民间，发生转型，故在民间宗教研究范畴。陈垣先生《火祆教入中国考》虽比上文早发表三个月，但影响不若上文重大。值得提及的是陈垣先生在研究中的现代意识。他较早（如果不是最早）提出"秘密宗教"的概念，特设"摩尼教与秘密教派"一节，并指出"南宋士夫既以摩尼与方腊混。南宋释子又以摩尼教、白云、白莲诸教相提，目为邪党。自是而后，政府严加禁止，典籍罕见末尼之名。摩尼只得秘密传教"。陈垣先生另一部重要著作也与民间宗教关系极大。抗日战争期间陈垣生活在沦陷区北平，感国家兴亡，激于民族大义作《南宋初河北新道教考》。其意在"用夏变夷，远而必复"。考据全真、真大道、太一教三者皆在金人入主华夏，认为民间道教信仰之力，承载中华文明。完成了历来为正统之儒、释、道构建的秩序，使少数民族统治，渐纳入华夏文明。

　　在陈垣先生之后则有郑振铎和吴晗的研究。1938 年郑氏《中国俗文学史》问世，我在此之所以把一部文学著作列入民间宗教研究范畴，是因为郑氏首先系统提及"宝卷"，及其与变文的关系，认为"变文"在北宋初被禁令消灭时，于是在瓦子里便有人模拟着和尚们的讲唱文学，而有所谓"诸宫调"、"小说"、"讲史"等讲唱的东西出现。而"变文"则变相为"说详经"，"说参请"等形式。郑氏认为相传最早的宝卷是宋代普明禅师所作的《香山宝卷》。我很钦佩郑振铎的眼光，在变文与宝卷之间，他没有挖一道几百年的壕沟，说宝卷是明代末叶才产生的。郑氏在《中国俗文学史》问世之前 10 年，即在小说月刊上推介了《目连救母出离地狱升天宝卷》等 20 部宝卷名目。郑氏为现代藏书大家，他说那时他已得宝卷约在百本以上，其后则有元代金碧抄本的《目连宝卷》。我和韩秉方在十几年前在北图善本部见此经本时，在卷后发现金粉写就的"元脱脱"字样。

另一位研究者是吴晗。作为明史专家的吴晗，1940 年 12 月发表的《明教与大明帝国》，进一步研究了摩尼教。吴晗一反《元史》，指认韩山童父子及刘福通为白莲教的说法，翻了一段公案。吴晗深入研究、考证宋元明教发展历程及该教在此段历史中的作用，指出元史作者出于为朱元璋隐讳历史的目的，篡改历史。吴晗在该文中指出："以'弥勒降生'与'明王出世'并举，明其即以弥勒当明王。山童唱明王出世之说，事败死，其子继称小明王，则山童生时之必以明王或大明王自称可决也。此为韩氏父子及其徒众胥属明教徒，或至少羼入明教成分之确证。朱元璋承大小明王之后，因亦建国号曰大明。"吴晗考证大量史料均无指称韩氏父子为白莲教者，"均指称为红军、为红巾、为红冠、为香军。言其特征，则烧香；则诵唱；奉弥勒。无一言其为白莲教者。则知元史所记，盖明初史官之饰词，欲为明太祖讳，为明之国号讳，盖彰彰明甚矣"。吴晗考证明教与大明帝国关系，否定了白莲教说，成为研究民间宗教之经典文章。可惜的是直至今天学界仍盛行白莲教起义推翻了元蒙政权，几乎成为定说和教科书内容。

1947 年夏天李世瑜到河北万全县进行了一次社会调查，发现了一种活的秘密宗教——黄天道。李氏在万全县进行了一个半月的社会调查，对黄天道在万全县的流衍范围、普明佛的传说、黄天道的经典、礼仪、教义及明代黄天道进行了研究。此后李世瑜又将一贯道、皈一道、一心天道龙华圣教会从源流考证、教义、仪规、教徒的生活、修持法则诸方面，用不同于陈垣、吴晗的历史学的人类学的方法论进行了细微的探讨。李世瑜的贡献有两条，一是第一次给学术界揭示了一个活的秘密宗教世界，让现代人耳目一新地见到了一个除了儒、释、道正统宗教之外的中下层社会的信仰群体。李氏在1948年底集结此著作，承袭了陈垣先生对这类宗教诸如白莲教、白云宗等起的称谓，将它们放在宗教研究的领域，其著作是《现代华北秘密宗教》。第二，李氏为中国民间宗教研究领域导入了人类学研究方法——面向现状的社会调查。李世瑜的研究缺陷也是明显的，他对黄天道的调查时间过短，今天博士生做这样的论文，调查时间一般要在一年至两年，才敢下笔写作，因此他的研究之粗糙便不可避免，如黄天道的主要传承人就是不十分准确的。主要经书《普明如来无为了义宝卷》、《普静如来钥匙宝卷》、《太阴生光普照了义宝卷》等创教、传教重要的近10部宝卷，李氏一部也未收集到，所谓对教义的探讨自然十分皮毛。人类学的调查很重要，问题是要深入、细致、长时间的调查，一个半月走马观花的调查，研究结果能达到这样的水平也是难能可贵了。李世瑜从事的另一领域是对宝卷的收集及目录的整理。20世纪20年代，郑振铎等人就开始了收集宝卷及研究。1928年郑氏作《佛典叙录》。10年后《中国俗文学史》问世。其宝卷收于《西谛藏书》，最重要者有《目连宝卷》（元版）及明版五部六册中的《正信除疑无修证自在宝卷》、《巍巍不动太山深根结果宝卷》、《药师如来本愿宝卷》等皆极为珍贵。1947年恽楚材著《宝卷续志》收集目录一百数十种。1951年傅惜华编的《宝卷总录》出版。这部总录收录了破邪详辨、郑振铎、吴晓铃、北图、北大、日本及傅本人藏书集及宝卷总目录。共246种版本，349种。1957年胡士莹编的《弹词宝卷书目》出版，录宝卷277种，版本328种。

李世瑜综合了《破邪详辨》、《涌幢小品》等历史著作所载经文目录及从郑振铎到胡士莹等人藏书及藏目、书目、总录加上李氏自身收集的宝卷，结集成《宝卷综录》的目录，于1961年10月由中华书局出版，成为一部从事民间文学研究及民间宗教研究的工具书。此书的优点在于一是目录丰富，综合了诸家版本。二是分类简洁，便于使用。1998年扬州师范学院车锡伦编著、在台湾出版的《中国宝卷总目》，收集宝卷目录远较李氏《综录》丰富。车氏将国内外公私 96 家收藏的宝卷 1579 种、版本 5000 余种整理编目，可谓洋洋大观，是迄今为止最全面、丰富的宝卷总目。该书大陆版 2000 年由北京燕山出版社出版。

1949 年以后到改革开放的近 30 年间，由于政治原因，民间宗教研究成为禁区，基本停顿。对宝卷的研究也大多限于文学、戏曲研究范畴。但仍有几篇文章需要提及。李世瑜在 1957 年《文学遗产增刊》第四辑发表了《宝卷新研》的文章，其宗旨是批评郑振铎所判定的宝卷产生年代，自己提出明正德间始产生宝卷的观点。我发表在《世界宗教研究》1986 年第一期的《最早一部宝卷的研究》，对郑、李观点提出新的看法。李世瑜在《宝卷新研》一文中批评郑振铎关于最早宝卷产生的判断，认为郑的说法是不可信的。他认为"宝卷是秘密宗教的经典，所以也是起于明末的"。具体说，最早宝卷是明正德间刻本，他举出了罗教《苦功悟道卷》等五部六册宝卷。我在《最早一部宝卷的研究》中指出，在五部六册宝卷中就出现了"圆觉宝卷作证"、"香山宝卷作证"、"弥陀宝卷作证"等字样，共出现了 10 部宝卷名目。仅此就可以证明李氏所谓明末五部六册是最早宝卷的错误。我有理由怀疑李氏当时是否见过五部六册，或是否认真读过五部六册。我认为迄今最早的宝卷是《佛说杨氏鬼绣红罗化仙哥宝卷》（金崇庆元年，1212），其后则有郑藏本元代《目连宝卷》。车锡伦则认为《目连宝卷》为最早的宝卷。作为民间宗教教义的宝卷较早的是《佛说皇极结果宝卷》（明宣德五年，1430），其次才谈得上明正德间的罗教五部六册宝卷。

值得提起的另外一篇文章是熊德基发表于 1964 年《历史论丛》第一辑的《中国农民战争与宗教及其相关问题》。他用马克思主义观点分析在农民战争中宗教的两重性作用。这篇文章对一部分学者产生过长期影响。

改革开放，特别是 1980 年以后，民间宗教研究步入了正常轨道。研究成果从数量、质量及人才方面，同外国相比都呈现出后来居上的态势。曾经是禁区的民间宗教研究与道教、佛教、基督教、伊斯兰教研究一样成为国家二级学科。《中国民间宗教研究》、《宝卷提要及其研究》、《民间宗教史料集成》、《历代王朝对民间宗教的政策措施》等等都成为国家社科基金重点或年度项目。中国社会科学院世界宗教研究所设立了道教与民间宗教研究室。已经有了几个招收民间宗教专业的博士点，可谓"青山遮不住，毕竟东流去"。科学无禁区，研究要求实，成为 20 世纪 80 年代初至今 25 年来的研究主体方向。凡此皆赖一批学者的共同努力。

改革开放后对民间宗教研究开风气之先的人物是喻松青。喻氏 1981 年在《清史研究集》第一辑发表了《明清时期的民间宗教信仰和秘密结社》，"文章对明清时期白莲教系统的民间秘密宗教各大教派（主要是有较大社会影响的教派），从它们的产生、渊源、宗旨、信仰、群众基础、组织情况、活动方式等各个方面，结合时代背景，做历史的介绍和分析"。与此同时或其后，喻氏发表数篇关于民间宗教的论文，诸如《明代黄天道新探》、《清茶门教考析》、《天理教探研》，对个案教派进行研究。其中《清茶门教考析》由于使用了第一历史档案馆的官方档案，故较其他文章厚重，与同期日本学者浅井纪的相关文章有异曲同工之妙。此外喻氏还对几部宝卷作了个案研究。其中弥足珍贵的是对《无为正宗了义宝卷》上卷的研究。这部宝卷未见著录，作者用此探索了罗教创始人与二代弟子秦洞山之间的信仰以及与儒、释、道三家在思想上的联系。1987 年喻松青将 12 篇文章集结成《明清白莲教研究》，在四川人民出版社出版。1994 年在台湾出版了《民间秘密宗教经卷研究》。喻氏研究特点是始终把民间教派放在宗教范畴研究，对底层人民的信仰给予充分理解。喻氏研究局限有两点，一是较少用第一手资料，特别是大量的清代档案，所用教派宝卷也很有限。这使得她的研究往往不能贯通历史。二是对道教内核的丹道思想、佛教的修持及道场法会等道、释核心内容缺乏深入了解，因此影响了对民间宗教教义的深层次探索。

中国社会科学院世界宗教所研究民间宗教始于 20 世纪 80 年代初。马西沙于 1979—1982 年在中国人民大学清史研究所攻读硕士学位，于 1982 年 3 月完成了 4 万字的硕士论文《清前期八卦教初探》。此文基本以清档案军机处录副奏折、朱批奏折及相关的清政府编撰之官书方志为基本史料，以刘佐臣等几个家族创教、传教为线索，深入研究这支民间教派的组织构成、教义、仪式、修持、教规及教权传承形式，支撑其发展的经济运作及信仰群落。同时探讨了传教家族的兴衰与华北平原农民运动的关系。

此文发表于 1983 年出版的中国人民大学 1982 届硕士论文选。研究生毕业以后，马西沙进入世界宗教研究所。从 1982 年开始，马西沙利用档案与宝卷研究罗教体系的斋教、青帮及民间道教体系的黄天道与弘阳教。1984 年马西沙与程歊在《南开史学》第一期发表了《从罗教到青帮》，系统地考证了罗祖教的几大支流分布及形态。对青帮从宗教到水手行帮会社再到帮会的几个历史发展阶段作了考证钩沉及科学的分析。此文被日本《琦玉大学纪要（人文科学篇）》全文翻译发表。1984 年马西沙在《世界宗教研究》第一期发表了《略论明清时代民间宗教的两种发展趋势》，从总体把握民间宗教的家族统治及农民运动的两种不同形态及其之间的相互关系，不赞成过分抬高民间宗教家族封建统治及宗法依附关系的历史地位。日本学者加治敏之对青帮一文及此文都有具体评论。1984 年马西沙与韩秉方在《世界宗教研究》第三期发表《林兆恩三教合一思想与三一教》。这篇文章是中国人研究三一教的第一篇文章，亦是马西沙、韩秉方共赴三一教创教传教中心福建莆田、仙游调查后的研究成果。1984 年后马西沙又陆续发表《最早一部宝卷的研究》、《黄天教源流考略》，用第一手资料进一步扩展研究成果。其后发表在《清史研究集》的《江南斋教研究》则是对罗祖教在江南的发展与摩尼教融汇合流的深层次探讨。这段时间韩秉方除与马西沙合作完成《中国封建社会的民间宗教》（载于《百科知识》1983 年第九期）及三一教的研究，1985 年在《世界宗教研究》第四期发表了《弘阳教考》。这是第一次用清档案研究弘阳教的文章。此后韩秉方还于1986 年在《世界宗教研究》第四期发表了《罗教五部六册宝卷思想研究》。马西沙、韩秉方在民间收集宝卷的几年中，完整地见到了不同版本的罗教经典《五部六册宝卷》。这篇文章是在第一手资料基础上做出的有深度的研究。

1989 年马西沙在中国人民大学出版社出版了专著《清代八卦教》。此后香港中文大学王煜在台湾《汉学研究》第 9 卷第一期发表《评介马西沙〈清代八卦教〉》一文，称"此书澄清疑团，考据稳重精详，在民间宗教史立下大功"。徐梵澄先生在 1992 年第八期《读书》以《专史·新研·集成》为题，评价此书，认为著者"在极难措手的专题理出了一个头绪，使人明确见到史实的真姿，这是深可赞扬的事"。1986 年马西沙与韩秉方开始国家"七五"时期重点研究项目《中国民间宗教史》课题的写作。1991 年 4 月此书完稿。1992 年 12 月由上海人民出版社出版。全书共计 23 章、106 万字，涉及从汉代至清代民间道教、民间佛教、摩尼教、罗教、黄天教、弘阳教、闻香教、江南斋教之大乘、龙华教、金幢教、青莲、先天灯花、金丹道、八卦教、九宫道、龙天教、一炷香教、收元教、混元教、刘门教、黄崖教、三一教等数十种宗教，凡皆一一缜密钩沉考证。该书特点是史料多为第一手的明清档案及作者历经大江南北收集的宝卷、劝善书及家谱、本行纪略及罕见之善本、孤本经书等，加之以官书、方志、笔记杂录，凡使用史料数千条。此书出版后，评论较多，但观点不一。有的专家认为此书"在国内外同类著作中，无论从广度还是深度上看都首屈一指，填补了中国宗教史学建设空白，堪称这一领域的开拓性著作"（郑天星：《中国民间宗教史研究的开拓之作》，《世界宗教研究》1993 年第四期）。金陵神学院的子昂先生评论："这是笔者所见同类著作中最好的一本。可谓体大思精。……史料丰富，识见深刻是此书的两大特点，浏览一过，很有入宝山目不暇接之感"（《金陵神学志》1994 年第一期）。1993 年 12 月 25 日《文汇读书周报》刘清评论此书"为近年来史学界、宗教学界难得的力作"。1994 年台湾《历史月刊》第四期载深度书评《读马西沙、韩秉方著〈中国民间宗教史〉》："真正够水平且具一贯看法的中国民间宗教史，当推马西沙、韩秉方凝聚十年功力合著的《中国民间宗教史》。……堪称皇皇巨著"（江灿腾、王见川：《评马西沙、韩秉方〈中国民间宗教史〉》）。江灿腾曾评论此书，认为作者"充分利用军机处档案资料，再配合长期的田野调查资料，于是写成划时代的巨著"（江灿腾：《台湾当代佛教史》第 207 页，南天书局出版有限公司，1997 年版）。与这些评论不同的是李世瑜的评论。2000 年他在《台湾宗教研究通讯》第二期发表《民间宗教研究方法论琐议——以马西沙先生研究为例》中说："令人惊奇的是马西沙先生竟然把两者混同起来（注：指帮会与民间宗教），把青帮当成民间宗教，写进他的大作《中国民间宗教史》第六章"。李世瑜对马西沙等人对三一教的调查表示怀疑，认为马西沙不懂福建话，无法调查。因此看不出"他有进行宗教现状调查的迹象"。此文近万言，批评之处尚多。对《中国民间宗教史》进行批评的还有《中国史研究》

2002 年第三期上发表的南开大学研究生张传勇的《白莲教的名实之辨——读〈中国民间宗教史〉》，他认为"《宗教史》也并非完美之作"，认为马西沙写白莲教一章是为了叙及他对白莲教与元末农民战争关系的根本性结论而下笔。在此要指出，在完成民间宗教史后，我又写《白莲教辨证》（《世界宗教研究》1993 年第四期）、《民间宗教救世思想的演变》（《中国社会科学院研究生院学报》1995 年第四期）、《民间宗教志》（上海人民出版社，1998 年版）及《历史上弥勒教与摩尼教的融合》（中国人民大学《宗教研究》2003 年号）。凡此都论证了"元政权是被白莲教起义推翻的"这个学界的主流看法是一种误判，而证明香会或"烧香之党"才是推翻元蒙政权的根本力量。

与马西沙、韩秉方同时研究民间宗教的还有专门研究摩尼教的林悟殊。林悟殊从 20 世纪 80 年代初开始即专攻摩尼教，是继陈垣、吴晗及海外学者柳存仁之后，对摩尼教研究很有贡献的学者。他先后在《世界宗教研究》等杂志发表了《摩尼二宗三际论及其起源初探》、《摩尼教入华年代质疑》、《唐代摩尼教与中亚摩尼教团》、《老子化胡经与摩尼教》、《从考古发现看摩尼教在高昌回纥的封建化》等十余篇文章，翻译了柳存仁发表在 20 世纪 70 年代末的《唐前火祆教和摩尼教在中国之遗痕》（《世界宗教研究》1981 年第三期）。林悟殊在摩尼教起源、摩尼教原始教义中融入了弥勒佛观念等问题上与柳存仁观点一致。柳存仁根据西文及道藏资料证明"在五世纪下半叶摩尼教经也已传入中国"。林悟殊指出，"中国内地可能在四世纪初便已感受到摩尼教的信息"。柳存仁、林悟殊的研究是对陈垣先生《摩尼教入中国考》的一个巨大的发展。林悟殊之后有台湾年轻学者王见川著《从摩尼教到明教》（新文丰出版公司 1992 年版）。王见川还在诸如方腊起义与明教、祆教与摩尼教、摩尼教与明教的异同诸问题上皆有考证和发明，可以和柳存仁、林悟殊有关论文著作并读。1987 年林悟殊将过去成果集结整理成专著《摩尼教及其东渐》在中华书局出版。

20 世纪 80 年代初在研究白莲教方面也有较大突破。日本学者早在 20 世纪三四十年代对白莲宗及白莲教、白云宗就有了较丰富的成果。中国则是汤用彤先生对莲宗有着至今仍是结论性的成果。学界对白莲教的研究基本上是大而化之的论述，没有对其宗教方面进行深入探索。80 年代初，杨讷对白莲教研究取得重要成果。他的代表作《元代白莲教》发表于 1983 年《元史论丛》第二辑。较早的则有《天完红巾军与白莲教的关系一证》（《文史哲》1978 年第四期）、《天完大汉红巾军述论》（《元史论丛》第一辑），杨讷与陈高华共同编辑了《元代农民战争史料汇编》，杨讷独编《元代白莲教资料汇编》，对研究者提供了支持。杨讷在元末农民起义与宗教之关系上与吴晗观点相左，是白莲教起义的主要支持者。我则在《中国民间宗教史》、《白莲教辨证》、《民间宗教志》及《历史上弥勒教与摩尼教的融合》等专著和文章中提出了"香会"演化成"烧香之党"即摩尼教与弥勒教混名教派，才是元末农民起义的主导者和组织形式的观点。与吴晗相近。我在《中国民间宗教史》的《白莲教》一章中对白莲教、莲宗与天台宗在教义上的融合等问题亦作了深入的探讨。从 80 年代初至今对民间宗教个案作集中研究的还有李尚英。李尚英主要从事对天理教的研究，1981 年以后发表了《天理教新探》及《论天理教起义》、《论天理教起义的性质和目的》等十余篇文章。

天津学者濮文起自 20 世纪 80 年代中期专注研究民间宗教，1991 年出版《中国民间秘密宗教》一书，介绍了十几种民间教派，对其组织、经卷、教义、仪式、修持进行了研究，带有秘密宗教简史性质。此后濮文起完成了《民间宗教词典》。濮文起与宋军等人经过长期艰巨的努力出版了 40 册的《宝卷》，收集了一部分相当珍贵的文献。这是民间宗教史研究以来第一次公开出版如此众多的宝卷经书，它给国内外研究者以重要的帮助。其后台湾王见川、林万传合编的《民间宗教经卷文献》与这部《宝卷》可相互参照。濮文起见功力的是其对现实民间宗教的研究。他发表在台湾《民间宗教》的《天地门教调查与研究》，以历史学和人类学研究的方法论相结合，对历史资料进行考证，对现状活动进行考察。在近 4 万字的论文中，为学界呈现了一片人们未知的世界。

路遥与程歗是改革开放以来研究义和团运动的权威，他们把档案史料引入义和团运动的研究，研究民间宗教与义和团的关系，特别对义和团运动起源做出过独特的贡献。他们两人合著的《义和团运动史研究》于 1988 年出版。其后两人关注点发生变化。程歗开始注重民间宗教与乡土意识的关系，1990 年出版了《晚清乡土意识》一书。作者眼光敏锐，视角独特。在书中探讨了乡土意识在晚清思想文化中的地位。乡土社会的政治意识、日常意识、宗教意识等等，是一部开辟了思想文化研究领域的不可多得的著作。与程不同，路遥走了一条更为艰苦的道路。1989 年起路遥与他的弟子脚踏实地在山东大地上开始民间秘密教门全方位的缜密的调查。这种调查达 10 年之久。路遥的调查涉及很宽，其中包括义和团、一炷香教、八卦教、圣贤道、九宫道、皈一教、一贯道、一心天道龙华圣教会及红枪会，调查所及达 70 个县。路遥 1989 年已年近花甲，完成调查时已达古稀之年，是以生命来进行科学研究，完成 45 万字的《山东民间秘密教门》（当代中国出版社，2000 年版）。这部著作以历史资料与现状资料相参证，丰富的资料加上缜密的考证，很多发前人所未发的结论，使这部书成为又一部令人赞佩的力作。

继林悟殊《摩尼教及其东渐》、马西沙《清代八卦教》后，福建师范大学的林国平在 1992 年出版了就某一民间宗教进行研究的专著《林兆恩与三一教》。林国平在出版此书前发表了《论三一教的形成和演变》、《论林兆恩的三教合一思想》、《三一教与道教的关系》等六篇关于三一教的文章。与《林兆恩与三一教》同时出版的《中国民间宗教史》第十三章《林兆恩与三一教》有 140 页篇幅，与林著各有特点。马、韩的成果更专注于对三一教历史及三教合一思想的宗教哲学体系的描述和论证，林著则于三一教社会现状部分及三一教气功功法部分见长。连立昌则是对福建地区民间宗教及会党结社有统观研究的学者，他的《福建秘密社会》与林国平著作互为补充，前者涉及面广阔，后者则专精于某一宗教。

近年仍有一些学者的新著作，值得重视。如徐小跃著《罗教五部六册揭秘》，对罗教经典作了系统的研究。此外王熙远著有《桂西民间秘密宗教》、李富华，冯佐哲在台湾出版《中国民间宗教史》。论文部分亦有可观者。如 20 世纪 80 年代初沈定平《明末十八子主神器考》，李济贤《徐鸿儒起义新探》、《明末京畿地区白莲教初探》，近年孟思维与陆仲伟《晚清时代九宫道研究》，陆仲伟《归根道调查研究》，孔思孟《论八卦教历史神话——李廷玉故事》，林国平《福建三一教现状调查》，连立昌《九莲经考》，周绍良《略论明万历间九莲菩萨编造的两部经》，李世瑜《天津弘阳教调查研究》、《天津天理教调查研究》，于一《四川梁平"儒教"

之考察》。

值得注意的是，历来以研究帮会见长的周育民、秦宝琦也有关于民间宗教研究的文章问世。如周育民《一贯道前期历史初探：兼谈一贯道与义和团的关系》、秦宝琦《清代青莲教源流考》等。

近几年，国内研究民间宗教及会党的博士研究生出版或完成了几部颇见功力的著作。宋军于2002年2月在社会科学文献出版社出版的《清代弘阳教研究》是又一部就专一民间教派研究的专著。从1995年以来，宋军还发表了《红阳教经卷考》、《论红阳教教祖"飘高"》等4篇文章。他不仅在国内，而且赴日本研修，收集资料。该书在总结前人研究的基础上，收集了丰厚资料，加之缜密钩沉，集结成一部凝聚心血的作品。这部著作代表着至今红阳教研究的最高水平。作者现投身基督教会事工，如果可能，可否在诸如元代以来道教一教派混元道与明代混元弘阳教的关系、弘阳教教义中的内丹道和斋醮仪式与道教的关系方面再下些工夫呢？我想这应是弘阳教研究的进一步方向和核心内容。2002年又一部相关著作是商务印书馆出版的刘平的《文化与叛乱》。刘平的这部著作与以往的研究从角度到内涵大多不同，眼光和方法论亦有独特新颖之处，作者的基本思路是从构成民间宗教（他称之为教门）的民间信仰、民间文化的诸多土壤，诸如巫术巫风及其后的道教异端等等，以及会党帮派的文化因素构成的歃血为盟的忠义思想、祖师崇拜的诸神祝文及诸种迷信等等入手，分析导致此种文化与社会叛乱的关系。从他的思路来说，是有其内在的逻辑的。叛乱与文化关系很大，但仅是其中一个因素，且绝不是根本因素，也与造反有理还是无理没有必然联系。具体的造反具体分析，陈胜、吴广的"篝火狐鸣"与王伦造反的"劫变"不可同日而语。此其一。其二，我想劝作者再写一部民间文化与社会秩序构成的著作。我在这里讲一句，没有草根文化就没有轴心文化，没有民间文化就没有儒、释、道。我不赞成扫除一切所谓"垃圾"的"纯净"思想。即使这样，我还是称赞刘平的视角和努力。他的一些观点我不欣赏，但他不平庸。另一位研究者是梁景之。梁景之是我与日本学者浅井纪共同指导的博士生，1997年至2002年梁苦读5年，终于完成《清代民间宗教研究——关于信仰、群体、修持及其与乡土社会的关系》的论文。论文不同于以往对清代民间宗教研究的历史学、宗教学方法论，不是具体研究某一派或几派的宗教史，而是把历史学与人类学的方法论结合起来，从众多具体、细小的史料所具有共性与差异达到系统性的联系，诸如对群体的分析，对信仰者修持的方法、神秘体验，都仔细地进行了个案分析，从微观而达到整体把握，达到了宏观视角、应达到的目的。从宗教研究的角度看，这篇论文达到了一定的层次，是值得称赞的。2004 年 5 月，经修改加工后，以《清代民间宗教与乡土社会》之名由社会科学文献出版社出版。但作者理论功底尚浅，要想成就有体有用、浑圆博大的传世之作，任重道远。2003 年春钟敬文、董晓萍的博士生尹虎彬完成其论文《河北民间后土信仰与口头叙事传统》，这篇论文独到之处是其基本使用民俗学的方法论，对河北某一地区的乡土社会进行了两年的专题调查。他对那一地区后土信仰分布状况、核心庙宇的信仰变迁、后土信仰与道教、民间宗教的关系、《后土宝卷》内涵及现实信仰的异同，皆有独到的意识和眼光。这篇论文是典型的小中见大，即看起来小，但是把握住这一课题的诸方面问题，反映了一种信仰及其文本的历史的、文化上的内在联系。这样，论文的普遍性意义也就显现出来了。作者尚未对民间宗教——后土教进行深入研究，对宝卷整体上的文化意义也欠深入了解，如果能对后土信仰、宝卷、宗教形成、信仰变化再进行一以贯之的调查，将可构筑厚重的著作。

以上 4 位的博士论文和在博士论文基础上发表的关于民间宗教的专著，内容不同，方法、视角有异，结论也大相径庭。但有一点是共同的：即都是通过专业化训练，达到了相当高的研究水平。他们代表了中国民间宗教研究的未来希望。

20 世纪 50 年代以来，台湾学界对民间宗教的研究基本没有停步，因此取得很大成就。其中较著者是戴玄之、庄吉发、郑志明、林万传、宋光宇、王见川、李世伟等。

戴玄之从 20 世纪 60 年代继承肖一山先生秘密社会史研究，"遂自辟学术领域与近代秘密社会史，毕生从事，开拓甚广，贡献其巨"。"但举大范围有四：白莲教系统之青莲、红莲、白阳、青阳、红阳等教派。著作宏富，以为大宗。又有八卦教系统之各支教派，复有罗祖教系统之各支派，更有红枪会及不同名称支派。惟红枪会及其支派独步学林之重大贡献，戴氏以外，别无方家。其二，在近代秘密会党研究。此方学域重点有三：首要在于天地会洪门七支及其支派，次要于青帮系统，再次于哥老会组织。大抵近代重要会党，无不网罗其研治领域。其三，则为近代史家专业地位"（王尔敏：《戴玄之教授传》，载王见川、蒋竹山编：《明清以来民间宗教的探索——纪念戴玄之教授论文集》）。戴氏著作有：《义和团研究》、《红枪会》、《中国秘密宗教与秘密会社》（上、下，为 1216 页之巨著）。戴玄之先生于 1990 年 2 月因病辞世。1995 年王见川、蒋竹山与戴玄之弟子王尔敏、王贤德诸君鼎力编纂《纪念戴玄之教授论文集》，中、日两国学者供稿，日本学者酒井忠夫作序，台湾学者王尔敏作传。大陆学者马西沙提供论文两篇：《罗教的演变与青帮的形成》、《明清时代的收元教与混元教源流》，路遥提供论文两篇：《关于八卦教内部的一个传说》、《义和拳教钩沉》，韩秉方提供论文一篇：《从儒学到宗教——太古学派与黄崖教》。台湾学者王见川提供《黄天道早期史新探——兼论其支派》，台湾学者蒋竹山提供《1930 年代天津独流镇商人的宗教与社会活动——以在理教为例》。日本著名学者浅井纪、野口铁郎、武内房司也分别提供重要论文。

庄吉发主要研究方向在会党、义和团，但也发表过数篇有价值的民间宗教研究论文，如：《清代民间宗教的宝卷及无生老母信仰》（《大陆杂志》第 74 卷第四、五期）、《清代乾隆年间收元教及其支派》（《大陆杂志》第 63 卷第四期）、《清代青莲教的发展》（《大陆杂志》1985 年第五期）、《清代嘉庆年间的白莲教及其支派》（《历史学报》第八期）、《清代三阳教的起源及其思想信仰》（《大陆杂志》第 63 卷第五期）、《清代道光年间的秘密宗教》（《大陆杂志》第 65 卷第二期）。2002 年庄氏发表专著《真空家乡——清代民间秘密宗教史研究》。以上这些文章及专著的共同特点是以第一手的清档案史料为写作的基础，庄氏是台湾较早、最多应用档案史料的学者。因此文章在资料上占有某种优势。庄氏的弱点有两点：一是较少用档案以外的宝卷、官书、方志、笔记杂录，很难构成资料的多层参照。二是他对史料的使用过多于罗列，而缺少对历史整体的把握及贯通历史的眼光。这是十分可惜的。

郑志明是一位涉猎甚广、著作等身的研究者。其代表著作有：《无生老母信仰溯源》（台湾，文史哲出版社，1985 年版）、《中国善书与宗教》（台湾，学生书局，1988 年版）、《明代三一教主研究》（学生书局，1988 年版）、《台湾的鸾书》（台湾，正一善书出版社 1989 年版）、《台湾新兴宗教现象——传统信仰篇》（台湾，南华管理学院，1999 年版）。此外尚有《中国社会与宗教》、《台湾民间宗教论文集》等 20 余部专著和论文集。

林万传是一位有信仰的研究专家，他的代表作是《先天教研究》（1985 年出版）。这部著作是先天教教内经典加上作者多年考据整理的关于先天教、一贯道、同善社的历史及经典、教义、仪规的一部先天教等的百科全书式的著作。我在写《中国民间宗教史》一贯道源流的变迁一章时用清代档案与《先天教研究》相对照考证，互相发明，即用教外史料与教内传说、纪录、经典，从而构成了一部较真实的从罗祖教到大乘教、青莲教、灯花教、金丹道、一贯道的 200 余年的一贯道前史及历史。林万传又与王见川一起编纂了《明清民间宗教经卷文献》，收集 150 余种民间宗教经典，共 12 册，其中不乏珍贵宝卷，王见川、林万传对学术研究的资料贡献是巨大的。

宋光宇是研究、调查台湾一贯道现状的著名的学者：作者多年来进行了大量现状调查，其代表作是《天道钩沉》（1983 年自印发行）及若干论文，如《从一贯道谈当前台湾的一些宗教文化》（《九州学刊》第 2 卷第 1 期）、1988 年《中国秘密宗教研究情形的介绍（一）》（《汉学研究通讯》第 7 卷第一期），还有专著《天道传灯——一贯道与现代社会》（台北三阳印刷公司）等。宋光宇是学问家兼社会活动家，故学问一路带极大的实践性。

王见川是台湾研究民间宗教的新锐。于 20 世纪 80 年代末开始研究摩尼教，上面已提及。他研究范围广阔，如明清时代黄天教，他利用新发现的史料，对初期黄天教传教弟子及教团分布诸问题都有研究。他对《中国民间宗教史》闻香教一章（附录一：福建、台湾金幢教）写了《金幢教三论》给予批评。马西沙则在金幢教创教人、传教经书、教派传承诸根本问题回应了王见川，发表了《台湾斋教：金幢教史实辨证》。韩秉方发表《罗教的教派发展及其演变——兼答王见川先生的质疑》（两文皆见江灿腾、王见川主编的《台湾斋教的历史观察与展望——首届台湾斋教学术研讨会论文集》)。此后王见川对台湾斋教进行细致及大量的调查，对历史的考据与现状的研究，发表论文《台湾"鸾堂"的起源及其开展——兼论"儒宗神教"的形成》。其后，王见川完成他第二部专著《台湾的斋教与鸾堂》(共30余万字，台湾，南天书局1996年版)。全书对马西沙、韩秉方《中国民间宗教史》引证达百余条左右，或证或驳。日本窪德忠先生《读后感——代序》中说"将二书比较对照阅读，则深具趣味。二书作者的视野、立场、观点鲜明，对读者诚有助益"。王见川近日在总结一贯道从历史到今天的整体研究史，完成《台湾一贯道研究的回顾与展望》(见张珣、江灿腾合编《台湾本土宗教研究的新视野和新思维》，南天书局2003年版)。王见川与范纯武、柯若朴主编《民间宗教》杂志已达3辑，特于民间宗教现状(大陆、台湾、东南亚)文章发表有大助力，其中有些篇幅内容新颖、丰富，视角开阔，令人耳目一新。王见川其他工作亦很有意义，如合编纪念戴玄之论文集，合编宝卷经文的出版，都说明他的贡献。近年台湾年轻学人研究民间宗教的尚有李世伟。李世伟专于考察研究，作品有《香港孔教学院考察侧记》、《澳门同善社之今昔》、《"中国儒教会"与"大易教"》、《苗栗客家地区的鸾堂调查》(见《台湾宗教研究通讯》及《民间宗教》)。

因近日与台湾学界联系不多，上述评介可能挂一漏万。

香港学界研究民间宗教者有游子安。游子安对宝卷、善书有专书——《劝化金箴——清代善书研究》(天津人民出版社1999年版)出版。1996年香港中文大学崇基学院与香港青松观道教学院联合召开了道教与民间宗教研讨会。会址在香港大学。与会者有香港本地学者黎志添、廖迪生、谢剑。大陆学者马西沙、韩秉方、侯杰、范丽珠，台湾学者李丰楙，加拿大学者欧大年(Overmyer, Daniel)，法国学者劳格文(Lagerwey, John)。会后由黎志添主编成《道教与民间宗教研究论集》(学峰文化事业公司，1999年版，共集论文9篇)。

对东南亚华人社会民间宗教研究，也有两部著作需要介绍。一部是前辈学者罗香林先生的《流行于赣闽粤及马来西亚之真空教》(中国学社1962年版)，罗氏这部著作研究了创成于中国江西寻邬县的真空教。此书对其教的创成、创教人廖帝聘生平、创教经书四部经、气功功法以及在东南亚流行的现状、人员构成、教堂、传统与现代社会之关系。这是一部研究民间宗教的重要著作。另一部是关于在马来西亚、新加坡华人社会中传播的德教的著作《马新德教会之发展及其分布研究》，作者陈志明。陈志明此著原为英文，译者苏庆华。1980—1983 年陈氏在马来西亚、新加坡对德教进行实地考察。全书对德教基本特征、在中国的发展、德教四大系统（紫系、济系、赞化系、振系）的发展及教会的分布作了细致的研究。这是我所见到的关于德教研究的唯一学术专著。2002 年春，我参加我所赴东南亚宗教考察团，对泰国、马来西亚、新加坡的德教进行参观考察。事后我所研究人员分别写出数篇论文及访问记，刊于《世界宗教研究》、《世界宗教文化》，或在有的研讨会上发表。

40 年来，中国民间宗教研究由小到大，至今已成为令世人瞩目的社会科学领域，这是大陆、香港、台湾及海外华人学者，当然也包括外国学者的共同努力的结果。本文限于题目，没有介绍外国学者的成果，这种遗憾待日后再弥补吧。

（原载《宗教研究四十年》，宗教文化出版社 2004 年版）

附录

马西沙教授简介

马西沙，1943 年 11 月生于陕西省延安，祖籍北京，母亲徽州婺源人。中学就读于北京四中。1964 年至 1969 年就读于北京大学中文系。师承游国恩、袁行霈、金开诚诸先生。1969 年至 1973 年在辽宁、河北农村任教。1973 年至 1979 年在北京语言学院《今语言大学》任教。1979 年至 1982 年在中国人民大学清史研究所读研究生，师承戴逸、林铁钧先生，获历史学硕士学位。1982 年马西沙到中国社会科学院世界宗教研究所工作，1985 年至 2003 年任该所道教研究室主任，该室后改名为道教与民间宗教研究室。1991 年至 1992 年马西沙任德国汉诺威大学客座教授，与苏为德教授（Prof. Hubert Seiwert）进行合作研究，并指导了两名研究生。1992 年马西沙被评为研究员，同年获国家人事部颁发的"有突出贡献的中青年专家"称号，同年享受国务院政府特殊津贴。1993 年春受美国华裔学者刘广京教授之邀，赴美做访问学者。1994 年之后，四次赴香港讲学。1996 年开始担任中国社会科学院博士生指导教师。2003 年任香港全真道研究中心顾问。1999 年至 2000 年赴日本东海大学，与浅井纪教授进行合作研究。20 世纪 90 年代以来任中国社会科学院道家与道教研究中心名誉主任。2005 年任山东大学兼职教授。

从 1980 年至 1991 年，马西沙在中国第一档案馆甘坐冷板凳达 10 余年，积累了大量第一手明清档案资料。从 1983 年起马西沙与合作者韩秉方，踏遍大江南北，对民间宗教及民间信仰进行多方位的考察，收集资料的重点省份还有河北、山西、河南、浙江、四川诸省。正是大量的田野调查，使马西沙、韩秉方可以承担《民间宗教史料集成》这样的大型资料库的国家重点项目。

自 1980 年以来，马西沙对多种民间教派进行科学研究，多发前人所未发，他的《清前期八卦教初探》、《从罗教到青帮》、《最早一部宝卷的研究》、《黄天教源流考略》等数十篇论文受到国内外学者大量引证。马西沙的论文在 80 年代就受到柳存仁先生的介绍，《从罗教到青帮》一文甫经发表，即被日本大学译成日文。1989 年马西沙第一部专著《清代八卦教》出版，已故学界大师徐梵澄先生在《读书》上以《专史、新研、极成》给予高度赞许。这是徐先生一生惟一的书评。1986 年马西沙主持国家社会科学基金重点项目《中国民间宗教研究》，此项目经过五年的写作，完成于 1991 年，即上海人民出版社于 1992 年 12 月出版的《中国民间宗教史》。此书共 23 章，计一百多万字。涉及自汉代至清末两千年来数十种流行民间的宗教教派。对于此书好评颇多：台湾学者江灿腾认为此书是"划时代的巨著"；德国学者苏为德教授认为是"里程碑式"的著作。2004 年此书由中国社会科学出版社重新出版。1985 年起马西沙负责组织道教研究室全体成员撰写《中国道教史》，此书于 1991 年由上海人民出版社出版。

《中国民间宗教史》荣获第二届中国社会科学院优秀成果奖和国家社会科学基金优秀成果奖。

1998 年马西沙又出版了《民间宗教志》，此书 2005 年由上海人民出版社列入专题史系列丛书，以《中国民间宗教简史》为题出版。2003 年荷兰莱顿大学出版社出版了苏为德教授（Prof. Hubert Seiwert）与马西沙合作的英文著作 *Popular Religious Movements and Heterodox Sects in Chinese History*（《中国历史上的民间宗教运动和异端教派》）（pp. 1—548）。马西沙现在承担国家新修清史典志部分的纂修项目。